罗源年鉴

（2015）

罗源县地方志编纂委员会　编

福建省地图出版社

图书在版编目（C I P）数据

罗源年鉴．2015 / 罗源县地方志编纂委员会编．-- 福州：福建省地图出版社，2015.11
ISBN 978-7-5467-0349-7

Ⅰ．①罗… Ⅱ．①罗… Ⅲ．①罗源县 - 2015 - 年鉴 Ⅳ．① Z525.74

中国版本图书馆 CIP 数据核字（2015）第 287399 号

LUO YUAN NIAN JIAN（2015）
罗源年鉴（2015）

编　　者：罗源县地方志编纂委员会
责任编辑：胡本光
出 版 者：福建省地图出版社
地　　址：福州市鼓楼区华林路 205 号
邮　　编：350003
发　　行：福建省地图出版社
（0591）87840092
印　　刷：福州力人彩印有限公司　　　邮编：350012
开　　本：889 × 1194mm　1/16
印　　张：18.5
字　　数：610 千字
版　　次：2015 年 11 月第 1 版
印　　次：2015 年 11 月第 1 次印刷
书　　号：ISBN 978-7-5467-0349-7
定　　价：180.00 元

《罗源年鉴》编纂委员会

郑国忠　鉴江镇政府镇长
陈哲明　起步镇政府镇长
林　辉　洪洋乡政府乡长
林　云　中房镇政府镇长
叶自楠　白塔乡政府乡长
郑良亨　西兰乡政府乡长
张　雄　飞竹镇政府镇长
钟立强　霍口畲族乡政府乡长

《罗源年鉴（2015）》编辑部

主　编：游其俤
副主编：李晓静
编　审：黄士乾（特邀）　吴顺良（特邀）
编　辑：游其俤　李晓静　王娜凤　薛　静

《罗源年鉴（2015）》撰稿人名单

（按姓氏笔画为序）

甘丽玲　叶志先　叶　强　叶　榕　叶　鎚　兰玉灿　兰必德　兰　娟　兰善英　吕显丽
朱航斌　任人平　刘乔东　刘惟鹏　阮以强　苏　敏　杜鸿润　李力文　李晓颖　李云星
李恒星　李晓丹　李淑桢　李　斌　杨晨虹　杨善飞　连添梅　肖振高　吴自洪　吴艳彬
邱晨耀　邱雄芳　余　飞　余　芝　辛　泉　张立东　张伦旺　张新豪　陈乐堤　陈立刚
陈兰馨　陈　汉　陈　机　陈光耀　陈　兴　陈志健　陈　芳　陈　彤　陈宏钦　陈　波
陈学铃　陈建兴　陈思干　陈彦勤　陈莹艳　陈　莺　陈晓蓬　陈　铀　陈崇训　陈　斌
陈魁辉　陈　锴　陈　霞　林文义　林发银　林志杰　林苏森　林国忠　林家滔　林　程
林熙凡　林蔚然　卓建云　卓珍惠　易建忠　罗启廉　周天顺　郑亦佳　郑秀华　郑艳锋
郑桠玲　郑瑶汀　钟建慈　姜晨晖　姚丽云　姚明星　姚淑旺　倪国耀　郭　云　黄双林
黄　红　黄　芳　黄秀国　黄学健　黄宗斌　黄衍国　黄艳芬　黄　真　黄乾文　黄雪贞
黄　瑛　黄智敏　黄瑞腾　黄新文　黄新杰　黄翠芳　黄　聪　梁建文　彭文娟　董惠钦
量晓晴　程礼风　游向涛　游宇靖　游　星　游勇辉　游　婷　谢小良　谢飞峰　谢文山
谢凌清　雷可强　雷康俤　詹财锋　蔡翠姬　蔡燕飞　檀　真

编辑说明

一、《罗源年鉴（2015）》由罗源县人民政府主办，罗源县地方志编纂委员会编纂，主要记载2014年度罗源县政治、经济、文化、社会诸方面的发展变化和重大事项，是中华人民共和国成立以来罗源县第一部地方综合年鉴，具有存史、资治、教化的社会功能。

二、本卷年鉴采用栏目—分目—条目三级结构层次，主体设有特载、专文、大事记、县情概况、中共罗源县委、罗源县人民代表大会、罗源县人民政府、政治协商、社会团体、外事侨务 台湾事务、政法、军事与国防、综合经济管理、财税金融、农村经济、工业经济、商贸 服务业、城乡建设 环境保护、交通 邮政 通信、开发区建设、教育、社会事业、民生保障、乡镇、人物、统计资料等26个栏目。卷首为彩页，卷末为索引。

三、本卷年鉴主要由各部门、各乡镇、各单位提供。全书内容经过多次编辑、编审、审校、返回原供稿单位确认，最终由出版社审定。

四、本卷年鉴有些全局性的工作，考虑到各部门、各单位职能交叉、工作分工不同，有些条目内容记述采取详略不同、角度不同的交叉描述。由于各供稿单位资料来源、统计口径及统计时点不尽相同，个别数据可能略有差异，读者在引用相关数据时应以罗源县统计局正式公布的统计数据为准。

五、特载、专文均为原文选录，不作改动。

六、本卷年鉴的组稿、撰稿及编纂工作得到全县各级领导的关怀和重视，得到各承编单位的大力支持。谨此，《罗源年鉴》编辑部向所有关心、支持和直接参与编纂工作的人员深表谢忱和敬意。

由于《罗源年鉴（2015）》属初次编纂，涉及内容广泛，限于经验和水平，疏漏和差错之处在所难免，敬请广大读者不吝批评指正，以便在下一年度《罗源年鉴》中予以勘正。

罗 源 县

政 区 划 图

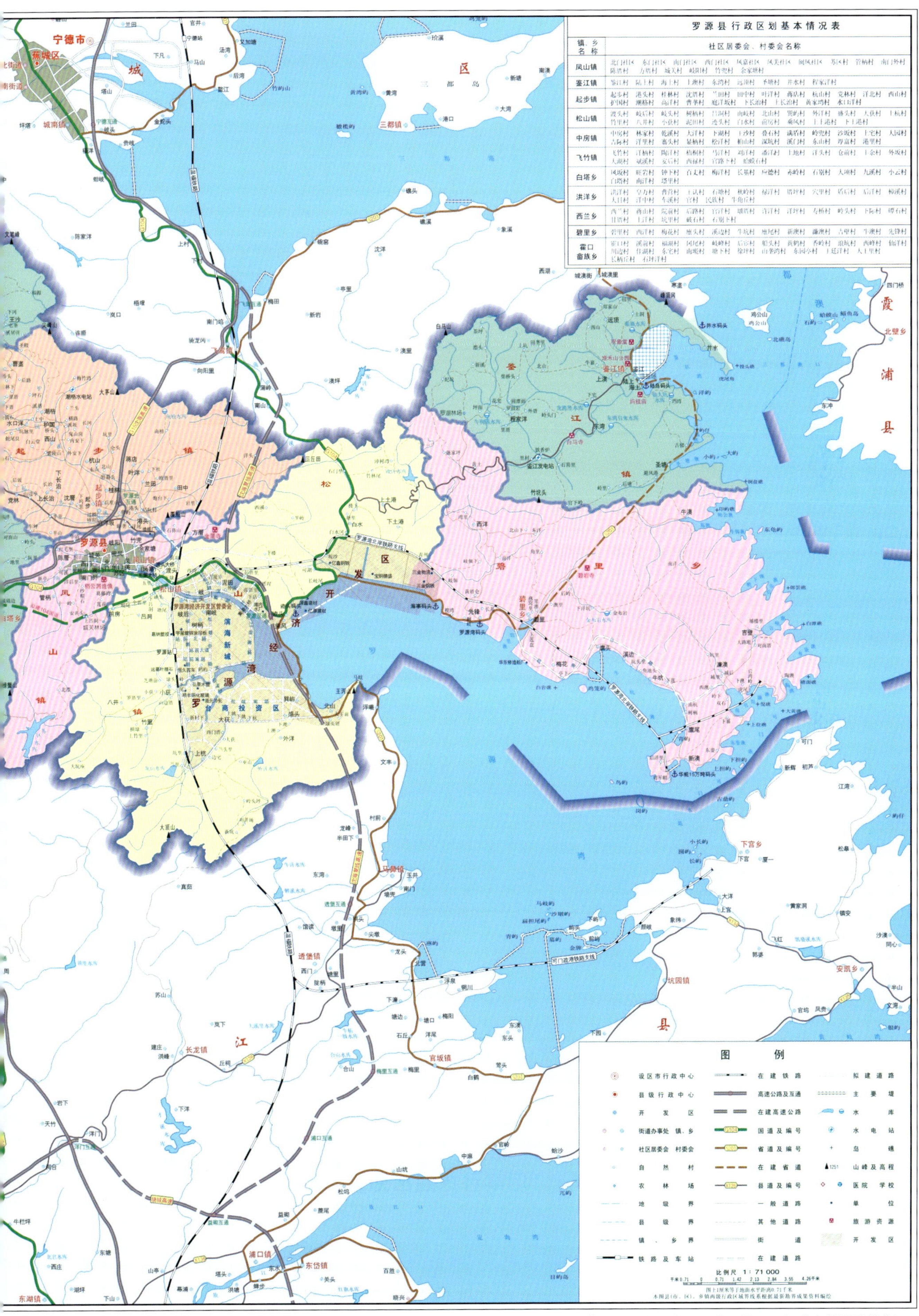

罗源县行政区划基本情况表

镇、乡名称	社区居委会、村委会名称
凤山镇	北门社区 东门社区 南门社区 西门社区 凤嘉社区 凤美社区 阆凤社区 苏区村 管柄村 南门外村 陈塔村 方塘村 城关村 岐阳村 竹兜村 余家塘村
鉴江镇	鉴江村 陆上村 海上村 上澳村 东湾村 远顶村 予塘村 井水村 程家洋村
起步镇	起步村 港头村 桂林村 沈厝村 兰田村 田中村 叶洋村 蒋店村 杭山村 党林村 洋北村 西山村 护国村 濂格村 高洋村 曹垄村 庭洋坂村 下长治村 上长治村 黄家垱村 水口洋村
松山镇	渡头村 岐后村 岐头村 树柄村 吕洞村 南岐村 北山村 巽屿村 外洋村 盛头村 大获村 上杭村 竹里村 八井村 小获村 泥田村 透头村 白水村 前房村 乘风村 上土港村 下土港村
中房镇	中房村 林家村 乾溪村 大洋村 下湖村 上沙村 叠石村 满盾村 岭兜村 沙坂村 上宅村 大园村 吉际村 洋里村 寨头村 犁柄村 松洋村 柏山村 深坑村 溪门村 东山村 厚富村 港里村
飞竹镇	飞竹村 洋柄村 陶洋村 梧桐村 马洋村 刘洋村 潘洋村 上地村 洋头村 仓前村 上余村 外坂村 大湖村 斌溪村 安后村 西禄村 官路下村 蛤蟆石村
白塔乡	凤坂村 旺岩村 钟下村 百丈村 梅洋村 长基村 应德村 赤岭村 石别村 大项村 九溪村 小云村 白塔村 南洋村 塔里村
洪洋乡	洪洋村 皇力村 曹营村 上认村 石塘村 秋岭村 榇洋村 塔坪村 穴里村 盾后村 后洋村 樟溪村 大日村 洋中村 车溪村 官村 民族村 牛角丘村
西兰乡	西兰村 蒋山村 院前村 后路村 官洋村 墩厝村 许洋村 洋坪村 寿桥村 岭头村 下际村 碑石村 甘厝村 上洋村 坑里村 破石村 石别下村
碧里乡	碧里村 西洋村 梅花村 廉头村 溪边村 牛坑村 廉尾村 新澳村 濂澳村 吉壁村 牛澳村 先锋村
霍口畲族乡	霍口村 溪前村 福湖村 冈尾村 岐峰村 后官村 船头村 黄鹤村 香岭村 垠坑村 西峰村 仙洋村 川边村 住湖村 东宅村 南蛇村 塘下村 徐坪村 山笼湾村 东园亭村 上廷洋村 大上里村 长柄丘村 石坪洋村

审图号：闽S（2012）4号 福建省制图院编制

罗 源 数字 2014 >>

土地面积：1187.13 平方公里
年末户籍总人口：264612 人
全社会从业人员：11.38 万人
地区生产总值：1726667 万元
第一产业总产值：306017 万元
第二产业总产值：1140537 万元
第三产业总产值：280114 万元
财政总收入：192321 万元
地方财政收入：135766 万元
地方财政支出：334554 万元
全社会固定资产投资：1580585 万元
社会消费品零售总额：389950 万元
实际利用外资：3129 万美元
施工房屋建筑面积：1289462 平方米
竣工房屋建筑面积：204498 平方米
商品房销售额：344161 万元

卫生机构数：16 个
城市道路长度：79 公里
城市道路面积：89 万平方米
建成区绿化覆盖面积：245.14 公顷
人民币存款余额：848682 万元
人民币贷款余额：1188777 万元
储蓄存款余额：430269 万元
在岗职工年平均工资：51864 元
城镇居民人均可支配收入：24408 元
城镇居民人均消费性支出：17450 元
城镇居民恩格尔系数：39.45%
农村居民人均纯收入：11068 元
农村居民人均生活消费支出：9879 元
农村居民恩格尔系数：40.85%
居民消费价格指数：102.2%

5 月 12 日，省委常委、市委书记杨岳一行调研华能港电储项目 （县新闻协调办 供）

4 月 15 日，省委常委、市委书记杨岳到罗开展联合大接访 （县新闻协调办 供）

7 月 23 日，县委吴兰铮书记到中房镇调研茶产业发展 （县委办 供）

1 月 27 日，县长邓达木调研民营企业 （县新闻协调办 供）

11 月 24 日，县人大常委会主任雷光秀调研罗源湾退养工作　　（县人大办 供）

9 月 26 日，县政协主席何宗乐调研县第二实验幼儿园　　（县政协办 供）

江滨新貌 （县新闻协调办 供）

建设中的沈海复线高速公路 （县新闻协调办 供）

金源购物中心 （县新闻协调办 供）

罗源湾滨海新城 （罗源湾滨海旅游文化开发有限公司 供）

县城夜景 （县新闻协调办 供）

飞竹镇美丽乡村景观带 （林明亮 摄）

起步镇庭洋坂新村　　　　（县新闻协调办 供）

改造后的北大路夜景　　　　（薛建华 摄）

霍口乡福湖畲族公园 （县委办 供）

滨海新城全貌 （县新闻协调办 供）

建设中的松山围垦挡潮排涝闸除险加固项目 （县新闻协调办 供）

游艇码头 （县新闻协调办 供）

畲山水景区 （县新闻协调办 供）

罗源湾海上音乐喷泉 （张新强 摄）

畲家黄酒制作 （县新闻协调办 供）

益生食品标准化包装间 （县新闻协调办 供）

起步花卉种植 （县新闻协调办 供）

中房满盾万亩茶园 （县新闻协调办 供）

宝钢冷轧生产线　　（县新闻协调办　供）

起步铁树苗圃 （县新闻协调办 供）

碧里西洋花卉苗圃 （县新闻协调办 供）

建设中的将军帽15万吨级码头　　（县新闻协调办 供）

白塔宏伟环保建材　（县新闻协调办 供）

罗源湾5万吨级码头　（县新闻协调办 供）

6月1–2日，世纪金源集团在罗源湾滨海新城举办“世纪金源杯”龙舟赛

2月12日，举办第七届“畲族•风”民俗文化旅游节 （县新闻协调办 供）

九大中心田径场塑胶跑道

（林　辉摄）

（县新闻协调办 供）

4月2日，举办"三月三"一家亲民俗活动　（县新闻协调办 供）

市非遗项目——大型过火　　　　（县新闻协调办 供）

11月3日，舞蹈《山哈藤阵》《铃卜情》获第八届福建省少数民族传统体育运动会表演项目金奖　　（县新闻协调办 供）

老年剪纸班　（县新闻协调办 供）

5 月 11 日，陈太尉宫动工修缮　（县新闻协调办 供）

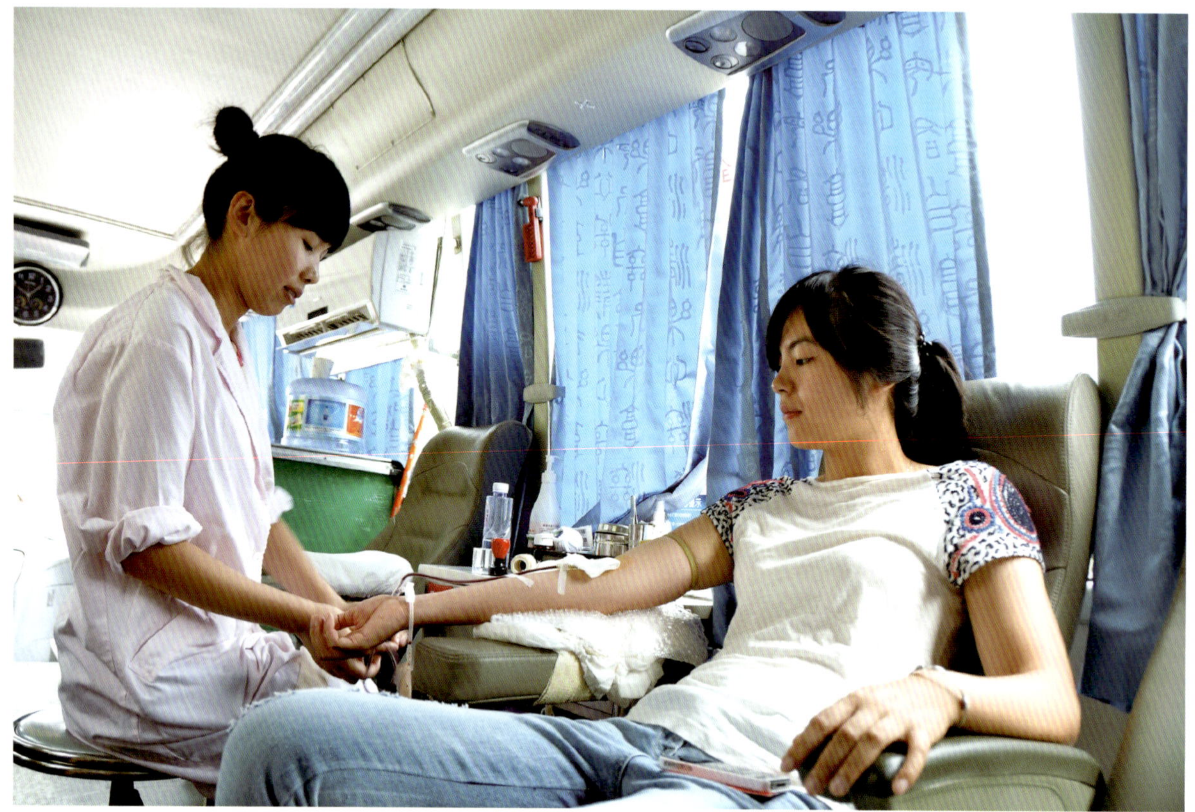

无偿献血 （县新闻协调办 供）

下乡义诊 （县新闻协调办 供）

工作人员上门检测设备　　（县新闻协调办 供）

技术人员下村指导茶叶生产　　（县新闻协调办 供）

9月6日，团县委组织开展“为爱‘冻’起来”活动　（县新闻协调办 供）

许洋村文化综合楼

（县新闻协调办 供）

12月31日，县工艺美术学会举行捐赠仪式 （县新闻协调办 供）

廉澳苍鹭栖息地 （林明亮 摄）

采 茶

剪 纸

（县新闻协调办 供）

对歌（县新闻协调办 供）

（县新闻协调办 供）

刺 绣 （县新闻协调办 供）

舞 蹈 （县新闻协调办 供）

织　布　　（县新闻协调办　供）

婚　嫁　　（县新闻协调办　供）

畲　拳　　（县新闻协调办　供）

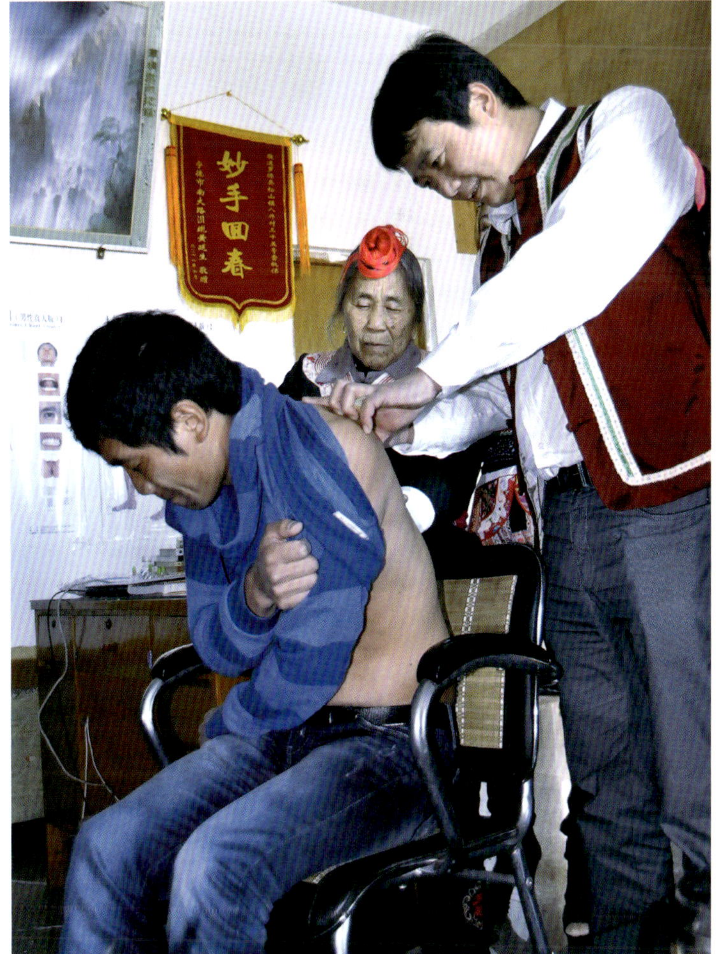

畲　医　　（县新闻协调办　供）

祭　祖　　（县新闻协调办 供）

畲　药　　（县新闻协调办　供）

畲家书屋　　（县新闻协调办　供）

做糍粑　　（县新闻协调办 供）

畲服制作　　（县新闻协调办 供）

总目

特　　载

专　　文

大事记

县情概况

中共罗源县委

罗源县人民代表大会

罗源县人民政府

政治协商

人民团体　社会团体

外事侨务　台湾事务

政　法

军事与国防

综合经济管理

财税　金融

农村经济

工业经济

商贸　服务业

城乡建设　环境保护

交通　邮政　通信

开发区建设

教　　育

社会事业

民生保障

乡　镇

人　物

统计资料

索　　引

在县委十二届十四次全体（扩大）会议上的工作报告

中共罗源县委书记　吴兰铮

（2014 年 12 月 30 日）

各位委员、同志们：

我代表县委常委会向全会报告今年以来的工作，请予审议。

今年以来，在中央和省、市委的正确领导下，县委常委会深入贯彻党的十八大和十八届三中、四中全会精神，习近平总书记系列重要讲话精神和对福建、福州工作的重要指示，按照省市委工作部署，抓住中央支持福建加快发展、支持福建建设生态文明先行示范区，设立福州新区正式写入中央文件等重大战略机遇，以深入开展党的群众路线教育实践活动为重要契机，积极主动融入福州新区开放开发，大力实施“以港兴县、新区强县，港城联动、山海统筹”发展战略，深化改革开放，加快转型升级，统筹城乡发展，改善民生福祉，加强党的建设，各项工作取得了新成效，全县经济社会继续保持平稳较快发展，预计全年实现地区生产总值 169.55 亿元，增长 4.7%，其中：第一产业增加值 30.21 亿元，增长 4.3%；工业增加值 113.08 亿元，增长 3.4%；建筑业增加值 6.34 亿元，增长 12%；第三产业增加值 26.25 亿元，增长 11%。固定资产投资 150 亿元，增长 6.2%，其中：工业固定资产投资 31 亿元，增长 14.5%。公共财政总收入 18.7 亿元，增长 8.64%，其中：地方公共财政收入 13.13 亿元，增长 7.07%。社会消费品零售总额 38 亿元，增长 11%。出口总值 4167 万美元，增长 18.08%。规模以上工业增加值 84 亿元，增长 1.5%。一年来，县委常委会抓了以下工作：

一、坚持对接融入，加快北翼发展

紧紧围绕打造福州新区北翼发展区的目标，主动融入、积极作为，进一步加快罗源科学发展跨越和发展步伐。

一是扎实抓好项目工作。坚持以项目带动为抓手，全力推进重点项目建设。全县 56 项重点项目有效推进，预计全年完成投资 110.2 亿元，占年度计划的 105.8%。其中 21 项福州新区重点项目完成投资 88 亿元，占年度计划的 114.3%，超序时 14.3 个百分点。对接省市两个《行动计划》，结合罗源发展实际，制定出台了我县两个《行动计划》，指导我县有序推进 2014—2020 年各项重点项目建设。

二是建设临港基础设施。临港基础配套设施加快建设，完成碧里油杭至濂澳公路建设，基本建成碧里至将军帽疏港战备公路，沈海高速复线罗源段、104 国道五里至白塔公路改线工程顺利推进，福州新区滨海大通道碧里至鉴江公路启动建设，霍口大型水库前期工作基本完成。罗源湾北岸港区规模继续扩大，完成将军帽作业区 15 万吨级散货码头、碧里作业区 6#泊位主体工程建设，源鑫、博澳等一批企业专用码头建设有序推进。

三是致力拓展投资平台。出台《关于加快工业园区发展的实施意见》，全面推进罗源湾开发区、台商投资区、省级农民创业园、食品加工园、工艺美术文化产业创意园等"两区三园"建设，不断拓宽经济发展承载平台。开发区松岐中路进度过半，防洪排涝工程分步推进。台商投资区完成收塘6760多亩，B片区土地填方、标准厂房建设扎实推进。工艺美术文化产业创意园完成选址，省级农民创业园、食品工业园得到提升。

二、推进改革开放，增强发展动力

坚持以改革开放拓展发展空间，增强经济社会发展活力，为罗源科学发展跨越发展提供强大动力。

一是强化行政审批制度改革。积极承接审批权限下放，先后承接省、市下放行政审批权82项。进一步精简优化县级行政审批事项，削减行政审批事项59项，削减率达24%。加强行政服务中心标准化建设，累计进驻项目达224项，审批事项办结率达99.8%，其中当场即办率保持在80%以上，基本完成乡镇便民服务中心、代办点建设，窗口服务水平明显提升。

二是深化重点领域改革。成立全面深化改革领导小组，统筹推进全县10个领域36项重点改革。稳步推进政府机构改革，《罗源县人民政府职能转变和机构改革方案》已通过市委、市政府批复。组建县食品药品监督管理局，基本完成食品药品监管机构改革。事业单位分类改革、农村土地流转、林权制度配套改革、县级公立医院改革、医药卫生体制改革、"营改增"试点等工作有序推进，民主政治制度、行政执法体制、社会主义核心价值体系建设工作机制、社会治理体系、生态环境保护管理体制和纪律检查体制改革不断深化。

三是加快对外开放步伐。积极推进口岸扩大开放工作，罗源湾港区一类口岸获得国务院批复。完善招商引资优惠政策，优化招商工作流程，营造优质高效的服务环境，全年共签约或对接项目93项，实际利用外资3221万美元，企业注册资本金31.3亿元。实施"回归工程"，引进投资8.15亿元。开展产业链招商，成功引进全国铝型材十强企业南平铝业及明通建设集团江海苑园林建筑工程一级资质企业，宝钢不锈钢400系项目对接工作取得实质进展。发挥台商投资区承载平台作用，落实7个首批入园项目，总投资达20亿元。

三、着力提质增效，促进结构优化

围绕产业体系提质增效，加快转方式、调结构、促升级，壮大县域经济实力。

一是推进产业转型。引进合作伙伴，推进困难企业重组改造，促成三钢（集团）成功重组三金钢铁，成立福建罗源闽光钢铁有限责任公司并重新投产；中国航天工业集团重组宇星实业取得实质性进展。加快德胜能源、源鑫建材等企业技改，引导恒久集团开展技术创新。学习南安、云浮石材产业发展经验，推进石材业改造升级。实施罗源湾养殖退养，完成罗源湾北岸海上养殖物补充航拍，网箱测量工作有序开展；积极引导水产养殖向县外、省外、境外转移，农兴水产合作社养殖户赴印尼瑟兰岛发展南美白对虾养殖取得成功，有效带动养殖业向外拓展发展空间。

二是促进农业增效。按照特色化、规模化的发展导向，壮大食用菌、茶叶、竹木、渔业等特色农业产业规模，提升产业效益，发展食用菌1.62亿袋，建设生态茶园4.3万亩、丰产毛竹基地6000亩、油茶基地1900亩、花卉苗木基地950亩。生春源茶业项目带动改造生态茶园近万亩，食用菌产业实现设施化生产，创新农业经营方式，新登记农民专业合作社30家、登记注册家庭农场8个。鼓励企业开展"三品一标"认证，新增认证农产品29个。发展水产品精深加工，新增市级水产品加工龙头企业3家。

三是发展第三产业。加快发展现代服务业，滨海新城世纪金源大饭店、购物中心、写字楼、游艇俱乐部等项目建成运营，时代大厦等项目推进顺利，持续推进一批市场改造提升，罗源湾区域性商贸中心逐步成形。立足畲风海韵，发展特色旅游业，滨海新城游艇码头、霍口畲山水景区和福湖畲风民俗文化村等旅游项目投入运营，罗源湾海洋世界、海上搏斗城项目基本建成，海上高尔夫、海上餐厅等项目进展顺利，山海旅游特色日益凸显。房地产业、现代物流业健康发展，累计销售商品房6105套，销售总额达31.49亿元，罗源湾北岸港口货物吞吐量达1065万吨。

四、建设美丽罗源，打造宜居环境

坚持统筹城乡建设，完善城市功能，拓展发展空间，优化城乡环境，提升城乡宜居条件。

一是提升县城整体形象。完成新一轮城市总体规划修编并通过市政府审批。加快滨海新城建设，完成年度投资73.7亿元，新建商住楼442万平方米，完成滨海路古街、十字商业街部分路段和主干道建设。推进中心城区道路景观改造，完成渡头新区路网一期等6条市政道路建设和孝巷路等12条背街小巷改造，基本建成渡头桥至排涝站江滨公园，北大路至南大路环境综合整治、新东方酒店至五里桥公园景观工程建设进度过半，渡头湿地公园建设有序推进。建设城市水域清淤、管网和污水处理设施，完成城区下水道清淤工程，建成一批供气及配套设施和污水处理厂三期工程。全力提升市容市貌，妈祖街和一批道路沿线整治取得成效。加强绿地管护，巩固发展绿化、美化成果。抓好路灯管理和改造工作，完成9个区域路灯安装和照明亮化等工程；规范小区物业管理；强化城区保洁，城市面貌得到全面改观。

二是推进美丽乡村建设。推进15个美丽乡村和示范村建设，完成投资3548万元，建设乡村护坡工程和景观围墙，实施一批民房、沿街立面改造和村庄绿化美化工程，建成一批广场、公园、乡村道路，安装一批乡村路灯，拆除一批有碍观瞻破旧房屋。建设143县道西兰至霍口沿线景观带，完成投资1588万元，在沿线实施人行道、景观围墙改造、房屋屋面翻新和绿化提升。开展"百村竞赛"活动，落实8村"百村竞赛"项目44个，完成投资4953万元。完成乡镇36个培植点和吉壁小渔村建设，有效示范和带动乡村环境提升和产业发展。稳步推进起步镇市级小城镇综合改革试点。实施传统村落和古民居修缮工程，中房镇深坑村入选中国传统村落名录。水利工程建设有序推进，完成松山围垦大型水闸和4座水库除险加固，建成余家塘防洪堤一期工程、柴桥头水库主体工程，基本完成4个乡镇农村饮水安全项目。

三是抓好环境综合整治。以"点线面"建设为主要内容，推进城乡环境综合整治。实施宜居环境"点线面"建设项目53个，完成投资8.29亿元。其中，"点"项目20个，完成投资2.69亿元；"线"项目16个，完成投资5.23亿元；"面"项目17个，完成投资3615万元。扎实推进"两违"综合治理，拆除"两违"33.99万平方米，完成年度计划的106.23%，超额完成市里下达的工作任务。下拨专项资金612万元，用于11个乡镇环境保洁，农村环境得到有效整治，卫生环境全面改善，3个乡镇和11个村庄被评为全市农村环境综合示范乡镇、村居。

四是提高生态保护水平。持续推进生态县创建，10个乡镇和167个行政村分别通过国家级、省级以上生态创建验收，生态细胞创建指标达到"双80"。开展绿色村庄示范村建设工作，福湖等3村被评为省级"绿色村庄"。落实饮用水源保护长效管理机制，全县14个集中式饮用水源水质达标率为100%。巩固流域整治成果，霍口溪、南溪水质良好，水域功能达标率为100%；兰水溪、起步溪、中房溪水质达标率明显提高；近岸海域水质、重点流域水质较往年有明显改善，全县水环境质量总体保持良好。造林绿化19170亩，超年度任务80.85%。投入499万元治理水土流失面积9000亩。加强临港工业环境监管，完成临港企业环保问题整改，严抓大气污染防治，推进10家重点企业清洁生产，城区空气质量提升至全市中上水平。

五、致力改善民生，发展社会事业

不断改善和优化民生保障体系，完善和提升社会公共事业，构建人民群众安居乐业、公平民主、人文和谐的社会环境。

一是完善社会保障。多渠道开发就业岗位，全县城镇新增就业人员3150人，农村劳动力转移就业人员7160人，城镇登记失业率控制在1.31%以内。推进社会保险扩面工作，顺利完成市下达的各项社会保险参保任务，参保率位居全市前列。全县"新农合"参合率达99.9%，并率先实现省内跨设区市即时结算。城乡"低保"、"五老"和农村"五保"补助标准及被征地收海农渔民养老保障水平不断提高。继续建设保障性安居工程，开工建设公租房80套、棚户区改造安置房249套，基本建成保障房253套。持续实施"造福工程"和危房改造项目，完成197户744人"造福工程"和105户残疾人危房改造。加快建设便民服务设施，新设立松山镇滨海新城4个社区居委会，建成10个乡镇便民服务中心，村级便民服务代办点标准化建设基本实现全覆盖。

二是提升公共服务。加快教育事业发展步伐，进修校二附小、第二实验幼儿园、职业中学实训基地、福州三中罗源校区开班办学，启动松山中心小学旧校区改扩建工程，高考本科上线率提高6.9个百分点。医疗卫生服务水平持续提升，完成县精神病防治院综合楼和11所空白村卫生所、9所示范村卫生所建设，完成县医院内科三区建设和中医院改造。文体广电事业加快发展，县文化馆、图书馆、博物馆被文化部授予"国家三级馆"称号；霍口畲族民俗传承保护基地、松山竹里村畲族传统服饰传承保护基地、福建罗源名匠工艺品厂被评为首批福州市非物质文化遗产项目传承示范基地；成功举办第七届"畲族·风"民俗文化旅游节；建立30个文化广场活动点，新改建44个"农家书屋"；2个畲族表演项目荣获全省第八届少数民族传统体育运动会金奖；完成有线电视数字整转1万户，为农村群众送电影1819场。计生"国优"成果持续巩固，老龄、慈善、残疾人事业等工作有效推进。

三是维护安定稳定。深化新一轮"平安罗源"建设，全县社会治安形势总体保持平稳，平安建设"三率"指标位居全市前列。综合采取疏堵并举，打防结合的措施，全面、有序平息碧里乡群体性事件。加强沿海治安防控工作，碧里乡梅花船管站被评为“全省优秀船管站”，县公安边防大队被公安部评为“爱民固边先进集体”。反恐防暴、打击刑事犯罪、反邪教、毒品问题专项整治、处置涉众型经济案件等工作取得成效。重点人员排查稳控、特殊人群帮教救治、流动人口服务管理、校园周边治安整治及安全监管等工作得到加强。抓好信访和矛盾纠纷化解工作，有效解决群众合理诉求，及时化解社会各种矛盾纠纷。推进网格化服务管理工作，凤山镇社区网格化服务管理试点工作取得初步成效。完善网络舆情快速回应机制，增强网络舆情应对能力。加强群防群治队伍建设，提高重点部位“全球眼”视频监控系统实时监控效果。加强安全生产管理，全县安全生产形势总体平稳。

五是深化文明创建。抓好省级文明县城、各类精神文明建设先进集体创建工作，完成24个2012－2014年度省级文明单位（学校、村镇）创建对象届终考评验收；12个村镇被评为市文明村镇，3处活动广场被评为市“农村文化活动广场”示范点；104户家庭被评为市“十星文明户”。认真开展文明行业测评工作，促进行业提高优质服务水平。深入开展各类主题实践活动，弘扬民族传统美德，提升公民道德素质。加强对外宣传力度，在中央、省、市播出电视新闻193条，在中央、省、市新闻媒体正面刊发新闻1288篇，有力展示罗川形象。

六、加强党的领导，凝聚发展合力

着力加强党的领导，凝聚各方力量，为顺利完成各项工作任务提供有力的政治和组织保证。

一是抓好教育实践活动。按照中央和省、市委的统一部署，在市委第11督导组的指导下，今年3月启动了教育实践活动，共涉及基层党组织702个、党员13615名。突出问题导向，聚焦“四风”查摆问题，敞开大门征求意见，共征集3219条意见建议、175条“四风”方面问题，并逐一推进整改。以“罗川情·一家亲”主题实践活动为抓手，创新活动载体，引导广大党员开展知群众“家情”、兴群众“家业”、美群众“家园”活动，进一步密切党群干群关系。坚持整风精神，认真开展批评和自我批评，注重整改落实，及时制订整改方案，细化具体整改措施。着力建章立制，做好制度的废、改、立工作，形成严明完备的制度体系，实现了教育实践活动成为群众满意工程的目标。

二是推进民主政治建设。坚持县委常委会的议事规则和决策程序，充分发挥党委统揽全局、协调各方的核心领导作用。高度重视人大、政协工作，人大、政协的职能作用得到进一步发挥。支持法院、检察院独立公正行使职权。进一步加强同工商联和无党派人士的协商与合作，做好民族、宗教、对台和新社会阶层等各个领域统战工作，支持工会、共青团、妇联、科协、文联等群团组织依照法律和章程开展工作。巩固和发展了民主团结、生动活泼、安定和谐的政治局面。抓好党管武装工作，2014年我县被评为“全省国防教育先进单位”“全省征兵工作先进单位”“全市国防动员工作先进单位”。

三是强化执政能力建设。加强党员干部思想政治教育，进一步增强理想信念。继续深化干部人事制度改革，加强干部培养选拔，优化领导班子配备和干部队伍结构，建设“激情创业、敢于担当、苦干实干、纪律严明”的干部队伍。全面落实大规模教育培训，有针对性地选送229名干部参加省市县培训，提高干部干事创业能力。结合县直、乡镇领导班子建设实际情况，调整县直单位和乡镇科级干部224人。有计划地选派优秀年轻干部到项目一线培养锻炼，以服务经济建设为契机，抽调30名干部参加县重点项目建设。高度重视基层干部、党外干部和妇女干部的培养选拔，认真做好老干部工作，充分发挥了各级干部的积极性和创造性。

四是持续加强作风建设。着眼防范，强化教育，深入开展党纪条规学习，创新警示教育形式，推进廉政文化“七进”活动，对拟提任的96名科级领导干部进行廉政法规知识测试，确保干部廉洁从政意识不断提高。着眼民生，强化治理，开展纠风专项治理监督检查，强化农村“三资”监管，查处了11名村干部违纪案件，加强投诉办理落实力度，诉求件及时办结率在99.9%以上，切实维护群众利益。着眼作风，强化效能，健全绩效管理体系，加强重点工作目标管理；加强机关效能建设，深入开展“庸懒散拖”专项整治，推进工作提速增效。围绕依法行政、权力运行加强监督，强化网上审批工作监督，推进网上行政处罚及执法监察系统建设。加大案件查办力度，坚决惩治腐败，全年县纪检监察机关共新立案78件，处分78人，为国家和集体挽回经济损失51.47万元。

今年以来，县委常委会各项工作的开展和取得的成绩，是全县上下共同努力的结果，各位县委委员、候补委员为贯彻县委决策部署、完成各项任务做出了辛勤努力和积极贡献。当前，罗源的发展仍然面临不少的困难和问题，我们的工作也存在一些差距和不足，希望同志们对县委常委会的工作提出意见和建议。

政府工作报告
——2015年1月5日在罗源县第十六届人民代表大会第四次会议上

罗源县人民政府县长　邓达木

各位代表：

现在，我代表罗源县人民政府向大会做政府工作报告，请予审议，并请县政协各位委员和其他列席人员提出意见。

一、2014年工作回顾

过去的一年，面对经济下行压力较大的严峻形势，在市委、市政府和县委的正确领导下，县政府认真贯彻落实党的十八大、十八届三中、四中全会和习近平总书记来闽视察等系列重要讲话精神，扎实做好稳增长、调结构、促改革、惠民生等各项工作，全力完成县十六届人大三次会议确定的目标任务。预计全县完成地区生产总值170.59亿元，增长5.4%；公共财政总收入19.23亿元（实际数），增长11.73%，其中地方公共财政收入13.58亿元（实际数），增长10.71%；固定资产投资150亿元，增长6.2%；出口总值4167万美元，增长18.08%；实际利用外资3221万美元，增长3.0%；社会消费品零售总额40.3亿元，增长15.5%；城镇居民人均可支配收入24688元，增长11%；农民人均纯收入11055元，增长10.5%；人口自然增长率7.89‰。一年来的主要工作和成效是：

（一）推进产业提质增效。一、二、三产业增加值分别为30.21亿元、114.12亿元、26.25亿元，三产比重由17.4∶68.2∶14.4调整为17.7∶66.9∶15.4。粮食生产保持稳定，农业特色产业增产增效，农业总产值达51亿元，全县19家农业产业化龙头企业产值突破9亿元，罗源湾北岸水产养殖退养加快推进。工业经济稳步发展，完成工业总产值400亿元，其中规模以上工业产值373亿元，引进三钢集团重组三金钢铁并成立闽光钢铁公司，宇星实业等企业并购重组有序推进。第三产业增势明显，世纪金源大饭店、游艇俱乐部和畲山水景区建成运营，罗源湾海洋世界、海上搏斗城项目主体完工，游轮餐厅、海上高尔夫、时代大厦等项目进展顺利；苏宁电器、居然之家等大型连锁零售企业入驻滨海新城购物中心，全县限上零售企业由28家增至32家；罗源湾一类口岸对外开放获国务院批复；“红苹果化工”荣膺中国驰名商标，实现国家级品牌零的突破。

（二）主攻重点项目建设。全县56项重点项目完成投资110.2亿元，超年度计划5.8个百分点，其中列入市级（福州新区）的21个项目完成投资92.7亿元，超年度计划19.3个百分点。工业项目稳步实施，宝钢德盛不锈钢冷轧线建成投产，华能火电厂一期、南铝铝材加工一期、时代包装六线、福亮玻璃二期、益升食品二期等项目加速推进。基建工程取得突破，104国道五里至白塔段改线工程和滨海大通道碧里至鉴江段动工建设，沈海高速复线罗源段基本完工，将军帽15万吨码头、碧里作业区6#泊位主体建成，霍口大型水库、敖江供水项目和城区东区、滨海新城等输变电工程有序推进。园区配套持续完善，开发区松岐中路建设进度过半，防洪排涝工程分步实施；台商投资区松山A片区垦后塘收回工作全面完成，B片区土地填方、标准厂房建设扎实推进。招商引资取得成效，智能电网设备、创隆电器、汇昌纺织等项目成功落地，引进明通建设集团、江海苑园林两家建筑工程类一级资质企业，全年签约和对接项目93项；企业注册资本金32.5亿元，增长238%。

（三）深化重点领域改革。稳步推进政府机构改革和事业单位分类改革，调整合并4个单位部分职能，组建食品药品监督管理局。加快工商登记制度改革，注册登记私营企业248家、个体工商户1104户，增长50%和7.4%。深化行政审批制度改革，县级行政审批事项减少59项，削减24%。县行政服务中心进驻事项从195项增至246项，申请事项办结率达99.8%，其中当场即办率达80%；完成乡镇、村（居）便民服务中心、代办点建设，窗口服务水平明显提升。启动县级公立医院改革，实现县医院、中医院、妇幼院和精神病防治院药品零差价销售。开展农村土地股份合作流转试点工作，带动全县土地流转1.59万亩。深入实施林权制度改革，新增林权初始登记面积1.9万亩、林权抵押登记面积1.03万亩。认真落实“营改增”扩围政策，企业税负进一步减轻。成立汇融村镇银行，辖区银行增至9

家，服务网点达32个。

（四）改善城乡环境面貌。完成新一轮县城总体规划编制并通过市政府审批。滨海新城建设形成规模，完成年度投资80亿元，动建以来累计投资230亿元，建成商住楼530万平方米。中心城区改造提升持续推进，完成渡头新区路网等6条市政道路和孝巷路等12条背街小巷新改建，北大路至南大路综合整治、新东方酒店至五里桥景观工程即将完工，建成渡头桥至余家塘排涝站江滨公园，渡头湿地公园建设、雨污分流管网改造等工作有序开展，环卫体制进一步理顺，实现城区及周边乡镇生活垃圾无害化处理。乡容村貌得到改善，建成西兰至霍口沿线景观带和霍口凤凰公园、白塔排连湾公园等项目，新建重建桥梁6座，建设农村公路31.7公里，路灯亮灯率达97%，西兰乡洋坪村、起步镇上长治村等“美丽乡村”示范村建设成效明显，霍口乡福湖村等3个村被列为省级绿色村庄，中房镇深坑村入选中国传统村落名录。水利工程抓紧抓实，建成起步溪余家塘段防洪堤一期和鉴江柴桥头水库主体工程，基本完成松山围垦大型水闸和4座水库除险加固以及4个乡镇饮水安全工程。生态保护彰显实效，实施石材乡镇公共环境整治项目67项，完成石材加工企业新一轮规范化建设和废弃渣场覆土绿化，拆除禁养区生猪养殖场3.2万平方米，兰水溪、花园溪、中房溪、起步溪水质平均达标率提高58个百分点；临港工业企业完成整改项目91项，厂区及周边环境明显好转，县城空气质量提升至全市中上水平；造林绿化1.9万亩，超年度计划82.7个百分点；起步镇、白塔乡通过国家级生态乡镇创建验收，全县乡镇、村（居）生态细胞建设达到“双80”要求；县环保协会、企联会等组织主动建言献策，为“美丽罗源”建设发挥了积极作用。

（五）协调发展社会事业。完成发明专利申请120项，县食用菌协会被评为全国“基层科普行动计划”先进单位。教育领域改革深入推进，建成进修校二附小、第二实验幼儿园、职业中学实训基地一期和福州三中罗源校区并开班办学；城区公办中小学、幼儿园招生电脑派位工作走在全市前列；高考本科上线率上升6.9个百分点；“全面改薄”项目启动实施，国家级“义务教育发展基本均衡县”创建成果得到巩固。医疗服务水平进一步提升，建成精神病防治院综合楼和11所空白村卫生所、9所示范村卫生所，完成县医院内科三区建设和中医院改造，县级医院床位增长12%。广泛开展精神文明创建活动，在省级文明县城总评中取得良好成绩；霍口乡福湖村、松山镇竹里村和名匠工艺品厂被评为全市首批非遗项目传承保护示范基地；完成各乡镇文化共享工程建设和44个村“农家书屋”改造；成功举办第七届“畲族·风”民俗文化节、“秀美罗川”安后石创作大赛等活动；编辑出版《扪虱新话评注》并被收录福建文史丛书和国家图书馆；完成1.2万户有线数字电视整转；我县运动员在2014年亚残会荣获盲足项目铜牌，在全国技巧冠军赛摘得3金，在第十五届省运会取得11金4银4铜的优异成绩；表演项目《山哈藤阵》《铃卜情》获全省第八届少数民族运动会金奖。计生“国优”成果得到巩固，计生服务水平进一步提高。新档案馆动工建设，新气象站主体完工。国防动员和民兵预备役建设不断加强，被评为全省国防教育先进单位、征兵工作先进单位和全市国防动员先进单位。双拥支前、海防人防、外事侨务以及民族宗教、社会科学、地方志等工作扎实开展。

（六）提高人民生活水平。年度为民办实事项目全面完成。城乡就业保持稳定，新增城镇就业2855人，城镇登记失业率1.31%，转移农业富余劳动力7166人。在全市率先实现“新农合”省内跨设区市即时结算，“新农保”参保率保持在90%以上；城镇居民、职工各项社会保险参保率位居全市前列；“低保”“五老”“五保”等补助标准和被征地收海农渔民养老保障水平进一步提高。完成县光荣院修缮和6座慈善安居楼建设。完善价格补贴联动机制，受益群众1.3万人。设立179个小额助农取款服务便民点，实现农民享受金融服务不出村。基本建成保障性住房253套，开工建设搬迁安置房和公租房329套，超额完成市下达任务；完成197户744人“造福工程”和107户残疾人危房改造。深化“平安罗源”建设，组建公安巡特警队、应急处突队，网格化服务管理全面铺开；法治建设、安全生产、质量监督、“餐桌污染”治理和无传销县创建等工作取得成效；坚持县领导信访坐班制度，妥善化解矛盾纠纷，依法处置碧里乡鲍鱼死亡引发的群体性事件，社会治理进一步加强。老区、老龄、老干部、工会、青少年、妇女、儿童、残疾人等工作取得可喜成绩。县红十字会、慈善总会、关工委、老促会、老体协等组织为民生事业做出积极贡献。

（七）加强政府自身建设。自觉接受人大及其常委会的法律监督、工作监督和政协的民主监督，认真办理人大代表建议66件、政协委员提案76件，办复率100%。扎实开展党的群众路线教育实践活动和“四下基层”“四个万家”“罗川情·一家亲”活动，坚决纠正“四风”问题，办妥了“新农合”社保卡补办、部分公交线路开通等一批实事好事。认真落实中央“八项规定”和国务院“约法三章”，强化机构编制管理，“三公”经费支出下降42.9%；全县性会议场次、用时以及文件、简报明显减少；县级考核检查项目减少71项，压缩83.5%。全面梳理行政审批和权力清单事项，制定出台规范性文件17件。深化“马上就办”，狠抓绩效管理，加强机关效能建设，提高办事效率和服务水平。扎实推进廉政建设和反腐败工作，加强行政监察和审计监督，营造风清气正的良好环境。

各位代表，回顾过去一年的工作，我们取得的成绩来之不易。这是在上级党委、政府和县委的正确领导下，全县人民团结拼搏的结果。在此，我代表县人民政府，向全县人民致以崇高的敬意！向人大代表、政协委员、离退休老同志以及社会各界人士，向省、市驻罗单位和人民解放军、武警驻罗部队，向长期关心支持罗源发展的同志们、朋友们，表示衷心的感谢！

在看到成绩的同时，我们也清醒地认识到，我县仍处于“爬坡过坎、负重前进”的发展阶段，还存在不少困难和问题。一是思想观念还跟不上科学发展跨越发展的要求，体制机制还要进一步理顺完善；二是经济总量偏小，缺乏效益高、结构优的新增长点，石材行业转型升级、湾内水产养殖退出任务重、压力大，经济实力和抗风险能力不够强；三是城乡规划建设管理还需加强，生态环境保护任重道远；四是城乡居民就业、就学、就医等方面要解决的问题还比较多，社会治理能力有待进一步提高；五是法治政府建设仍需加强，一些机关工作人员还存在怠政、懒政等现象。我们要高度重视这些问题，采取更加有力地措施，认真加以解决。

二、2015年工作安排

各位代表，今年是完成“十二五”规划的收官之年，也是全省实施进一步加快科学发展跨越发展行动计划的开局之年。我们要深入贯彻落实党的十八大、十八届三中、四中全会和习近平总书记来闽视察等系列重要讲话精神，按照县委的统一部署，紧紧抓住中央支持福建发展和福建省获批设立自由贸易园区、福州市打造“一带一路”战略枢纽城市的历史机遇，主动适应经济发展新常态，全面融入福州新区开放开发，大力实施“以港兴县、新区强县，港城联动、山海统筹”发展战略，坚定信心、迎难而上，稳中求进、改革创新，加快建设机制活、产业优、百姓富、生态美的新罗源。

今年全县经济社会发展主要预期目标是：地区生产总值184.89亿元，力争187.23亿元，增长10.5%；工业总产值448亿元，力争456亿元，增长14%，其中规模以上工业产值417亿元，力争423亿元，增长13.5%；公共财政总收入16.5亿元，力争21.16亿元，增长10%，其中地方公共财政收入11.5亿元，力争14.94亿元，增长10%；固定资产投资150亿元，力争165.8亿元，增长10.5%；农业总产值54亿元，增长3.5%；实际利用外资3414万美元，增长6%；出口总值4459万美元，增长7%；社会消费品零售总额45.5亿元，增长13%；城镇居民人均可支配收入27280元，增长10.5%；农民人均纯收入12216元，增长10.5%；人口自然增长率控制在9.0‰以内；确保完成市下达的节能减排任务。我们将重点抓好以下工作：

（一）全面深化改革，持续增强发展动力

突出改革创新。认真落实年度改革任务，解放思想，大胆探索，加快体制机制创新。完成新一轮政府机构改革，稳步推进事业单位分类改革。深化行政审批制度改革，继续压缩县级行政审批事项，强化事中事后监管。加强县、乡、村便民服务机构建设，进一步提高服务质量。深化财税体制改革，加强财政预算管理，认真落实“营改增”等结构性减税政策，完成机关、事业单位公务用车制度改革。落实户籍制度改革，完善科技、教育、文化、医疗卫生等体制机制。推进不动产统一登记，夯实产权保护基础。加快农村土地、宅基地、林权等制度改革，保障农民合法权益。

融入福州新区。认真编制“十三五”规划，主动对接新区规划、配套政策，在更高层面统筹我县加快发展。融入新区产业布局，加快建设罗源湾开发区、台商投资区松山片区、起步食品工业园、玉石文化产业创意园、省级农民创业示范基地，加快产业集聚，提升经济核心竞争力。融入新区基础设施布局，继续推进将军帽15万吨码头、碧里作业区6#泊位和博澳码头建设，完善口岸查验监管设施，促进罗源湾一类口岸对外开放通过国家验收；抓好104国道五里至白塔段改线工程和滨海大通道碧里至鉴江段建设；加快建设霍口大型水库、敖江供水项目和一批输变电工程。推进生态文明先行示范区建设，努力以蓝天净水的优美环境融入福州新区开放开发。

增强发展动力。强化项目带动，初步安排2015年全县重点项目58项，年度投资84亿元，其中列入市级（福州新区）重点项目25项，年度投资74亿元。强化招商推动，实施“回归工程”，拓宽招商领域，注重招大引强和产业链招商，加快培育高新技术产业；坚持集约节约用地，收回闲置土地，处置低效用地，盘活存量土地，承载增量项目。强化创新驱动，鼓励企业加大研发投入，建设研发机构，抓好专利申请、人才引进等工作，提升科技进步对经济增

长的贡献率。强化市场拉动，推进品牌强县、质量兴县工作，鼓励申报驰名、著名、知名商标，放大品牌效应，提高市场占有率。

（二）优化产业结构，大力发展实体经济

加快临港工业做优做强。力促南铝铝材加工一期、时代包装六线、福亮玻璃二期、益升食品二期、苏冶机械等项目建成投产，推进华能火电厂一期、红苹果化工等项目加快建设，推动智能电网设备、创隆电器、汇昌纺织、德胜能源高档墙地砖等项目尽早动建，积极培育新的经济增长点。促进三钢集团产能向闽光钢铁转移，加快宝钢德盛、亿鑫钢铁扩能技改以及宇星实业等企业的并购重组，持续做好宝钢集团400系不锈钢项目引进服务，提升产业发展的质量和效益。

加快传统产业转型升级。规划建设石材物流仓储设施和交易市场，引进外来荒料，加强技术改造，发展循环经济，实现平稳过渡，打造一批转型升级示范企业，带动石材行业从拼资源、拼消耗、拼价格的粗放经营，向控制总量、提升档次、提高效益的可持续发展转变。积极稳妥推进罗源湾北岸水产养殖退出；充分发挥养殖合作社、龙头企业的示范带动作用，鼓励拓展县外、境外养殖新空间；提倡科学养殖，发展陆域工厂化养殖和水产品精深加工，提高产品附加值和产业抗风险能力。

加快现代农业培育壮大。实施“粮安工程”，稳定粮食生产；进一步完善农业特色产业优惠政策，继续安排财政专项资金，扶持发展食用菌、茶叶、林竹等产业。提升起步镇省级农民创业示范基地发展水平，建设食用菌研发中心和公共服务平台，促进食用菌设施标准化栽培和工厂化生产。以中房镇生春源茶业公司为引领，推动生态茶园建设、新产品研发和品牌提升等工作，带动全县茶业发展跃上新台阶。推进丰产毛竹示范片建设和油茶抚育管护，推广发展“名优特”蔬菜、花卉品种。扶持“二水源”保护区生态农业和农业产业化龙头企业发展，打造一批乡镇农业产业集中区、示范基地以及生态休闲农场。推进农村土地承包经营权确权登记发证，加快土地流转，发展适度规模经营。建立农户“互助担保基金”，推进农村金融创新。抓好新型职业农民培养、农业科技服务等工作，加快转变农业发展方式。

加快第三产业突破提升。繁荣发展旅游业，重视保护旅游资源，建成罗源湾海洋世界、海上搏斗城、游轮餐厅、海上高尔夫和时代大厦等项目，拓展畲山水景区文化内涵，扶持发展乡村旅游，推进旅游集散服务中心和全县旅游标识标牌建设，加大宣传推介力度，提升“畲风·海韵”品牌知名度。加快发展商贸服务业，促进滨海新城商贸区做旺人气，推动火车站站前广场综合体项目落地开发；完成竹木交易市场、农副产品批发市场搬迁；大力发展零售业，新增一批限上零售企业。平稳发展房地产业，拓展住房消费需求。推进普惠金融和金融生态县建设，提高服务水平，防范金融风险。

（三）统筹城乡建设，着力提升宜居水平

加强城市建设。树立“大城区”理念，逐步实现滨海新城和中心城区功能互补、互动融合。基本完成新城建设，完善功能配套，加快人口集聚。持续抓好中心城区改造提升，逐步改造城市旧屋区，合理布局农贸市场网点；继续推进市政道路和背街小巷新改建，规划建设公共停车场，推动城乡公交一体化，强化交通秩序整治，努力解决交通乱、停车难问题；有序推进城市景观工程，建设完善公园广场；加强南溪综合治理，分步实施雨污分流、供水供气等管网改造，做到地上地下同步建设、美化绿化相互协调、建设管理齐抓并进。推进凤山、松山撤镇改街道和五里桥重建工程，促进“两城”紧密衔接、一体发展。

加强乡村建设。加快新型城镇化，引导和鼓励各乡镇把集镇建设与产业发展、基础配套、造福搬迁等结合起来，建设各具特色的小城镇。开展新一轮“百村竞赛”活动，突出产业支撑，凸显田园风光，传承历史文化，留住乡愁记忆，注重保护和开发古村落、古民居，打造一批“美丽乡村”精品示范村。加强规范指导，加快“造福工程”和省级集中安置区配套建设。推进农村路桥改造和公路“绿色长廊”工程，完善公共交通网络。建设凤山、中房等乡镇农村饮水安全工程；实施起步溪余家塘段防洪堤二期、护国溪防洪堤二期和大、小获片区防洪排涝工程；完善灾害监测预报预警体系，进一步提升防灾减灾能力。强化科学扶贫、精准扶贫和对口帮扶，促进老少边贫乡村加快发展。

加强城乡管理。严格执行县城总体规划，强化规划空间管控。抓好土地开发整理，确保耕地占补平衡。加强宜居环境建设，延伸拓展“点线面”攻坚；强力整治“两违”行为，规范城乡建设秩序。建设城市数字化综合管理服务平台，狠抓市容市貌、施工粉尘、烟花燃放、噪音扰民、流动摊点等综合整治，提高城市管理水平。深化农村环境综合治理，持续改善乡村面貌。完善环卫设施，提高垃圾无害化处理率。倡导移风易俗，推行文明殡葬，培树文明新风。

加强生态保护。坚持源头严防、过程严管、后果严惩，进一步加大环境保护力度，确保通过省级生态县创建验收。强化节能减排，淘汰落后产能，发展绿色经济。狠抓罗源湾北岸工业企业环保综合治理，做到清洁生产、规范运输、达标排放。抓好重点流域水环境综合整治，深入推进矿山整合治理和石材加工、畜禽养殖污染整治，确保流域水质达标。加强大气污染防治，改善空气环境质量。完善环保监控设施，提升环境监管能力。做好生态功能红线划定工作，注重土地、森林、饮用水等自然资源的保护和开发。推进海岸带环境整治，加强海洋环境保护。严格执行环境保护“一岗双责”“河长河段长制”等制度，下决心用硬措施完成硬任务。

（四）切实改善民生，提高群众幸福指数

提高社会保障水平。落实就业再就业政策，新增城镇就业2500人以上，城镇登记失业率控制在2.3%以内，转移农业富余劳动力6000人以上。进一步提高“低保”补助标准，加强动态管理，确保应保尽保。完善城乡居民基本养老保险制度，提高“新农合”筹资标准和保障水平，推进城乡居民基本医疗保险制度整合。加快保障性住房和搬迁安置房建设，完善被征地收海农渔民多元保障机制，努力变安置为安居。完成气象站搬迁，建成新档案馆、粮食中心储备库主体工程。大力发展老年事业，加快推进乡镇敬老院、老年公寓、农村幸福园、慈善安居楼和老年人体育活动场所建设，研究制定高龄老年人补贴等制度。做好社会福利、社会救助工作，切实保障妇女、儿童、残疾人等群体权益。

提高教育发展水平。实施“全面改薄”项目，统筹义务教育资源均衡配置。进一步夯实教育基础设施，加快建设滨海新城小学、罗源一中标准化田径场和体育馆、职业中学实训基地二期以及“三通两平台”等项目，改建2所小学，筹建2所城区幼儿园。不断完善公办中小学、幼儿园招生政策和校长教师交流轮岗等机制，支持老校带新校、强校带弱校。优化教师队伍结构，完善教师管理制度，加大名优骨干教师培养力度，提高师德水平和业务能力。规范发展民办教育，扶持发展特殊教育、老年教育、继续教育。

提高全民健康水平。推进县级公立医院改革，加快县综合医院建设、精神病防治院设施配套和县级医院诊疗设备更新换代，抓好凤山社区卫生服务中心达标建设和松山、碧里卫生院、县疾控中心改造提升。继续推进中医院国家级重点专科建设，巩固“中医创先”成果。加大医技人才引进培养力度，开展全科医生、乡村医生签约服务和社区康复医疗试点工作。做好疾病防控、卫生监督、妇幼保健和爱国卫生等工作。继续落实计划生育政策，创新服务管理模式，促进人口长期均衡发展。

提高文化发展水平。积极培育和践行社会主义核心价值观，深入开展精神文明创建活动，加强社会公德、职业道德、家庭美德和个人品德教育，弘扬真善美，传递正能量。继续实施文化惠民工程，完善公共文化服务体系。推进高岗山发射台建设和有线电视光纤联网，推行农村有线数字电视整转补助政策，完善文化传播体系。培育发展文化产业，加快建设玉石文化产业创意园。重视文化遗产的保护和传承。繁荣文艺创作，打造文艺精品。强化“扫黄打非”，净化社会文化环境和网络环境。加强体育设施建设，推动体育事业蓬勃发展。

（五）突出依法治县，努力建设法治社会

创新社会治理。推进“六五”普法，引导全民守法、遇事找法、解决问题靠法。完善网格化服务管理平台，提高社会治理精细化水平。优化流动人口服务管理，做好社区矫正、刑满释放人员安置帮教等工作。支持工会、共青团、妇联等人民团体充分发挥桥梁纽带作用。加强社区建设，做好村（居）委会换届工作。发挥村规民约、祖训家教等积极作用，促进政府治理和社会自我调节良性互动。

化解社会矛盾。创新群众工作方法，密切干群关系。重视基层基础工作，切实把矛盾化解在萌芽状态。做好法律服务和法律援助工作，引导和支持群众理性表达诉求、依法维护权益。健全矛盾纠纷预防化解机制，严格按照信访“路线图”依法处理信访事项，用法治思维和法治方式化解社会矛盾。

维护社会稳定。完善社会治安防控体系，推进城区监控系统改造升级和社会视频资源整合，加强反恐维稳基础建设，抓好严打整治、禁种铲毒、反邪教、反传销等工作，建设“平安罗源”。完善食品药品安全监管体系，确保“舌尖上的安全”。严格落实安全生产“党政同责，一岗双责”和企业主体责任，扎实推进安全生产标准化提升工程三年行动。依法管理民族宗教事务。强化国防动员和民兵预备役建设，开展军民深度融合试点工作，巩固和加强军政军民团结。

（六）推进依法行政，加快建设法治政府

依法履行职能。加快转变政府职能，理出责任清单，做到“法定责任必须为”；亮出权力清单，做到“法无授权不可为”；给出“负面清单”，做到“法无禁止皆可为”。认真执行重大行政决策公众参与、专家论证、风险评估、合法性审查和政府法律顾问等制度，提高决策科学化、民主化、法制化水平。推进综合执法，规范执法程序，推动行政执法与刑事司法衔接，确保严格、规范、公正、文明执法。

依法主动作为。进一步巩固拓展党的群众路线教育实践活动成果，深入开展“四下基层”“四个万家”“罗川情·一家亲”活动，持之以恒反对“四风”。进一步发扬敢闯敢试精神，善于用改革的办法和创新的举措，破解发展难题，加快发展步伐。进一步弘扬“马上就办”优良传统，严格绩效管理，强化效能问责，大力整治“庸懒散拖”，坚决纠正不作为、乱作为。进一步落实县委提出的“激情创业、敢于担当、苦干实干、严明纪律”要求，让观望者不再犹豫、侥幸者去掉幻想、投机者没有市场。

依法接受监督。自觉接受人大及其常委会的法律监督、工作监督和政协的民主监督，提高人大代表议案、建议、意见和政协委员提案的落实率、满意率。全面推行政务公开，主动接受公众监督和舆论监督。坚持量力而行、尽力而为，勤俭节约、反对浪费，集中财力办大事、保民生。全面加强惩治和预防腐败体系建设，强化行政监察和审计监督，严肃查处各类违法违纪行为，努力形成干部清正、政府清廉、政治清明的良好风尚。

各位代表，罗源的事业激励我们敢于担当，群众的期待鞭策我们勤于耕耘，美好的前景鼓舞我们勇于开拓。让我们紧密团结在以习近平同志为总书记的党中央周围，在市委、市政府和县委的坚强领导下，锐意进取、攻坚克难，凝心聚力、真抓实干，为加快罗源科学发展跨越发展，全面建设罗源湾滨海新兴城市而努力奋斗！

（编辑　李晓静）

罗源县党的群众路线教育实践活动汇报

中共罗源县委

罗源县党的群众路线教育实践活动自3月份正式启动以来，按照中央、省委和市委总体部署，紧扣“为民务实清廉”主题，坚持以“照镜子、正衣冠、洗洗澡、治治病”为总要求，坚持领导带头，强化学习打基础、广开言路听意见、聚焦“四风”查问题，动真碰硬抓整改，推动整个活动进展有序、扎实深入，目前已基本完成各项工作任务，达到了预期目的，取得了良好效果。

一、突出“三个带头”，率先垂范，引领示范带动

县委对教育实践活动高度重视，迅速筹备、精心筹划，做到早组织、早动员、早宣传，有条不紊开展各项工作。3月初即召开常委会，认真研究制定活动实施方案，成立县委教育实践活动领导小组，组成教育实践办，派出4个县委督导组。活动开始后，又多次召开常委会议，对活动有关事项进行研究部署。在县委常委的率先垂范下，全县各级各单位“一把手”带头参与、靠前指挥，既把自己摆进去，又把党员干部带起来，真正形成层层示范、上行下效的工作局面。

1. 带头学习理论，强化思想武装

县委常委班子采取灵活多样的方式强化理论学习，四套班子领导先行先试、深学一层，带动全县各级党组织、党员干部学理论、比思想、讲奉献，确保党员干部在思想上、行动上，始终与党中央保持高度一致。一是突出重点学。3月下旬起，密集开展集中学习活动，举办多次中心组学习会议，组织县四套班子学习规定篇目、习近平总书记系列重要讲话、中央和省市委重要会议精神。二是创新形式学。县四套班子组织开展了“铭记历史、砥砺党性”主题瞻仰活动，观看了《“四风”之害》警示片，举办了多场专题辅导讲座。坚持学思结合，组织县四套班子成员围绕改进作风、推进工作交流心得。坚持常委带头上党课，带动四套班子领导为基层党员、干部上党课，推动全县教育实践活动有序开展。三是对照先辈学。坚持把学习弘扬焦裕禄、谷文昌精神贯穿活动始终，组织全县广大党员干部观看了《焦裕禄》、《公仆》、《践行群众路线的好榜样》等教育影片，以先辈先进为镜，深查细照反观自身，使广大参学党员的思想得到了升华，党性得到了锤炼，讲政治、顾大局意识明显增强。

2. 带头联系群众，广开门路纳谏

县四套班子领导带头建立教育实践活动联系点，并按照把联系点变成示范点的要求，带头深入一线、深入基层开展工作，一边深入调查研究，一边广泛听取意见，摸清基层情况，找准突出问题，提出对策建议。一是进村入户“访”。结合“四个万家”“罗川情·一家亲”活动，开展实地调研、现场办公，与基层群众面对面交流谈心，了解生产生活中的难点问题，切实做到“不漏村、不漏户、户户见干部”。活动开展以来，县四套班子成员和参学单位党员干部共深入联系点调研824次，入户走访群众5.7万户。二是广泛座谈“听”。县四套班子和参学单位共召开363场座谈会，多层面听取老同志、“两代表一委员”、基层干部

群众的意见和建议，查摆存在的问题和不足。三是拓宽渠道“找”。全县党员干部从群众来访和信访积案中，从典型案例、基层暴露的问题中，积极主动深入倒查自身“四风”问题；通过发放征求意见函、设立意见箱、电子邮箱等多种方式，面向社会广泛征求意见，进一步了解民心民声。县四套班子和参学单位通过广泛征求意见，对征集到的3219条意见建议、175条“四风”方面问题逐一进行整改。

3. 带头转变作风，坚持边查边改

县委坚持把转作风与办实事相结合，引导全县各级各部门牢固树立宗旨意识，做到“四风”问题马上改、好事实事马上办。一是常规问题及时改。坚持整改问题不分阶段、不分节点，只要发现问题就及时制定措施进行整改。二是共性问题专项改。按照“个性问题自己改、共性问题专项改”的原则，在学习教育、听取意见环节就对一些共性问题进行剖析，进行责任分解，建立整改台账，进行多批次专项治理，共整治问题20项。三是民生问题重点改。组织实施一批当前群众迫切要求的实事、好事，帮助解决涉及群众切身利益问题，有效打通了联系服务群众“最后一公里”，干群关系更加密切，干部形象明显提升。

二、突出“三个抓手”，从严务实，推进活动开展

我县既坚持从严从实，又注重运用灵活多样的方法，切实抓好各项工作落实，扎实推进教育实践活动有序顺利开展。

1. 以强化载体创新为抓手，形成罗源地方特色

县委以“罗川情·一家亲”主题实践活动为抓手，在抓好规定动作的同时，积极创新活动载体，引导广大党员干部走基层、接地气，送服务、增底气。一是深入基层，知群众“家情”。县四套领导班子坚持率先垂范，带动各级党员干部深入基层进村入户了解群众诉求，建立群众信息台账。将600多名在职党员编入7个社区30多个网格中，根据群众需求和个人特长设置60类志愿服务项目。二是结对帮扶，兴群众“家业”。组织全县110个党政机关和事业单位党组织与农村党组织结对共建，33个县直单位与所在社区结对共建，全县13615名党员与群众建立联系帮扶关系，帮助群众发展项目和就业。三是群策群力，美群众“家园”。以“美丽乡村”建设和城乡环境综合治理为抓手，推进省级文明县城创建工作，建设青山绿水、碧海蓝天的美丽家园，提升我县宜居水平。

2. 以强化严督实导为抓手，压茬推进活动进展

县委明确提出时间服从质量的具体要求，要求县委督导组针对每个环节、每项工作，从严督导把关，同时配合好省、市督导组工作，保障我县教育实践活动扎实开展。按照自上而下、压茬推进的要求，3月13日全县教育实践动员部署会议正式启动后，县四套班子先行启动，县直部门、乡镇、村（社区）陆续启动，全面有序推开全县教育实践活动工作。在整个活动中，市、县两级督导组采取明察暗访、蹲点督导、专项督办、提醒约谈等有效方式，对各参学单位活动开展进行不间断督导，确保规定动作到位。其中，市委第11督导通过发放征求意见表、座谈交流等形式，广泛听取群众意见建议，约谈党员领导干部85人次，深入基层、企业调研走访83次，召开基层座谈会17场，受理群众来信来访24批次，征集意见建议280条，协调市委农办，为鉴江镇海上村造福工程争取省市补助资金150万元，还就群众关注的罗源石材限期转产中的困难和问题向市委进行了专题汇报；县委督导组认真督促各参学单位广开言路、开门纳谏，自上而下，内部查摆，征集意见建议3219条，并逐一指导整改。通过严督实导，真正做到了“工作开展到哪里，督导就跟进到哪里”，有效传导了上级工作压力，激发了参学单位动力。

3. 以强化宣传引导为抓手，着力营造活动氛围

结合教育实践活动的逐步推开，加强正面宣传和舆论引导，积极发挥电视台等媒体优势，并充分利用LED屏、宣传栏、信息简报等媒介，广泛宣传中央、省市县委工作精神，及时报道全县活动情况和做法成效。下发教育实践活动《简明宣传手册》4000册，编发《教育实践活动简报》90期，并积极向省、市实践办报送信息。3月份以来在《新华每日电讯》、《福建日报》、《福州日报》、福建电视台和中央、省、市委群众路线网等主流媒体及省、市委《教育实践活动简报》上刊播反映我县教育实践活动稿件98篇，在宣传我县教育实践活动开展情况和取得成效方面起到了良好效果。

二、突出“三个到位”，深刻剖析，发扬党内民主

县四套领导班子和全县各级各部门围绕反对“四风”、改进作风，全面抓好谈心交心、对照剖析、开展批评等关键步骤，动真碰硬，红脸出汗，触及灵魂，扎实开好专题民主生活会和专题组织生活会，各级党员领导干部都经历了一次严格的党内政治生活考验。

1. 谈心交心到位

县四套班子成员带头认真落实“四必谈”要求，带动全县各参学单位领导班子扎实开展谈心谈话，切实做到把问题谈开、思想谈通、问题谈透、意见谈好。一是全面深入谈。坚持“四必谈”，市委督导组逐一与四套班子成员进

行谈心交心，县委主要领导带头与常委班子成员谈心交心，县委班子成员除了相互之间谈心交心外，还与所分管部门、挂钩联系乡镇负责同志谈心交心。各级领导班子成员在谈心交心的过程中，彼此掏心、不藏不掖，真诚交换意见，真正做到了见人见事见思想。二是敞开心扉谈。县四套班子成员和全县各参学单位领导班子成员之间的谈心谈话突出“四个重点”，即谈突出问题、谈深层次问题、谈思想障碍、谈差距不足，对问题不回避、不推脱、不放过。特别是谈问题时，把班子问题、个人问题、对方问题、产生问题的原因及改进措施谈开、谈通、谈透。三是多次反复谈。无论是县四套班子成员，还是各参学单位的班子成员，在谈心交心的过程中都带着问题深入谈、反复谈，以指出问题和不足为主，在扎实开展谈心交心活动的基础上，按照每个人提出两条以上意见的要求，拟定了专题民主生活会上的相互批评意见材料。

2. 对照剖析到位

县四套班子成员严格按照“深学、细照、笃行”和“三严三实”的要求，以兰考、上杭、长汀、永泰等县区委常委班子专题民主生活会为标杆，在深入谈心交心的基础上，通过群众提、自己找、上级点、互相帮、集体议等方式，深入细致查摆班子和个人“四风”方面存在的突出问题。6月上旬起，在市委实践办、市委督导组的精心指导下，严格按照“写得实、画像准”的要求，开始撰写个人对照检查材料。县委主要领导亲自主持了县委班子对照检查材料的起草与撰写工作，还多次召开常委会议集体讨论，集体修改。县四套班子及成员的对照检查、批评意见材料经过市委实践办、市委督导组的精心指导，反复把关，多轮修改，为开好专题民主生活会打下良好基础。各乡镇、县直各单位的专题民主生活会材料，也在县委实践办、县委督导组的指导下，反复多次修改完善。省、市委实践办和省、市委督导组还抽查了县四套班子成员、部分乡镇和县直单位的民主生活会材料。

3. 相互批评到位

按照压茬推进的原则，7月11日至15日，县委、县政府、县人大、县政协班子相继召开专题民主生活会；各乡镇、县直各单位的专题民主生活会在8月中旬前全部完成；全县702个基层党组织的专题组织生活会也于8月底前全面完成。县四套班子和全县各级各部门的专题民主生活会、组织生活会气氛热烈、效果良好。一是对照检查见筋见骨。县四套班子成员和各参学单位班子成员在对照检查时都直面问题，聚焦“四风”，从具体事例中反思问题。县委常委班子共查摆“四风”问题17项；11名常委共查摆“四风”问题148项，平均每人13项左右。人大、政府、政协班子及成员也各自查摆“四风”问题36项、139项和42项。全县各参学单位班子及成员查摆“四风”问题6125项。二是互相批评动真碰硬。各级班子党员领导干部在开展相互批评时不兜圈子、不绕弯子，直面矛盾、直言不讳、直奔要害地提出批评意见，做到了真心、真情、真诚。据统计，县四套班子成员之间共提出相互批评意见488条，各参学单位班子成员之间共提出相互批评意见5980条；全县共13615名党员参加了专题组织生活会，13615名党员参加了民主评议党员工作。广大党员领导干部和基层党员通过发扬党内民主，严肃政治生活，进行思想交锋，发现了问题，深化了共识，增进了信任，实现了“团结－批评－团结”的目的。

三、突出“三个着力”，立说立行，确保活动实效

从教育实践活动开始，我县就坚持边学边查边改，按照“有一件改一件，改一件成一件”的要求，立说立行，立整立改，以“钉钉子”精神抓好整改落实工作。

1. 着力抓好征求意见整改工作

一是坚持“四风”问题即知即改、立行立改。根据专题民主生活会上查摆出的问题，县委常委班子提出12项、20条整改措施，县人大党组提出11项、15条问题整改措施，县政府党组提出4项、16条整改措施，县政协党组提出6项、14条整改措施。针对“形式主义”，重点解决工作作风飘浮、落实不力，文山会海、缺乏实效问题。针对“官僚主义”，重点解决政绩观有偏差，统筹协调发展能力不足，联系服务群众不主动不到位等问题。针对“享乐主义”，重点解决艰苦创业精神滑坡、开拓创新意识减弱、贪图安逸思想抬头、责任担当意识减弱问题。针对奢靡之风问题，重点解决勤俭节约意识不强、落实八项规定不到位问题。

二是坚持好事实事“马上就办、办就办好”。县四套班子在教育实践活动中坚持对征求到的意见建议及时梳理汇总、分解立项，第一时间抓好问题整改，以实际成效取信于民，带动全县各层级各单位落实整改问题“马上就办、办就办好”。目前全县各级梳理出能够整改的问题960条，已整改768条，正在整改192条；其中四套班子梳理问题179条，已整改163条，正在整改15条。在打通联系服务群众最后一公里方面，针对离任村主干反映的补助标准偏低问题，县委常委会议及时研究解决，提高补助标准，由原来每任职一年每月补助10元提高到20元。针对新农合社

保卡延迟发放、群众就医不便的问题，限时补充更正基础信息，开通“绿色通道”上门办理服务，分三批发放社保卡2万张，基本实现全发放。针对农村“断头路”影响群众出行、经济发展等问题，多方筹措资金3000多万元，打通4个乡镇、30多个行政村近100公里“断头路”。针对转产转业问题，每年都安排专项资金巩固畜禽养殖整治和流域治理成果，扶持群众转产转业；通过印尼侨领黄双安先生帮助，引导养殖户到瑟兰岛发展南美白对虾养殖。针对城区附近群众交通问题，推进城乡公交一体化改革，把公交线路向城区周边乡镇的行政村延伸。在改善促进民生方面，认真实施民办实事项目，抓实抓好一批当前群众迫切要求的实事、好事，建成进修校二附小、第二实验幼儿园、职业中学实训基地，推进福州三中罗源校区建设，进一步改善我县办学条件，提升教育水平；推进一批城乡医疗设施建设、迁建、改造，实施空白村卫生所、市级示范村卫生所建设，提升基本公共卫生均等化水平；推进“美丽乡村”建设、“两违”治理，提升宜居建设水平。在整治信访突出问题方面，督促各级认真做好信访调解工作，及时妥善处理信访突出问题，对排查出的信访问题全部实行领导包案，跟踪督办，目前已化解83件，涉及群众1050人，将矛盾及时化解在基层，协调好党群关系。

2. 着力抓好“四风”突出问题专项整治工作

县委制定出台了《罗源县“四风”突出问题专项整治工作方案》，在落实省、市“8+4”工作要求的基础上，结合我县实际，列出21个专项整治项目，每个专项整治工作都安排县委常委牵头负责，并明确责任单位和整改时限。开展专项治理工作以来，全县性会议减少79次，降幅14.3%；下发文件减少198件，降幅14.6%；各类全县性领导小组和议事机构减少24个，降幅40%；各类全县性评比达标表彰活动减少10项，降幅23.3%；压缩“三公”经费开支1245.57万元，降幅46.18%。同时今年全县清理清退超编公车6辆，调整清理超标办公用房730平方米。县纪委严肃查处了在征地拆迁过程中骗取并瓜分征地补偿款的5名村干和党员；通报批评了在环保工作中监管不力的4名领导干部，其中科级干部3名；严肃查处了1名村主干私自挪用上级下拨的补助资金案件，查处了1名党员干部收受“红包”的违纪行为。县效能办共开展机关作风督查29次，查处问题29个，效能问责32人次，其中效能告诫8人次(1人为正科级)、诫勉教育9人次、通报批评15人次；针对存在问题的单位发出整改通知书23份、效能建议书3份，效能预警单1份。针对干部“走读”问题，制定出台《关于整治干部“走读”现象的实施意见》，加大对乡镇“走读”干部的效能问责力度，有效解决乡镇干部“走读”现象。

3. 着力抓好软弱涣散基层党组织整顿工作

把整顿转化软弱涣散基层党组织作为教育实践活动的一项重要任务来抓，制定《关于进一步做好软弱涣散基层党组织整顿工作的通知》，对20个软弱涣散基层党组织实行“一支一策”，全面开展整顿，目前已全部整改到位。一是强化领导，形成合力。每一个软弱涣散基层党组织均安排一名县四套帮子党员领导挂点指导，每月至少一次到村、社区指导工作，帮助解决实际困难和问题，参加专题民主生活会；各乡镇通成立整顿工作小组，具体督导整顿转化工作。二是结对帮扶，增强实效。实行点对点挂钩帮扶，每1个软弱涣散基层党组织都安排1个县直单位挂钩帮扶，每月至少深入软弱涣散村、社区一次，在各项具体整顿工作上给予支持，并帮助村、社区联系项目、技术、资金等。三是夯实基础，促进转化。按照“有钱办事、有人干事、有址议事、有章管事”要求，抓重点、补短板，确保村级组织正常运转。开展整顿工作以来，通过构建“领导挂钩、部门帮扶、乡镇包村、基层整改”的工作格局，共协调各类帮扶资金120多万元，解决群众反映强烈、矛盾集中的问题60余件；对村级活动场所进行修缮，推进水、电、路等基础设施建设，美化村容村貌；加强党务村务公开工作，规范公开程序，建立公开档案；加强队伍建设，规范组织运行，健全完善各项规章制度，提高整体党建水平。

四、突出“三项工作”，善始善终，扩大活动成果

进入第三环节之后，我县严格按照中央和省、市委要求，进一步加强领导，精心组织，深化活动开展，确保善始善终，善作善成。

1. 抓好“两方案一计划”落实工作

县四套班子严格按照前期征求到的和督导组反馈的意见，民主生活会上认领的问题，班子成员之间互相批评意见，提出明确的整改目标、具体举措、进度安排和完成时限，形成整改清单，扎实做好整改落实工作。一是细化分解抓落实。对整改方案、专项整治方案以及制度建设计划进行细化分解，逐一明确牵头领导和责任单位，明确“任务书”、“时间表”、“路线图”，确保各项整治任务和要求落实到位。二是加强督查抓落实。成立县委督促检查工作领导小组，并由县“两办”督查室、县效能办、县委实践办等部门协同配合，对各责任单位落实整改工作情况定期不定期开展督查，收集进展情况，对整改落实不力的，进

行通报问责，同时，建立定期报送制度，要求各牵头单位和责任单位定期报送整治情况。

2. 抓好整改方案、清单公开公示工作

在县四套班子整改方案、清单和班子成员、法检“两长”个人整改清单出台后，我县按照按照市委实践办部署要求，认真做好公开公示工作，主动接受社会和群众监督。县四套班子整改方案、整改清单于9月底起依次在“罗源党建网”公开；同时四套班子党员领导干部、法检“两长”的个人整改清单由县委教育实践办统一印制，并分送有关公示对象。各乡镇、县直各单位、全县村、社区也按照市、县要求，依次开展整改方案、整改清单的公示公布工作。

3. 抓好建章立制工作

按照制度建设计划，集中精力抓好制度规定的“废、改、立”工作。一是认真梳理已有制度，按照“谁起草、谁清理、谁负责”的原则，对现有制度进行全面梳理。目前县四套班子共清理制度22项，其中保留重申14项，修订3项，废止5项。全县各参学单位共清理制度324项，其中修订89项，废止35项。二是健全完善相关制度。县四套班子重点围绕解决“四风”方面突出问题，目前已出台《在全县开展“罗川情·一家亲”主题实践活动的实施意见》、《关于进一步改进文风会风，规范公务接待及加强公车管理的意见》、《关于清理规范县级考核检查评比表彰项目的通知》、《罗源县绩效管理奖惩暂行办法（修订）》、《关于开展违反中央八项规定精神突出问题专项整治的实施方案》等10项制度。对上级出台的密切联系群众、改进工作作风各项制度，我县还将进一步细化配套措施，制定实施细则。三是坚持做到开门立制。在制定相关制度过程中，采取调研座谈、征求意见等多种方式，广泛集中民智，积极回应群众关切，确保制定出台的每一项制度都具有较强的针对性、实用性和可操作性。四是加大制度执行力度。加大监督检查力度，通过自查、抽查、督查等方式，及时发现制度执行中的问题，督促整改落实。同时，加强制度公开和宣传，及时公布制度建设、制度执行成果，接受社会和群众监督。

五、开展教育实践活动积累的经验

1. 各级党员领导干部先行先试，引领示范作用明显

各级党员领导干部既是这次活动的组织者、推动者、监督者，更是参与者、实践者。活动中，各级党员领导干部带头加强学习、带头开展讨论、带头查找问题、带头解决问题整改落实，躬身践行，以实际行动影响和带动身边的人。尤其是县四套班子领导，坚持率先深入一线，靠前指挥，吃透政策原则，把握进度节奏，解决关键问题，把中央和省、市、县委的要求传递到“末梢神经”，解决好服务群众“最后一公里”的问题，形成良好的组织指导格局，为广大党员干部参与教育实践活动提供示范样本，引领全县教育实践活动深入扎实推进。

2. 查找问题聚焦准确，不散光、不走神

各级党组织、党员干部坚持问题导向，按照“照镜子、正衣冠、洗洗澡、治治病”的总要求，对照理论理想、党章党纪、民心民声、先辈先进四面镜子，把自己摆进去，用严格的尺子衡量自己，用更高的标准要求自己，深入查找“四风”方面存在的突出问题，确保教育实践活动准确聚焦靶心，不跑偏、不散光，坚持从群众感受最直观、反映最强烈的“四风”突出问题抓起，牢牢把握加强作风建设的切入点和着力点，切实对准焦距、抓住关键、找准要害，一风一风地查，一个问题一个问题地改，让群众看到了我们查找问题的真心、解决问题的决心。

3. 坚持开门搞活动，广泛接受群众监督

坚持把群众满意作为重要衡量标准，把开门搞活动作为重要方法，坚持全过程真开门、开大门，每个环节都让群众提意见、来监督、作评判，确保了活动取得群众满意的成效，有效传导了加强基层组织建设、改进作风的压力，激发了工作动力。从活动一开始，我县就不断加大宣传力度，扩大活动影响，吸引群众自觉主动地参与进来。根据不同节点的具体要求，围绕群众普遍关心、关注的问题，不搞闭门修炼、体内循环，敞开大门搞活动，把走下去与请上来相结合，群众提与群众评相结合，广泛听取民声、采纳民意，广泛接受群众监督和检验，真正把群众的意愿和智慧转化为加强思想政治建设、改进干部作风、加强基层基础建设的强大动力。

4. 坚持立行-立改、治根治本

这次教育实践活动，我县既立足当前抓突出问题整改、又着眼长远抓长效机制建设，不断增强作风建设的实际效果和持久动力。从活动一开始就抓主要矛盾、主要症结，从群众反映最强烈的具体问题改起，及时部署开展突出问题专项整治工作，积极推动作风整体好转，同时从完善体制机制入手，抓紧建章立制、树规立矩，从制度层面堵塞漏洞、治理源头，确保整改成效让群众看得见、感受得到，确保改进作风不走样、能持续、可延伸。坚持把治标与治本有机结合起来，边实践、边总结，既着力纠正面上政治坚强、“四风”问题的各种表现，又从规章制度、体制机制等方面铲除滋生“四风”的土壤，进一步提升了活动质量，

促进了活动成果。

在充分肯定这次活动取得的成绩的同时，我们也看到存在的问题和不足，比如，个别单位存在查找问题不深入，征求意见不广泛，立整立改工作有脱节等问题。这次教育实践活动的收尾，绝不是作风建设收场，而是新征程的开始。下一阶段，我县将认真贯彻落实习近平总书记在全党教育实践活动总结大会上的讲话精神，以锲而不舍的决心和毅力，把目前作风转变的好势头保持下去，一心一意谋发展，聚精会神抓党建，继续打好党风建设这场硬仗，努力取得人民群众满意的成效，为全面建设罗源湾滨海新兴城市做出新贡献。

关于罗源县2014年国民经济和社会发展计划执行情况及2015年计划草案的报告（节选）

——在罗源县第十六届人民代表大会第四次会议上

一、2014年国民经济和社会发展计划执行情况

2014年，在县委的正确领导和县人大监督下，全县上下共同努力，深入贯彻落实党的十八大、十八届三中、四中全会精神，面对复杂的宏观经济形势，积极主动、攻坚克难、稳中求进，积极融入福州新区开放开发，强化投资拉动和产业支撑，扎实推进项目建设、民生建设、基础设施建设等各项工作，全县经济社会保持平稳发展态势。预计2014年全县地区生产总值170.59亿元，增长5.4%。第一产业增加值30.21亿元，增长4.3%；第二产业增加值114.12亿元，增长4.1%；第三产业增加值26.25亿元，增长11%，三次产业结构为：17.7∶66.9∶15.4。全县公共财政总收入19.23亿元，增长11.73%，其中，地方公共财政收入13.58亿元，增长10.71%。城镇居民人均可支配收入24688元，增长11%；农民人均纯收入11055元，增长10.5%。国民经济和社会发展计划执行的主要特点：

（一）三次产业稳中有进

1. 农业增收提质。全县完成粮播面积12.1万亩，总产量约4.25万吨。食用菌、茶叶、畜牧、竹木、果蔬、渔业六大特色产业发展壮大，种植袋栽食用菌1.62亿袋（平方尺），产值7.5亿元；全县茶园面积达4.3万亩，其中新发展茶园750亩，产值1.5亿元；肉蛋奶产量1.52万吨，产值2.25亿元；种植蔬菜面积9.1万亩，产值4.5亿元；水果种植面积4.35万亩，产值1.35亿元；渔业总产量14.23万吨。加大农业产业化龙头企业培育力度，成功引进春伦集团，建成1条速溶茶生产线并投产，全县19家农业产业化龙头企业产值达9亿元。创新农业经营方式，新登记农民专业合作社30家、登记注册家庭农场8个。农田水利设施逐步完善，余家塘防洪堤一期工程、起步溪下长治防洪堤工程、柴桥头水库均已完工，松山围垦水闸除险加固工程加快推进，4座水库除险加固和4个乡镇农村饮水安全项目稳步实施。

2. 工业增速放缓。受国内外市场和全国经济增速放缓等宏观经济影响，我县工业增长低于预期。预计规模工业增加值85亿元，增长4%。1－11月份（下同），我县开发区规模工业完成产值271.14亿元，增长－2.9%，产值同比下降了5.8亿元；乡镇规模工业完成产值49.2亿元，增长2.3%，产值同比增长了1.1亿元。受全国经济下行的影响，作为我县主导产业的冶金、建材部分企业生产放慢，甚至出现了产值下滑现象。宝钢德盛、亿鑫、三金、小蕉四家企业今年共完成产值226.8亿元，增长－4.2%，产值同比下降了10.1亿元。全县用电量明显减少，全社会用电量实现31.61亿度，增长－7.09%，其中工业用电量29.12亿度，增长－8.95%。产业转型升级取得成效，三钢（集团）成功重组三金钢铁，成立福建罗源闽光钢铁有限责任公司，并重新投产；中国航天工业集团重组宇星实业取得阶段性进展；华东船厂、雄丰纸业等企业重组正在加快推进。

3. 服务业稳步增长。滨海新城商贸区雏形初显，苏宁电器、居然之家等大型连锁零售企业入驻购物中心；旅游业加快发展，滨海新城游艇码头、霍口畲山水景区和福湖畲风民俗文化村等旅游项目投入运营，海洋世界基本建成，

将于2015年2月8日开业；海上钓鱼台、海上搏斗城项目进展顺利，海上游轮餐厅将于明年中旬开工建设，预计全年接待游客达60万人次。全年社会消费品零售总额40.3亿元，增长15.5%。金融业进一步发展，截至11月底全县金融机构人民币存款余额81.97亿元，增长7.04%；人民币贷款余额115.19亿元，增长46.99%。现代物流业不断发展，完成将军帽作业区15万吨级散货码头、碧里作业区6#泊位主体工程建设，博澳淡头散杂货码头建设进展顺利。房地产市场持续健康发展，1－11月份，办理房地产买卖交易6829起，建筑面积75.36万平方米，交易金额36.84亿元。其中：商品房交易6494起，建筑面积70.84万平方米，交易金额36.22亿元。

（二）投资和项目建设进展良好

全年固定资产投资（含高铁、高速，下同）150亿元，增长6.2%，其中工业固定资产投资34亿元，增长24.1%。全县重点项目56项完成投资110.2亿元，占年度计划104.1亿元的105.8%，超计划5.8个百分点。其中：28项在建重点项目完成投资103.2亿元，17项计划新开工重点项目完成投资4.85亿元，11项预备前期重点项目完成投资2.15亿元，21项市级重点（新区）项目完成投资92.7亿元，占年度计划77.7亿元的119.3%。各个项目顺利推进，将军帽15万吨码头、碧里6#泊位完成码头主体工程建设，进行后方陆域施工；华能火电厂已获国家发改委核准进行场平及重件码头沉桩；滨海新城建成世纪金源大饭店、滨海学校、福三中罗源校区、水幕电影与音乐喷泉、游艇码头、购物中心与写字楼等，1－9区交房，10－13区达到交房条件，目前正加快推进15、16、19区住房、十字商业街、松岐中路、海洋公园与海上搏斗城、海上高尔夫练习场等项目建设；台商投资区启动项目进行小获片区路网基础、标准厂房框架结构及小获片区防洪堤基础施工；南铝罗源铝材加工基地项目进行厂房钢结构安装及附属楼土建施工；海峡西岸软包装六线部分设备开始进口到位；霍口水库完成绕坝公路建设，进行项目建议书报批等；敖江供水进行输水隧洞爆破开挖；天然气工程调峰储备站建成投产及高中压管线建设47公里；104线五里至白塔段公路进行渡头大桥、管柄大桥桩基及松山、凤山段路基开挖施工建设；罗源湾开发区、港区基础设施进行防洪渠道、路网等施工；霍口水务大厦进行基础设施建设筹备；狮岐作业区1－4#泊位、牛坑湾围垦、宝钢德盛二期工程等项目加快进行开工前期报批工作。

（三）对外开放步伐加快

完善招商引资优惠政策，优化招商工作流程，营造优质高效的服务环境。招商引资取得成效，全年共签约和对接项目93项，全县实际利用外资3221万美元，增长3%。实施“回归工程”，引进博澳码头、福建亮峰玻璃等项目，总投资8.15亿元。开展产业链招商，成功引进全国铝型材十强企业南平铝业，宝钢不锈钢400系项目对接工作取得阶段性进展。积极推进口岸扩大开放工作，罗源湾港区一类口岸获得国务院批复。积极发挥台商投资区承载平台作用，福营塑胶、创隆电器、汇昌纺织等7个项目落地台商投资区松山片区。

（四）重点领域改革加快推进

政府职能和机构改革进一步深化，食品药品监管机构改革基本完成。深化行政审批制度改革，县级行政审批事项减少59项，削减24%。提高行政服务中心工作效率，简化办事流程，审批时限压缩到法定的30%以内，审批事项办结率达99.8%，其中当日即办率保持在80%以上。完成全县60个行政事业单位收费项目年审，实现涉企收费单位一律实行“阳光收费”，基本完成事业单位预分类。出台惠企政策，有力推动中小微企业和高新技术企业发展。“大部门制”改革、县级公立医院改革、林权制度配套改革、农村土地流转、工商登记制度改革等工作有序推进。

（五）社会事业全面发展

社会保障水平持续提升。转移农业富余劳动力7160人，城镇新增就业3150人，下岗失业人员再就业161人，城镇登记失业率1.31%，新农保参保率稳定在90%以上。1－11月，发放被征地收海农渔民养老保险金474.81万元。建成救助管理站，实施光荣院旧楼改造修缮项目，推进一批乡镇敬老院建设，兴建民办养老机构。做好群众保障安居工作，共建设廉租房295套、公共租赁房920套和棚户区改造安置房1179套，完成配套廉租房250套。加强和创新社会管理，建成第二消防站，成立海上搜救分中心和“海上110警务室”。教育卫生事业优先发展，进修校二附小、第二实验幼儿园、罗源湾滨海学校、福州三中罗源校区开班办学，职业中学实训基地一期基本建成；实施松山中心小学旧校区改扩建工程，扩大办学规模，缓解城区学校学位紧张压力；继续实行教师轮岗交流，优化教师队伍结构，切实提高教学质量，高考本科上线率比去年提高6.9个百分点。发展医疗卫生和科技文体事业，完成县精神病防治院综合楼和11所空白村卫生所、9所示范村卫生所建设，完善178所村卫生所设备配套，新聘卫技人员45名。精神文明建设深入开展，顺利通过省级文明县城总评。文化体育事业加快发展，县文化馆、图书馆、博物馆被文化部授予国家三级馆称号；霍口畲族民俗传承保护基地、松山竹里村畲族传统服饰传承保护基地、福建罗源名匠工艺品厂被列入首批福州市非物质文化遗产项目传承示范基地；全县11个乡镇综合文化站进一步完善，188个行政村完成农家书屋建设并改造提升44个农家书屋任务。持续抓好计划生育工作，巩固“国优”成果。

（五）城乡环境进一步改善

滨海城建设形成规模，今年完成投资73.7亿元，新建商住楼530万平方米，完成滨海路古街、十字商业街部分路段和主干道建设。加快提升城市品质，推进中心城区道路景观和部分主干道、12条背街小巷改造。抓好渡头桥至余家塘排涝站江滨公园、新东方酒店至五里桥公园景观工程、渡头湿地公园、梅岭公园等公园建设。推进15个“美丽乡村”和西兰至霍口沿线景观带建设、白塔排连湾104国道两侧景观公园等项目建设。完成乡镇36个培植点和吉壁小渔村建设，有效示范和带动了乡村环境提升和产业发展。继续开展生态县创建工作，10个乡镇和167个行政村分别通过国家级、省级以上生态创建验收。开展绿色村庄示范村建设工作，8个省、市级绿色村庄示范村规划均通过省、市的评审。建设乡镇生活污水厂项目，建成7个乡镇生活污水处理站；把凤山、松山污水接入城区污水处理厂处理，全面提高城乡污水处理能力。落实饮用水源保护长效管理机制，进一步规范县级和乡镇饮用水源地管理，全县14个集中式饮用水源水质达标率为100%。加强临港工业环境监管，推进金港工业区钢铁企业环境综合整治，临港企业环保整改项目基本完成。

在取得成绩的同时，我们也清醒看到所面临的困难和问题：经济发展三次产业结构不协调；工业结构单一，发展后劲有待增强；城乡发展不平衡，乡镇支柱产业单一凸显发展局限；财税收入主要依赖于房地产及建安行业，增收后劲不足；重点项目建设资金缺乏、审批手续复杂、征地拆迁受阻等问题亟待解决；出口企业难以做大做强，导致抵御国际市场风险能力不足；社会事业发展的一些领域还相对滞后，特别是农村教育、公共卫生、基本医疗等社会事业投入有待加强等等。这些问题要在今后工作中采取有效措施，切实加以解决。

二、2015年国民经济和社会发展预期目标

2015年是完成“十二五”规划目标任务的收官之年，也是全省实施进一步加快科学发展跨越发展行动计划的开局之年。我们要按照县委的统一部署，全面融入福州新区开放开发，抓好项目建设和民生保障，经济社会实现平稳、健康、协调发展。

根据积极可行、适当留有余地的原则，全县2015年国民经济和社会发展的主要预期目标安排如下：

（一）2015年国民经济和社会发展主要预期目标

——地区生产总值184.89亿元，增长9%，力争完成187.23亿元，增长10.5%；

——农业总产值54亿元，增长3.5%；

——工业总产值448亿元，增长12.5%，力争完成456亿元，增长14%，其中规模以上工业产值417亿元，增长12%，力争完成423亿元，增加13.5%；

——财政总收入16.5亿元，力争完成21.16亿元，增长10%，其中地方级财政收入11.5亿元，力争完成14.94亿元，增长10%；

——固定资产投资150亿元，力争完成165.8亿元，增长10.5%，其中工业固定资产投资39.1亿元，增长15%；

——出口总值4459万美元，增长7%；

——实际利用外资3414万美元，增长6%；

——社会消费品零售总额45.5亿元，增长13%；

——城镇居民人均可支配收入27280元，增长10.5%；

——农民人均纯收入12216元，增长10.5%；

——城镇登记失业率控制在2.3%以内；

——人口自然增长率控制在9.0‰以内。

（二）2015年主要指标安排依据

1. 地区生产总值。2015年安排地区生产总值184.89亿元，增长9%，力争完成187.23亿元，增长10.5%；其中第一产业增加值31.86亿元，增长3.5%；第二产业增加值123.38亿元，增长9.6%，力争完成125.72亿元，增长11.7%；第三产业增加值29.65亿元，增长11.5%。三次产业比重为：17.2:66.7:16.1。

2. 一产增加值。着力调整优化农业产业结构，做大做强食用菌、茶叶、畜牧、竹木、果蔬等农业六大特色产业。食用菌产业积极推进起步镇省级农民创业示范基地建设，突出食用菌产业转型升级，进一步发展秀珍菇设施大棚标准化栽培，以霍口岐峰国家级农业专业合作社为示范，巩固发展“二水源”保护区优质食用菌生产基地，确保全年食用菌栽培规模巩固在1.6亿袋以上。茶产业以打造“七境茶”品牌为抓手，以中房镇生春源茶叶公司为引领，抓好生态茶园建设改造、茶叶初制加工厂清洁化改造、新产品研发生产等工作，进一步推进产业效益。果蔬产业发展设施栽培，基地化生产、反季节生产，并力求在“名、优、特”品种上有突破，以推动产业有新提升。畜牧业坚持

“两手抓”，加大力度推进乡镇畜禽养殖污染整治，督促指导福田、东泰、中森等标准化规模化养殖示范场进行技术改造。积极稳妥推进罗源湾北岸水产养殖退出，引导和鼓励湾外、县外、境外养殖。扎实推进农村金融创新试点工作，切实解决农户融资难、融资贵问题。同时，抓好农业主导产业和休闲观光农业、设施农业、品牌农业、农村土地流转等工作，提高农业综合生产能力。

3. 二产增加值。紧紧抓住松山、碧里、凤山、起步4个乡镇被列入福州新区北翼发展区规划的难得机遇，统筹罗源开放开发。加快推进“两区两园一基地”建设，不断提升项目承载平台。力促宝钢德盛40万吨冷轧线、弘景木塑二期尽早投产；加快华能罗源火电厂主体建设、时代包装六线、南铝罗源铝材一期等项目建成投产；积极扶持三钢重组三金钢铁改造提升，宇星实业、华东船厂、雄丰纸业等企业重组改造提升生产；推进宝钢德盛二期、金闽烟叶二期、红苹果环保涂料、天一同益、创隆电器等项目开工建设。推进石材加工企业转型升级，规划建设石材物流仓储设施和交易市场，引进外来荒料，发展循环经济。充分利用省、市出台支持中小企业政策，积极引导现有规模工业企业改造提升生产能力。规模工业增加值安排107亿元，增长9.5%，力争完成113亿元，增长11.8%。加快建筑业发展，推动新型城镇化建设，重点推进滨海新城15－19区建设，敦促明珠香江御园、时代大厦、万豪城市广场等项目动工建设，启动余家塘旧屋区改造等。

4. 三产增加值。以滨海新城商贸区为龙头，汇聚人流、物流、资金流，打造环火车站商贸圈；完成竹木交易市场、农副产品批发市场落地开发。加快发展旅游业，打响“畲风海韵”的旅游品牌，大力发展滨海休闲旅游、畲族文化乡村旅游、农家乐等特色旅游，推进滨海城游艇码头、海洋公园、海上高尔夫球场、滨海商业风情街等建成和完善，培育发展集休闲度假、生态观光、历史文化为一体的滨海旅游业。平稳发展房地产业，拓展住房消费需求。

5. 固定资产投资。充分发挥项目建设在固定资产投资中的拉动作用，实施一批重大基础设施项目、产业项目和民生工程建设。全年预计安排重点项目58项，总投资551.9亿元，年度计划投资84亿元。其中在建项目27项，总投资370.2亿元，年度计划投资69.9亿元，项目包括将军帽作业区15万吨级散货码头、碧里作业区6#泊位、淡头作业区14－15#泊位、罗源湾滨海新城、敖江供水工程、金港工业区防洪排涝工程、松山围垦水闸除险加固工程、104国道罗源五里至白塔公路改线工程、滨海大通道228国道罗源碧里至鉴江公路、华能罗源火电厂新建工程、滨海城与将军帽11万伏输变电工程、台商投资区基础设施启动项目及标准厂房、罗源县天然气利用工程、南铝罗源铝材加工基地工程项目、时代大厦、精神病防治院扩建二期、气象站搬迁、旺城明日之星等；计划新开工项目19项，总投资39.9亿元，年度计划投资12.02亿元，项目包括149县道渡头至迹头段公路拓宽改建工程、半章（起步）22万伏输变电工程、喷墨薄型高档墙地砖、宝钢德盛全厂环保设施技改工程、罗源金闽烟叶二期项目、天一同益电气项目、创隆电器项目、红苹果环保型涂料生产基地项目、全生物质降解膜、碧里将军帽供水工程、罗源湾海宁医院、城区东环路至起步环岛景观改造工程、余家塘旧屋区改造项目等；预备前期项目12项，总投资141.77亿元，年度计划投资2.16亿元，项目包括滨海大通道228国道罗源鉴江至宁德城澳段公路、霍口大型水库工程、松山鹤屿片区防洪排涝工程、淡头作业区9－11#泊位及仓储工程、狮岐作业区1－4#泊位工程、宝钢德盛二期项目等。

6. 外经贸。充分发挥台商投资区有利条件，积极承接福州“退城进园”的经济发达地区的产业转移、产业链延伸，增强经济后劲。加快招商引资进度，积极参与“5·18”海交会、“6·18”项目成果交易会、“9·8”投洽会等大型招商活动开展招商引资工作。继续加大对进出口企业扶持力度，促进现有进出口企业扩大生产经营，推进大型企业大宗产品出口，培育新的进出口增长点。继续鼓励支持现有重点外资企业改造升级，增资扩股，不断做大做强，确保我县外经贸健康持续发展。

7. 其他指标。一是社会消费品零售方面。积极培育发展限上商贸企业，新增一批限上零售企业。加强市场监管，做好成品油、屠宰、酒业等行业监管，确保市场稳定。社会消费品零售总额目标安排45.5亿元，增长13%。二是提高城乡居民收入方面。积极主动对接国家、省市的收入分配政策，研究和落实增加城乡居民收入的措施，确保城乡居民收入增长不放慢，城镇居民人均可支配收入目标安排27280元，增长10.5%；农民人均纯收入目标安排12216元，增长10.5%。三是促进城乡居民就业方面。继续实施积极的就业政策，完善公共就业服务，抓好被征地收海农渔民、“二水源”保护区农民等群体的转产转业，城镇失业率登记控制在2.3%以内。四是抓好计划生育方面。持续抓好计划生育工作，控制人口增长率在9‰以内，促进人口长期均衡发展。

表 1　　罗源县 2014 年国民经济主要指标预计完成情况和 2015 年预期目标

指　　标	单位	2014 年人大计划		2014 年预计完成		2015 年预期目标		2015 力争完成目标	
		总量	增长率%	总量	增长率%	总量	增长率%	总量	增长率%
1. 地区生产总值	亿元	187.93	10	170.59	5.4	184.89	9	187.23	10.5
其中：一产增加值	亿元	35.17	3	30.21	4.3	31.86	3.5		
二产增加值	亿元	124.3	11.3	114.12	4.1	123.38	9.6	125.72	11.7
建筑业增加值	亿元	6.09	10	6.4	12	7.1	11		
三产增加值	亿元	28.46	13	26.25	11	29.65	11.5		
2. 农业总产值	亿元	52.4	3.2	51	4.3	54	3.5		
3. 工业总产值	亿元	472	13	400	4.3	448	12.5	456	14
其中：规模以上工业总产值	亿元	446	13.3	373	4.2	417	12	423	13.5
规模工业增加值	亿元	107	12.3	85	4	107	9.5	113	11.8
4. 公共财政总收入	亿元	18.7	10.3	19.23	11.73	16.5	-14.2	21.16	10
其中：地方公共财政收入	亿元	13.13	10.2	13.58	10.71	11.5	-15.3	14.94	10
5. 出口总值	万美元	3604	5	4167	18.08	4459	7		
6. 实际利用外资	万美元	3173	3	3221	3	3414	6		
7. 固定资产投资（含高铁高速）	亿元	158.5	10.5	150	6.2	150	0	165.8	10.5
其中：工业固定资产投资	亿元	25.85	10	34	24.1	39.1	15		
8. 社会消费品零售总额	亿元	39.9	14	40.3	15.5	45.5	13		
9. 城镇居民人均可支配收入	元	26190	10	24688	11	27280	10.5		
10. 农民人均纯收入	元	11550	10	11055	10.5	12216	10.5		
11. 城镇失业登记率	%	2.3 以内			1.31		2.3 以内		
12. 人口自然增长率	%	8.6 以内			7.89		9.0 以内		

注：指标总量为现行价，比增按可比价计算。

2014年县委、县政府为民办实事项目完成情况

2014年县委、县政府为民办实事项目共计12大项18小项。项目完成情况如下：

一、城区主干道改造提升工程

沉香酒店至南门桥段综合整治工程于2014年9月29日开始进行建筑外立面施工。共实施电力管道埋设、市政雨污水管网和道路铺设、空调外架安装、铝合金窗门更换、建筑立面真石漆、广告牌制作及凤蝶广场施工等，该项目已基本完成建设，并通过验收。

二、渡头新区路网建设

该道路总长2.3公里，总投资6500万元。2014年度，已完成渡头路网G号路、1号、2号路施工，以及所涉及的电力管道埋设、路沿石安装、人行道铺设、路灯安装、绿化等工程，待验收。

三、城区公园建设

1. 新建渡头湿地公园

渡头湿地公园建设面积约6.6万平方米，工程总投资约1650万元，已完成东区园路、栈道、苗木种植等，西区正在进行清淤及绿化，完成工程量的70%。

2. 建设梅岭公园

2014年实施绿化景观并建设气排球场地、空气质量监测站、30吨蓄水池、观光走廊、朝梅亭广场和书法长廊等项目，完成投资500万元，现已建成并投入使用。

四、提高城乡居民社会保障水平

1. 提高城乡居民最低生活保障标准和补助水平

从2013年11月1日起，城镇低保标准从人均月收入350元提高到410元，补助水平由每人每月207.12元提高到267.12元；从2014年1月1日起，农村低保（不含五保）标准从家庭年人均收入1900元提高到2100元，补助水平由每人每月120.05元提高到140.05元。

2. 提高城乡居民社会养老保险基础养老金标准

自2013年12月1日起，我县60周岁以上城乡居民社会养老保险基础养老金标准从原来每人每月55元提高至每人每月85元。

3. 农村贫困残疾人安居工程

2014年计划实施80户农村残疾人新建住房或改造危房，分布在11个乡镇67个村。现已完成105户，其中新建住房58户，修缮危房47户，超额完成2014年危房改造任务。

4. 新建起步敬老院

该项目选址在起步镇港头村港头山头（新县国家一般气象站旁），用地面积3471.7平方米，建筑面积730平方米，拟建设二层18间36张床位。2014年，已完成征地、工程勘探和图纸设计等工作。

五、基层卫生院（所）基础设施建设

2014年完成鉴江、飞竹、霍口、碧里、起步、洪洋、中房、西兰、松山9个乡（镇）卫生院X光机、B超机等6大件配备使用。建成11所空白村卫生所和9所市级示范卫生所。

六、农村公路建设

1. 实施农村公路安保工程

2014年实施农村公路安保工程项目15个105公里，总造价约1500万元。具体为：飞竹镇4个项目20公里，洪洋乡4个项目13.334公里，碧里乡3个项目25.185公里，中房镇3个项目34.133公里，凤山镇1个项目12公里。

2. 改造网络公路路面、自然村公路

①已改造完成碧里乡黄土至西洋3.7公里公路，总投资270万元。②建成通自然村公路28公里，超额完成2014年计划任务。

3. 岭洋线公路岭尾店至破石段道路拓宽改造工程

2014年拓宽改造岭洋线公路岭尾店至破石段7.5公里道路，总投资600万元。

七、农村饮水安全工程

2014年实施起步、白塔、飞竹、鉴江4个乡（镇）农村饮水安全工程。①鉴江镇安全饮水工程总投资265.5万元，结合柴桥头水库和集镇安全饮用水厂项目捆绑建设。2014年已完成柴桥头水库、各村农村饮水安全工程建设，新水厂项目已获得立项。②起步镇农村饮水安全工程总投资619.3万元，已完工。③白塔乡农村饮水安全工程总投资498.8万元，涉及14个村，工程于2015年1月完工并通过验收。④飞竹镇农村饮水安全工程总投资675.7万元，已完工。

八、村级组织办公场所

2014年建成碧里乡吉壁村、西兰乡破石村、飞竹镇塔里洋村村部（便民代办点）并投入使用。

九、造福工程

2014年度已实施松山、洪洋、飞竹、霍口等4个乡（镇）共197户744人造福工程危房改造。

十、农村公厕建设

2014年度新建30座农村公厕，分别为：凤山镇管柄村、南门外村；松山镇小获村、外洋村、迹头村、泥田村；碧里乡西洋村、廪头村、廪尾村；鉴江镇圣塘村、程家洋村；起步镇沈厝村、起步村；洪洋乡民族村、洋中村；中房镇下湖村、叠石村、后富村；白塔乡九溪村、赤岭村、小云村；西兰乡下漈村、岭头村；飞竹镇丰余村、仓前村、飞竹村；霍口乡佳湖村、塘下村、徐坪村、岐峰村。

十一、110KV新城输变电工程

该项目分两年实施，2014年度变电站部分进行桩基施工。线路部分白花～松山Ⅰ回π入碧里变110千伏线路工程，已开挖29基，浇筑28基，组塔3基；碧里～白花π入新城变110千伏线路工程正在协调破路方案。

十二、治理餐桌污染，建设“食品放心工程”

围绕畜牧业产品、种植业产品、水产品、饮用水、加工食品和餐饮业等主要食品污染开展全面治理。2014年度共出动执法人员2842多人次，检查农贸市场、超市、大中小餐饮单位、各类畜禽养殖场、育苗场、生产企业数1588多次，立案查处40起，结案35起，案值24.1447万元，罚没9.3263万元。畜牧业生猪产销环节、种植业蔬菜水果农药残留、县级以上集中式饮用水源地和城区市政管网末梢水质以及瓶（桶）装饮用水抽检合格率100%。

（编辑 李晓静）

大事记

1月

2日　罗源县十六届人民代表大会第三次会议完成各项议程，胜利闭幕。会议选举邓达木为罗源县人民政府县长，朱玲为县人民法院院长。

10日　罗源县委书记吴兰铮主持召开十二届县委十次全体（扩大）会议，学习贯彻党的十八届三中全会、省委九届十次、市委十届七次全会，以及中央、省、市的经济、城镇化、农村工作会议精神。大会审议通过《县委关于贯彻党的十八届三中全会精神全面深化改革的实施意见（草案）》。

25日　BOPP全球首条最快速度最大宽幅生产线在罗源湾开发区正式投产。该生产线生产速度每分钟可达525米，最大宽幅10.4米。

是月　罗源一中科研项目“不同种类凤仙花的离体培养和瓶内开花”获第29届福州市青少年科技创新大赛一等奖。

2月

10日　罗源县人社局、总工会联合举办2014年海西专场招聘会“春风行动”暨服务企业用工活动。发布就业信息183条，提供各类就业岗位950多个，106名求职者与企业达成初步用工意向。

12日　罗源县举办第七届“畲族·风”民俗文化旅游节。活动集中展示了福州市非遗项目——大型过火、畲族民俗风情表演等丰富多彩的民俗节目。来自省市、台湾、新加坡等地的民俗专家及当地群众3万多人参加。

25日　省委常委、市委书记杨岳带领市直有关部门负责人来罗调研福州新区建设。

是月　罗源县196个村（居）委会村级民政协管员配备实现全覆盖。村级协管员实行“县聘、乡管、村用”的管理原则，实行津贴补助制度，标准为每人每月150元。

3月

9日　罗源畲山水景区建成开始试营业，该景区位于霍口乡岗尾村龙潭里，项目总投资1.2亿元。

10日　国务院下发的《关于支持福建省深入实施生态省战略加快生态文明先行示范区建设的若干意见》文件规定：“中央预算内投资对福建原中央苏区和闽东苏区按照西部地区政策执行，对福建其他革命老区按照中部地区政策执行。”罗源县为“闽东苏区”，将按照西部地区政策执行。

11日　全省首家“医患纠纷巡回法庭”在罗源县医院正式挂牌成立。

13日　罗源县委召开党的群众路线教育实践活动动员会，部署教育实践活动。

20日　市红十字会在罗源县举行大病救助资金发放仪式。向28名患者或家属发放救助金17.45万元。

22日　台湾多家知名旅行社和媒体人士30多人到霍口畲族乡开展“美丽福州采风之旅”踩线活动。

31日　福州市长杨益民到罗开展“四个万家”主题实践活动。

是月　县工商局落实工商登记制度改革，简化流程，推广一审一核方式，企业营业执照办照时限由原来的5个工作日缩短为2个工作日。

4月

1日　省人大常委会副主任张广敏带领调研组到霍口乡福湖村调研民族村建设工作。

2日　罗源县在松山镇八井村举办“三月三·一家亲”民俗活动暨二届八井畲家拳展演活动。

3日　北京榕商企业家代表赴霍口乡考察“榕商联村”项目，该商会于2013年起连续三年每年向霍口乡福湖村捐赠100万元资金用于新农村建设。

10日 罗源县救助管理站建成投入使用。该救助站位于县社会福利中心，主要为流浪乞讨人员和临时生活困难对象提供救助、救治、护送和安置等服务。

11日 福州市打私办主任（扩大）会议在罗召开，福清、长乐等5个沿海县（市）打私办和市主要缉私部门领导参加会议。

15日 省委常委、市委书记杨岳带领市领导徐启源、林雄及市直有关部门负责人到罗开展联合大接访。

29日 团县委召开纪念五四运动95周年暨表彰大会。

30日 市慈善总会、福州东南眼科医院、西兰乡人民政府、县慈善总会共同主办的“慈善复明行动”在西兰乡后路村举行。免费为151名山区群众排查眼病，并免费为适合进行白内障手术的42名患者实施手术。

是月 罗源县被评为全国“六五”普法中期先进县。县司法局宣传科科长谢庭被评为全国“六五”普法先进个人。

5月

9日 县计生协开始新一轮“救助贫困母亲”帮扶工作，共帮扶82户贫困母亲，发放无息借款98万元。

12日 省委常委、市委书记杨岳，市长杨益民带领市委市政府检查组来罗检查工作。检查组一行实地察看了泰康佳园，滨海路改造及南江滨公园、宝钢德盛、华能罗源火电厂（一期）、华能15万吨码头、世纪金源海洋世界等项目，并对罗源经济社会发展情况进行现场点评。

16日 教育部民族教育调研组到罗源县开展民族教育工作调研。

22日 县卫生局、县总工会联合举办2014年青年医师、护士临床岗位技能大赛。全县各医疗单位派出52名医护人员参加竞赛，大赛评出团体奖6名，医护人员单项奖12名。

28日 市妇联、市委防范办、市司法局、市人口计生委在罗源县联合举办“关爱流动留守妇女儿童·反邪防拐反性侵”系列活动，宣传反邪教和法律维权知识。

是月 罗源县城乡居民保险业务档案以优秀等次通过省级达标验收。

是月 罗源县七境茶通过农业部产品地理标志登记评审，成为福州市第七个获得国家地理标志登记保护的农产品。

6月

1日 起步大桥改造项目动工建设，概算投资400.4万元，计划建设桥长58米，宽17米，双向四车道。

1-2日 世纪金源集团在罗源湾滨海新城举办“世纪金源杯”龙舟赛。10支来自全国各地世纪金源集团分公司代表队参加比赛，赛事历时2天，共投入1000多万元，有3万多人次群众现场观看。经最后角逐，世纪金源酒店集团夺得冠军。

14日 霍口乡福湖村被市文化新闻出版局授予“福州市非物质文化遗产项目传承示范基地”称号。

15日 省环保厅联合团省委、市环保局到飞竹镇守善村举办“百姓富、生态美”主题书画展。江爱松、阮天朝等近100名书画家以现场题字作画的形式，用书画艺术渲染环保文化，弘扬生态文明。活动吸引200多名书法爱好者及村民参观。

16日 霍口乡组织参加第三届海峡两岸民族乡镇产品展销会。选送“岐峰山水”食用菌、“绿源”土鸡蛋和“畲丽红”米酒等特色农产品参加展示活动。

18日 县委召开全县群众路线教育实践活动推进会，学习贯彻中央、省、市群众路线教育实践活动有关会议精神，交流汇报教育实践活动第一环节工作开展情况，研究部署第二环节工作。

20日 《罗源县志》清康熙版经点校整理付印。该书于清康熙六十一年编纂，全书设舆地、建置、俗尚、赋役、职官、选举、人物、艺文、沿革、杂事等十卷，内容丰富，资料详实，具有极高的历史文献价值。

同日 霍口水库工程被正式列入国务院《关于支持福建省深入实施生态省战略加快生态文明先行示范区建设的若干意见》中促进能源节约两大项目之一，通过国家水利部审查，并上报国家发改委。

27日 罗源县首个乡镇级侨联组织——飞竹镇归侨侨眷联谊会和飞竹镇侨友之家举行揭牌仪式。

是月 罗源湾北岸港区上半年货物吞吐量达到622.9万吨。其中淡头作业区147.8万吨，碧里作业区3#、4#、5#泊位475.1万吨。

7月

4日 起步溪余家塘段（一期）防洪工程完工验收。该工程位于起步溪余家塘渡头大桥上下游处，总投资825.30万元，总长307米。工程于2014年2月开始施工，6月20日主体工程建成。

6日 1000千伏浙北至福州特高压线路工程罗源段22基铁塔建设全部完成。该项目为国家重点工程，是福建电网从500千伏跨入世界最高等级的首条特高压线路工程。工程起于浙北1000千伏变电站，止于福州1000千伏变电站，变电容量1800万千伏安，线路总长度2×603千米。

17日 福州都市现代农业园区建设推进会在罗源县召开，市农业局主要领导、各县区农业局局长及相关负责人参加会议。

21日 时代大厦举行奠基仪式。该项目总投资1.8亿元，项目用地0.67公顷，建设集金融、商场、超市、酒店为一体的综合性商务大楼。

24日 罗源县食药监局派出机构凤山、起步、碧里、飞竹食品药品监管管理所正式挂牌成立，4个食药监管所负责全县11个乡镇食品药品监督管理工作。

同日 福建省三明钢铁集团公司与福建三金钢铁有限责任公司顺利实现资产重组，由三钢集团公司出资购并三金钢铁所有资产，成立福建罗源闽光钢铁有限责任公司。

29－30日 省级文明县城第十一测评组到罗源县对2012—2014年度创建省级文明县城总体工作进行考评。

31日 共青团罗源县金融工作委员会正式成立，该组织主要职责为加强罗源县各金融机构与上级金融团工委和团县委的工作联系，致力于服务青年就业创业。

8月

1日 罗源县新农合患者在宁德市医院住院即时结算成为福州市新农合省内跨设区市即时结算试点。

同日 罗源湾游艇码头投入营业，首期73个泊位全面建成，商务艇、钓鱼艇、多人快艇及双人摩托艇等10艘游艇投入试运营。

同日 县广播电视台开辟《我要上大学——青春圆梦行动》电视专栏，共筹集到20.23万元善款，帮助10名贫困学生实现大学梦。

9日 台湾青年创业总会和新北市青年创业协会嘉宾团来罗考察。考察团先后察看宝钢德盛、台商投资区等项目，并详细了解罗源县招商引资有关政策。

20日 省委常委、市委书记杨岳带领有关市直单位负责人到罗源调研福州新区建设。

21－22日 省人大调研组一行来罗调研非物质文化遗产保护传承工作。

27日 罗源县举办2014年“积善助学·金秋圆梦”助学金发放仪式，共为83名残疾人学生和残疾人家庭子女发放助学金27.5万元。

同日 经县广电局电视、微博微信发布，人民日报、央视新闻等微博转发，福州日报、晚报、福建公共频道、福建导视等媒体转载，西兰乡甘厝村7万多斤滞销提子被福州永辉超市全部采购。

是月 团县委开展“希望工程·圆梦大学”爱心助学活动，联合海峡都市报、福州晚报、县广播电视台等新闻媒体及县农村信用联社多方筹募和争取资金，募集善款53万元，资助学生57名。

9月

1日 罗源县被收海征地渔农民养老保障金标准由每人每月120元提高至每人每月150元，凤山、松山、碧里等3个乡镇17村60周岁以上农渔民有3410人享受被征地收海农渔民养老保障金待遇。

3－4日 罗源县海洋与渔业局邀请市海洋与渔业技术中心专家在鉴江镇、碧里、松山镇分别举办赴境外养殖技术培训班，重点渔业村养殖户、水产养殖企业代表共111人参加培训。

10日 罗源县召开庆祝第30个教师节大会。大会举行了新任教师集体宣誓仪式，并对在教育教学工作中成绩突出的优秀教师进行表彰。

11日 省人大常委会副主任刘群英带领调研组到罗开展义务教育均衡发展情况调研，并邀请罗源县的省、市人大代表、校长代表、教师代表和家长代表进行座谈，进一步征求各方在落实义务教育均衡发展方面的建议和意见。

19日 县慈善总会正式启动“慈善一日捐”活动，共募集到全县213个单位（含村居、社区）7257个人善款88.77万元，占全市12个县（市）区“一日捐”总额的18.9%，名列全市第一。

22日 鉴江镇柴桥头水库大坝顺利封顶。坝底高程458.10米，坝顶高程487.39米，堰顶高程486.03米，防浪墙顶高程488.59米，最大坝高程29.29米，水库总库容为31.04万立方米，调节库容26.5万立方米。该项目于2013年10月份开工建设，建成后将解决鉴江镇6个行政村1万多人的饮水问题。

25日 省、市、县人社部门组织7名省、市著名医学专家到罗对县中医院开展技术帮扶活动。专家服务团通过开展义诊、现场指导和学术讲座等形式，集中破解基层医疗关键技术难题。此次医疗帮扶活动共开展4个专题业务学术讲座，义诊人数达127人。

30日 罗源县松山镇、飞竹镇被国家环保部授予“国家级生态乡镇”称号。

是月 罗源县农村“五保”分散供养标准由每人每月500元提高到553元，集中供养标准每人每月600元提高到664元。城市低保中“三无”人员供养标准由每人每月410元提高到468元，集中供养标准由每人每月492元提高到562元。

是月 罗源县红苹果化工（福建）有限公司商标被国家工商总局商标评审委员会认定为驰名商标，成为罗源县第一件中国驰名商标。

10月

1-7日 国庆“黄金周”罗源县共接待游客13万人次，同比增长31.5%，创历年来游客接待量新高。海上音乐喷泉、水幕电影及游艇码头旅游项目成为最受欢迎的旅游点。

9-13日 罗源县完成罗源湾内海域补充航拍工作。航拍的区域为罗源湾北岸罗源境内所有海域，西起松山镇围垦海堤，东至可门口。航拍共计出动无人机10架次，航程950公里，航拍面积160平方公里，实现海上网箱养殖范围全覆盖，分辨率达0.1米。

17日 县法院成立环境资源审判庭，审理一审涉及林业、环保、矿产、水土资源等生态环境类刑事、民事案件，涉及林业、环保等行政案件和非诉执行案件。

21日 罗源县召开党的群众路线教育实践活动总结大会，并对县四套班子和处级党员领导干部参加活动情况进行民主评议。

23日 罗源县召开银行业协会成立大会。会议选举产生协会第一届领导机构。

28日 罗源汇融村镇银行举行揭牌仪式并正式对外试营业。该银行由“福建福清汇通农商银行”和“福建泉州农商银行”联合发起成立，银行主要经营公众存款，发放短期、中期、长期贷款等业务，服务全县“三农”和中小企业。

29日 第二届罗源县（秋季）校企用工对接洽谈会在世纪金源大饭店举办。会议邀请22所省内职业技工院校和世纪金源大饭店、沃隆管阀、德盛能源、闽光钢铁等9家规模企业参加。会上，3家企业成功与2所院校完成对接，并签订校企对接合作协议。

31日 罗源县“春雷三号”道路运输专项整治行动取得成效。整治行动从8月15日开始，上路稽查600余人次，检查车辆1800余辆次，查处非法营运18辆，客运班车不按线路行驶、站外揽客16辆，未经经营许可运输危险货物2辆，货运车辆擅自改拼装4辆，货运车辆无从业资格证13辆。

11月

1-3日 省第八届少数民族传统体育运动会在厦门市举行。罗源县共派出48名运动员参赛，由县民宗局组织编排的《山哈藤阵》和《铃卜情》获表演项目比赛金奖，并取得2015年第十届全国民运会表演项目参赛资格；在竞赛项目上获得2银6铜。

3日 团县委正式启动“青年书吧”公益项目。青年书吧位于县青少年活动中心，内有藏书近万册，涵盖经济、法律、哲学、文学等10多个门类。

14日 罗源县举办“秀美罗川”首届福建玉石雕刻艺术展暨“寿山安后石”创作大赛。展会共分三个板块，一是举办玉石雕刻艺术展，二是举办“安后石”（寿山石）雕刻创作大赛，三是举办玉石雕刻艺术品慈善义拍活动。

26日 罗源县成立福州市首家农民专业合作社联社——罗源县双农丰果蔬专业合作社联合社。该联合社注册资本168万元，由绿野蔬菜专业合作社、农丰水果蔬菜专业合作社、双丰种植农民专业合作社、福湖畲山生态农林农民专业合作社、金丰果园专业合作社5家合作社组成，成员283名。

同日 罗源县中房镇深坑村入选住房和城乡建设部、文化部、国家旅游局等7个部门联合公布了第三批中国传统村落名录。

27日 罗源县举办“大数据”科普知识讲座，邀请清华大学专家授课，全县各乡镇、开发区管委会及各有关部门负责人120多人参加。

28日 福州市委农办、广发银行到飞竹镇召开龙头企业贷款项目对接座谈会。通过政银农三方对接，解决罗源县龙头企业资金短缺、贷款难问题。

29日 民革福建省委二支部、团省委希望办到福州民族中学开展“畲乡春雨”助学行动，为15名畲族贫困学生提供初中生每年1500元，高中生每年2000元的助学金。

是月 南江滨公园二期工程动工建设，公园占地面积35000平方米，总投资3500万元，分为儿童乐园、文化、休闲3个功能区，定位为集休闲活动、文化展览为一体的主题公园。

12月

2日 罗源县首家“中福在线”即开型福利彩票正式发行。该彩票由国家民政部、财政部批准，中国福利彩票发行管理中心发行，县民政局负责经营管理。以扶老、助残、救孤、济困为宗旨，募集社会公益金，用于罗源县敬老院、福利院、殡仪馆、救助站等社会福利设施建设。

4日 罗源县法院开展第一个国家

宪法日活动，县人大代表、驻地海军官兵、学生、社区矫正人员等100多人参加。

10日 罗源县召开地方综合年鉴编纂工作会议，首次启动综合年鉴编纂工作。

16日 中国海监第六支队支队长刘晓军一行到罗调研指导海洋工程建设工作，调研组通过实地查看和召开座谈会方式，了解华能15万吨码头、华能罗源火电厂、牛坑湾物流园区、台商投资区等重大海洋工程建设情况及临港产业发展情况，并提出具体指导意见。

19日 罗源县召开环境事件、大气、水源等应急预案专家评审会，全面规范环境应急事件的事前预防、事中响应、事后管理等工作，进一步提高罗源县应对突发环境事件的能力。

20日 罗源县成立罗源湾家具家电五金建材商会，选举产生商会第一届理事会、秘书长、副会长、常务副会长、会长。

25日 罗源湾海洋世界进入注水及动物驯养阶段。该项目占地11.47公顷，建筑面积20470平方米，分为珊瑚原生态区、梦幻水母宫区、儿童互动区、海洋生物科普展区、大洋区、热带雨林区、两栖动物区、海豚表演剧场等八大区域。

29日 罗源县举行县渔业行业协会成立大会暨第一次会员大会，有注册会员166个，主要为水产养殖、捕捞、加工等企业和沿海渔民养殖户。

是月 根据罗源县历史文化名人南宋陈善所著的《扪虱新话》，县委宣传部、县文联联合编印了《扪虱新话评注》，被福建省文史馆列入“福建文史丛书”编印计划，由福建人民出版社出版，并被国家图书馆收藏。

（编辑 王娜凤）

地　理

罗源县位于福建省东北沿海，介于北纬26°23′-26°39′，东经119°7′-119°54′之间。南邻连江县，西南接福州市、闽侯县，西北接古田县，北与宁德市接壤，东隔海与霞浦东冲半岛相望。全境面积1187.13平方公里，其中陆地面积1062.2平方公里，海域、滩涂面积124.93平方公里。境内三面环山，地形为东西长条状，鹫峰山脉东南支脉从西北方向延伸入境，形成众多山岭。地势自西而东，三高两低，形如“W”。地貌以山地、丘陵为主，平原狭小。山地主要分布于县北部和西部，山体多呈北东、北西走向，面积443.6平方公里，占全县陆地面积41.76%。丘陵分布于西部霍口溪、中部起步溪、百丈溪，河谷两侧及东部半岛等地，面积450.64平方公里，占县陆地面积42.43%。山间盆谷107个，散布于山地和高丘陵地区，面积88.31平方公里，占陆地总面积8.31%。平原面积79.65平方公里（含松山、白水两垦区31.02平方公里），占陆地面积7.5%。境内有千米以上高山12座，全县最高峰牛牳山海拔1251米。县境东部临海，有大小海湾9个，岛屿12个，海岸线长129.09公里。

（李晓静）

资　源

【土地资源】　土地面积11.00万公顷，其中，耕地1.25万公顷，园地0.30万公顷，林地7.47万公顷，草地0.20万公顷，城镇村及工矿用地0.45万公顷，交通运输用地0.16万公顷，水域及水利设施用地0.61万公顷，其他土地0.56万公顷。

【矿产资源】　已发现花岗岩、辉绿岩、叶蜡石、明矾石、高岭土、泥炭、稀土、钨、钼、铅、锌、铁、矿泉水等各类矿产17种（包括亚种）。主要矿种有花岗岩、凝灰岩、辉绿岩、叶蜡石、矿泉水。已开发利用的矿种有4个，分别为花岗岩（饰面用）、凝灰岩（建筑用）、叶蜡石、矿泉水。矿产地198处，其中饰面用花岗岩大型1处，中型8处，小型53处，矿点102处；叶蜡石大型1处；高岭土（或潜在大型）1处；建筑用凝灰岩小型2处，矿点8处；矿泉水中型1处；其他矿种多为矿点、矿化点。花岗岩主要分布于白塔乡、西兰乡、飞竹镇、起步镇、洪洋乡、中房镇；凝灰岩主要分布于松山镇、碧里乡；叶蜡石主要分布于飞竹镇；矿泉水主要分布于松山镇。2014年全县矿山113个。其中饰面用花岗岩矿山108个，95个属采矿许可证到期矿山，13个属持证矿山。104个矿山整合重组为55个，4个采矿许可证到期后关闭；建筑用石料矿山3个，1个采矿许可证到期，2个属持证矿山；叶蜡石矿山1个，停产中；矿泉水矿1个，已停产。

（陈　汉）

【水力资源】　河流　罗源县水系发达，有大小河流有19条，其中除3条南流注入连江县鳌江、1条北流汇入宁德市金溪外，其余皆在境内自成系统独流入海，具有山地季节性河流源短流急、径流丰枯变幅大的特点。主要溪流有霍口溪、寿桥溪、后路溪、起步溪、中房溪、鉴江溪。沿海地区有独流入海的小溪流13条，即小获溪（县内流域面积23.65平方公里）、坑里溪（20.30平方公里）、外洋溪（16.25平方公里）、西洋溪（14.50平方公里）、牛澳溪（13.75平方公里）、澳里溪（10.50平方公里）、濂澳溪（10.25平方公里）、白沙溪（9.75平方公里）、凌洋溪（7.85平方公里）、白水溪（7.10平方公里）、吕洞溪（5.45平方公里）、圣塘溪（5.15平方公里)、进山溪(3.70平方公里)。霍口溪为罗源县最大河流,发源于鹫峰山脉东侧,经古田县由双口渡入境,斜贯县境西部,沿途纳仙洋、黄鹤、山垄塆及飞竹斌溪诸水,至车马潭出境,入连江县后,名“鳌江”。霍口溪主流在罗源境内长31.15公里,流域面积333.6平方公里,河道平均比降3.2‰。寿桥溪发源于飞仙岩,南流经西兰乡寿桥村,至飞竹乡蛤蟆石村出境,注入连江县朱公溪(鳌江支流),流域面积59.31平方公里,主河道长17.15公里,平均比降32.6‰。后路溪又名凤坂溪,发源于新蒋山,西南流经后路、凤坂、百丈,折向东流,在长基村纳长基溪后南流出境,汇入连江县花园溪(鳌江支流),流域面积61.41平方公里,主河道长17.36公里,平均比降17.3‰。起步溪发源于县境北部飞仙岩,自西北向东南斜穿洪洋、起步2个乡镇,在港头村纳护国溪,在余家塘村纳罗源溪,于松山镇渡头村汇入松山塘区纳潮后注入罗源湾,流域面积222.48平方公里,主流长28.6公里,平均比降6.9‰。中房溪发源于县北部馒头山,流向东北,经中房、林家、下大洋,纳满盾溪,于上顶汇入宁德市金溪,河长15.5公里,河道平均比降40.26‰,宽10-20米,流域面积51.81平方公里。鉴江溪发源于宁德、罗源交界的白马山,东流至鉴江入海,长16.87公里,平均比降29.68‰,流域面积47.58平方公里。

地表径流　地表径流年平均年地表径流量8.132亿立方米。各地径流量以中房镇北部为最多,年径流深1500毫米,并以该地为中心向东南和西南两侧递减,东南侧至鉴江、碧里半岛突出部,年径流深仅600毫米;西南侧至霍口盆地年径流深1100毫米。

溪河径流　罗源县流域面积3.5平方公里以上的有19条溪河,年平均流量21.830亿立方米。溪河径流来源于地表径流、过境客水和汇入河槽的地下径流。全县过境客水量多年平均年11.520亿立方米,其中11.190亿立方米是霍口溪从古田县带来,其余系中房溪从宁德市带来。各溪河径流量集中在4-9月的汛期。霍口溪多年平均汛期径流量占平均年径流量76.1%。

地下水　县境多年平均年地下径流量3.181亿立方米。基岩裂隙水,分布在中生代火山岩及燕山期花岗岩地带,面积989.24平方公里,占全县面积95.95%,平均每平方公里可产水31-37万立方米;松散岩类孔隙水,以潜水型为主,主要分布在起步、鉴江等河口港湾地带及山间盆谷,面积41.76平方公里,占全县面积4.05%,平均每平方公里产水3.17万立方米。有3个径流区:第一区为西北部山地丘陵丰水区,包括中房、洪洋、飞竹、西兰、霍口5个乡镇;第二区为中南部山丘平原补水区,包括凤山、起步、白塔3个乡镇;第三区为东南部沿海缺水区,包括碧里、松山、鉴江3个乡镇。

(黄雪贞)

【森林资源】　林地林木　全县土地总面积11.00万公顷,林业用地面积7.89万公顷(其中:生态公益林面积3.28万公顷,商品林面积4.61万公顷),有林地面积5.71万公顷,疏林地面积0.18万公顷,灌木林地面积0.35万公顷,未成林造林地面积0.35万公顷,无立木林地面积0.60万公顷,宜林地面积0.71万公顷,苗圃地1.76万公顷,非林业用地面积2.52万公顷,全县林木总蓄积量209.56万立方米。森林覆盖率56.95%。林地绿化率78.7%。

野生动植物　罗源县野生动植物区系介于东洋界的华南区和华中区,即闽广沿海亚区和东部丘陵平原亚区交接处,以东洋界的动物种类为主,陆生野生动物有96种,野生植物100多种,其中国家一级保护动物主要有:黑麂、云豹、蟒;国家二级保护动物主要有:穿山甲、大灵猫、河麂、水獭、苏门羚、岩鹭、鸢、白鹇、草号鸟、长耳号鸟、褐翅鸦鹃、花田鸡等。

自然保护区及湿地　全县设有7个县级自然保护小区。分别是罗源山垅湾天然阔叶自然保护小区(1.43平方公里)、罗源卓贤垅天然阔叶林自然保护小区(1.38平方公里)、罗源县甲坑天然阔叶林自然保护小区(0.77平方公里)、罗源岩里天然阔叶林自然保护小区(0.98平方公里)、罗源县长石桫椤保护点(0.01平方公里)、罗源渡头苍鹭、白鹭自然保护点(0.015平方公里)、罗源观音岩天然阔叶林自然保护小区(0.25平方公里)。

新规划湿地面积1.09万公顷,规划重点湿地面积0.26万公顷。

古树名木　全县有古树名木318株,25个树种,主要树种有红豆柳21株,圆柏1株,香樟39株,荔枝1株,水松10株,花榈木3株,榕树79株,青岗栗1株,枫香10株,檀紫2株,红石楠3株,黄楠24株,闽楠5株,桫椤1株,竹柏5株,华楠木3株,马尾松20株,木渚1株,柳杉55株,木荷1株,福建柏2株,紫弹朴1株,柯木24株,阔叶树4株,无名树2株。其中属国家一级保护的珍贵树木有32株,国家二级保护珍贵树木有75株,国家三级保护珍贵树木211株。

(兰必德)

【海洋与渔业资源】 浮游生物 县境海洋浮游生物近300种，浮游生物总数381毫克每立方米。种类组成复杂，以热带性和暖水性为主。浮游植物109种，其中硅藻99种，占总数90.8%，主要是圆筛藻和角毛藻的种类；甲藻8种，占总数7.3%；蓝藻2种，占总数1.8%。浮游动物190种，其中桡足类86种，占总数45.3%；水母类52种，占总数27.4%。此外，还有毛颚类、腹足类等。

底栖生物 海洋大型底栖生物100余种，以软体动物居首位，其次是环节动物和棘皮动物。底栖生物量随季节有明显变化，一年中夏季最高，秋季最低。底栖生物以寻氏肌蛤（又名水彩短齿蛤，俗称乌鯰）、褶牡蛎等生产量最高。

潮汐带生物 潮汐带生物以软体动物最多，甲壳动物次之，不同环境的生物种类各不相同，生物量也有差异，基岩岸潮间带生物量最高，泥沙质潮间带生物量次之，沙质潮间带生物量居三，淤泥质潮间带生物量最低。一年中，潮间带生物量秋季最高，冬季最低，主要经济种类有海带、紫贻贝、褶牡蛎、缢蛏、泥蚶、杂色蛤仔（花蛤）等。

游泳生物 游泳生物241种，以鱼类为主，多为温水性种类，主要经济鱼类有大黄鱼、带鱼、鳗鱼、鲳鱼、马鲛鱼、七星鱼等。

（叶　榕）

气　候

【概况】 2014年，罗源县气候属正常年景，年平均气温正常，年雨量偏多，年日照时数偏多。主要气象灾害有台风、暴雨、高温、低温阴雨、寒露风和强对流天气引发的雷电、冰雹、雷雨大风，其他灾害性天气偏少、偏轻。

【气温雨量日照】 气温 全县平均气温19.9℃，较历年偏高0.4℃，属正常。全年最低气温-0.6℃，出现在1月23日；最高气温38.3℃，出现在7月12日和8月1日。

雨量 全年总雨量1901.4毫米，较历年偏多229.0毫米，属偏多。7月24日，受第10号台风“麦德姆”影响，罗源城关日雨量达130.5毫米，为全年日雨量之最。

日照时数 全年日照总时数1767.3小时，较历年偏多167.9小时，属偏多。

【灾害性天气】 低温阴雨 3月2-12日连续11天出现日平均气温≤12℃的低温阴雨天气，对春播不利。

暴雨（不包含台风暴雨） 受高空槽和低层切变线共同影响，5月22日城关出现首场暴雨，雨量为55.9毫米；受低层切变线和西南急流影响，6月18日、23日全县普降暴雨，18日城关、东宅、中房、西兰、洪洋、斌溪、白塔、罗源、起步、鉴江、飞竹11个乡镇出现暴雨，其中以中房104.6毫米为最大，23日城关、东宅、中房、西兰、洪洋、斌溪、白塔、起步、鉴江、松山、金港、长基12个乡镇出现暴雨，其中中房、松山、鉴江暴雨到大暴雨，以中房93.9毫米为最大。另外非台风造成的暴雨还有7月14日61.6毫米、8月11日57.7毫米、9月13日54.4毫米。

强对流天气 3月12日，出现初雷；3月26日20时-27日08时，5个乡镇出现雷雨天气，12小时雨量达到或超过30.0毫米，其中东宅最大为41.1毫米，中房出现19.2米/秒的西南大风，3月27日01时左右中房和西兰出现8毫米左右大小的冰雹。

高温 ≥35℃高温天气13天，较历年偏少3天，最高气温出现在7月12日和8月1日38.3℃。

寒露风 10月4日-9日连续6天日平均气温≤23.0℃，出现“23型”秋寒天气，比历年偏晚。

热带气旋 全县受3个热带气旋（不含热带低压）影响，分别是第7号“海贝思”、第10号“麦德姆”、第16号“凤凰”，其中影响较大的是第10号强台风“麦德姆”（英文名Matmo）于7月18日02时在西北太平洋洋面上生成，而后向西北方向移动，于23日15时30分在福清市高山镇登陆，登陆时强度为强热带风暴，近中心最大风力11级。受其影响，罗源县7月23日到24日普降暴雨到大暴雨，局部乡镇特大暴雨，以中房镇577.8毫米为最大，西兰365.4毫米次之，城关过程雨量为231.4毫米。极大风速为19.6米/秒，风向东北偏东，出现在23日12时21分。全县11个乡镇及开发区有不同程度受灾，中房镇受灾较为严重。全县受灾人口7987人，转移人口9164人，经济损失达8506万元。台风带来的强降水和和大风，对全县水利、农业、渔业、工业交通等造成不同程度的损失。其中：1. 水利设施直接经济损失895万元。其中：损坏堤防8处1900米、损坏护岸14处、损坏灌溉设施41处。2. 农业直接经济损失3235万元。其中：蔬菜大棚受损、倒塌3.67公顷，设施损失达140万元；食用菌大棚受损、倒塌4公顷，设施损失180万元；食用菌受灾434.2万袋，经济损失1065万元；大田蔬菜受灾面积293.33公顷，成灾155.67公顷，经济损失1600万元；粮食作物受灾面积636.47公顷，直接经济损失

200 万元；休闲农业设施受损 50 万元。3. 渔业直接经济损失 3250 万元。其中：水产养殖受灾面积 466 公顷，损失水产养殖 1569 吨，直接经济损失 2900 万元；养殖设备、设施损失 5040 个，直接经济损失 150 万元；毁坏渔船 22 艘、损坏 94 艘，经济损失 100 万元；码头受损 500 米、道路损毁 500 米，经济损失 100 万元。4. 工业交通运输业直接经济损失 1030 万元。其中：乡道塌方 43 处；104 国道管柄至上楼路段 7 处溜方 700 多立方米；停产工矿企业 55 个；行道树折断 300 多株，安保护栏损毁 30 个。5. 房屋倒塌 38 间、损坏 1 间，经济损失 96 万元。其中：房屋倒塌中房镇 19 间、霍口乡 12 间、白塔乡 7 间。但是没有人员因灾伤亡。

（陈建兴）

行政区划

【概况】 2014 年，罗源县辖凤山、松山、鉴江、起步、中房、飞竹 6 个镇及碧里、洪洋、白塔、西兰、霍口 5 个乡，其中霍口为民族乡。全县辖 7 个社区居委会、189 个村委会。

表 2　　2014 年罗源县行政区划一览

乡镇名称	辖区面积（平方公里）	海拔（米）	村居数	社区居委会和村委会名称
凤山镇	32.2	7	16	北门、南门、东门、西门、凤嘉、凤美、闽凤社区居委会；城关、岐阳、竹兜、余家塘、苏区、管柄、南门外、陈厝、方厝村委会
松山镇	146.29	5	22	渡头、岐后、岐头、树柄、吕洞、南岐、北山、巽屿、外洋、盛头、大获、上杭、竹里、八井、小获、泥田、迹头、白水、上土港、下土港、前房、乘风村委会
起步镇	72.73	5	21	港头、起步、桂林、沈厝、兰田、田中、叶洋、庭洋坂、蒋店、杭山、下长治、上长治、党林、洋北、西山、护国、潮格、高洋、曹垄、黄家塆、水口洋村委会
中房镇	131.12	500	23	林家、中房、乾溪、大洋、下湖、王沙、叠石、满厝、岭兜、沙坂、上宅、大园、吉际、洋里、寨头、显柄、松洋、柏山、深坑、溪门、东山、厚富、港里村委会
飞竹镇	119.56	315	19	飞竹、洋柄、蛤蟆石、陶洋、官路下、梧桐、马洋、刘洋、潘洋、上地、洋头、仓前、丰余、外坂、大湖、斌溪、安后、西禄、塔里洋村委会
鉴江镇	74.07	3	9	鉴江、陆上、海上、上澳、东湾、程家洋、远顶、圣塘、井水村委会
白塔乡	70.86	150	15	风坂、旺岩、钟下、百丈、梅洋、长基、应德、赤岭、石别、大项、九溪、小云、白塔、南洋、塔里村委会
洪洋乡	70.49	55	18	洪洋、皇万、曹营、王认、石塘、秋岭、禄洋、厝坪、穴里、盾后、牛角丘、后洋、樟溪、大目、洋中、车溪、官村、民族村委会
西兰乡	77.56	385	17	西兰、蒋山、院前、后路、官洋、墩厝、许洋、洋坪、石别下、寿桥、岭头、下际、破石、甘厝、上洋、坑里、礤石村委会
碧里乡	199	10	12	碧里、西洋、梅花、廪头、溪边、牛坑、廪尾、新澳、濂澳、吉壁、牛澳、先锋村委会
霍口畲族乡	193.25	110	24	霍口、溪前、福湖、山垄湾、冈尾、东园亭、岐峰、王廷洋、大王里、后宦、船头、黄鹤、香岭、琅坑、长柄丘、西峰、仙洋、川边、佳湖、东宅、南垅、塘下、徐坪、石坪洋村委会

注：各乡镇区划面积含海域面积，海拔指乡镇政府所在地行政村的海拔

（刘惟鹏）

人口

【概况】 2014年，全县总户数77922户、户籍人口264612人，户籍人口比上年增加3318人，平均每户3.4人。男女比例：100:91.45，男性138214人，占52.24%；女性126398人，占47.76%；男比女多11816人。

【人口自然变动】 全县出生人口5219人，出生率19.97‰；死亡人口1530人，死亡率5.86‰；人口自然增长3689人，人口自然增长率14.12‰。

【人口机械变动】 全县迁入2372人，迁出2877人，迁出多于迁入505人。

（刘乔东）

国民经济和社会发展情况

【概况】 2014年，罗源县地区生产总值172.7亿元，比上年增长5.6%，其中第一产业增加值30.6亿元，比增4.9%；第二产业增加值114.1亿元，比增4.5%；第三产业增加值28亿元，比增11%。财政总收入（不含基金）19.2亿元，比增11.7%。公共财政预算收入13.6亿元，比增10.7%，其中税收收入12.1亿元，比增10.7%，占公共财政预算收入比重89%。主体税种中，国税全年累计入库5.4亿元，增值税4.04亿元，比增6.4%；企业所得税1.3亿元，比增31.86%；地税全年税收累计入库13.2亿元，比增16.6%；完成营业税5.99亿元，比增4.7%；企业所得税0.47亿元，比增29.1%。公共财政预算支出18.9亿元，比增1.9%。

【农业】 农林牧渔业总产值54.77亿元，比增5.0%，其中农业产值13.29亿元，比增3.1%；林业产值0.43亿元，比增-20.2%；牧业产值3.34亿元，比增0.9%；渔业产值35.56亿元，比增6.5%。全年粮食播种面积0.71万公顷，比上年增加0.025万公顷；全年粮食总产量4.6万吨，比降0.11%。食用菌、茶叶、林竹、畜牧等特色优势产业壮大。全县食用菌产量9.62万吨，比增9.99%；茶叶产量0.68万吨，比8.25%；肉、蛋、奶总产量1.49万吨，比增4.14%；蔬菜产量8.44万吨，比增5.16%；水果产量1.05万吨，比增6.20%；水产品产量14.51万吨，比增8.11%。推进产业化、标准化生产，年末全县有农业产业化龙头企业19家，实现总产值11亿元，销售收入10.5亿元；无公害农产品产地认定企业15家，无公害农产品认证企业13家，有效使用绿色食品标志企业1家。

【工业】 工业经济稳步发展，引进三钢集团重组三金钢铁并成立闽光钢铁公司，宇星实业等企业并购重组有序推进。实现工业增加值80.11亿元，比增3.1%。全县规模以上工业企业110家，规模以上工业总产值370.67亿元，比增3.7%，其中产值超亿元企业12家，产值286.96亿元，占规模以上工业总产值的77.42%。规模以上轻工业产值12.75亿元，比增-13.74%；重工业产值357.92亿元，比增-2.02%。产销衔接较好，规模以上工业销售产值349.67亿元，比增3%，工业产品销售率94.34%。规模以上工业企业实现主营业务收入306.12亿元，实现利润-3亿元。

【固定资产投资】 完成全社会固定资产投资158亿元，比增11.9%。完成固定资产投资（不含高铁）154.2亿元，比增15.24%，其中，第一产业投资4.3亿元，比增39.78%；第二产业投资36.8亿元，比增36.21%；第三产业投资30.8亿元，比增-11.73%。工业投资完成36.8亿元，比增36.21%。房地产开发投资完成82.25亿元，比增19.6%。全年商品房销售面积68.1万平方米，下降56.8%，其中住宅64.38万平方米，下降56.9%。商品房销售额34.42亿元，下降53.5%，其中住宅30.08亿元，下降53.12%。推进重点项目建设，宝钢德盛不锈钢冷轧级建成投产，华能火电厂一期、南铝铝材加工一期、时代包装六线、福亮玻璃二期、益升食品二期等项目加速推进。104国道五里至白塔段基本完工，将军帽15万吨码头、碧里作业区6#泊主体建成，霍口大型水库、敖江供水项目和城区东区、滨海鲜新城等输变电工程有序推进。

【城乡建设】 完善市政基础设施配置，完成渡头新区路网等6条市政道路和孝巷路等12条背街小巷新改建，年末城市道路总长度79公里，道路面积89万平方米，新增道路面积1.04万平方米，人均拥有道路面积14.5平方米。县区全年液化气供气总量0.22万吨，其中家庭用气0.18万吨；天然气供气总量96万立方米，其中家庭用气80万立方米，燃气普及率100%。园林绿化水平持续提升，建成区绿地面积230.14公顷，比上年新增9.84公顷，绿地率39.68%，比上年提高1.7个百分点；建成区绿化覆盖面积245.14公顷，比上年新增9.84公顷，绿化覆盖率42.27%。年末有公园绿地面积92.64公顷，新增公园绿地面积7.06公顷，人均公园绿地面积15.11平方米。

【贸易】 世纪金源大饭店、游艇俱乐部和畲山水景区建成运营，罗源湾海洋世界、海上搏斗城项目主体完工，游轮餐厅、海上高尔夫、时代大厦等项目进展顺利；苏宁电器、居然之家等大型连锁零售企业入驻滨海新城购物中心，全县限上零售企业由28家增至32家；实现社会消费品零售总额39亿元，比增15.6%。限额以上企业实现消费品零售额7.61亿元，比增48.8%，占社会消费品零售总额19.5%。在限额以上企业商品零售额中，建筑及装潢材料类商品零售额比增27%，家具类比增8.8%，中西药品类比增20.1%，金银珠宝类比增15.4%，化妆品类比增26.5%。

【旅游】 全县有星级酒店1家，客房75间。全年接待境内外游客16.26万人次，比增16.1%，其中境外游客1361人次，比增23%；实现旅游总收入7.76亿元，比增16.1%。

【对外经济】 招商引资取得成效，智能电网设备、创隆电器、汇昌纺织等项目成功落地，引进明通建设集团、江海苑园林两家建筑工程类一级资质企业，全年签约和对接项目93项；企业注册资本金32.5亿元，增长238%。实际利用外资（按验资口径）0.31亿美元，比增0.35%。全年完成进出口总额2.53亿美元，比增31.09%，其中进口总额2.07亿美元，比增31.3%；出口总额0.46亿美元，比增31.45%。从出口主体看，外资企业出口0.27亿美元，比增28.57%，内资企业出口0.19亿美元，比增35.71%。从出口方式看，一般贸易出口0.37亿美元，比增23.81%；加工贸易出口0.09亿美元，比增71.96%。全年新批增资项目2项，新批协议投资总额0.013亿美元。

【邮电】 完成邮政业务收入1651万元，比增3.6%；电信业务收入7640万元，比增2.41%。年末全县有邮政局（所）15个，邮路总长度901公里。

【金融、证券和保险】 金融机构存贷款平稳增长。全县有金融机构（不含保险和证券机构）9家，比上年增加1家，其中银行业存款类金融机构8家；各类金融机构营业网点33个。2014年末全县金融机构存款余额（本外币，下同）85.06亿元，比上年末增长10.83%，其中储蓄存款余额43.03亿元，比增13.38%；单位存款余额33.61亿元，比增1.03%。金融机构贷款余额119.49亿元，比增49.67%，其中短期贷款余额32.47亿元，比增10.23%；中长期贷款余额88.96亿元，比增70.91%。全年人寿保费收入6954万元，比增10.65%；健康险保费收入282万元，比增14.56%；意外险保费收入845万元，比增19.25%。人寿险赔付支出439万元，比增－5.66%；健康险赔付支出141万元，比增12.39%；意外险赔付支出191万元，比增－21.12%。

【教育】 建成进修校二附小、第二实验幼儿园、职业中学实训基地和福州三中罗源校区并开班办学；城区公办中小学、幼儿园招生电脑派位工作走在全市前列；高考本科上线率上升6.9个百分点；“全面改薄”项目启动实施，国家级“义务教育发展基本均衡县”创建成果得到巩固。新建和改扩建中小学3所。各类教育均衡发展，全县有中等职业技术学校1所，专任教师125人，在校生1790人，学年初招生596人。有高中4所，专任教师309人，在校生2814人，学年初招生950人。有初中14所，专任教师696人，在校生5717人，学年初招生1876人。有小学35所，专任教师1039人，在校生13331人，学年初招生2793人。有幼儿园52所，专任教师549人，在校生7623人。有民办幼儿园31所，民办小学1所，民办普通中学1所。

【科技】 县食用菌协会被评为全国“基层科普行动计划”先进单位。“红苹果化工”荣膺中国驰名商标，实现国家级品牌零的突破。全县有高新技术企业2家，有行业技术创新中心1家。获评首批国家知识产权示范城市，专利申请与授权量稳步增长，全年专利申请123件，比增32.5%，授权专利114件，比增307.1%，其中发明授权量3件，比增150%。

【文化】 开展精神文明创建活动，在省级文明县城总评中取得良好成绩；霍口乡福湖村、松山镇竹里村和名匠工艺品厂被评为全市首批非遗项目传承保护示范基地；完成各乡镇文化共享工程建设和44个村“农家书屋”改造；成功举办第七届“畲族·风”民俗文化节、“秀美罗川”安后石创作大赛等活动；编辑出版《扪虱新话评注》并被收录福建文史丛书和国家图书馆。完善公共文化服务体系，年末全县县级文化馆、博物馆、纪念馆各1个，收藏文物2093件；公共图书馆1个，总藏书10多万册；乡镇综合文化站11个，农家书屋188个。

【卫生】 统筹全县医疗资源，推进公立医院改革试点，县医院专业化水平提升，乡镇卫生院、社区卫生服务中心，医疗服务水平提升，建成精神病防治院综合楼和11所空白村卫生所、9所示范村卫生所，完成县医院内科三区建设和中医院改造，县级医院床位增长12%。2014年末全县有卫生机构16家，其中医院14家；卫生机构床位995张，比增9.58%，其中医院床位995张，比增9.58%；全县专业卫生技术人员1113人（其中村医297人，个体医69人，校医11人），比增10.86%，其中医生379人，比增18.06%，注册护士290人，比增2.11%。2014年末每千人拥有卫生机构床位3.09张，每千人拥有卫生技术人员4.26人。全县有社区卫生服务中心1个，卫生技术人员24人；乡镇卫生院10个，卫生技术人员249人。2014年末新型农村合作医疗参加人数19.1081万人，参合率99.9%。

【体育】 罗源县运动员在2014年亚残会荣获盲足项目铜牌，在全国技巧冠军赛摘得3金，在第十五届省运会取得11金4银4铜的优异成绩；表演项目《山哈藤阵》《铃卜情》获全省第八届少数民族运动会金奖。完善全民健身公共服务体系建设，2014年末全县有体育场馆2个，全民健身路径25条，比增20%，其中农村健身路径20条，比增18%。全年举行县以上群众性体育竞赛活动17项。

【民生保障】 城乡居民收入稳步增长，在城市化进程的推动下，以及强农惠农政策的保障下，居民收支平稳增长，其中城镇居民人均家庭总收入26712元，人均可支配收入24408元，人均消费支出17450元，城镇居民恩格尔系数为39.45%；农村人均可支配收入11068元，人均生活消费支出9879元，农村居民恩格尔系数为40.85%。旅游、休闲娱乐等精神消费水平提高。居民消费价格总水平上涨2.2%。八大类商品呈“八涨”的态势：食品类上涨3.5%，烟酒类上涨1.0%。衣着类上涨0.5%，家庭设备用品及维修服务类上涨0.8%，医疗保健和个人用品类上涨0.8%，交通和通信类上涨0.1%，娱乐教育文化用品及服务类上涨2.3%，居住类上涨2.8%。城乡就业保持稳定，新增城镇就业2855人，城镇登记失业率1.31%，转移农业富余劳动力7166人。在全市率先试点“新农合”省内跨设区市即时结算，“新农保”参保率保持在90%以上；城镇居民、职工各项社会保险参保率位居全市前列；“低保”“五老”“五保”等补助标准和被征地收海农渔民养老保障水平进一步提高。完成县光荣院修缮和6座慈善安居楼建设。完善价格补贴联动机制，受益群众1.3万人。设立179个小额助农取款服务便民点，实现农民享受金融服务不出村。基本建成保障性住房253套，开工建设搬迁安置房和公租房329套，超额完成市下达任务；完成197户744人“造福工程”和107户残疾人危房改造。

【环境保护】 实施石材乡镇公共环境整治项目67项，完成石材加工企业新一轮规范化建设和废弃渣场覆土绿化，拆除禁养区生猪养殖场3.2万平方米，兰水溪、花园溪、中房溪、起步溪水质平均达标率提高58个百分点；临港工业企业完成整改项目91项，厂区及周边环境明显好转，县城空气质量提升至全市中上水平；造林绿化1266.67公顷，超年度计划82.7个百分点；起步镇、白塔乡通过国家级生态乡镇创建验收，全县乡镇、村（居）连态细胞建设达到“双80”要求。初步建成环境自动监测预警体系，实施重点节能减排项目12项；开展大气PM2.5监测，创建10个省级以上生态乡镇，通过国家环保模范城市复核。城区空气污染指数（API）平均值69，空气质量优良率86.5%，空气质量整体状况良好。县区环境噪声54.3分贝，总体保持稳定。

注：1.“国民经济和社会发展”分目（下同）所列数据均为初步统计数，部分合计数或相对数由于单位取舍不同而产生的计算误差，均不做机械调整。

2. 地区生产总值、增加值、工业总产值及农林牧渔业总产值按现价计算，增长速度按可比价格计算。

（刘乔东）

机构及负责人

中共罗源县委员会领导班子名单

书　记：吴兰铮
副书记：邓达木
　　　　王命瑞
常　委：陈敏鸿
　　　　蔡　文
　　　　刘毅宙
　　　　董志千
　　　　吴盛洲
　　　　兰可明
　　　　黄元祥
　　　　郑　勇

中共罗源县委机构及负责人名单

县纪律检查委员会
书　记：郑　勇
副书记：卢然新
常　委：赵秀瑛
　　　　何心国
　　　　周晓文
　　　　肖用良

县机关效能建设领导小组办公室（机关效能投诉中心）
主　任：肖用良

县委办公室
主　任：陈　文
副主任：程　鹏
　　　　陈　腾
　　　　黄国桢

县委政策研究室
主　任：黄国桢

县委保密委员会办公室（国家保密局）
局　长：黄乾文

县委机要局
局　长：张晓文

县委组织部
部　长：刘毅宙
副部长：黄垂卫（常务）
　　　　阮宪铣
　　　　郑云锦
　　　　林训全

县委组织员办公室
副主任：陈国辉

县委宣传部
部　长：陈敏鸿
副部长：林　强

县委精神文明建设办公室
副主任：李瑞瑞

县委统一战线工作部
部　长：兰可明
副部长：董玉龙
　　　　余　勇（常务）

县委政法委
书　记：董志千
副书记：伍敏强
　　　　张祥光
　　　　陈　彪
　　　　叶潮炎

县社会治安综合治理办公室
主　任：陈　彪
副主任：林家钿

县委610办公室
主　任：张祥光

县委台湾事务办公室
主　任：李　健
副主任：于聿琪
　　　　陈思千

县委机构编制委员会办公室（县政府机构编制委员会办公室）
主　任：黄宪健
副主任：郑福先

县直机关工委
书　记：王命瑞
副书记：余养叶（常务）
　　　　游　国
委　员：尤昌渠

县委老干部局
局　长：林训金
副局长：余晓玲

县委农村工作领导小组办公室
主　任：魏如禄
副主任：李赛娇
　　　　林　强
　　　　肖　鹏

县委教育工作委员会
书　记：陈敏鸿
副书记：游　亮
　　　　黄庄为
委　员：叶建斌
　　　　周茂亮
　　　　杨善平
　　　　陈仰丛
　　　　姚剑雄

县委非公有制企业工作委员会
书　记：阮宪铣

县委直属事业单位及负责人名单

县委党史研究室
主　任：林建坚
副主任：林克城

县档案局（馆）
局　长：连添梅
副局长：叶　丹
潘利华

县委党校、县行政学校
校　长：刘毅宙
副校长：龚庆忠（常务）
阮庄希

县事业单位登记管理局
局　长：程礼凤

县关心下一代工作委员会
秘书长：钟建慈

罗源县人大常委会领导班子名单

主　任：雷光秀
副主任：王永春
邱清崇
周在勤
易建勤

罗源县人大常委会机构及负责人名单

县人大常委会办公室
主　任：吴传杰
副主任：兰玲玲

县人大常委会财经委
主　任：董智先

县人大常委会人代委
主　任：兰　斌

县人大常委会农经委
主　任：陈立清

县人大常委会教科文卫委
主　任：雷秀裕

县人大常委会法制委
副主任：张宗清

县人大常委会城环委
副主任：陈云梅

罗源县人民政府领导班子名单

县　长：邓达木
副县长：蔡　文（常务）
汪孝敏
何瑞强
邓　斌
林高星
姚　强
谢　婧
赖时铿
杨大粉（挂职）
郭挺（科技，挂职）

罗源县人民政府机构及负责人名单

县政府办公室
主　任：郑育新
副主任：陈春旭
陈　铀
陈　锋
申友国
杜武义
陈新强
姚明荣

县海防委员会办公室
主　任：陈　锋

县政府外事侨务办公室
主　任：陈　铀

县双拥工作领导小组办公室
主　任：陈明雄

县爱国卫生运动委员会办公室
主　任：董锦宝

县发展和改革局
（挂县物价局、县粮食局）
党组副书记：游　浩
党 组 成 员：雷立斌
副　局　长：邱锦明

县物价局
副　局　长：雷立斌
刘其锋

县粮食局
党支部书记：曾光耀
副　局　长：卓祖健

县经济贸易局（挂县对外贸易经济合作局、县国防动员委员会支前办公室、县食品安全工作办公室、县政府口岸工作办公室）
局　　　长：翁伙仙
党总支书记：周在真
副　局　长：王兴佺
陈求真
赵　阳
纪检监察员：黄云峰

县对外贸易经济合作局
局　长：黄晖华
副局长：丁金华

县外商投资服务中心
主　任：黄晖华
副主任：陈　邕

县教育局
局　　长：游　亮
副 局 长：黄庄为
　　　　　周茂亮
纪检监察员：杨善平
副 局 长：陈仰丛
　　　　　姚剑雄

县科技文体局
（挂县知识产权局）
局　　长：黄　康
党支部书记：叶朝峰
副 局 长：游　春
　　　　　谢长云
纪检监察员：郑　俊

县公安局（挂县政府打击走私综合治理工作办公室）
党委书记、局长、督察长：
　　　　　伍敏强
党委副书记、政委：赵建平
副 局 长：林凌峰
　　　　　范友明
　　　　　赵新辉
　　　　　林茂建
纪委书记：林文忠
政工室主任：郑　鸿

县监察局
局　长：卢然新
副局长：陈　强

县民政局
（挂县革命老根据地建设办公室）
党组书记、局长：林书腾
党组副书记：周在荣
党组成员、副局长：周建华
　　　　　李恒学
党组成员：彭盛强

县革命老根据地建设委员会办公室
主　任：郑建华
副主任：辛　旭

县司法局
局　　长：尤庆祝
党支部书记：徐永银
纪检监察员：陈云健
副 局 长：陈新传
　　　　　张　燕

县财政局
党组书记、局长：张振灯
党组副书记：吴高枝
党组成员、副局长：龚永禄
副局长：陈绍辉
党组成员、总会计师：杨　婷
党组成员、副局长：黄　霖
党组成员：黄秀国

县人力资源和社会保障局
党组书记、局长：郑云锦
党组副书记、副局长：陈光段
党组成员、纪检组组长：林德春
党组成员、副局长：林秀萍
党组成员：胡力刚
党组成员、副局长：雷　静

县公务员局（与县人力资源和社会保障局合署办公）
局　　长：郑云锦
党支部书记：陈凤金
副 局 长：黄元生
　　　　　谢建忠
纪检监察员：刘智勇

县国土资源局
党组书记、局长：黄　耀
党组成员、副局长：吕广文
党组副书记：陈仰赛
党组成员、纪检组组长：黄勇胜
党组成员、副局长：陈奇真
党组成员：叶品杰

县住房和城乡建设局
党组书记、局长：陈继亮
党组副书记：周宇骋
纪检组长：黄剑鸣
党组成员、副局长：陈家华
　　　　　张谋根
　　　　　黄文芳
　　　　　黄秀建

县交通运输局
（挂县交通战备办公室）
局　　长：董志汤
副局长、主任科员：彭建松
纪检监察员：林贤崔

县水利局
党组书记、局长：余金荣
党组副书记：陈水钰
总工程师：陈从容
党组成员、副局长：魏耀明
党组成员、副局长：尤传盛
副局长：李　刚

县农业局
（挂县海洋与渔业局）
局　　长：雷　霹
纪检监察员：刘建勋
副 局 长：黄仰昌
　　　　　余光健

县海洋与渔业局
局　　长：陈敏国
党支部书记：郑宝用
纪检监察员：雷庆铭
副 局 长：兰银喜
　　　　　黄永钦

县林业局
局　　长：雷庆强
党支部书记：兰万冰
纪检监察员：周振通
副 局 长：林　�
总工程师：张孟溪

县公安局森林分局
局　长：吴家义

县卫生局
局　　长：吴晨曦
党总支书记：黄兆新
纪检监察员：丁海英
副 局 长：项新耀
　　　　　余泽京
　　　　　郑丹红

县人口和计划生育局
局　　长：陈盛坦
党支部书记：游　中
纪检监察员：游　杰
副 局 长：郭如坤
　　　　　叶建国

县审计局
局　　长：林　先
副 局 长：倪清泉
纪检监察员：林　钦
副 局 长：吴礼明
总审计师：游垂元
副 局 长：李孝广

县环境保护局
党组副书记、局长：林　真
党组书记：郑　霄
党组副书记、副局长：吴隆炳
党组成员：欧义汉
副局长：许兆文

县统计局
局　长：黄晓东
副局长：唐佺卫

县食品药品监督管理局
党组书记、局长：兰凉平
党组成员、副局长：林力云
　　　　　　　　　张世进
党组成员、纪检组组长：方立峰
党组成员：林　晶

县安全生产监督管理局
（挂县安全生产委员会办公室）
局　长：林　华
副局长：俞兆东

县人民防空办公室
主　任：甘昌明
副主任：李建忠

县信访局
局　长：陈春旭
副局长：谢文山

县民族与宗教事务局
（与县委统战部合署办公）
局　　长：郑建鼎
副 局 长：兰善英
　　　　　黄珍贵
纪检监察员：郑天武

罗源湾开发区
（县委、政府派出机构）
主　　任：范永刚
工委书记：徐立刚
副 主 任：黄一川
　　　　　彭国钱
　　　　　郑　卿
　　　　　邱小峰
工委副书记：黄鼎泉
副 主 任：于贤杰
纪检监察员：吴　飞
副 主 任：雷邦淼
工委副书记：廖应铿
副 主 任：黄伙彬
工委委员：陈　武
　　　　　朱康宇

县政府直属事业单位及负责人名单

县广播电视事业局
局　长：黄乃通
副局长：孟　斌
　　　　陈言财

县地方志编纂委员会
主　任：游其俤

县地震办公室
主　任：林珍群
副主任：彭信国

县旅游事业管理局
局　　长：游宝枝
党支部书记：张礼钦
副 局 长：叶益连

县城镇集体工业联合社
主　任：黄志胜
副主任：陈立刚

县供销合作社联合社
主　　任：林　铭
党总支书记：吴　飞

监事会主任：朱维棉

县行政服务中心管委会

主　任：吴　霖

副主任：黄维东

县机关事务管理中心

副主任：林应鑫

雷莉平

县农机管理站

站　长：肖书康

县政府部门管理的事业单位及负责人名单

县政府教育督导室

主　任：叶建斌

副主任：林剑晃

邱志强

许巧明

县人民政府驻榕联络处

主　任：张　羽

县土地收购储备中心

主　任：吕广文

副主任：叶品杰

县城建监察大队

大队长：郑立峰

教导员：柯受连

县运输管理所

所　长：朱庆华

县交通综合行政执法大队

大队长：赵康平

教导员：李　霖

县松山围垦管理处

主　任：阮为义

县白水围垦管理处

主　任：徐建霖

县农科所

所　长：吴泽英

县森林防火指挥部办公室

主　任：尤昌勇

县卫生监督管理所

所　　长：聂岩峰

党支部书记：刘顺清

县疾病预防控制中心

主　　任：林　旭

党支部书记：陈从凯

县医院

院　　长：张文标

县中医院

院　长：余光清

县妇幼保健院

院　长：丁海英

副院长：赵兴葵

县城市社会经济调查队

队　长：刘登芳

县农村经济调查队

队　长：丁忠钦

县教师进修学校

校　长：周茂亮

副校长：沈庆灿

唐仁学

罗源一中

校　　长：陈树康

党总支书记：林　统

副　校　长：康　响

吴雪峰

福州民族中学

校　　长：邓信泉

党总支书记：雷元炳

副　校　长：黄龙滨

李亨连

罗源二中

校　长：阮贤明

罗源三中

校　　长：陈世春

党支部书记：唐英俊

县高级职业中学

校　　长：沈庆焉

党支部书记：陈允宏

县机关事业单位社保中心

主　任：胡力刚

罗源县政协领导班子名单

主　席：何宗乐

副主席：姚建传

于红旗

李恒炎

秘书长：陈继焰

罗源县政协机构及负责人名单

经济建设委

主　任：李祯富

科教文卫体委

主　任：郑　卿

提案委

主　任：钟凤金

办公室

副主任：余　粮

罗源县人民检察院及负责人名单

检　察　长：吴仰晗

副 检 察 长：吴诗疆（2014. 12 代检察长）

游晓敏

纪检组组长：黄文芳

副 检 察 长：游永书

邓招鸿

罗源县人民法院及负责人名单

院　　长：朱　玲

副　院　长：周庆清

郑灼琼

政治处主任：郑丽萍

纪检组组长：李　然

党 组 成 员：林剑辉

黄　宏

陈雄文

县直群众团体及负责人名单

县总工会

主　席：黄元祥

副主席：陈　凯（常务）

尤　伟

共青团罗源县委

书　记：林　云

副书记：陈魁辉

县妇女联合会

主　席：陈　闽

副主席：苏翠英

县妇女儿童工作委员会

主　任：尤淑玲

县残疾人联合会

理 事 长：杨红斌

副理事长：杨立国

县老龄工作委员会办公室

主　任：郑　强

县科学技术协会

主　　　席：薛安发

党　组　书　记：甘建汀

党组成员、副主席：郑秀华

县工商业联合会

会　　长：丁　椿

党组书记：董玉龙

县归国华侨联合会

主　席：雷康俤

县文学艺术届联合会

主　席：黄丽荣

县社会科学界联合会

主　席：林　强

副主席：易建忠

县红十字会

会　长：邓　斌

副会长：阮宪铣

吴晨曦

杜武义

副会长、秘书长：姚丽云

县计划生育协会

会　长：肖国绪

副会长：辛　捷（常务）

游绍扬

副会长、秘书长：范东耀

各乡镇党政班子及负责人名单

凤山镇

中共凤山镇委员会

书　记：陈启辉

副书记：林　明

李恒来

委　员：朱仲福（兼纪委书记）

李国武

陈晓蓬

林宋华

人大主席团

主　席：黄　犟

人民政府

镇　长：林　明

副镇长：龚　琪（计生）

陈晓蓬

王德斌

松山镇

中共松山镇委员会

书　记：黄一川

副书记：陈永玲

曾高用

黄乃兴（综治）

委　员：陈唐锋（兼纪委书记）

雷农水

杨莹霞

谢建斌

林增俤

人大主席团

主　席：陈林东

人民政府

镇　长：陈永玲

副镇长：谢建斌

林登汉（科技）

池敬灶（计生）

碧里乡

中共碧里乡委员会

书　记：游永文

副书记：吴高斌

廖应铿

委　员：辛晴知（兼纪委书记）

黄向康

尤惠刚

吴彩桑

何启翰

人大主席团

主　席：游淦冰

人民政府

乡　长：吴高斌

副乡长：黄向康

陈晨然（科技）

谢　锋（计生）

黄光金

林　农（挂职）

鉴江镇

中共鉴江镇委员会

书　记：林秀华

副书记：郑国忠

于　宏（兼纪委书记）

委　员：陈言炳

张发为

姚仕旺

人大主席团

主　席：林启谋

人民政府

镇　长：郑国忠

副镇长：黄邦富（科技）

林美芳

苏文杉（综治）

起步镇

中共起步镇委员会

书　记：余金荣

副书记：黄国安

郭尚民

委　员：周应庶（兼纪委书记）

林　星

郑丹清

陈榕生

人大主席团

主　席：游永棋

人民政府

镇　长：黄国安

副镇长：陈言程（科技）

钟建裕（计生）

许彭多

洪洋乡

中共洪洋乡委员会

书　记：陈明娟

副书记：林　辉

李　宏（兼纪委书记）

周孟希（计生）

委　员：黄向明

游宝宜

陈　武

人大主席团

主　席：陈　忠

人民政府

乡　长：林　辉

副乡长：雷其华（科技）

魏俤俤

中房镇

中共中房镇委员会

书　记：徐忠琼

副书记：尤庆祝

林　新（兼纪委书记）

余伙新（综治）

委　员：徐忠庄

林蔓文

人大主席团

主　席：吴乐文

人民政府

镇　长：尤庆祝

副镇长：钟建明（科技）

兰德华

范云干

陈　贤

白塔乡

中共白塔乡委员会

书　记：郑　策

副书记：叶自楠

孟雁群（计生）

林素琴（兼纪委书记）

委　员：叶蔚宜

人大主席团

主　席：潘金承

人民政府

乡　长：叶自楠

副乡长：郑林东（科技）

张　东（综治）

雷应华

杨淑玲

西兰乡

中共西兰乡委员会

书　记：林　颖
副书记：郑良亨
谢长春（兼纪委书记）
委　员：曾福斌
林　升
陈　熙
余灿俤
魏有杰

人大主席团
主　席：叶品光

人民政府
乡　长：郑良亨
副乡长：郑建津
郑晓刚（综治）
杨建铭（科技）

飞竹镇

中共飞竹镇委员会
书　记：卓良东
副书记：张　雄
李昌耀（兼纪委书记）
杨建华（综治）
委　员：雷文福
林　栋

人大主席团
主　席：陈哲明

人民政府
镇　长：张　雄（候选人）
副镇长：姚仲杰
吴晓榕
郑炳旺（计生）
陈建铭

霍口畲族乡

中共霍口畲族乡委员会
书　记：尤昌斌
副书记：钟立强
陈彦祎（兼纪委书记）
张昌宝（计生）
委　员：柯汀标
谢祥铃
江　毅
黄　华

人大主席团
主　席：黄良兴

人民政府
乡　长：钟立强
副乡长：陈建新
郑国强（综治）
（县委组织部）
（编辑　李晓静）

重要会议及决策

【县委全委会议】 2014年，中共罗源县第十二届委员会召开5次全委会。其中，县委十二届十次全体（扩大）会议1月10日召开。会议深入学习贯彻党的十八届三中全会和省委九届十次、市委十届七次全会，以及中央、省市经济工作、城镇化工作、农村工作会议精神，审议通过《县委关于贯彻党的十八届三中全会精神全面深化改革的实施意见（草案）》，《中共罗源县委第十二届委员会第十次全体会议决议（草案）》。县委书记吴兰铮要求在产业转型升级、增强发展后劲、统筹城乡发展、行政效能建设上实现新突破，并为推进全面深化改革提供有力保障。县委十二届十一、十二次全体（扩大）会议分别于5月5日、8月6日召开，会议进行人事议定。县委十二届十三次全体（扩大）会议9月28日召开，会议深入学习贯彻省委九届十一次全会、市委十届八次全会精神。审议《关于进一步加快罗源科学发展跨越发展的行动计划》《罗源县关于贯彻落实〈福州新区建设行动计划（2014－2020年）〉的实施意见》《罗源县加快生态文明先行示范区建设的贯彻实施意见》和《县委十二届十三次全体（扩大）会议决议》等4份文件。动员全县上下抢抓机遇、开拓奋进，加快融入福州新区，奋力开创跨越赶超新局面，全力推动罗源科学发展跨越发展。县委十二届十四次全体（扩大）会议12月30日召开，会议深入学习贯彻习近平总书记来闽考察重要讲话，党的十八届四中全会，省市委全会和中央、省市经济工作会议精神，审议通过《关于深入贯彻习近平总书记来闽考察重要讲话精神的意见》和《关于贯彻党的十八届四中全会精神全面推进依法治县的实施意见》，县委书记吴兰铮要求全县各级各部门要认真学习领会中央和省市有关会议精神，深入贯彻落实习近平总书记来闽考察重要讲话精神，扎实抓好经济工作，全力推进法治罗源建设，全面落实从严治党，努力开创罗源县科学发展跨越发展新局面。

【县委常委会议】 2014年，中共罗源县第十二届委员会召开25次常委会。第1次会议，1月9日召开，会议审议《中共罗源县委2014年工作要点》，研究县委十二届十次全会有关事宜和2013年度市“五大战役”及重点项目建设先进推荐名单等有关问题。第2次会议，1月20日召开，会议研究干部人事工作。第3次会议，1月26日召开，会议研究罗源湾北岸铁路支线项目原股东退股补偿、开发区南片土石方工程（BT项目）合同终止、县纪委十二届五次全会等问题。第4次会议，3月4日召开，会议传达学习福州市党政代表团赴渭南、吉安学习考察和杨岳书记到福州新区调研时讲话精神，以及中央、省、市委党的群众路线教育实践活动和统战、政法、组织等工作会议主要精神；听取2013年度各乡镇、县直各单位党风廉政建设责任制考核情况，各乡镇党政领导落实综治责任书检查考评情况和县直机关党建工作考核情况汇报；研究审定罗源县《关于加快工业园区发展的实施意见》，2013年度纳税十强企业、纳税大户、纳税百万企业表彰方案，2014年重点建设项目安排方案，2013年度森林防火工作先进单位名单，2011－2013年度人口和计划生育工作先进集体和先进个人名单，“省五一劳动奖章”候选人推荐名单等。第5次会议，3月21日召开，会议传达学习《中共中央关于在全党深入开展党的群众路线教育实践活动的意见》《中共福建省委关于推进领导干部“四下基层”工作的意见》和《中共福建省委办公厅、省人民政府办公厅印发<关于开展“马上就办、办就办好”活动的实施意见>的通知》文件精神，全国

"两会"、省市委常委（扩大）会议、全省县（市、区）委书记培训班和市直机关党的工作会议精神，研究"罗源风土人情"宣传口号甄选工作、罗源县《贯彻落实<建立健全惩治和预防腐败体系2013－2017年工作规划>的实施办法》、违纪违法人员处理意见等问题。第6次会议，3月22日在罗源县驻榕办会议室召开，会议研究干部人事工作。第7次会议，4月29日召开，会议研究提高离任村（社区）主干补助标准，开展2014年全县先进基层党组织和优秀共产党员、优秀党务工作者评选表彰活动，推荐全省先进基层党组织和优秀共产党员、优秀党务工作者，2013年度全县重点工作目标管理考评和召开县第五次侨代会等问题。第8次会议，5月5日召开，会议推荐处级干部。第9次会议，5月29日召开，会议研究罗源县2013年度绩效管理有关问题。第10次会议，6月13日召开，会议由县长邓达木主持，研究县委常委班子对照检查材料。第11次会议，6月27日召开，会议传达省委省政府工作检查第二次点评暨总结会和市委常委会精神；审定县委常委、县政府领导工作分工；研究罗源县反恐怖工作，《罗源县处置群体性突发事件工作预案》《2014年度全县重点工作考核评比办法》，滨海大通道罗源碧里至鉴江段公路（原201省道）BT建设方案，罗源县红十字会第四次会员代表大会筹备工作，继续选派干部驻村任职工作，推荐全市、全县先进基层党组织和优秀共产党员、优秀党务工作者，推荐福州市先进教育工作者、农村优秀教师，报送省级"时代楷模"候选人，北大路改造方案等问题。第12次会议，7月29日召开，会议传达学习习近平总书记给福建省企业家重要回信精神，审议《罗源县2014年度绩效管理工作实施方案》《罗源县绩效管理奖惩暂行办法（修订）》，研究全国供销系统先进工作者、全省公安机关执法示范单位推荐名单等问题。第13次会议，8月5日召开，会议研究干部人事工作。第14次会议，8月29日召开，会议研究罗源县《关于整治干部"走读"现象的实施意见》《罗源县人民政府职能转变和机构改革方案》《关于成立罗源县园林管理所方案》《关于进一步健全完善新闻发布制度的实施意见》、县慈善总会换届、新一届（2012－2014年度）省级文明单位（学校、村镇）评选推荐工作等问题。第15次会议，9月18日召开，会议传达学习省、市委全会精神及罗源县初步贯彻意见等问题。第16、17、18、19、20、21次会议，相继对罗源湾北岸海水养殖工作展开专门讨论研究并传达上级文件精神。第22次会议，10月17日召开，会议传达全市干部监督工作会议精神及罗源县贯彻意见，学习市委《关于加强干部队伍建设的若干意见》，审议《县纪委监察局机关清理调整参与议事协调机构的方案》《罗源县罗源湾海域网箱养殖退养实施方案》，研究县、乡团委和县老科协换届工作等问题。第23次会议，11月10日召开，会议传达贯彻习近平总书记在福建考察工作时的重要讲话、给厦门市集美校友总会重要回信和省、市委常委（扩大）会议精神，传达全市深化"135"社区党建工作模式现场会精神，研究推荐市"工人先锋号""五一先锋岗"和市职工技术创新先进集体及个人候选人名单、2014年度省重点项目建设先进单位和个人候选名单，罗源湾开发区松山片区（大、小获片区）防洪排涝工程融资方案、违纪违法人员处理意见等问题。第24次会议，11月27日召开，会议研究2014年国民经济主要指标预计完成情况和2015年预期目标，2014年财政收入预计完成情况和2015年财政收入计划，申报2015年省、市重点项目，县级公立医院综合改革，推荐市级、县级文明单位、文明学校名单，落实党风廉政建设党委主体责任和纪委监督责任等问题。第25次会议，12月23日召开，会议审议《罗源县安全生产"党政同责、一岗双责"规定（送审稿）》《政府工作报告（送审稿）》及2015年县委、县政府为民办实事项目（草案）、《2014年财政预算（预计）执行情况和2015年财政预算草案》，研究国防动员和民兵预备役建设、县"两会"筹备工作、县老体协换届、市县"人民满意派出所"候选单位名单、凤山镇和松山镇撤镇改街、2014年度转业士官安置、政府机构改革、金闽公司党委换届选举等问题。

【县委工作会议】 3月19日召开。会议表彰2013年度罗源县纳税十强企业、纳税大户、纳税百万企业，2013年度森林防火工作先进单位、2011－2013年度人口和计划生育工作先进集体和先进个人，传达省、市统战、政法、组织、宣传工作会议精神，并就罗源县2014年统战、政法、组织、宣传、城镇化、农业农村及全年经济工作进行部署，颁发《2014年罗源县社会管理综合治理工作责任书》《2014年罗源县信访工作责任状》《罗源县2014年人口和计划生育工作责任书》《罗源县2014年造林绿化目标责任状》《罗源县2014年森林防火目标管理责任状》《2014年安全生产工作目标责任书》。县委书记吴兰铮强调，2014年重点要着力改进作风，开展教育实践活动；融入福州新区，加快县域发展步伐；全力推进项目，努力完成目标任务；抓好招商引资，促进产业转型升级；突出文化个性，建设更加宜居的城乡环境。强调抓好新一年的各项工作，需要全县上下进一步增强事业心和责任感，以更加饱满的工作激情，更加务实的工作作风，凝心聚力，勇于担当，推进落实。

（陈光耀）

纪检监察

【概况】 2014年，全县纪检监察机关以党的群众路线教育实践活动为契机，扎实推进“廉洁清风罗川行”活动。开展执法监察、监督检查31次，受理信访举报214件（次），查处违纪违法案件58件。出台《罗源县贯彻落实〈建立健全惩治和预防腐败体系2013－2017年工作规划〉的实施办法》《关于落实党风廉政建设党委主体责任和纪委监督责任的实施意见（试行）》，促进党风廉政建设党委主体责任和纪委监督责任的落实。开展县纪委监察局机关内设机构改革和议事协调机构清理调整，清理规范乡镇纪委和派驻纪检监察机构负责人业务分工，突出主业主责。加强中央八项规定精神落实情况和纠正“四风”问题监督检查，严格正风肃纪，查处6名违反八项规定行为的干部职工。整治“庸懒散拖”，效能问责45人次。对96名新提任乡科级领导干部进行任前廉政法规知识测试和任前廉政谈话工作。

【廉政建设】 惩防体系建设 细化责任分解，制定颁发罗源县各乡镇、县直单位《2014年度党风廉政建设责任书》，明确各级领导干部在党风廉政建设中的责任。严格责任考核，对全县11个乡镇、85个县直单位进行检查考核，强化党委主体责任和纪委监督责任落实。严肃责任追究，对在廉政民主测评中满意率低于70%的2个单位主要负责人和5名科级领导干部进行廉政谈话。

作风建设 强化中央八项规定精神落实情况和“四风”问题专项检查，抓住节假日等重要时间节点，深入开展明察暗访和重点抽查，开展4轮落实中央八项规定精神情况专项督查和11次明察暗访行动，对9个单位10名相关责任人进行廉政谈话，限期整改。加强“三公”经费管理监督检查，全年96个行政机关单位“三公经费”支出同比下降40%。严格正风肃纪，严肃查处4起公车私用问题和1起机关干部职工公款旅游问题，给予党纪处分1人、组织处理1人、效能告诫1人、辞退临时人员3人。

廉政教育 开展签订《廉洁过年承诺书》活动，在年节重要时段向全县700多名副科级以上干部发送廉洁过节提醒短信，组织全县纪检监察干部到福建省反腐倡廉警示教育基地——榕城监狱开展警示教育活动，组织党校学员到宁德监狱和县法院开展以案说法警示教育活动，提升党员领导干部廉洁自律意识。

基层党风廉政建设 加强农村和社区党风廉政建设，健全基层党风廉政建设机制，深入推进《农村基层干部廉洁履行职责若干规定（试行）》贯彻落实，全面推进农村“五要”工程，追究村集体“三资”管理中的违纪违法行为，严肃查处8名村干部违纪违法案件。

【规范权力运行】 运行平台 强化网上审批工作监督，督促全县32个单位、273项行政审批服务项目纳入网上审批系统管理。对181项行政审批项目进行梳理调整，优化审批流程，审批时限平均压缩率达30%。全年网上审批系统收件4617件，办结4615件，办结率99.9%。

办事公开 推动办事公开标准化建设，推进政府信息公开，逐步规范党务村务公开组织机构、内容、形式、时间、程序、监督保障等措施，提升罗源县办事公开水平。推进福州市农村党风网建设，全年公布党务、村务信息40959条，信息公开率居全市前列；试点建设村务公开信息平台，实现党务、政务、村务联动公开，发挥互联网等现代媒体在办事公开中的作用。

专项治理 重点开展规范土地出让行为专项监察及宜居环境建设、政府机构改革和职能转变情况监督检查。开展土地出让、工程建设、环境保护等重点领域违纪违法问题的倒查问责，全年查处各类违纪行为5件5人，通报批评4人。开展海洋与渔业、水利、民政系统依法行政综合监察“回头看”和教育系统依法行政综合监察工作，发出整改通知书4份，监察建议书2份。

【案件查办】 全年立案查处违纪违法案件58件，党政纪处分57人、组织处理1人，其中乡科级干部案件6件，贪污贿赂案件12件，万元以上经济大案11件，移送司法机关7人，为国家和集体挽回经济损失51.47万元。坚持文明办案，完善线索管理、初步核实、立案调查、案件审理及申诉复查等程序，提高办案规范化水平；强化组织协调，健全执纪执法机关相互配合的长效机制；畅通信访举报渠道，受理群众信访举报214件（次）。对24名受处分党员干部进行回访教育。发挥查办案件治本功效，对3件重大典型案件开展“一案一整改”。

【政风行风建设】 加强纠风专项治理，持续推进教育、医疗等领域纠风工作，开展对种粮直补、农机补贴等各项强农惠农资金发放情况监督检查，强化保障性住房配租配售监督，持续开展民政救济救灾资金网上公开工作。加强对各单位的日常监督和行风评议，对全县经济和社会管理类、司法和行政执法类、公共服务类等三大类49个部门（单位）进行评议，评议结果全县通报，推进部门和行业作风建设。

【组织自身建设】 加强委局领导班子建设，出台《县纪委常委会定期听取和研究解决干部群众反映的突出问题制度》《县纪委监察局班子成员挂钩联系工作制度》，完善领导班子议事决策机制。深化学习型机关建设，争创市级文明单位，开展每月读一书活动，推行班子成员一线工作法和干部多岗位锻炼，选派11名干部到上级纪委学习培训或跟班锻炼，强化履职能力。开展县纪委机关内设机构改革，对委局机关参与的176个议事协调机构进行清理调整，保留13个，清理规范乡镇纪委书记和派驻纪检监察机构负责人业务分工，突出主业主责。深化乡镇纪委工作协作区制度，修订完善《乡镇纪检监察工作绩效考评办法》，加强乡镇及派驻县直纪检监察机构工作指导和考核。加强内部监督制度建设，以制度约束人、管好事。

（陈志健）

【机关效能建设】 绩效管理 制定《罗源县2014年度绩效管理实施方案》和《罗源县绩效管理奖惩暂行办法（修订）》，全县11个乡（镇）、1个开发区和60个县直单位纳入绩效管理，建立台账信息，组织年终察访核验，强化绩效整改，落实主体责任；将评估结果作为绩效奖惩的重要依据，对绩效考核优秀的予以表彰奖励，对绩效考核落后的启动问责机制，并作为领导干部考核重要依据。

效能问责 坚持“一督查一通报”制度，把效能督查中发现的问题及时在一定范围内予以通报。对检查中存在问题的责任单位和个人严格按照《福州市机关及其工作人员效能问责实施细则》予以严肃处理。问责处理情况列入台账报纪检监察和组织人事部门，作为评优评先和干部考核依据，并纳入2014年度绩效管理台账。全年组织开展机关作风督查47次，效能问责45人次，其中效能告诫13人次（1人为正科级）、诫勉教育13人次、通报批评19人次；针对存在问题的单位通报批评3个，发出整改通知书38份、效能建议书6份，效能预警单6份。

效能投诉办理 全年受理社会各界效能投诉26件，其中省市转办件6件，办结率100%。“12345”便民呼叫系统受理有效诉求件2831条次，及时查阅率99.79%，及时办结率99.89%。对“12345”便民呼叫热线运行的整个过程进行网上监督，严格诉求件办理查阅、审批、调查处理、审核、回复等办理流程，促进各级各部门解决群众和企业诉求。

（阮以强）

组织工作

【概况】 2014年，中共罗源县委组织部牵头开展党的群众路线教育实践活动，深化“135”社区党建工作模式和“365”非公企业党建工作模式，组织实施干部教育培训计划，从严监督管理干部，推进人才队伍建设，提高组织工作科学化水平。2014年全县有党组28个，基层党委17个，基层党总支37个、支部649个，党员13620名。

【基层党组织建设】 深化“135”社区党建工作模式，685多名机关在职党员到社区报到服务，认领困难群众“微心愿”385多个。成立12个整顿工作组，完成19个村和1个社区软弱涣散党组织的整顿转化工作。加大对村级综合服务场所建设资金扶持力度，向37个村下拨村级组织活动场所修缮补助款126万元。建立村务公开月抽查制度，每月安排2天抽查每个乡镇2个村；加强涉及村务村财信访问题排查稳控，实行敏感时期每日“零报告”制度。开展“百连百村结对子”活动，促成凤山镇陈厝村与海军舰保大队直属中队、凤山镇余家塘与武警中队等3对村居部队联结对子，开展各类帮扶活动21场。选派15名村（社区）党组织书记赴仓山、长乐、宁德和县内党建示范点挂职；接收2名罗源县和4名连江县挂职党组织书记；选派21名县直机关干部驻村挂职。面向全县优秀村（社区）主干考录1名公务员、3名乡镇全额拨款事业编制干部。严格考核奖惩，每半年考核1次村（社区）主干履职情况，其他“两委”班子成员由各乡镇党委按实际定期考核奖惩。提高离任村干待遇，将每任职一年每月补助由10元提高至20元。开展“一先两优”推荐评选工作，推荐产生5个省市先进基层党组织、5名省优秀共产党员和6名省优秀党务工作者，表彰35个县先进基层党组织、50名县优秀共产党员和35名县优秀党务工作者。推进“365”非公企业党建工作模式，设立“党员责任区”、“党员示范岗”、“党员先锋岗”188个。开展“百企联百村，共建新农村”活动，10家挂村企业引进项目资金77万元，提供技术支持等综合效益33万元，帮助村居发展生产项目5个，新建项目1个。在凤山镇和西兰乡试行乡镇党代会年会制，建立党代表工作室。

【干部队伍建设】 选送28名干部参加省市委党校主体班学习、14人参加市级以上短期班培训、7人赴台湾培训；举办2期科级干部和1期中青年干部培训班，选调166干部参加学习；举办学习贯彻《党政领导干部选拔任用工作条例》专题辅导讲座，组织全县处级干部、各乡镇、县直各单位主要领导160余人参听辅导。更改在职干部学历94份。抽调30名干部参加县重点项目建设培训锻炼、142名干部到碧里乡开展进村工作。完善干部考核评价体系，实行百分制量化考核和县乡交叉互评。开展领导干部报告个人有关事项工作，对党政领导干部在企业兼（任）职情况和国家工作人员配偶已移居国（境）外或没有配偶但子女均已移居国（境）外情况进行调查摸底，专项整治规范退（离）休领导干部在社会团体兼职、“吃空饷”问题，摸底核查超职数配备干部情况，对上述摸排出的违规问题采取相应的处理措施。加强因私出国（境）报备管理，办理科级干部因私出入境政审40人次。加强干部人事档案管理，重新审核、查缺补漏全县正科级人事档案272卷。

【党员队伍建设】 推进党员教育“十百千万”工程，开展党员创业就业等各类培训班19期，参训党员2414人；开展党员远程教育2663场，覆盖农村90%以上，约1.2万名党员。开设罗源党建网“党的群众路线教育实践活动”专栏，发布罗源县动态信息100条；拍摄制作基层女党员干部“3·8”特刊、《美丽乡村领路人》等系列党员宣传专题片；发动678名党员订阅使用共产党员微信、易信。完善党员信息库内容，更正和完善党员信息1200多条，实现党员信息库中党员个人信息正确率在95%以上。免费发放《党章》《中国共产党党费收缴、使用和管理的规定》以及《党费证》《流动党员活动证》等各类党内读物、证件2000余册（本）。推进党费信息化管理，半年1次普查各基层党（工）委党费收缴和使用情况。完善党内关怀帮扶机制，走访慰问老党员、困难党员806人次，发放慰问金41.5万元。2014年全县发展党员110名。

【人才队伍建设】 建立党政人才、高层次人才、专业技术人才和优秀人才等四类人才信息库，包括234名副高及以上高层次人才、1819名中级职称专业技术人才和2名特级教师、7名省级工艺美术大师以及4名中国工艺美术大师。开展紧缺人才调查摸底。引进高层次创新创业人才，其中有5名参与省“百人计划”评选，并有1名入闱省“百人计划”答辩；12个团队、5名国家级工艺美术和石雕艺术大师、5名省级技能大师有意向入驻工艺美术文化产业创意园。加强本地人才培养，依托高级职业中学与天津职业技术大学、福建农林大学、福州大学、闽江学院等近10所省内外高校联合办学，分期分批为罗源湾开发区内数万名企业员工进行专业技能培训。投资7000多万元建设罗源湾开发区人才综合实训基地，以满足学生及企业员工实习需要。

【组织部门自身建设】 完善大组工网宣传格局，以“罗源党建网”为主阵地，加大党建工作宣传。健全组工信息工作机制，建立乡镇新考录公务员、选调生、大学生村官到部机关跟班学习制度。向中央、省、市上报信息，被采用66条，《学习贯彻<干部任用条例>的意见建议》一文被中央组织部《组工信息·领导参阅》采用。2014年，罗源县委组织部获得2013年度“罗川创业服务奖”、县“绩效管理优胜奖”，11月通过“2012－2014年度市级文明单位”终期检查。

【党的群众路线教育实践活动】 2014年3月，罗源县702个基层党组织、13615名党员全面启动党的群众路线教育实践活动。以深入开展“罗川情·一家亲”活动为载体，110个机关事业单位党组织与农村党组织结对共建，33个县直单位与所在社区结对共建，13615名党员与群众建立联系帮扶关系；组织党员干部实地查访群众5.7万户，记录民情民意3219条；召开座谈会363场，征集意见建议3219条；全县各级班子及成员查摆问题6125项，提出相互批评意见5980条。10月21日，召开罗源县党的群众路线教育实践活动总结大会。至年底，县四套班子整改方案、整改清单中公开的57个整改项目，成员个人整改清单公开的211个整改项目，绝大部分整改落实到位。县四套班子清理制度29项，其中保留重申14项，修订12项，废止3项。全县各参学单位清理制度324项，其中修订89项，废止35项。县级出台《在全县开展“罗川情·一家亲”主题实践活动的实施意见》《关于进一步改进文风会风、规范公务接待及加强公车管理的意见》《关于清理规范县级考核检查评比表彰项目的通

3 月 13 日，县委召开党的群众教育实践活动动员大会

知》《关于开展违反中央八项规定精神突出问题专项整治的实施方案》《关于县委常委会改进作风的意见》《罗源县人民政府重大行政决策若干规定》等 29 项制度。

（李晓颖）

宣传工作

【概况】 2014 年，罗源县宣传思想文化工作深入学习贯彻中共十八届三中、四中全会及习近平总书记系列重要讲话精神，围绕中心、服务大局，不断推进理论工作、中心宣传任务、新闻报道、公共文化建设、文化惠民工程、舆情信息等工作。

【理论工作】 坚持每月召开 1 次县委中心组学习会，先后邀请省委党校马克思主义研究所所长杨小冬、市委党校副校长游伯笙、市委政法委委务会议成员、秘书长丁萍等领导专家来罗作专题辅导讲座，帮助党员干部深入学习贯彻党的群众路线教育实践活动、十八届三中、四中全会、习近平总书记系列重要讲话精神。抓好党员干部思想理论建设，开展读书赠阅活动，向副处级以上领导干部赠阅《之江新语》《改革热点面对面》《习近平谈治国理政》，向罗源县机关单位赠送《习近平总书记系列重要讲话》读本，鼓励各机关企事业单位征订《摆脱贫困》《改革热点面对面》等书籍。发挥理论宣讲团作用，深入基层开展宣讲 36 场次、直接受众 2300 多人。牵头组织《运用法治思维和法制方式推进党的建设研究》《加强罗源县服务群众的思考》2 个市级课题和《对港口区域的城镇化分析与对策研究》《加强县乡干部服务群众的思考》2 个县重点课题的研究。

【中心宣传任务】 策划党的群众路线教育实践活动、践行社会主义核心价值观、“四个万家”等系列主题宣传，宣传十八大、十八届三中、四中全会和习近平总书记来闽考察重要讲话精神，宣传罗源县开展群众路线教育实践活动、全面深化改革、全面融入福州新区开放开发和加快罗源湾滨海新兴城市建设等重大决策部署，宣传各条战线先进典型和感人故事，弘扬主旋律，传播正能量。

【最美人物】 7 月，在全县范围内开展基层“最美人物”推荐活动，采取自上而下、民主推荐的原则，并经纪委、综治、计生等部门严格审查，向福州市委宣传部推荐“最美村官”于子赤、“最美环保人”吴秀珍、“最美教师”范秀臻、“最美警察”胡贤郁、“最美农民”林明德、“最美社区工作者”陈丽琴、“最美文化员”彭飞、“最美医生”黄乃澄、“最美职工”乔元付、“最美志愿者”兰奥 10 名基层“最美人物”候选人，其中，“最美环保人”吴秀珍、“最美农民”林明德、“最美文化员”彭飞、“最美医生”黄乃澄 4 名候选人经市委责任部门严格筛选后，参加福州基层“最美人物”系列评选活动。

【新闻报道】 加强与中央、省、市等各级媒体建立密切的指导关系、合作关系，采编选送一批高质量的本地新闻上省市电视台、重点党报党刊、广播电台刊播，其中，在中央、省、市级平面媒体正面刊发新闻 365 多篇，在中央、省市台播出电视新闻 144 条，在省市广播电台播出新闻 31 条。注重网络媒体宣传，加强罗源湾新闻网站建设，采编与制作本地新闻 1054 条，涵盖经济、社会、文化等各个领域，成为外界走近罗源、了解罗源的重要窗口。

【公共文化建设】 2014 年，完成罗源县文化馆、图书馆、博物馆达标定级，获文化部授予国家三级馆称号，继续推进罗源县历史文化长廊建设工作。扶持开展文化广场活动，在县城区建立文化广场活动点 30 多个，南溪公园、长禧文化服务中心、梅岭、凤山公园列入激情广场示范点。推进松山、起步、碧里、鉴江等乡镇有线电视数字整转工作及城区双向网络改造工程，完成有线电视数字整转1万户。推进乡镇综合文化站建设，完成8个乡镇综合文化站电子阅览室设备配置，188个行政村完成农家书屋改造建设任务。加强全县194个村广播室设备维护工作，推进农村有线广播县乡村三级联播联控和应急预警系统建设，完成广播室管理员业务技能培训399人次。推进高岗山发射台道路建设及九大中心影剧院消防工程，不断完善县、乡、村三级公共文化服务体系。

【文化惠民工程】 举办罗源县2014年文化、科技、卫生“三下乡”活动，15个县直单位向松山镇北山村、霍口乡霍口村、中房镇中房村、飞竹镇飞竹居捐资、捐物达12万元。义写春联1000幅，发放印刷春联800幅，展出摄影作品480幅，为群众照相550名，组织电影下乡260场，发放科技图书5000册、各类宣传材料1.7361万份，接受劳动力转移和就业、医药、科技、农业、法律等方面咨询2174人次，为群众义诊460人次，赠送药品、种子等物品价值1.98万元，走访慰问困难群众20户。2月12日，在起步镇起步村举办第七届“畲族·风”民俗文化旅游节，举行春祭庙会，展示福州市非遗项目——过火，并为群众带去文艺演出。深化农村电影下乡“2131”放映工程，完成电影下乡1819场，其中商业片787场，观影人数达195983人次，实现城乡100%数字电影放映。

【舆情信息】 完善网络舆情日常和应急监测制度，建立24小时值班制度，每天对涉及罗源县的网络舆情进行监控，对热点舆情实施专项监控，强化对网络舆情信息和网民关注的热点舆情进行采集、分析和报送，上报省市委宣传部舆情信息1200多条、省网络舆情264条、市网络舆情17896条，涉罗网络舆情273条，删除有害信息146条，上报县领导网络舆情专报11期，监控删除本地不良信息30多条。加强网络舆情队伍建设，重新配备新闻发言人和网络舆情信息联络员，调整建立网评员队伍100人，建立县直单位和各乡镇网络舆情固定信息联络人制度，建立网络舆情阅评员QQ群，形成网上监控、网上阅评、网上评论“三位一体”的工作机制。

（陈　芳）

2月12日，举办福州市非遗项目——过火

统战工作

【概况】 2014年，罗源县统一战线工作深入推动“同心”活动，全面落实县“十二五”发展规划，推动罗源湾滨海新兴城市建设，开展非公有制经济工作、民族工作、宗教事务、党外工作等。向省委统战部、福州市统战部报送各类信息，其中5条被中央统战部采用，1条被省委统战部采用。

【非公有制经济工作】 支持县工商联做好异地商会工作，成立云浮市福建罗源商会，推动云浮、罗源两地经济合作。支持成立全国罗源青年企业家联盟总会，加强与全国各地罗源籍企业联络。帮助民营企业转型升级，组成石材业考察团，赴随县考察，召开企业家代表、两地领导座谈会，协调处理石材业发展难题。通过多项服务措施，促成民营经济回归，在5·18招商会上，罗源县“回归工程”项目资金8.15亿元，其中福建博澳码头及配套建设项目，总投资5.05亿元，列入县“5·18”上台签约项目。引导企业家履行社会责任，筹资123.5万元用于春节送温暖、公益事业建设、民族村公益活动等。

【民族工作】 贯彻中央民族工作会议精神，提出完善民族乡村基础设施、加大民族乡村科技教育投入，发挥科教强农的主力作用等7条意见建议。2014年获得省市县民族专项扶持资金353.1万。邀请台湾等地民间社团参加第七届“畲族·风”民俗风情展示活动。举办“罗源县2014年‘三月三’一家亲民俗活动暨第二届畲家拳展演”，选拔培养非遗项目传承人，指导2位省级传承人开展畲族文化传承活动。组织参加省第八届民运会，反映畲族历史文化原生态舞蹈《山哈藤阵》和上届保留节目《铃卜情》获金奖；民族中学运动员获得陀螺男子双打、女子双蹴银牌，板鞋竞速女子100米、高脚竞速4X100米混合接力、男子双

4月2日，举办“三月三”一家亲民俗活动

蹴、陀螺男子团体、女子团体、女子单蹴等项目铜牌。

【畲族主题公园】 帮扶福湖村建成福州市首个畲族主题公园。该公园位于霍口乡福湖村蓝家大院前，占地2.67多公顷，总投资5000多万元，主要建设畲族文化广场、园林绿化步道、桥亭水榭景观和畲族主题雕塑等。公园内设文化服务、民俗展示、文物展览、游客休闲等4大区域。

【宗教事务】 协助佛教协会顺利换届工作，筹备县基督教“两会”换届选举工作。组织人员对“节日”期间宗教活动场所进行“拉网式”安全状况排查，开展清剿火患工作，对全县67处宗教场所进行全面排查。开展消防宣传教育，加强人防、技防措施，消除安全隐患。协调洪洋基督教堂改建、罗源滨海基督教堂新建、罗源城关天主教堂改建等问题。

【侨务工作】 指导县侨联组织好换届。为首个归侨侨眷联谊会——凤山镇闽凤社区归侨侨眷联谊会授牌。支持成立罗源县首个乡镇级侨联组织——飞竹镇归侨侨眷联谊会和飞竹镇侨友之家。组织人员赴港拜访罗源籍旅港乡亲20余人。建立罗源籍海外侨胞QQ群和罗源侨联第五届侨之家微信群。组织3次海外侨胞及其家属餐叙会，登门拜访海外重要人士。服务台商，加大对台商投资区罗源松山片区来罗台商跟踪服务。落地企业3家，占地面积89.64公顷，总投资49亿元。邀请台湾民俗专家一行7人参观进水宫春祭庙会、盘龙池过火埕大型过火展示活动。

【党外工作】 组织无党派人士联谊会开展联谊活动。对调研县茶文化、茶历史、茶现实、茶未来进行调研，拟出版《罗源七境茶》图书1册。启动无党派人士资格认证，完成第一批24名无党派人士资格认证，报请市委统战部审批，该批24名无党派人士将获得省委统战部颁证认证。

（林家滔 郑瑶汀）

机关党的工作

【概况】 2014年，县直机关党的工作围绕“服务中心、建设队伍”两大任务，贯彻中央《条例》和县委《实施细则》，进一步健全工作机制，落实领导责任，拓宽运行载体，转作风增效能，推进提升机关党建工作科学化水平。县直机关工委直属基层党组织177个，其中二级党委5个、党总支12个、党支部160个，党员2701名，其中在职机关干部职工党员1932名、退休党员769名。

【基层党组织建设】 县直机关党的工作立足实际，推进基层党组织建设规范化。规范设置基层党组织、理顺隶属关系，抓好党务工作程序规范化建设，编印《县直机关工委工作制度汇编》《县直机关党支部工作手册》《机关党组织规范化建设工作方案》《机关党建工作实务》等规范性管理工作文件。实行基层党组织任期制，指导县直机关党组织及时完成换届工作，对个别班子不健全、软弱涣散的基层党组织班子进行调整充实。在机关窗口单位和服务行业广泛开展“晒承诺、广评议、促作风、提效能”活动，督促有关县直机关单位“一把手”、党组织书记及相关科室负责人改进机关作风，厘清窗口和岗位职权，修订、完善学习制度、考勤制度以及党员教育、党风廉政建设等内部管理规定，优化服务流程，践行“马上就办”。同时规范做好党费收缴使用管理和发展党员工作，落实“三会一课”制度，健全党内关怀帮扶机制，加强党内民主制度建设，夯实机关单位党建工作组织基础。

【党建示范工作】 在县直所有单位实行机关党建工作联系片制度，即将隶属县直机关工委的90个县直单位、150个机关基层党组织分为5个工作片，建立党建示范点15个，由各示范点作为片长负责牵头，发挥示范带头作用，每季度定期开展党建理论学习、党建经验交流会、服务窗口观摩会、道德讲坛等活动。开展“五好”党支部创建活动，加强党支部软、硬件设施建设，县直机关80%以上的单位都做到“五个有”：即有一个像样的党员活动室、一套规范的党务工作制度、一个完整的党员信息库、一个完备的党建工作档案和一个标准的党务公开栏。

【创先争优活动】 坚持把创建党建品牌与常态化创先争优活动有机结合起来，以扩大创建面、培树精品为重点，在县直单位中开展创建“党建工作先进单位”、“党建品牌”、“五好党支部”、“文明单位”等活动，定期评选“一先两优”并给予精神鼓励和适当的物质奖励，在窗口单位和服务行业深入开展党员示范岗、共产党员先锋岗、工人先锋号、青年文明号、巾帼文明岗、社会主义核心价值观基层“最美人物”候选人网络评选等创建评选活动，加强各类先进典型总结提炼和宣传引导，推动机关单位党组织和广大党员比学赶超、争当先进。县法院党总支被评为全省先进基层党组织，县委组织部和县财政局机关支部被评为全市先进基层党组织，县公安局等21个单位被评为2014年度完成党建工作目标责任制先进单位，形成党建品牌和典型示范效应。

【党风廉政建设】 贯彻落实中央“八项规定”和开展党的群众路线教育实践活动的部署要求，严格按照规定抓好理论学习、听取意见、谈心交心和对照检查、整改总结等规定动作，创新开展“罗川情·一家亲”、“三结对三服务”、“四下基层”、“四个万

县法院组织开展“微心愿“活动

家”等教育实践、深入基层活动，2014年县直机关有112个单位党组织与村社区党支部结对、567名科级干部与困难群众“结穷亲”，建立领导干部服务群众联系点860个，累计下基层走访慰问、调研活动1780多人次，解决群众反映问题340多件。

【志愿服务活动】 4月，在县直机关开展在职干部职工第二期医疗互助活动，县直机关58个单位1245名机关干部职工参加活动，3个重病干部职工办理补助金、慰问金申领手续。建立“七一”和年终困难党员慰问制度，平时结合下基层，开展机关困难党员调查摸底造册，并在“七一”和年终分批进行走访慰问。2014年县直机关工委和各单位走访慰问困难党员386名，送去慰问金、慰问品20多万元。9月，县直工委与县委组织部联合组织机关在职党员进社区开展认领困难群众“微心愿”活动，685名机关党员到社区认领385件“微心愿”，送去兑现10万多元“微心恩”物品。

（肖振高）

机构编制

【概况】 2014年，罗源县编制委员会围绕政府机构改革、行政审批制度改革、事业单位分类改革三大任务，发挥机构编制部门的职能作用。基本完成事业单位清理规范，推进事业单位分类改革工作。全年办理机关事业单位入编人员348人次，减编人员167人次；办理事业单位法人登记变更手续48个，年检215个单位。

【县级政府机构改革】 市委、市政府于2014年10月31日正式批复罗源县政府职能转变和机构改革方案。改革前，县政府工作部门22个，部门管理机构2个，省里下放3个，共27个机构。改革后，县政府设置工作部门22个（县监察局、民族与宗教事务局列入政府工作部门序列，不计入政府机构数），分别是（按市里统一排名顺序）：县政府办公室、发展和改革局、商务局、住房和城乡建设局、交通运输局、卫生和计划生育局、教育局、科技

文体局、公安局、民政局、司法局、财政局、人力资源和社会保障局、国土资源局、环境保护局、安全生产监督管理局、农业局、林业局、水利局、市场监督管理局、审计局、统计局。

【乡镇机构改革】 根据《中共罗源县委、罗源县人民政府关于印发<罗源县深化乡镇机构改革方案>的通知》，组织实施乡镇机构改革。乡镇党政机关统一设置5个内设机构：党政综合办公室（挂监察室牌子）、经济发展办公室（挂安全生产监督管理办公室牌子）、社会事务办公室、社会管理综合治理办公室（挂综治信访维稳中心、防范和处理邪教问题办公室牌子）、人口和计划生育办公室。综合设置5个事业单位：农业服务中心（挂农业技术推广中心、农产品质量监管中心、植物疫病防控中心牌子，凤山、洪洋、西兰3个非水利重点乡镇加挂水利站牌子，松山、碧里、鉴江3个沿海乡镇加挂海洋与渔业站牌子）、文化服务中心、人口和计划生育服务中心、镇村规划建设服务中心（加挂环保站牌子，除凤山镇外其他乡镇加挂农村公路管理站牌子）、企业服务中心（挂劳动保障事务所、统计站、安全生产监督管理站牌子）。2014年，全县11个乡镇设立水利工作站，凤山、洪洋、西兰3个乡镇农业服务中心不再加挂水利站牌子。

乡镇人大主席团、人武部以及工会、共青团、妇联等组织按照有关法律、章程和规定设立。

【事业单位机构改革】 基本完成事业单位清理规范工作。规范事业单位名称、主要职责、人员编制、领导职数、经费渠道等机构编制事项。完成事业单位预分类。

【部分单位机构编制调整】 增加县政法委、法院行政编制。调整县纪委内设机构，撤销党风廉政建设室、纠风室，设立党风政风监督室（挂县政府纠风办牌子）、第二纪检监察室，纪检监察室更名为第一纪检监察室。调整县法院内设机构，撤销研究室、增设环境资源审判庭、审判监督庭加挂审判管理办公室牌子。县公安局增设巡特警大队、公共信息网络安全监察大队。设立县食品药品综合执法大队、县园林绿化管理所、县国有资产管理中心。县国有资产营运公司转为企业。县低保工作中心加挂“罗源县救助申请家庭经济状况核对中心”牌子。

【行政审批制度改革】 全县35个单位（除国税、地税由本系统自行梳理）梳理出行政审批项目246项，公共服务项目149项。为做好简政放权工作，在与各单位沟通并征求市级主管部门意见后，对59项行政审批项目进行调整（其中转变管理方式54项，合并1项，取消4项），同时承接省市下放行政事权46项。经过调整、取消、承接后全县行政审批事项219项（其中：行政许可202项，子项206项；非行政许可审批事项17项），公共服务事项目录185项。

（程礼风）

精神文明建设

【概况】 2014年，罗源县精神文明建设围绕创建“省级文明县城”的目标，推进思想道德建设和文化建设，深化未成年人思想道德教育，开展文明单位创建活动，加强广告宣传，提升公民文明素质和社会文明程度。

【文明县城创建】 制定《罗源县迎接2012－2014年度福建省文明县城总评实施方案》，成立由县委主要领导担任组长、县四套班子分管领导担任副组长的迎评工作领导小组，开展创建省级文明县城活动。先后组织召开部署推进会7次，组织大型专项督查3次，编印迎评动态信息简报5期，发出督查通报3期，推进城市环境卫生、交通秩序等八大专项整治行动，提升城市建设和管理水平。推进未成年人心理健康辅导站、乡村少年宫等一批未成年人思想道德载体建设，完善设施配套。7月29－30日，迎接省级文明县城第十一测评组来罗开展省级文明县城测评工作。

【公民道德素质建设】 利用“公民道德宣传日”、“雷锋活动纪念日”等节庆日开展主题实践活动，推进社会主义核心价值观教育；利用“春节”、“端午”、“中秋”等系列传统民俗节日，开展各种实践活动，弘扬民族传统美德。举办以“百善孝为先 情融拗九节”和“九九重阳节 浓浓敬老情”为主题的“我们的节日”拗九节、重阳节主场活动；结合“读书月”、“国庆节”等活动，开展“爱国、爱乡”系列主题实践活动，培育市民热爱祖国、热爱家乡的意识。2人分别被评为福州市书香人家和读书明星；深化“我评议、我推荐身边好人”活动，全年向福州市委文明办推荐身边好人事迹28份，2人被推荐为“全国好人榜”候选人；持续推进道德讲堂建设，坚持把道德讲堂作为推进公民思想道德建设的重要抓手，培育道德讲堂示范点，以点带面推动道德讲堂活动深入开展，全年开展道德宣讲活动800多场次；推进志愿服务制度化建设，深入实施《罗源县志愿服务制度化实施意见》《罗源县社区志愿服务实施方案》，开展《福州市志愿服务条例》学习宣传活动，增强干部群众的志愿服务意识，健全志愿服务工作机制。同时，构建网络文明传播志愿服务队伍，丰富“文明罗源”腾讯微博传播内容，不断完善网络文明传播志愿服务机制，构建文明清朗的网络空间。

【未成年人思想道德建设】 深化“做一个有道德的人”主题教育活动，开展“走复兴路、圆中国梦”系列爱国主义读书教育主题活动，组织开展美德少年和优秀家训、家教故事征集评选活动，向市里推荐美德少年6人，收到优秀家训、家教故事34篇，其中在福建省家训家风书画美术展中获奖作品3件。举办“向国旗敬礼，做有道德人”网上签名寄语、未成年人学雷锋、文明小博客、网上祭英烈等系列主题实践活动。推进县青少年校外体育活动中心对外开放，开辟社区未成年人活动场所，在6个社区开设“未成年人公益上网场所”和“四点半学校”。推进乡村学校少年宫建设，完善乡村学校少年宫软硬件条件。推进未成年人心理健康站建设，完善相关设施配套。

【文明单位创建】 制定《2012－2014年度省、市、县级文明单位（学校、村镇）考评工作方案》，抽调县纪委、组织部、宣传部、政法委、县直机关党工委、教育局等有关单位组成考评组，对申报新一届省、市、县级文明单位（学校、村镇）进行考核验收。按照程序要求，在完成审查、报批、公示等程序后，先后向市办推荐申报创建成效突出的省级文明单位12家、省级文明学校2所、省级文明村镇2个，市级文明单位22家、市级文明学校10所。向县文明委推荐参评县级文明单位29家、文明学校1所、文明村镇73个。坚持以文明创建为抓手，推进各类精神文明创建活动，先后有竹里村等12个村镇被评为市级文明村镇，松山镇岐后村文化活动广场、起步镇老年体育辅导站、霍口畲族乡山垅湾村陈霸先公园文化活动广场等3处场所被评为福州市“农村文化活动广场”示范点，陈永良、陈时春等104户被评为福州市“十星文明户”。

【“讲文明树新风”公益广告宣传】 利用县有线电视台、新闻网站、户外广告媒介、手机短信、宣传栏等载体广泛开展公益广告宣传，在县有线电视台刊播以“好人就在身边”等为主要内容的公益广告6000多次，在手机短信平台发送公益广告短信、彩信总计达50多万条，在罗源湾新闻网站首页长期刊登以“文明餐桌 厉行节约”等图文公益广告，在全县楼宇电视刊播视频公益广告2万多版，在商铺户外LED刊播公益广告月滚播量达9万多条，在主城区10面阅报栏上长期刊播“创建省级文明县城”公益广告，在春节、元旦期间以“有德过年”为主题，发放“美德春联”3000多副，“道德年画”2500多幅。同时，在春节期间，引导各村镇、县直各单位制作悬挂以“爱国吉祥”、“诚信吉祥”、“节俭吉祥”等为主要内容的“有德吉祥”花灯，引领社会文明新风。

【文明行业创建】 采取问卷调查、暗访等形式对县邮政系统、电信系统、银行系统等33个相关行业进行行业服务指数测评和督促工作，完成问卷2000多张。针对测评工作中发现的存在问题，督促各行业加强整改，提高全县服务行业的服务质量、服务水平，营造和谐的社会氛围。

（陈乐堤）

信访工作

【概况】 2014年，罗源县信访局围绕县委、县政府中心工作，扎实抓好“领导干部接访下访、信访积案化解、矛盾纠纷排查调处”三项重点工作，切实维护社会安定稳定。进京非正常上访9批36人次，涉及2件信访件，同比批次下降65.4%，人次上升33.3%。越级到省、市上访27批229人次，同比批数下降57.4%，人数上升6.6%，其中集体访14批180人次，批数上升6.9%，人数上升5.2%。来访241批2201人次，同比批数下降17.6%、人数上升20.5%，其中集体访116批1852人次，同比批数下降14.1%，人数上升19.1%；收到来信233件，同比上升18.3%；受理省长信箱来邮44件，同比下降10.3%；受理“12345”诉求件2820件，与去年持平。

【领导干部接访】 制定《县四套班子领导成员接待群众来访暂行办法》，明确接访原则、形式、程序和处置方式。每个工作日安排1名县处级领导到信访局坐班接访；单月15日安排县委书记、1名常委及1名副县长，双月15日安排县长、1名常委及1名副县长在县信访局联合接待群众来访。初访件实行接访领导“首接责任制”，确定首接领导的责任，负责初访件的协调、督办直至案结事了，对群众信访件做到“一竿子”管到底。实现“三个转变”，变“领导值班”为“领导坐班”、变“集中接访”为“天天接访”、变“接访转处”为“接处结合”。2014年，县领导信访坐班接待群众152批2414人次。受理纯件数133件。年内办结114件，正在办理19件。

福州市安排市委杨岳书记、市委组织部陈元邦部长等3批9人次市领导到罗源县参加市县领导联合接待群众来访活动，接待群众13批100人次，受理纯件数13件，全部办结，息诉息访。

【领导干部下访】 开展“四下基层”、“四个万家”活动，制定县四套班子成员驻村挂点和县乡领导干部“驻村日记”工作机制，结合党的群众路线教育实践活动，开展“罗川情·一家亲”活动，坚持领导干部下基层开展调查研究、接待信访、现场办公、宣传党的政策，构建全面联系基层群众的新格局。全年县四套班子成员下基层276人次，走访基层单位和群众共809户，现场解决158个实际问题。通过《民情联系卡》《群众热点难点问题摸底表》，收集社情民意。建立民情台账11本，收集各方面意见8152条，走访群众16.4万人次。化解台商投资区罗源湾片区项目海域征用、拆迁补偿等一批重要信访问题，推动重点项目建设顺利进行。

【信访积案化解】 省市交办信访积案3件（其中涉法涉诉2件移送司法机关办理，行政类1件）。罗源县自行排查督办件11件。全部实行县四套班子领导包案处理，挂牌督办。建立一案一策工作台账，逐案明确包案领导、责任单位、责任领导、责任人。县信访联席办制定突出信访问题、信访积案、进京非正常访件滚动排查梳理机制，及时通报案情化解进度。通过每月召开1次联席会议，及时分析和协调处理重大疑难信访问题，对一些历史遗留问题，进行专题研究，形成会议纪要督促落实，推进“事要解决”。至年底，省交办1件行政类信访积案息访息诉；自行排查件11件，化解9件。

【进京非正常访处置】 发生群众进京非正常上访后，严格按照市委关于进京非正常上访疏导劝返规定，立即组织相关乡镇干部、公安干警、信访干部联合进京进行疏导劝返。严格按照“路线图”、“五个一律”和“四个到位”要求依法依规处理信访事项，信访部门将群众进京非访诉求及时交办，同时发函给公安机关要求对群众非访行为依法处理，对信访工作中存在的失职渎职问题移送纪检监察部门进行查处，追究有关人员责任。全年县公安机关对进京非正常上访扰乱国家机关秩序违法行为，行政拘留15人次，刑事拘留3人次。

【信访机制建设】 健全完善信访事项办事流程，提高矛盾纠纷协调化解能力。推进信访“路线图”建设，严格落实省联席办《关于进一步规范信访事项办理工作程序及相关文书格式的暂行意见》，严把信访事项办理程序及相关文书格式，做到信访事项事事有回音、件件有落实。制定《罗源县四套班子领导成员接待群众来访暂行办法》，做好公示、接访、包案、落实等4个关键环节工作，努力做到公开透明、规范有序、方便群众。同时通过“学习年”等活动进行学习培训和思想教育，提升信访干部业务素质和服务水平。

（谢文山　黄学健）

老干部工作

【概况】 2014年，老干部工作以开展党的群众路线教育实践活动为主线，针对新时期离退休老干部“双高期”的特点，开展老干部学习活动和慰问等工作。全县离休干部、“5·12”退休干部和曾担任县处级退休干部及军转团级退休干部99人，其中离休干部48人，“5·12”退休干部19人，县处级退休干部27人，军转团级退休干部5人。

【待遇保障】 政治待遇　定期向老干部通报工作制度，组织老干部参加2014年上半年老干部通报会、下半年老干部通报会。组织老干部参加3场全县党的群众路线教育实践活动征求意见会，请老干部们讲传统、提建议。组织老干部参加北大路景观改造工程方案征询会和《县委工作报告》《县政府工作报告》征求意见座谈会，县委县政府为民办实事项目征求意见座谈会等。组织老干部列席县委工作会议、县人大会议、县委扩大会议和县委中心组学习活动。组织老干部参加党的群众路线教育实践活动。抽调4名县处级退休老领导担任县委党的群众路线教育实践活动督导组组长，全面完成督导任务。组织离退休干部党支部开展党的群众路线教育实践活动，依托凤山镇离退休党总支和县处级退休老干部学习小组，组织50余名离退休党员学习有关党风廉政建设、作风建设和中央八项规定。学习习近平总书记系列重要讲话精神和全县党的群众路线教育实践活动有关通报动态。

生活待遇　落实老干部各项生活待遇，重点跟踪落实贯彻老干部的医药报销和高龄护理费足额发放等“两费”待遇。全面落实慰问老干部工作，坚持定期联系走访和重大节日慰问老干部制度。开展春节慰问活动，组织工作人员分组赴罗源以及福清、连江、福州等地，对全县离休、“5·12”退休、县处级、军转团级退休干部进行慰问，分别送去慰问金。开展慰问老干部遗属活动，对全县无工作的离休干部遗偶40人进行慰问。弘扬“尊老、敬老、爱老”传统美德。开展“国庆、重阳”两节慰问老干部活动，开展异地安置老干部慰问活动，分别组织赴重庆、上海等地慰问异地安置老干部。开展对住院或病灾老干部慰问活动，对家中遭遇重大变故的老干部给予关爱，多次组织干部职工去医院探望生病住院的老干部，老干部去世时及时慰问家属。

【参观考察活动】 组织70余名老干部参观考察开发区、北江滨公园、宝钢德胜、滨海新城。组织10余名老干部参加县委县政府开展的全县各乡镇半年五大战役工作检查活动，全面了解全县各乡镇经济社会发展情况。重阳节、国庆节前夕组织60余名老干部参观考察松山镇北山村美丽乡村建设和全县党建工作示范点建设活动。

【学习活动阵地建设】 老年大学 开展校庆20周年活动，举办欢庆建校20周年文艺演出、“校庆杯”象棋比赛、“校庆杯”猜谜比赛、书法作品展览和摄影作品展览活动。全年增加财政拨款15万元，并从2015年起县老年大学的年度工作经费由原来的4万元增加到8万元列入县财政年度预算。县老干部活动中心年度预算经费也由原来4万元增加到5万元。开展县老年大学改扩建项目前期准备工作。向省委老干部局申报县老年大学改扩建项目请示报告，列入第二轮全省县级离退休干部活动学习场所建设扶持对象项目库。委托设计单位编制县老年大学建筑规划设计方案。

老干部活动中心 加强老干部学习活动的组织管理，每年征订10多种报纸杂志供老干部阅览。每月15日组织离休和“5·12”退休干部学习活动。由局领导或活动中心主任向参会老同志通报学习上级有关文件、会议精神或组织参观考察、讲座等。建立县处级退休干部学习小组。利用县人大退休党支部场所，每月13日组织县处级退休干部进行政治学习活动。定期组织老干部开展棋牌、乒乓球、歌咏等娱乐活动。举办两场灯谜竞猜游园活动，丰富老干部精神文化生活。

（陈彦勤）

党校工作

【概况】 2014年，中共罗源县委党校贯彻落实省委办《关于进一步加强和改进县级党校工作的意见》，坚持提高办学质量和改善办学条件“两手抓”，举办各种培训班、专题研讨班、宣讲会，完成各类培训任务。

【基础设施建设】 完成旧教学楼拆除工作。原址新建教学楼一幢，三层总面积1320平方米。一层为350平方米多功能厅，二层为容纳160人教室，三层为容纳260人阶梯教室（报告厅）。9月初经过验收投入使用。同时进行附属工程建设。

【队伍建设】 县委党校有高级教师2人，中级教师1人，初级教师2人。2014年，选送教师参加各类培训，提高教师的理论水平和教学能力。建立和落实党政领导干部到党校讲课、做报告、与学员座谈制度。聘请兼职教师，形成相对稳定的兼职教师队伍。营造良好的科研氛围，调动教职工科研积极性。

【干部培训】 举办科级干部培训班2期，参训113人；中青班1期，参训53人。配合组织部举办全县基层党组织书记党的群众路线教育实践活动培训班，参训520人。举办入党对象（积极分子）培训班2期，参训160人。配合全县开展群众路线教育实践活动，到县直机关事业单位、乡镇和市属单位宣讲36场，有48个单位2300多人次参加听讲。

【教学科研】 精心设置教学课程，突出党的基本理论教育、党性和法纪教育，注重知识和能力培训。邀请20多名省市校教授、县领导、省市学者专家授课。开展案例教育，组织学员到县法院旁听职务犯罪案件庭审；开展警示教育，到福建省宁德监狱参观；开展国防军事教育，到宁德海军基地参观，邀请县人武部政委授课并组织观看国防教育片；开展现场教学，到起步镇上长治村百谷海鲜菇基地、飞竹镇陶洋村、霍口乡福湖村畲族民俗园参观；开展异地办学，赴苏州农村干部学院进行为期5天培训。9月29日，《中国组织人事报》《中国纪检监察报》分别刊登罗源县委党校开展廉政教育简况。组织编写出版《罗源县简史》，反映建县至今当地经济社会发展历史概况。

（杨善飞）

政策研究

【概况】 2014年，县委政研室坚持“围绕中心，统揽全局，突出重点，适度超前”的原则，深入基层一线，突出调查研究，注重成果转化，全面完

9月23日，县委党校组织学员到县法院旁听案件庭审

成工作任务，为领导科学决策和重要文件出台提供可靠依据。

【重点课题调研】 围绕全县工作重点、县委领导关注的工作难点及全县经济社会发展的重大问题，深入实际，做好调研。撰写关于罗源县“两违”综合治理、市政人行道和园林绿化管护工作等调研报告，并通过《罗源调研》刊发《罗源县城市管理工作调研报告》《重点税源管理新模式探索及应用（关于罗源国税重点税源管理的调研）》等报告。

【专项调研】 结合党的群众路线教育实践活动，围绕纪律作风建设，深入开展干部作风专题调研，对干部作风建设各项制度的出台起到促进作用。同时，配合市委政研室，开展罗源湾养殖退养课题调研，提出政策建议。

【文件文稿工作】 把重大文稿服务作为决策参谋服务的主要抓手和载体，承担并高质量完成县委出台的重要文件和县委领导重要讲话文稿的起草工作。负责起草《关于深入基层调研、密切联系群众的意见》《关于违反中央八项规定精神突出问题专项整治的实施方案》《关于罗源县2014年全面深化改革工作情况的总结》等文件及十余篇领导讲话稿。

（林熙凡）

保密工作

【概况】 2014年，县国家保密局围绕县委、县政府工作大局，按照保密职责，开展保密宣传教育、保密业务培训、保密督促检查、保密制度建设等工作。

【保密宣传教育】 制定活动计划，印发《关于开展<保密法>宣传月教育活动的通知》，要求各单位组织开展宣传保密知识活动。在县电视台滚动播出保密标语，在各单位LED上播出保密标语及注意事项，在全县各重点单位宣传栏内刊登大版面保密专栏，累计刊出保密宣传专栏41期。结合保密提示要求，制作1200张保密宣传鼠标垫。抓好《保密工作》订刊工作，推动保密宣传工作学用结合。开展保密知识培训。将保密教育纳入县委党校干部培训班和中青年干部培训班教学内容，组织观看《全国窃密涉密安全警示教育展》警示片，发放《现代办公室设备泄密警示教育片》。印发12条保密工作“高压线”《12种严重违规行为将被依法追究法律责任》，完善《罗源县保密规章制度》（汇编），要求各单位按照要求，开展保密知识学习，讨论有关保密法规、计算机信息系统保密等知识。

【监督检查】 制定《关于开展计算机信息系统安全保密专项检查工作方案》，成立由县保密局、县国家安全工作站、县数字办成员组成的联合检查工作小组，对全县22家重点单位进行抽查。召开被检查单位全体干部会议，通报违规存储密级文件事件，增强保密认识和责任意识。加强对印刷复印行业、废品收购行业保密执法检查工作。贯彻落实《关于国家秘密载体保密管理的规定》要求，联合县国安站、县工商局对全县7家打字复印店、19家废品收购站进行检查。联合县环保局重新确定景源纸业为保密纸定点销毁单位，下发《关于加强保密纸销毁管理的通知》，从源头上防患失泄密事件发生。会同政府办开展信息保密审查。根据《政府信息公开条例》，要求相关单位建立信息公开保密审查机制，确定公开范围。协同公安、教育局做好高考保密工作，确保高考试卷万无一失。开展内网安全保密监控管理系统使用情况巡查，累计查处违规外联事件3起。

【技术防护】 加大保密经费投入、配备保密安全检查设备。加强对全县保密安全检查、业务指导及全县计算机保密监控系统管理和维护。

（黄乾文）

党史研究

【概况】 2014年，罗源县委党史研究室继续跟踪、收集“原中央苏区县”优惠政策，服务对接工作；编辑出版《资政参考》、组织编写《罗源大事记》（1998—2015年）；开展形式多样的党史宣传教育。

【中央苏区县申报】 2012年5月，罗源县正式成立以吴兰铮书记为组长的“申苏”工作领导小组，下设办公室，由县委党史室主任兼办公室主任。2013年7月，中央党史研究室认定罗源县作为“闽东苏区县”之一比照享受“原中央苏区县”优惠政策待遇。3月份、9月份，国务院、部（委）、省、市陆续出台多份支持“原中央苏区县”发展的优惠政策，文件再次明确对闽东苏区县（宁德市9县市以及福州市连江县、罗源县共11个县市）在安排中央预算内投资时，按照西部地区政策执行。县委党史研究室为“两办”代拟《关于进一步做好对接落实中央支持原中央苏区发展政策工作的通知》；收集国家、各部委、省市政府有关“原中央苏区县”优惠政策，编辑出版《资政参考》，供各乡镇、县直各部门参考使用。并与县发改局，赴上杭、长汀、瑞金等地取经，学习对接优惠政策的做法和经验，写成汇报材料。

【党史资料征集与编纂】 6月，组织编写《罗源大事记》，12月底，完成第一稿。

【党史宣传教育】 应《福建党史月刊》《苏区新貌》专栏约稿，编写《潮涌罗源湾，苏区换新颜》一文，共5000字；为省革命历史博物馆增设《中央苏区—福建》主题陈列馆（罗源部分）征集、提供近200张资料图片；配合江西省上饶市委党史研究室，做好拍摄红军抗日先遣队攻克罗源城纪录片工作；配合市委党史研究室举办“重走长征路”活动；与县老区办、县摄影家协会举办《纪念红军北上抗日先遣队攻克罗源县80周年》摄影展；配合县电视台、县老区办拍摄10分钟“红色”栏目、《走遍罗川》之“红色丰余”节目，与县关工委举办讲“红色故事”的比赛，开展青少年党史教育。推出“红色罗源党史网”，将县委党史研究室历年出版的所有书籍推上网络。

（林发银　陈　彤）

档案工作

【概况】 2014年，罗源县档案局以档案资源体系建设和档案利用体系建设为重点，全面加强依法治档工作。档案馆馆藏全宗117个，案卷41672卷。全年接待查阅利用者798人次。

【档案管理】 制定《罗源县档案馆收集档案范围实施细则》。抓好工业领域和其他经济建设项目的档案工作，支持和引导非公有制经济档案工作发展。加强重大活动、重要会议、重点建设项目的“三重”档案监督指导和管理工作。组织业务骨干深入到全县各部门单位指导文书档案归档及管理工作。加强农业和农村档案工作。做好政府信息公开工作，切实做好档案和已公开现行文件的利用工作，接收46个部门政府公开信息，纸质858份、电子858份。

【档案开发与利用】 加强档案查阅利用服务，全年接待查档798人次，调卷983卷次，出具档案证明867份。

【数字化档案馆建设】 做好馆藏档案目录微机著录工作，采用一人录入一人校对的方式进行著录，完成11万条目录著录。推进档案管理应用系统建设，全县有60个单位实行电子归档，为实现全县电子档案目录的接收以及档案信息资源共享创造条件。推进档案数字化建设，与有相关资质的档案数字服务机构签约。开展重点档案全文数据扫描工作，数据化过程实行全程监控，确保档案的安全、保密、完整。改进和充实档案信息网站。

【库馆建设】 推进新馆项目建设，完成项目工程造价预算编制、项目施工招标及监理招标并签订合同，动工兴建主体工程。

【档案法制建设】 开展“国际档案日”宣传活动。加大档案行政执法力度，组织人员深入到全县26个部门单位，重点检查档案人员配备、制度建设、档案收集、保管、利用等情况，对存在的问题提出整改意见，督促有关部门整改。

（连添梅）

（编辑　李晓静）

罗源县人民代表大会

综　述

2014年，罗源县人大常委会开展执法检查1项，配合省、市人大来罗开展执法检查5项，听取和审议“一府两院”工作报告16项，作出决议、决定6项。

组织办理代表议案、建议，对县十六届人大三次会议主席团交付审议的66件代表建议，分别交由县人民政府和有关组织（单位）办理。代表对建议办理结果表示满意或基本满意的65件，占总件数98.4%。

重要会议

【县第十六届人民代表大会第三次会议】 2013年12月30日—2014年1月2日在罗源县九大中心会场举行，出席会议代表174人，出席县政协九届四次会议的全体委员、县政府组成人员和县直机关团体负责人列席会议。

会议听取罗源县人民政府代县长邓达木作的《政府工作报告》、县人大常委会主任雷光秀作的《罗源县人大常委会工作报告》、县人民法院代院长朱玲作的《罗源县人民法院工作报告》、罗源县人民检察院检察长吴仰晗作的《罗源县人民检察院工作报告》，同时印发《罗源县2013年国民经济和社会发展计划执行情况及2014年计划草案的报告》《罗源县2013年预算执行情况及2014年预算草案的报告》，经过审议，会议决定批准上述6项工作报告。

会议选举邓达木为罗源县人民政府县长，选举朱玲为罗源县人民法院院长。

【县十六届人大常委会会议】 第十五次会议　3月18日召开。会议听取审议县政府关于《罗源县城市总体规划(2012－2030)》。会议还进行人事任免。

第十六次会议　4月30日召开。会议专题审议罗源县人民检察院《报请许可采取强制措施报告书》。

第十七次会议　5月30日召开。会议听取县政府关于农村卫生所建设情况的报告；听取和审议《职业教育法》执法检查情况汇报。会议还进行人事任免。

第十八次会议　8月28日召开。会议听取罗源县2013年度财政预算执行和其他财政收支情况的审计工作报告；审查批准2013年县财政决算；审议通过县政府《关于提请批准采用BT方式建设福州滨海大通道（原省道201线）罗源碧里至鉴江公路项目的议案》《关于提请确认景观整治BT项目增加项目的议案》和县人大常委会有关工作制度。会议还进行人事任免。

第十九次会议　11月28日召开。会议听取罗源县2014年1－10月份国民经济和社会发展计划执行情况及重点项目建设情况的报告；听取罗源县2014年1－10月份财政预算执行情况的报告；听取罗源县人民政府关于县十六届人大三次会议代表议案，建议、批评和意见办理情况的汇报；听取和审议罗源县人民法院人民陪审员工作报告；听取和审议罗源县人民检察院反贪污贿赂检察工作情况报告；听取罗源县公安局关于公安（边防）派出所2013－2014年度工作情况的报告。会议还通过人事任职，并对做好县十六届人大四次会议筹备工作提出意见。

第二十次会议　12月16日召开。会议听取罗源县人民政府关于罗源县第三次全国经济普查工作情况的报告；审议批准罗源县2014年财政预算执行（预计）情况及预算调整方案（草案）的报告；听取和审议县政府《关于提请审议批准罗源湾北岸生态环境治理项目向商业银行贷款的议案》；听取县人大常委会评议工作领导小组关于评议罗源县公安（边防）派出所2013－2014年度工作情况的报告；听取和审议县十六届人大四次会议有关事项。

会议还进行人事任免。

执法检查

【开展《中华人民共和国职业教育法》执法检查】 3月18－19日实施检查。采取市县联动、实地察看、听取汇报的方式，有计划、有针对性地开展《中华人民共和国职业教育法》执法检查，重点检查罗源县职业教育经费保障、职业学校办学条件和办学机制、师资队伍建设等情况。要求县政府及有关职能部门要提高认识，促进职业教育持续发展，充实力量，调整结构，加强职业教育师资队伍建设，深化教育体制改革，增强职业教育办学活力，坚持依法行政。

监督工作

【听取和审议县政府关于《罗源县城市总体规划（2012－2030）》】 要求县政府完善城市总体规划，并按照《城乡规划法》的规定，上报市政府审批。注重产业发展布局，用环境容量统筹指导产业布局和产业发展方向，促进产业结构转型升级；解决人与环境的和谐发展问题，全面推动生态文明建设。加强城市总体规划的宣传，提高市民规划意识，让社会公众了解规划、理解规划、服从规划，支持和监督规划的实施，提高执行城市总体规划的自觉性。做好城市规划的深化工作，按照城市总体规划抓紧制定分区规划、详细规划、城市绿地系统规划等专项规划和城市近期建设规划，特别是要做好重点开发建设地区、重点保护地区和重要地段详细规划的制定工作。做好规划和建设计划的衔接工作，要把城市近期建设规划与国民经济和社会发展计划结合起来，把规划中的建设项目逐年纳入年度计划，做到经济建设、城市建设、生态环境建设同步协调发展。

【听取和审议县政府关于2013年县财政决算草案的报告以及2013年度财政预算执行和其他财政收支情况的审计工作报告】 要求县政府及有关部门坚持依法治税，做好地方税收保障工作，加强收入管征，清缴历年土地出让金欠款；规范预算执行，控制“三公经费”，保障和改善民生；推进财政科学化、精细化管理，提高财政资金使用效益；加强财务人员的业务培训，提高部门预算及财务管理水平。

【听取和审议县政府《关于提请批准采用BT方式建设福州滨海大通道（原省道201线）罗源碧里至鉴江公路项目的议案》】 同意县政府以BT方式建设福州滨海大通道（原省道201线）罗源碧里至鉴江公路项目，所需的回购资金纳入县财政预算。要求县政府加强对项目建设及资金使用的管理和监督。

【听取和审议县政府《关于提请确认景观整治BT项目增加项目的议案》】 同意县政府景观整治BT项目增加的相关子项目，该子项目及其新增资金，应按基建程序，经有关部门核准后，所需增加的回购资金纳入县财政预算。要求县政府加强对项目建设及资金使用的管理和监督。

【听取和审议罗源县2014年预算执行情况及预算调整方案的报告】 决定批准县政府2014年县财政预算调整方案，同意动用上年县本级净结余及预算稳定调节基金等资金7113万元安排用于支出，追加公共财政预算等增加财力安排支出5800万元，政府性基金预算增收等增加财力安排支出2.33亿元，其中：国有土地使用权出让金支出1.47亿元，其他基金支出8550万元。

【听取和审议县政府关于罗源湾北岸生态环境治理项目向商业银行贷款的议案】 决定同意县政府向连江农发行申请罗源湾北岸生态环境治理项目银行贷款1.2亿元人民币，贷款期限8年。项目贷款本金和利息的还贷资金列入财政预算，由土地出让金收入或预算超收财力偿还。要求县政府要加强对项目贷款资金的使用管理和监督，确保专款专用，审计机关要对贷款资金使用情况进行专项审计。

【听取和审议县法院人民陪审员工作报告】 要求把加强和改进人民陪审工作摆上法院工作的重要位置，确保《关于完善人民陪审员制度的决定》（以下简称《决定》）有效实施。通过多种渠道、采用多种形式，宣传《决定》、“倍增计划”等相关法律、法规和政策，宣传人民陪审员的参审工作成效，提高全社会对人民陪审员制度的认知度，促进社会各界对人民陪审工作的广泛支持，为人民陪审工作的健康发展营造良好的社会氛围。加强管理，创新参审机制。建立健全人民陪审员选任、退出机制和统一管理的人民陪审员信息库，优化人民陪审员结构。要规范参审案件的方式、流程，确保人民陪审员有足够阅卷、调查、了解参审案件的时间，合理量化、均衡人民陪审员年陪审案件数。继续拓展人民陪审员职能，创新工作思路，努力搭建平台、载体，加强人民陪审员参与案件调解、执行、信访的工作力度，不断拓宽人民陪审员的履职渠道。加强培训，提升队伍素质。建立适应审判工作需要的人民陪审员学习培训和上岗制度，通过针对性、有效性和实用性的法律学习、观摩庭审、审判研讨、案例评析、工作座谈等方式，提高人民陪审员参与庭审能力、裁判案件能力、法制宣传能力和化解矛盾纠纷能力。加强协调，落实履职保障。切实把“人民陪审员在履行职责期间与法官享有同等权力”的要求落到实处。加强同司法行政机关的通力合作，做好人民陪审员的选任、考核和日常管理工作。

【听取和审议县检察院反贪污贿赂工作情况报告】 要求在工作中发挥主体作用，推动全县各单位开展法制宣传教育活动，突出法制宣传教育重点，推进反腐倡廉预防教育工作深入开展。反贪工作既要突出查办大案要案，又要注重查办群众反映强烈的案件，加强对反贪污贿赂犯罪的惩处力度。着力强化案件来源的利用。增强案源意识，在开辟案源上下功夫，拓宽案源渠道，主动挖掘线索，提高案件成案率，推动反腐倡廉建设深入开展。拓宽举报渠道，在信访等传统举报方式的基础上，鼓励网络实名举报，公正有效处理群众举报，完善落实举报人保护制度，发动更多群众共同打击贪污贿赂犯罪。推进反贪队伍专业化建设。加强侦查信息化和装备现代化建设，提升反贪污贿赂工作的科技含量。加强部门联络配合，解决反贪污贿赂工作中的具体问题，与纪委监察部门、审判机关、公安机关、司法机关等部门的联系沟通，健全反腐败工作配合协作机制，建立现代信息资源共享平台，提高反贪污贿赂工作的质量和效率。

【评议公安（边防）派出所工作】 11月初，召开评议公安（边防）派出所工作动员部署会议，全面启动2013－2014年度的评议工作。11月，组织人大代表和群众，采取听取汇报、召开座谈会、明察暗访、发放测评表、随机抽样调查等多种方式进行评议。县公安局向县人大常委会汇报公安（边防）派出所2013－2014年度工作情况，坚持边评边改，确保评议效果。对评议中人大代表、群众反映较为集中的问题，由县人大常委会评议工作机构分类整理后，交公安机关整改。

视察调研

4月25日　部分人大常委会委员到开发区调研财税工作。察看罗源湾滨海新城项目，听取开发区关于2013年财税收入完成情况及2014年财税收入任务及预计情况的汇报。

6月9日　市人大代表（罗源团）、县人大相关委办负责人、县农业主管单位负责人赴罗源县起步镇开展新型农业经营主体调研。视察起步镇长兴菇业种植场、长兴菇业种植场的菇棚、冷冻库、包装车间、食用菌保鲜泡沫箱生产线、福州环农生物科技有限公司、微生物菌种培育车间、无菌净化接种车间、有机肥生产标准车间、化验室、发酵车间等。

6月13日　县人大相关委办联合县林业局开展毛竹生产情况视察。察看中房镇大园、松洋、柏山、深坑及飞竹镇刘洋、马洋等毛竹示范基地，详细了解毛竹的垦复和抚育工作开展及毛竹开发利用情况。

6月17日　县人大相关委办、县卫生局、县医院、县中医院、县妇幼保健院等部门负责人赴连江县了解考察县级公立医院综合改革工作经验。参观连江县医院基础设施建设情况，听取连江县推行县级公立医院综合改革试点工作情况介绍。并于6月27日实地察看县医院、中医院基础设施建设情况，听取县卫生局及三所公立医院工作汇报。

代表工作

【代表建议办理】 县十六届人大三次会议期间，代表们围绕政治、经济、文化和社会生活中的重大问题及人民群众普遍关心的问题，就全县各方面的工作向大会提出建议、批评和意见（以下简称建议）66件。其中63件交县政府办理，3件交有关机关和组织办理。办结或正在实施过程中的建议有38件，占总数58%；分年度计划或向上争取资金技术协助解决的建议有22件，占总数33%；因政策或客观条件限制暂时无法解决的有6件，占总数9%；代表对建议办理结果表示满意或基本满意的65件，占总件数98.4%；表示不满意的1件，占总件数1.6%。

县人大常委会组织开展跟踪督办，组织60多名市人大代表走访11个代表建议承办单位，要求承办单位加强与代表的面对面沟通，提高落实率。确定3件代表建议作为重点督办件，由主任会议组成人员和相关工作机构对口督办。同时开展“督办月”活动，对3件有承诺事项的代表建议办理情况进行“回头看”，对1件代表建议办理“不满意件”进行跟踪督办。

【保障代表依法履职】 举办代表培训班1期，培训代表80多人次，邀请专家、学者讲授有关法律法规和各类专业知识，帮助代表提高法律知识水平，增强代表依法履职能力。拓宽代表知情知政渠道，实行常委会主任会议组成人员联系代表、邀请代表列席常委会会议、定期向代表通报常委会会议情况、为代表订阅人大刊物等制度，协调有关部门向代表寄送简报信息等相关资料。加强代表履职保障，指导各乡镇建立人大代表活动室，为闭会期间代表履职提供便利。组织罗源团的市人大代表参加集中培训，为市人大代表履职提供服务保障。

【规范代表工作机制】 组织十一个乡镇人大主席参加人大业务培训，提高闭会期间代表活动组织水平。建立代表履职档案和履职情况通报制度，加强县、乡镇互通代表履职情况，推动原选举单位依法组织代表履职。坚持代表参与常委会重大活动制度，邀请市、县人大代表列席常委会会议、参加执法检查、专项调研和视察活动。坚持重大事项通报制度，及时向代表传达常委会的主要工作动态及罗源县经济社会发展、重大项目推进等重要信息，重大决策及时征求人大代表意见建议。坚持代表参与行风监督制度，推荐人大代表担任政风行风、效能建设工作监督员和人民陪审员等，从多种渠道了解全县工作。全年，组织代表80多人次参加常委会组织的各类活动，为罗源发展建言献策。

人事任免

2014年县人大常委会任免“一府两院”副职以上领导15人次，县人大常委会组成人员1人次，县人大常委会工作机构负责人7人次，县政府职能部门主要领导17人次，“两院”其他人员37人次（其中县人民法院人民陪审员24人次）。

表3 **2014年罗源县人大常委会干部任免表**

单　位	时　间	被任免人员	通过任免会议	任免职务
人　大	3月18日	卢然新	县第十六届人大常委会第十五次会议	接受辞去罗源县第十六届人大常委会委员职务的请求
	5月30日	阮社英	县第十六届人大常委会第十七次会议	免去县人大教科文卫工作委员会主任职务
	5月30日	林灿光	县第十六届人大常委会第十七次会议	免去县人大城乡建设与环境保护委员会副主任职务
	5月30日	郑　平	县第十六届人大常委会第十七次会议	免去县人大信访局局长职务
	5月30日	陈云梅	县第十六届人大常委会第十七次会议	免去县人大办公室副主任职务
	5月30日	雷秀裕	县第十六届人大常委会第十七次会议	任命为罗源县人大教科文卫工作委员会主任
	5月30日	陈云梅	县第十六届人大常委会第十七次会议	任命为罗源县人大城乡建设与环境保护委员会副主任
	5月30日	兰玲玲	县第十六届人大常委会第十七次会议	任命为罗源县人大办公室副主任
	3月18日	黄元祥	县第十六届人大常委会第十五次会议	免去罗源县人民政府副县长职务
	5月30日	林高星	县第十六届人大常委会第十七次会议	任命为罗源县人民政府副县长
	5月30日	姚　强	县第十六届人大常委会第十七次会议	任命为罗源县人民政府副县长
	8月28日	汪孝敏	县第十六届人大常委会第十八次会议	免去罗源县人民政府副县长职务
	8月28日	赖时铿	县第十六届人大常委会第十八次会议	任命为罗源县人民政府副县长
	8月28日	杨大粉	县第十六届人大常委会第十八次会议	任命为罗源县人民政府副县长

续表 3

单　位	时　间	被任免人员	通过任免会议	任免职务
政　府	8 月 28 日	郭　挺	县第十六届人大常委会第十八次会议	任命为罗源县人民政府科技副县长
	5 月 30 日	黄　曦	县第十六届人大常委会第十七次会议	免去罗源县发展和改革局局长职务
	5 月 30 日	林启让	县第十六届人大常委会第十七次会议	免去罗源县经济贸易局局长职务
	5 月 30 日	丁　枫	县第十六届人大常委会第十七次会议	免去罗源县科技文体局局长职务
	5 月 30 日	叶忠平	县第十六届人大常委会第十七次会议	免去罗源县人力资源和社会保障局局长职务
	5 月 30 日	周永平	县第十六届人大常委会第十七次会议	免去罗源县水利局局长职务
	5 月 30 日	林正银	县第十六届人大常委会第十七次会议	免去罗源县民族与宗教事务局局长职务
	5 月 30 日	翁伙仙	县第十六届人大常委会第十七次会议	免去罗源县国土资源局局长职务
	5 月 30 日	黄　耀	县第十六届人大常委会第十七次会议	免去罗源县司法局局长职务
	5 月 30 日	伍敏强	县第十六届人大常委会第十七次会议	任命为罗源县公安局局长
	5 月 30 日	郑云锦	县第十六届人大常委会第十七次会议	任命为罗源县人力资源和社会保障局局长
	5 月 30 日	黄　康	县第十六届人大常委会第十七次会议	任命为罗源县科技文体局局长
	5 月 30 日	郑建鼎	县第十六届人大常委会第十七次会议	任命为罗源县民族与宗教事务局局长
	5 月 30 日	翁伙仙	县第十六届人大常委会第十七次会议	任命为罗源县经济贸易局局长
	5 月 30 日	黄　耀	县第十六届人大常委会第十七次会议	任命为罗源县国土资源局局长
	5 月 30 日	兰凉平	县第十六届人大常委会第十七次会议	任命为罗源县食品药品监督管理局局长
	8 月 28 日	余金荣	县第十六届人大常委会第十八次会议	任命为罗源县水利局局长
	8 月 28 日	尤庆祝	县第十六届人大常委会第十八次会议	任命为罗源县司法局局长
检察院	8 月 28 日	李鸿麟	县第十六届人大常委会第十八次会议	免去罗源县人民检察院副检察长、检察委员会委员、检察员职务
	8 月 28 日	廖桂明	县第十六届人大常委会第十八次会议	免去罗源县人民检察院副检察长、检察委员会委员、检察员职务
	8 月 28 日	游永书	县第十六届人大常委会第十八次会议	任命为罗源县人民检察院副检察长
	8 月 28 日	邓招鸿	县第十六届人大常委会第十八次会议	任命为罗源县人民检察院副检察长
	12 月 16 日	吴仰晗	县第十六届人大常委会第二十次会议	接受辞去罗源县人民检察院检察长、检察委员会委员、检察员职务
	12 月 16 日	吴诗疆	县第十六届人大常委会第二十次会议	任命为罗源县人民检察院检察员、检察委员会委员、副检察长、代检察长

续表3

单　位	时　间	被任免人员	通过任免会议	任免职务
法　院	5月30日	陈振国	县第十六届人大常委会第十七次会议	免去罗源县人民法院副院长、审判员委员会委员、审判员职务
	8月28日	陈　垣	县第十六届人大常委会第十八次会议	免去罗源县人民法院飞竹法庭庭长职务
	8月28日	马榕武	县第十六届人大常委会第十八次会议	免去罗源县人民法院海滨法庭庭长职务
	8月28日	陈勇勤	县第十六届人大常委会第十八次会议	免去罗源县人民法院审判监督庭庭长职务
	8月28日	陈　胜	县第十六届人大常委会第十八次会议	免去罗源县人民法院行政审判庭庭长职务
	8月28日	黄义钊	县第十六届人大常委会第十八次会议	免去罗源县人民法院刑事审判庭副庭长职务
	8月28日	李孝逸	县第十六届人大常委会第十八次会议	免去罗源县人民法院民事审判第一庭副庭长职务
	8月28日	陈　垣	县第十六届人大常委会第十八次会议	任命为罗源县人民法院行政审判庭庭长
	8月28日	马榕武	县第十六届人大常委会第十八次会议	任命为罗源县人民法院审判监督庭庭长
	8月28日	陈勇勤	县第十六届人大常委会第十八次会议	任命为罗源县人民法院海滨人民法庭庭长
	8月28日	陈　胜	县第十六届人大常委会第十八次会议	任命为罗源县人民法院飞竹人民法庭庭长
	8月28日	黄义钊	县第十六届人大常委会第十八次会议	任命为罗源县人民法院民事审判第一庭副庭长
	8月28日	李孝逸	县第十六届人大常委会第十八次会议	任命为罗源县人民法院刑事审判庭副庭长
	11月28日	林金桂	县第十六届人大常委会第十九次会议	任命为罗源县人民法院环境资源审判庭庭长

（游向涛）

（编辑　王娜凤）

罗源县人民政府

重要会议及主要工作

【综述】 2014年罗源县人民政府认真贯彻落实党的十八大、十八届三中、四中全会精神，扎实做好稳增长、调结构、促改革、惠民生等各项工作，全力完成县十六届人大三次会议确定的目标任务。主要工作有推进产业提质增效、主攻重点项目建设、深化重点领域改革、改善城乡环境面貌、协调发展社会事业、提高人民生活水平、加强政府自身建设。

【县政府常务会议】 2014年，县政府召开25次常务会议。主要有：

1月9日，第1次常务会议研究罗源县社会治安防控体系技防、人防、治安卡口建设，2014年事业单位工作人员招聘计划等有关问题。

1月16日，第2次常务会议研究起步溪下长治段防洪堤建设、罗源县水产供销公司和罗源县水产养殖公司（罗源县水产冷冻厂）职工安置方案、罗源县环卫管理工作、罗源县城市数字化综合管理平台项目建设等有关问题。

2月27日，第3次常务会议传达贯彻国务院和省、市政府审计工作会议精神，审议《关于加快工业园区发展的实施意见》，研究2014年重点建设项目安排、飞竹镇重点流域水环境综合整治项目等有关问题。

3月6日，第4次常务会议审议《罗源县起步食品工业园规划》，研究罗源县2014年中小学幼儿园教师招聘、罗源县行政服务中心等单位办公场所建设等有关问题。

3月12日，第5次常务会议研究罗源县2014年第一季度经济运行、民兵整组、罗源湾滨海新城中心客运站项目等有关问题，审议《罗源县城市总体规划（2012－2030）》。

3月20日，第6次常务会议研究罗源县生猪养殖三年消减计划、南洋花园配套设施建设及中房镇、白塔乡重点流域水环境综合整治项目建设等有关问题。

4月14日，第7次常务会议研究2014年罗源县主要经济指标考核任务数分解、省市下达罗源县建筑饰面石材行业差别电价收入资金管理等有关问题。

5月8日，第8次常务会议审议《贯彻质量发展纲要（2011－2020）建设质量强县实施意见》，研究罗源县档案馆建设、“回归工程”建设、绩效管理、罗源县粮食中心储备库筹建等有关问题。

5月22日，第9次常务会议研究农业六大特色产业扶持政策、医疗卫生技术人员招聘、福州三中罗源滨海新城校区设备配备等有关问题。

5月29日，第10次常务会议传达贯彻福州市政府关于规范政府性投资建设项目资金管理使用和加强经营性用地公开出让会议精神，研究人口和计划生育、护林员队伍建设和管理等有关问题。

6月12日，第11次常务会议研究罗源县主要经济指标任务“双过半”、进一步推进罗源县商标战略工作等有关问题。

6月19日，第12次常务会议审议《罗源国家一般气象站探测环境保护专项规划》，研究组建罗源县公安巡特警队、应急处突队等有关问题。

7月3日，第13次常务会议审议《罗源县2014年度绩效管理工作方案》和《罗源县绩效管理奖惩暂行办法（修订）》，研究罗源县“两违”综合治理工作、城区初中、小学、幼儿园招生工作等有关问题。

7月31日，第14次常务会议学习贯彻习近平总书记给福建省企业家重要回信精神，研究罗源县征兵和食品药品监督管理工作等有关问题。

8月21日，第15次常务会议研究省级生态县创建、提高罗源县农村“五保”供养标准等有关问题。

9月4日，第16次常务会议听取罗源县2014年1－8月份经济运行情况和2014年度县委、县政府为民办实事项目进展情况汇报，研究罗源县宜居环境建设和城乡环境综合整治、筹备参加第十八届投洽会、石材行业环保综合整治等有关问题。

10月9日，第17次常务会议听取罗源县绩效管理和“两违”综合治理工作有关情况汇报，研究罗源县2015年度公务员招考、完善价格补贴联动机制等有关问题。

10月16日，第18次常务会议审议《罗源县罗源湾海域网箱养殖退养实施方案》，研究罗源县罗源湾海域数码航空摄影测绘、罗源县玉石文化产业创意园建设等有关问题等。

11月6日，第19次常务会议研究罗源县流域水环境综合整治、当前突出环境问题整改、工程建设领域突出问题完成整改情况及长效管理、农村有线数字电视整体转换等有关问题。

11月13日，第20次常务会议研究罗源县2015年省市重点项目申报、提高重度残疾人生活困难补助标准、县级公立医院综合改革等有关问题。

11月20日，第21次常务会议审议《罗源县人民政府重大行政决策若干规定》《罗源县河长河段长制实施方案》，研究罗源县乡镇网格化社会服务管理等有关问题。

12月4日，第22次常务会议审议《罗源县安全生产“党政同责，一岗双责”规定》，研究《罗源县江海堤防工程维护费征收、使用和管理暂行办法》修订、全面改善义务教育薄弱学校基本办学条件等有关问题。

12月11日，第23次常务会议审议《罗源县2014年县财政预算（预计）执行情况和2015年县财政预算草案》，研究凤山镇和松山镇撤镇建制改设立街道办事处等有关问题。

12月18日，第24次常务会议审议罗源县第十六届人大四次会议《政府工作报告（送审稿）》《2015年县委、县政府为民办实事项目（送审稿）》《关于进一步规范和加强政务督查工作的若干规定》《罗源县主城区消防专项规划》，研究2015年度罗源县事业单位工作人员招聘计划问题。

12月30日，第25次常务会议传达省市经济工作会议精神并研究罗源县贯彻落实意见，审议《关于公共租赁房和廉租住房并轨运行的实施意见》，研究进一步加强重要流域保护管理切实保障水安全、农村客运价格调整等有关问题。

（郑艳锋）

政务督查

【概况】 2014年，罗源县政务督查工作出台《关于进一步规范和加强政务督查工作的若干规定》。对县政府召开的“常务会议”、“县长办公会议”、“专题会议”136场会议议定事项进行跟踪落实。组织办理省、市、县领导批示（办）件100余件。组织开展或配合相关部门开展专项督查50余次。全年编发《政务督查》26期，下发督办（催办）通知单65份，督查办理省、市、县人大代表建议、政协提案150件。

【综合工作督查】 以贯彻落实《政府工作报告》重要工作部署为主线，跟踪督查25次县政府常务会议130议题、4次县长办公会议17议题、107次县政府专题会议135议题议定事项落实情况，督查事项达300项，逐件、逐项跟踪落实，分期通报。落实督办市为民办实事项目33项、县为民办实事项目18项。开展重点项目督办，联合多家单位开展专项督查活动，针对“两违”治理、电力建设、招商引资、文明县城创建、104国道五里至白塔段公路改造工程、社会抚养费征收、市政道路及园林绿化管护、教师招聘、畜禽整治、污水处理厂建设、“两纳入、两补贴”贯彻情况、新农合等工作开展20余次专项督查活动。

【领导批示件落实】 一是批必查、查必办。组织办理省、市、县领导批示（办）件100余件。其中承办市委、市政府及领导交办、督办事项74项（件），办结率100%；县政府主要领导批示件45件，反馈率100%，办结率100%。二是规范办理时限。县政府领导批示件一般应在10日内办结、反馈；特别紧急的事项要立即落实并报告结果。要求承办单位查处问题必须程序合法、事实清楚；处理问题要举一反三、以点带面；办理结果力求群众满意、领导满意。三是开展“回头看”“再督查”。及时通过电话、催办单等形式跟踪督办，对超期严重的，予以通报。重点批示件重点跟踪落实，对领导交办的重要批示件，持续督办不脱节，确保落实到位。

【人大建议、政协提案办理督查】 各承办单位实行“主要领导总负责、分管领导具体抓”的工作责任制，把建议、提案办理工作列入“一把手”工程。把是否重视代表建议提案办理工作、是否切实解决有关问题、是否得到代表真心认可和“满意”，作为评价建议提案办理工作的重点内容，并纳入机关绩效考核体系。全年承办或转办省、市人大代表建议、政协提案8件（省政协提案1件，市人大代表建议2件，市政协提案5件），办复率

100%。转办县人大代表建议66件、政协提案76件，办复率100%，县人大代表满意率98.5%，县政协委员满意率100%。

（游勇辉）

政府信息公开

【概况】 2014年，罗源县县、乡（镇）政府及其工作部门主动公开政府信息1128条，其中政府主动公开政府信息507条，各政府工作部门主动公开政府信息621条。受理答复政府信息公开申请14项。

【政务信息化建设】 罗源县政务内网接入88家单位，包括11个乡镇。

【政务公开】 财政预决算和社会公共资金公开 按照省市财政部门部署，组织全县各预算单位按时公开2013年度决算及2014年度预算；按规定公开“三公”经费2013年度决算数及2014年度预算数，具体细化到公务接待、公务用车购置、因公出国（境）等经费；每季度公开财政预算执行和其他收支审计信息公开，及时公开财政专项资金信息，提升财政预算执行和收支审计工作情况的透明度。全年公开财政预决算和社会公共资金信息253条。

保障性住房公开 依托“中国·罗源湾”政府门户网，主动公开保障房项目名称、建设地址、建设单位、计划投资、完成投资、建设进度、配租配售情况、可供房源、分配对象、分配结果、退出机制等信息77条，同时利用政府公示栏对保障性住房申请家庭的审查结果进行公示，做到及时更新，确保分配工作公开透明。

食品安全信息公开 在“中国·罗源湾”政府门户网上设置食品安全专栏。一是提供各级政府部门发布的食品安全相关法律法规。二是对食品安全监督检查结果进行公开。三是主动公开各类餐饮企业经营许可信息。四是提供各类食品安全常识，提高群众对食品安全的认识。全年累计公开食品安全信息78条。

环境保护信息公开 加强环境信息公开。每天公开罗源县2个监测点实时空气质量指数、傍尾、敖江断面水质、八井水库饮用水水源地水质、城关污水处理厂总排口水质等。以月报表形式公开建设项目审批及验收等信息。以月报表形式公开排污费征收、排污许可证发放、环境违法案件处罚等信息。全年公开环境保护信息31条。

政府采购信息公开 通过“罗源县政府采购网”及政府门户网站“政府采购”专栏等及时公布罗源县各级单位政府采购信息，主动公开有关政府采购法律法规政策、集中采购目录、采购办事流程、政府采购限额标准和公开招标数额标准、政府采购招标业务代理机构名录、招标公告及更改事项、邀标资格预审公告、评标结果、中标公告等招投标信息。

征地拆迁信息公开 一是征地告知信息公开。主动公开征地情况包括：征地用途、征地位置、征地地类、面积及地上附着物情况、征地补偿标准及安置方案。二是征收土地方案信息公开。提供建设用地项目名称、被征收（使用）土地的单位、地类及面积等信息。三是主动公开被征收土地补偿、安置标准具体方案及相关征地批文等信息。全年公开征地拆迁信息30条。

价格收费信息公开 公开成品油价格、城市供水价格、污水处理价格、电力销售价格等重要商品价格信息。公开重要经营服务性价格与收费信息，包括部分医疗急救项目、私立小学收费、景区门票价格服务收费等。主动公开国家、省及市本级核定的行政事业性收费与政府定价信息。全年公开价格收费信息19条。

【依法申请公开政府信息】 2014年，全县县乡两级政府及其工作部门收到政府信息公开申请14件，其中本级政府4件，政府部门10件。14件申请件中当面申请0件、网上申请7件、信函申请7件，申请内容主要涉及国土资源、文化事业、城乡建设和文物保护等。答复中“同意公开”1件，“同意部分公开”1件，“不予公开”8件，“非政府信息、政府信息不存在、非本机关政府信息”4件。

【信息公开渠道建设】 充分发挥政府门户网站的第一平台作用，以“中国·罗源湾”门户网站为核心，优化政府网站信息公开栏目建设，畅通部分单位独立网页的链接。提升县档案馆等各类公共查阅点服务水平，配备专职人员和必要的设施设备。规范政府信息公开移交工作。充分发挥政务微博作用，增强政府信息公布的主动性、权威性、时效性和覆盖面。推动政府信息公开向基层延伸。依托“福州市农村党风网”，新开辟党务公开、村务公开等领域，公开范围覆盖全县11个乡镇196个村（居）。

（谢凌清）

政府法制建设

【概况】 2014年，罗源县政府出台《罗源县重大行政决策若干规定》《关于贯彻质量发展纲要（2011－2020）建设质量强县的实施意见》等规范性文件17件。县政府及政府部门办理行政应诉案件5件。全面梳理县直40个部门和单位行政审批事项342项，公共服务项目150项。加强行政执法人员执法资格认定和管理，完成371名执法人员登记管理。进一步规范行政处罚自由裁量权，推动行政处罚网上平台运行工作。全面落实行政执法和刑事司法信息共享平台建设，35个单位接入该平台。

【依法行政】 全面部署依法行政工作，印发《罗源县人民政府办公室关于贯彻落实省市2014年推进依法行政建设法治政府工作要点的通知》，将依法行政具体内容分解到各个部门，健全行政决策机制，提高科学民主决策水平。加强学习和培训，完善领导干部学法用法制度。10月22日，县政府邀请市法制办副主任翁宜冰到罗源开展依法行政专题讲座，全县40个单位203名执法人员参加培训。12月4日，《罗源县人民政府重大行政决策若干规定》经县政府常务会议审议通过并印发实施。

【行政复议】 发挥调解机制，探索预防和化解行政争议的多元化措施。全年办理行政复议案件0件，行政应诉案件5件，其中土地、城建仍是争议发生的集中领域。6月13日，县政府与县法院召开联席会议，研究近年来行政审判和司法审查中发现的问题，推动依法行政和行政审判良性互动。

【行政执法监督】 全面梳理行政审批和权力清单事项。县委编办牵头、县政府法制办配合对全县40个行政机关和行使行政职权的事业组织的行政职权进行梳理，重点涉及行政许可、非行政许可的审批、公共服务事项等，并取消和调整部分行政审批项目。规范自由裁量权，对行政处罚事项和流程进行调整和优化，及时修订、调整处罚标准。制定印发《罗源县规范行政处罚及案卷指导意见》，规范行政执法单位执法行为。开展行政执法案卷评查，对市中期查访核验过程中提出的问题，要求相关单位整改到位。年底，联合县效能办对全县38个单位开展行政执法案卷评查工作，全县行政行为合法率较上年有明显提升。

（郑柾玲）

机关事务管理

【概况】 2014年，罗源县机关事务管理中心开展党的群众路线教育实践活动，以整治“四风”为契机，开展停建党政机关楼堂馆所和清理办公用房工作，做好机关后勤管理、公务用车调配、公务接待及后勤保障等工作。

【财务管理】 按程序审批各单位报送的接待方案，做到接待规格不超标，预算经费不超支。对各项费用报销和重大经费支出，坚持票据要素齐全，严格财务审批制度，落实“收支两条线”，控制经费支出，执行一支笔审批的运作程序，确保每一笔资金用好用规范，做到精打细算，坚持从简、从细、从严。

【办公用房管理】 对全县196个机关行政事业单位（含乡镇、罗源湾开发区管委会、北岸港区管委会）和3个所属社团等其他单位（垂管单位和部分企业等31个单位未列入）的办公用房进行清理整改，转发《关于贯彻落实党政机关停止新建楼堂馆所和清理办公用房工作的意见》，对自查发现的面积超标和使用管理不规范的办公用房进行清理、腾退、整合。全县办公用房建筑总面积109415.1平方米，其中办公用房面积74173平方米。清查中发现超标面积为636平方米，经整改，完成整改面积616平方米，占比96.8%。

【公务车辆管理】 以“四风”整治活动为契机，开展公车整治行动。按照公务用车管理相关文件要求，做到“五严”，即严禁公车私驾，严禁公车私用，严禁公车（款）学驾，严禁租用、借用车辆，严禁擅自处置车辆。同时做好全县公务用车的摸底工作，为下一阶段的公务用车改革做好前期准备工作，确保各单位工作人员、车辆等信息准确、无误。建立健全公务用车规范出车审批制度、公务用车台账管理制度，按照从严从紧的原则，完善公务用车使用登记、公示制度及节假日封存制度等。继续实行定点维修、定点保险、IC卡加油和闽通卡缴路费，“车轮”腐败现象得到有效控制。

【公共机构节能】 协同县直有关部门共同推进公共机构节能工作，倡导“低碳生活”，加快生态罗源建设。充分利用广播、电视、网络、宣传栏等载体做好宣传工作，提高全民节能意识。要求各单位自觉落实，与水电工、保安、保洁人员、食堂等后勤物业队伍互相配合与监督，做好大院机关的节电、节水、节油、维修、维护的具体落实工作。引进和应用“高效、低耗、环保”科技新成果，机关大院照明灯具、空调设备等都尽量使用节能器具，统一采购并更换一批节能灯具，并不定期组织人员巡检，减少“白天开灯”及“空调运行中开门窗”等浪费电能现象，杜绝“长流水”、“长明灯”。

【后勤保障与服务】 委托保洁公司和绿化服务公司负责保洁绿化管理工作，美化工作环境。机关大院安全保卫工作委托罗源县保安公司管理。建立治安防控体系，采取人防、物防、技防相结合，加强保安巡逻，实行24小时值班制度。做好信访人员疏导和劝解工作，严禁信访人员及闲杂人员进入办公大楼；做好防火、防盗工作；加强对停放机关大院的车辆管理。

（陈 锴）

行政服务中心建设

【概况】 2014年，罗源县行政服务中心根据省、市关于行政服务中心标准化建设的工作要求，本着节省行政资源，提高行政效能的原则，扩大业务办理覆盖面。按照“应进必进、集中办理”原则，加强与相关部门沟通，推进审批服务单位、事项集中入驻工作，入驻单位（窗口）从25个增加到27个，其中19个单位常设受理窗口，8个单位（窗口）纳入综合窗口。入驻审批和服务事项由195项增加到246项。全年受理申请37357件，年内办结37312件，办结率99.9%，其中当场即办率80%，群众满意率100%。

【标准化建设】 将行政服务中心标准体系编制工作作为推进“马上就办，办就办好”工作的重要举措。成立以中心管委会主任、副主任为正副组长，业务科室和主要窗口负责人为成员的工作领导小组，根据福建省质量技术监督局发布的《行政服务中心标准体系与编制规则》，开展标准体系编制工作。建立以服务标准体系为核心，包括通用基础标准、服务提供标准、管理标准和工作标准四大体系在内的881项行政服务标准化体系，并在实施的过程中不断改进。

【行政服务网络建设】 推进县、乡（镇）、村（社区）三级便民服务网络建设。定期深入乡、村督查指导，推进乡村两级便民服务机构标准化建设。全县11个乡镇均已建成便民服务中心，196个村（社区）均已建成便民服务代办点。

【简化审批事项流程】 对32个部门和单位审批事项的前置条件进行梳理。对无法律依据、含有兜底性条款的一律取消。以依法行政为前提，在首轮流程优化的基础上，对入驻中心的27个单位审批和公共服务事项流程进行再次优化。行政审批事项办理环节实现“3+1”模式，公共服务事项办理实现“2+1”模式，审批时限平均压缩到法定时限的30%以内。

【强化授权】 启用入驻单位审批专用章，各单位原有审批用章一律作废，各入驻单位负责人对入驻窗口签发授权书，与审批有关的文本、证照等进驻窗口，减少内部流通环节，确保窗口的即办率达到80%以上。同时，重新梳理《办事指南》并在中心网站上公布，公开审批流程，主动接受社会监督。

【优化服务】 根据《行政许可法》《福州市行政服务条例》等有关规定，中心管委会成立代办中心，通过劳务派遣的方式招收工作人员，主动为企业和投资者提供无偿、高效、快捷、优质的行政审批服务，提高行政效率。

推行企业设立登记并联审批服务。对新注册企业公司涉及工商、质监、国税、地税、公安等部门审批的实行一个窗口受理、同步审批、统一发证，减少审办时限。申请人只需3个工作日即可领取到工商营业执照、企业代码证、税务登记证、公章或财务章等“三证一章”。

增设福州新区重点项目服务窗口，受理福州新区项目审批工作。建立由发改、规划等相关部门参加的项目前期报批工作会商机制，主动跟进协调指导新区项目业主单位报批工作，加快审批进程。

【监督监察】 根据《福州市网上审批及效能监督系统管理暂行办法》有关规定，中心管委会通过“福州市网上效能监察系统”对窗口工作人员业务办理流程进行监督，2014年罗源县网上审批系统受理审批件4617件，时限内办结4617件，时限内办结率100%；通过“服务窗口视频监控系统”对窗口人员工作状态进行实时监督，发现问题及时教育、问责并整改到位；通过设立群众意见箱、对外公布投诉电话、向服务对象电话回访了解评议等，主动接受公众全方位的监督评议。

【人员管理】 2014年，各部门和单位派驻人员有60多人。参照《福州市行政服务中心和公共资源交易服务中心管理暂行办法》《关于派驻福州市行政服务中心工作人员管理办法》，对各部门和单位派驻人员的条件、管理、调整、培训、考核及教育管理等事项做出明确规定，各部门和单位派驻人员实行派驻单位与县行政服务中心管委会双重管理，绩效单列考核，党、团组织关系转入县行政服务中心党、团组织。制定《入驻县行政服务中心窗口工作人员考核办法》，按照“实事求是、客观公正”的原则贯彻执行，坚持每日巡查、每月评比、考核，营造“比学赶超”的工作氛围。

（游宇靖）

人事人才

【概况】 2014年，罗源县贯彻《罗源县中长期人才发展规划纲要（2010－2020年）》，实施“人才强县”战略，深化人事制度改革，加强机关事业单位人员管理。全年考录政府系统公务员（含参公，下同）11人，录用2011年定向培养基层公安干警11名，公开招聘事业单位工作人员173人（其中卫生系统47人、教育系统80人、其他事业单位46人），安置、分配军转退役士官和服务社区高校毕业生11人，办理机关事业单位工作人员达龄退休134名，接收回罗报到大中专毕业生162人。

【公务员管理】 招考录用 2014年罗源县政府系统计划招考26名公务员，有180名考生报名参加笔试，14个岗位开考，经过面试、体检、考察有13名入围，到位11名。

考核培训 年初完成全县机关事业单位一般工作人员（不含党群口和科级干部）2013年年度考核工作，考核工作人员2222名（其中公务员与参公人员472名），占应考核总人数的99.4%，评出优秀323名，占已考核总人数的14.5%，年底着手部署2014年度考核工作；审核上报市级以上先进个人4人次，其中县供销合作社联合社林铭同志被评为全国供销合作社系统先进工作者；配合市公务员局做好罗源32名新录用公务员初任培训工作，组织在职公务员开展知识更新培训和专门业务培训；鼓励在职职工参加学历教育，2014年完成学业更改学历职工5人。

【专业技术人员管理】 职称评聘 3月完成全县中小学教师职称改革试点工作，按新的结构比例标准对全县义务制教育学校的高、中级岗位进行调整，为全县2475名教师办理职称过渡审批和职称评聘工作；完善职称评审制度，加强对专业技术职务评审委员会组织管理，全年推荐委托省市评审正高级职称1人、副高级职称31人、中级职称17人、初级职称86人，新办理初级职称确认43名，职称聘任全年办理341人次，其中卫生系列67人次、教育系列254人次、其他系列20人次。

继续教育 开展专业技术人员继续教育工作，注重继续教育培训的针对性，全年审批卫生、农业专业培训办班3期，参训人员362人次；拓宽继续教育培训方式，采取网络教育与现场考试相结合的形式，组织专业技术人员参加公修课培训136人次；加强继续教育审验工作，全年继续教育验证1854人。

【工勤人员岗位考核培训】 规范机关事业单位工勤人员升级考核的报名、培训、考试等工作，组织38人报名参加工勤人员等级考核，其中技师8人、高级工15人，有436人次参加工勤人员网络继续教育培训。

【工资管理】 从2014年度开始机关事业单位在职与退休人员工资改基金册核定为工资基金核定单核定与审核，做好工资信息库软件更新、信息补充、工资统计和日常工资审核工作。全年完成全县机关（含参公）单位年度考核晋升工资档次、级别等工资变动审核1039人次，事业单位按年度考核结果晋升薪级工资审核4073人次，晋升职务、职称、工人等级变动工资审核130人，完成本年度新录用人员、调动人员以及受党政纪处分人员工资审核、接转与变动累计647人次，做好机关事业单位在职人员年终一次性奖金、绩效评估奖励及离退休人员过节费等审核发放工作。

【事业单位人事管理】 人员公开招聘 把住进口，做好全县事业单位补充人员公开考试工作，全年委托市公务员局（不含医疗卫生和教育系列）面向社会公开招聘46人，年底全部到位，新聘用人员最低服务期限五年；审核医疗卫生和教育系列工作人员招聘方案，改革紧缺急需人才招聘办法，通过直接面试和降低学历门槛等措施招聘卫技人才，2014年通过直接面试考核方式引进紧缺急需卫技人才18名，通过网络报名公开招聘普通卫技人员28名，培养临床医师1名，同时配合县教育局做好2014年教育系统公开招聘工作，通过公开考试聘用中小学、幼儿园教师80名，改善专技人才队伍结构性短缺的状况。

岗位设置管理 进一步完善事业单位岗位管理制度，根据事业单位岗位管理和用人需要，2014年调整8个乡镇事业单位岗位设置，核定2个新成立的事业单位岗位设置，重新核定1个事业单位岗位设置；全面推行事业单位全员聘用制和新进人员人事代理制，完善事业单位工作人员考核备案制度，督促各单位按规定处理在编不

9月25日，人社部“万名专家服务基层行动”医疗专家走进罗源

在岗、超假、“吃空饷”等人员，26名事业单位专技人员与用人单位解除聘用关系。

【退休干部管理服务】 2014年办理退休手续134名，全县机关事业单位退休干部职工总人数达到2510人；及时落实死亡抚恤金、丧葬费以及遗属生活困难补助费等各项待遇，全年办理死亡抚恤53人、遗属生活困难补助17人，发放高龄补贴187人；举办退休干部形势报告会，开展春节慰问重病、困难退休干部等活动。

【人事人才公共服务】 依托县人事人才公共服务中心平台，为大中专毕业生和用人单位提供档案保管、政策咨询、转正定级、职称评定、出具证明、档案工资调整等人事代理服务。2014年新办理人事代理246人次，接收大中专毕业生回罗报到162人次，接收涉及代理人员学历、工资、职称、考核等档案资料2680份，审核签订毕业生就业协议165份，接转档案841份，组织人员对1283卷干部档案进行全面审核、充实和归整，中心各类人事档案寄存量达到5883份；做好就业推荐工作，为用人单位和各类人才牵线搭桥，2014年为毕业生提供175个就业岗位，向华东造船厂、开发区、法院等单位推荐面试120人次；贯彻落实“万名专家服务基层行动”计划，做好专家服务基层工作，2014年9月25日邀请7名省市医学专家来罗源县中医院开展大型义诊活动。

（张伦旺）

民族宗教工作

【概况】 罗源县少数民族人口2.1万人，占全县总人口8.1%，畲族人口相对数居全省第三，全国第四，畲族人口绝对数居全省第五，分布在全县11个乡镇78个行政村151个自然村，其中7个乡镇畲族人口在千人以上，有1个民族乡、34个民族行政村。罗源是畲族主要聚居地之一，是省市民族工作重点县。罗源县也是全省20个宗教工作重点县之一，县域内有佛教、道教、天主教、基督教四个宗教团体，有寺庵、宫观、教堂121处，分布在11个乡镇及村居，其中纳入登记管理的宗教活动场所67处，教职人员约300人，受洗和皈依信徒约2.68万人。按宗教教别分为：佛教场所32处，比丘和比丘尼近百人，皈依信徒约5000人；道教场所13处，散居正一派道士200人，信徒无法统计；基督教有三个教派——圣公会、安息日会、聚会处，主要以圣公会为主，两个小教派人数约200人，场所21处，牧师和传道45人，受洗信徒约1.3万人；天主教场所1处，神父和修女各1人，信徒1000多人。此外，未列入登记的宗教活动场所54处，其中佛教场所33处（部分已无人常住），受地下天主教控制堂点21处，信徒约9000人，在罗活动地下神甫3人，修女或守贞女约10人。

【民族乡村扶持】 霍口畲族乡获得帮扶资金400万元。全县民族乡村获得省、市、县民宗部门各类民族专项补助资金353.1万元，其中省级160万元，市级123.1万元，县级70万元。资金投向包括基础设施建设，民族乡村特色产业培育、畲族文化保护、少数民族特色村寨建设、民族政策法规宣传等5大项。市、县两级财政安排34个民族村村级组织运转经费每个村各5万元总计340万。霍口乡福湖村和白塔乡南洋村得到市委统战部牵头的榕商联村活动资助，金额分别是100万元和20万元。项目资助为期3年，2013年开始，总额分别为300万元和60万元。

【宗教事务管理】 加强管理，提高宗教事务依法行政水平。坚持“保护合法、制止非法、抵御渗透、打击犯罪”原则，对符合条件的各宗教教职人员和宗教活动场所，依法予以认定登记并加强管理，对于不属于宗教的民间性违法违规行为与宗教问题剥离依法处理。指导帮助各宗教团体建设，县佛教协会顺利进行换届选举，增进宗教团体的凝聚力，充分发挥宗教团体的桥梁纽带作用。

协调并保障信教群众宗教生活需要。妥善处理洪洋基督教堂因洪洋大桥建设受损索赔、修缮问题。罗源滨海基督教堂建设项目占地0.37公顷，工程预算造价2000多万元，于2014年2月初举办奠基仪式，计划3年竣工；罗源城关天主教堂改建工程于6月6日破土动工，建成后可容纳1000多人过宗教生活，主体工程建设预计造价600万元。

加强防控，维护宗教领域和谐稳定。保持县、乡、村三级宗教工作网络的正常运转，为实现宗教工作有效管理，确保宗教界安定稳定，支持宗教界弘扬爱国利民、济世利人的优秀传统。开展“慈爱人间·八闽五教同行”为主题的“宗教慈善周”活动，宗教界捐款捐物折11.2万元。加强教育培训，抓好宗教界爱国人士的培养，6月，举办宗教教职人员政策法规学习培训班，80多人参加。

【平安宗教活动场所创建】 指导宗教界主动参与创建“平安罗源”活动，定期组织人员对宗教场所进行“拉网式”大检查，发现问题，限期整改。6月中旬举办消防安全知识培训班，邀请县消防大队警官授课，并进行实地安全措施操作演练。年内在宗教活动场所无发生安全事故。

【政策法规宣传】 推进民族宗教“六五”普法工作，宣传中央民族工作会议精神，持续深入宣传《宗教事务条例》。9月，组织开展民族团结进步宣传月活动，活动受众超过3万人。开展以“发挥正能量，共筑中国梦”为主题的宗教法规学习月活动，出专刊28期，悬挂横幅标语15条，发放《宗教事务条例》《宗教政策法规读书》《民族宗教政策法规宣传手册》等书籍300多册。

（兰善英）

地方志工作

【概况】 2014年，县地方志编纂委员会贯彻执行国务院《地方志工作条例》、福建省实施《地方志工作条例》办法，编纂《罗源县志（1991－2005）》，启动《罗源年鉴（2015）》编纂，点校整理旧志，收集整理地情信息，推进地方志各项工作开展。

【二轮修志】 4月，召开《罗源县志（1991－2005）》篇目审查会议，邀请市方志委领导及专家对篇目进行评审，并根据评审意见进行修改完善。组织志稿编写，协调未完成编写任务的各承编单位加快进度，充实完善初稿。推进总纂工作，认真落实“总纂一支笔”制度。注重基础性资料收集工作，对信息、文件、报刊等媒介进行摘要，并进行分门别类整理，作为县志志稿的补充资料，丰富充实志稿内容。

【旧志整理】 3月，组织人员对康熙版《罗源县志》进行整理点校印发。该书原版现收藏于福建师大图书馆，于清康熙六十一年编纂。全书设舆地、建置、俗尚、赋役、职官、选举、人物、艺文、沿革、杂事等10卷，约11万字，至6月底完成点校整理并印发。

【《罗源年鉴》编纂】 贯彻福建省第八次地方志工作会议精神，按照《福州市人民政府办公厅尽快启动县（市）区地方综合年鉴编纂工作的通知》要求，县政府于2014年12月10日召开罗源地方综合年鉴编纂工作部署会议，启动罗源地方综合年鉴编纂工作，全县128个承编单位参加会议。会后举办《罗源年鉴》编写人员培训，全体撰稿人员参加培训。

【方志库网工作】 对存书目录重新登记编排，县方志书库藏书已达2000多册，并逐步提高服务群众查阅咨询功能。做好中国·罗源湾网站“自然地理”、“行政区划”、“人文历史”等板块建设。

【地情信息收集整理】 加强与相关单位合作，发挥文史、民俗专家、学者的作用，收集罗源县老照片及石刻、碑文等古迹资料，编辑成册。配合县广电局做好抗日战争史料的搜集整理并拍摄专题；配合县委宣传部做好县史文化长廊资料收集工作。

【修志队伍建设】 学习《地方志工作条例》、福建省实施《地方志工作条例》办法、《地方志书质量规定》及《第二轮市、县（市区）编纂行文规范》的相关规定，研究和探讨地方志工作新方法。11月，组织人员参加市方志委在长乐市举办的首次县（市）区地方志机构年鉴编辑业务培训班。参与福州市地方志学会学术研讨会，加强与周边县（市）方志委交流学习。

（方志委）

驻福州联络处工作

【概况】 2014年，罗源县驻福州联络处加强与福州各有关部门的联系，为国内外大型企业到罗源县投资兴办企业牵线搭桥。收集整理投资信息，编辑《罗源籍在榕工作人员通讯录》。连续三年被市人民政府经济技术协作办公室评为“驻榕机构先进单位”。

【项目与招商工作】 走访福州市罗源籍商会会员，宣传罗源县的区位、资源、产业等优势和罗源县政府出台的各项优惠政策。在“5·18”海峡两岸经贸交易会、“6·18”海峡项目成果交易会、“9·8”中国国际贸易投资洽谈会期间，完成招商方案制定、客商邀请、签约服务、项目跟踪落实等各项服务工作，保障罗源县各项招商活动的顺利开展。

【信息工作】 搜集信息，通过网络和纸质两种方式快速送达罗源县委办、政府办及经济贸易等有关部门相关文件50份。根据日常工作收集信息，编辑《罗源籍在榕工作人员通讯录》。

（邱晨耀）

（编辑　李晓静）

政治协商会议

综　述

2014年，县政协召开4场常委议政协商会、6场专题协商会和10场对口协商会；紧扣经济社会发展和人民群众关注的热难点问题，组织开展2个专题调研，12次委员视察，办复提案76件，编发信息及反映社情民意95条。

重要会议

【县政协九届三次会议】　2013年12月30日至2014年1月2日在罗源举行，出席委员165名。县政府组成人员和县直机关团体负责人列席会议。会议审议并同意何宗乐同志所做的《政协罗源县第九届委员会常务委员会工作报告》、姚建传同志所做的《政协罗源县第九届委员会提案工作报告》。与会委员们还列席县人大十六届四次会议，听取并讨论代县长邓达木所做的《政府工作报告》和其他有关报告。会议在广泛民主协商的基础上，通过人事调整。

【县政协九届常委会会议】　第十二次会议　4月3日召开。会议传达学习贯彻全国政协十二届二次会议精神；协商通过县政协2014年主要工作安排。

第十三次会议　7月28日召开。会议听取县住建局关于罗源县保障房、安置房建设情况的汇报，专题协商罗源县保障房、安置房建设，并视察南洋花园保障房和日出香山安置房。

第十四次会议　9月26日召开。会议协商通过县政协内设机构负责人任免；听取各专委会下一步工作安排的汇报；考察第二附属小学及第二实验幼儿园。

第十五次会议　12月26日召开。会议专题协商通过县政协九届四次会议有关事项，并对做好县政协九届四次会议筹备工作提出意见。

【县政府与县政协领导联席会议】　12月22日召开。会议通报主要工作情况，就关系罗源县经济社会发展重大决策和人民群众关注的教育卫生事业投入、敖江引水工程、石材业转型升级、罗源湾临港产业、农业扶持政策等问题进行交流探讨。

主要工作

【提案办理】　2014年，全年收到提案76件，其中来信类6件。所有提案均已办复，问题已经解决或基本解决的38件，占提案总数50%；分年度计划或向上争取资金技术逐步解决的有30件，占提案总数39.5%。敖江饮水工程、城区主河流水域生态及景观美化、县综合医院征地等5件提案作为全年政协常委会重点督办件。9月份以来，常委会先后召开4场重点提案现场督办协商会。针对《关于整合罗源县旅游资源，推动乡村快速发展的建议》，县旅游部门完成《罗源湾旅游区控制性详细规划》编制；《关于罗源县人力三轮车淡出营运的建议》，县交运局委托福建农林大学编制《罗源县城乡公交发展规划》；《关于加大扶持毛竹产业，增加山区农民收入的建议》，县林业部门将推动毛竹产业发展作为扶持补助政策重点实施项目；《关于加大力度扶持罗源县农业龙头企业发展的建议》，县农办及涉农部门加大对农业龙头企业的政策和资金扶持力度。

【协商监督】　深化协商　在县政协九届三次全体会议的各场小组讨论会上，委员们紧扣强县富民主题，热烈发言、充分讨论，进行全面深入的协商议政，提出全面融入福州新区开放开发、改善民生服务、促进产业结构调整、城建环保、交通管理、社会事业等方面20多条意见建议。会后，县委主要领导高度重视委员们协商议政成果，要求政协大会秘书处进行汇总上报，并做出批示，要求政府有关部门认真吸纳，研究举措，切实实施。县政府将委员建议分解给各相关部门，督促研究办理、落实反馈。相关职能部门将委员们的合理建议融入工作思路或转化为具体措施抓落实。

共促发展　2014年，常委会召开4场专题议政协商会议。分别就滨海新城建设、食用菌产业、保障房建设、城区学前教育等民生热点问题进行协商。12月，县政府主要领导带领政府班子成员与县政协领导召开联席会议，互相通报工作情况。围绕关系罗源县经济社会发展重大决策和人民群众关注的教育卫生事业投入、敖江引水工程、石材业转型升级、罗源湾临港产业、农业扶持政策等问题进行交流探讨。

发扬民主广泛协商　各专委会围绕助推政府部门完善政策措施、解决百姓关注热点问题，针对罗源玉石雕刻工艺美术文化创意园建设、古村落古民居文化保护、惠农支农政策落实情况、敖江引水工程建设、城区主河流沿溪景观美化、民族乡村特色产业培植等课题，分别组织相关界别委员与政府有关职能部门开展专题视察协商议政。

【视察调研】　4月，开展春季农业生产情况视察，要求相关部门切实做好支农服务、落实惠农政策，转变农业发展模式；7月，对职业中学实训基地建设情况进行视察，委员们提出要充分利用政策资源办好罗源县中等职业教育等建议；8月，常委会结合县委2014年农村六大产业发展计划，重点开展罗源竹产业发展壮大对策调研，针对罗源县竹产业开发利用现状，委员们提出坚持集约化理念培育竹林资源、建设精品示范片引领发展、强化产业化经营提升内涵、培育龙头企业打好品牌、变资源优势为产品和经济优势等建议意见，为推动罗源县山区竹业经济更好更快发展提供决策参考；9月，组织开展古村落古民居考察调研，委员们赴宁德市霍童镇、金涵畲族乡上金贝村参观学习具有突出特色的明清古建筑、民族特色村寨，邀请清华大学古建筑研究博士生来罗考察交流，深入全县11个乡镇对传统民居进行逐个拍照、文字录入和填表登记，就建立健全古民居保护机制、完善整体规划与科学保护、树立品牌促进乡村旅游发展、建立多元化投入渠道等方面提出建议；11月，赴霍口、飞竹等乡镇察看罗源县近年油茶产业发展情况，委员们提出要继续实施油茶产业扶持政策、培育壮大示范基地、重点抓好已种植的规模化基地巩固、坚持“扶上马、送一程”，继续扶持后期抚育管理促其尽早产出效益等建议。

【文史资料编撰】　罗源县政协文史委组织委员征集收集相关文史资料，赴长乐等县市考察学习博物馆文物管理，查寻流失台湾的罗源史料，完成《罗源文物》编辑出版工作。

（余　飞）

（编辑　王娜凤）

罗源县总工会

【概况】 2014年，县总工会围绕服务发展、服务职工、加强自身建设三大主题开展工作。罗源县基层工会388个，其中独立基层工会372个、基层工会联合会16个，基层工会涵盖727个单位。全县职工数32968人，有工会会员32849人，其中女性9362人，农民工14548人，其中女性农民工3218人。

【职工技术创新】 开展职工劳动技能竞赛、经济技术创新和“金点子”大赛活动和青年医师、护士临床岗位技能竞赛。组织职工参加第九届“6·18海峡两岸职工发明成果展”，1名职工获福州市“十佳技师”荣誉称号。同时，表彰一批职工创新能手。全年各选树5家市级“工人先锋号”和“五一先锋岗”，弘扬劳模精神。

【职工教育培训】 发挥县总工会职工教育“大学校”作用，加强企业文化和职工文化建设。安排专项资金补助企业“职工书屋”建设，培育1家国家级“职工书屋”、2家市级“职工书屋”；选树3家市级职工道德讲堂示范点；同时做好职工摄影、书画、工艺、文学作品征集选送工作。

【职工权益维护】 加大职工维权工作源头参与力度。发挥县政府与县总工会联席会议、县协调劳动关系三方会议作用，解决涉及职工切身利益的重大问题；建立健全乡镇政府、开发区管委会与县总工会联席会议制度；履行劳动、安全、保险监督员职责，督促企业为职工缴纳养老、医疗、失业、工伤、生育等社会保险。维护职工合法权益，推进工资集体协商，签订集体合同142份，覆盖企业438家。已建工会企业95%以上建立职代会制度和厂务公开民主管理制度。加强企业和乡镇工会组织劳动争议调解委员会建设，重视职工信访工作。全年接待职工信访12起，协调督促解决职工维权问题。开展防欠清欠农民工工资工作，维护农民工核心利益。

【职工困难帮扶】 开展“两节”送温暖活动，筹集28.06万元，慰问困难职工、农民工349户，失独家庭7户。开展县处级领导、县直单位与困难职工结对帮扶活动，帮扶134户特困职工。联合县人社局及就业服务中心举办2场用工招聘会，现场发布就业信息362条，提供2050个就业岗位，268名求职者与企业达成用工意向；开展“春风助学”活动，筹集资金23.8万元资助困难职工及农民工子女大学新生116人。协同县电视台对10名学习成绩优异的特困大学应届生拍摄“我要上大学”专题片。联合县职业中学开展“外来员工子女入学关怀行动”。开展夏送清凉活动，做好防暑降温工作。印发《罗源县总工会关于开展防暑降温工作的通知》，为重点工程、重点单位一线职工送去防暑降暑饮料慰问品；加强困难职工紧急救助，救助突遇病灾、自然灾害的困难职工68人次，金额6.68万元。开展职工医疗互助活动，制作发放20000张职工医疗互助活动告知卡，促进活动开展。超额完成市总工会下达的第四期职工医疗互助活动任务，第五期医疗互助活动参加人数达8591人，超额完成市总工会下达的时序进度。全年补助住院职工313人次，补助金额83.1万元。

【工会组织建设】 坚持“党建带工建、工建服务党建”和非公有制企业工团联建制度，推进工会自身建设。全年新建工会组织79个，新增会员857人。建立罗源县金融工会联合会，涵盖12家金融机构512名职工。促进基层工会规范化建设。扩大“双亮”（工会组织亮牌子、工会主席亮身份）活动和“六个有”规范化建设覆盖面。全县87%企业实现“双亮”，覆盖面不断扩展。新增建会企业均按“六个有”标准组建，做到有工会班子、有牌印、有活动场所、有活动经费、有工作制度、有开展活动等。完成8家省级模范“职工之家”复检，新增1家省级模范“职工之家”，培育12家市级先进职工之家（小家）。同时在规模以上非公企业中新建立1家“职工之家”示范点，以点带面推动企业基层工会真正成为“职工之家”。全年收缴工会经费350.39万元，占年度任务109.5%。其中上解经费158.46万元，完成任务数104.3%。

（陈学铃）

共青团罗源县委员会

【概况】 2014年，全县团组织673个、团员1.2万人。团县委围绕全县经济社会发展大局，履行共青团组织青年、引导青年、服务青年、维护青少年合法权益的职能，推动团的各项事业发展。年内，团县委被评为福州市文明单位。

【青少年思想道德教育】 开展“我为核心价值观代言”主题新媒体传播活动，建设一支200多人覆盖全县各个层级的网络宣传员队伍。开展“讲文明树新风”活动，以“三观”、“三热爱”为主线，开展清明节“缅怀革命先烈·坚持群众路线”祭奠先烈、“美德少年”评选、“道德讲坛”等活动；开展文明餐桌行动，倡导团员青年落实“光盘行动”；开展道德规范教育活动，帮助青少年明晰是非、善恶、美丑的界限；各中学团组织以18岁成人宣誓活动为标志，开展“青春感恩季”成人礼活动。在“五四”青年节前后，组织全县基层团组织开展“奋斗的青春最美丽”主题团日活动，开展“与信仰对话”主题教育实践活动，影响覆盖6000多名团员青年。开展向陈光淡、郑伯武同志学习活动。召开罗源县纪念五四运动95周年暨表彰大会，表彰优秀团员、团干、青年志愿者。拓展社会化推荐渠道，发掘“身边的好青年”，洪洋乡皇万村主任陈强同志被评为福州市乡村创富好青年。开展“奋斗的青春最美丽”分享活动，将面对面交流与新媒体互动结合起来，推动各类青年典型的事迹广为传播。

【青年志愿者组织与工作】 开展青年志愿者行动 启动“青年书吧”志愿服务项目，为广大市民提供一个开放式的公共休闲阅读空间。开展城区“三无”老人结对帮扶、“九九重阳节浓浓敬老情”、“冰桶挑战”渐冻人募捐、“衣暖童心”等爱心公益活动，累计募集善款及物资近10万元。开展“建设青年家园共筑生态文明”植绿护绿、宜居环境建设、节水节能宣传等活动。蓝奥同志荣获第四届福建青年志愿者优秀个人奖。

实施关爱留守儿童“亲情园”工程 开展关爱留守儿童工作，在青少年社工站的基础上，成立一支200人的关爱留守儿童工作团队，对全县留守儿童逐一建档，举办留守儿童夏令营，设立亲情维权热线电话，组织50多户留守儿童家庭开展亲子游活动、免费观看励志儿童舞台剧，开展“青春美·爱相随”、“相聚六一”、“我读书我智慧”等活动。“亲情园”工程被团市委评为优秀志愿服务项目，被团省委列入共青团权益战线重点基层项目。同时，实现对农民工子女较集中的西兰小学、碧里小学等学校的志愿服务常态化，为农民工子女募集各类爱心物资5万多元，走访并慰问农民工子女100多人。

11月3日，团县委在县青少年活动中心启动“青年书吧”公益项目

【就业创业服务】 开展农村青年创业小额贷款，与县银监办、农村信用合作社、邮政储蓄银行等金融机构合作，推荐发放青年创业小额贷款230万元，受益农村青年达46人，辐射带动120多名农村青年创业或实现就业，并举办农村青年创业培训班，岐峰山水农民合作社被评为福建省十佳青年农民合作示范社。

推进YBC工作，完善青年创业服务站，宣传实施YBC青年创业计划，选送创业青年参加福州YBC项目培训，创业青年王巧婷被评为福州市十佳女大学生创业之星。

启动“青春同行”助孤助医行动和助残“阳光行动” 开展助孤及青少年医疗救助公益项目调查，争取省希望办的资金支持，发动各社会团体、企事业单位及爱心人士募集善款、捐赠实物，组织县直单位团组织开展结对帮扶活动，上报助孤典型个案6例，为1名脑瘫儿童争取到“许清水”医疗救助基金。联合县残联制定下发《关于开展青年志愿者助残“阳光行动”的通知》，组建6支助残青年志愿者队伍，摸清全县35周岁以下残疾青少年基本情况，开展对残疾青少年的结对帮扶工作。

【青少年权益维护】 推进“希望工程”开展“圆梦大学”行动，联合海峡都市报、福州晚报、987电台、县电视台等新闻媒体，报道罗源县贫困大学新生求学情况，动员团体和个人结对资助贫困学生，筹集资金53万元，资助57名贫困学生实现大学梦想。开展爱心助学活动，开展希望工程“畲乡春雨”助学行动，联系爱心人士结对资助福州民族中学25名畲族学生。举办希望工程“吴氏杨过基金会”捐助活动，为畲乡家庭贫困的小学生送上2万元助学金和学习用品。开展义务家教活动，组织青年志愿者为70名困难学生实施帮扶计划。

推进“心晴坊”青少年心理咨询服务中心建设 邀请知名心理咨询师蓝奥坐诊，整合罗源县心理专业人才资源组建专门工作团队，针对青少年教育及心理健康问题，每周开展心理咨询辅导志愿服务活动。同时联合县检察院、义工协会制定《关于开展未成年人心理疏导和矫治工作的意见（试行）》，组织心理咨询师进校园活动20多次，受教育学生近4000人次，开展咨询服务600多人次。“心晴坊”项目荣获第四届福建青年志愿者优秀项目奖。

预防青少年违法犯罪 履行县预防办职责，加强青少年法制宣传教育，开展模拟法庭、普法知识竞赛等活动，增强青少年学法尊法守法用法意识。加大与教育、公安等有关部门的配合力度，做好五类重点青少年群体摸底排查工作，预防办成员单位分别挂钩一个村（居）结对帮扶重点青少年群体。深化“共青团与人大代表、政协委员面对面”、青少年维权岗等活动，县检察院被评为省级青少年维权岗。加强青少年事务社工队伍建设，跟进问题青少年个案6个，累计接触各类青少年300多人次。2014年罗源县未成年人犯罪率同比下降。

搭建青年交友平台 组织开展县直机关企事业单位青年、开发区企业青年等联谊活动，联合世纪佳缘交友网启动公益交友活动，开设网络专区，为全县广大适婚青年免费发放600张公益青年交友卡，搭建起青年交友联谊的网络平台。

【青年文明号创建】 开展青年文明号、青年岗位能手、青年突击队等工作，引导青年职工增强业务素质与文明水平，参与技术革新和管理创新，在本职岗位上创造一流业绩。2014年县边防新澳派出所荣获省级青年文明号称号，县烟草局、高速交警二中队、边防迹头派出所荣获市级青年文明号称号，县公安局陈惠盛同志荣获2014年福州市五四青年奖章。

【青少年活动中心建设】 推动青少年活动中心向基层枢纽型、服务型机构转变，投入20多万元对青少年活动中心进行修缮，并购置更新办公设备，改善服务环境，开设阅读写作、数学培优、英语培训、舞蹈、钢琴、古筝、绘画、象棋、跆拳道、书法、语言艺术等10多个培训科目，聘请具有中高级专业技术职务、丰富教学经验的一线中小学教师执教，培训青少年1200多人次。开展罗源县小学生硬笔书法比赛、科普巡回展览、“捐书筑角”图书捐赠、“亲子沟通的艺术”讲座、“温馨五月我爱妈妈”等公益活动。

【团组织建设】 新建非公企业团组织10家、县直单位团组织5家。成立罗源县金融团工委，推进乡镇实体化“大团委”建设工作，推进团属报刊走进青年工作，团队工作信息被各级媒体采用，其中福建日报1条、福州日报3条、福州晚报1条、新民网1条、新华网1条、团省委网站22条。

增强团的基层组织活力。完成全县11个乡镇团委班子换届工作。开展“身边好青年”典型事例分享、“共青团员义务星期六”、“我的微梦想”等活动，举办“学习党的十八大知识”和“青年干部素质拓展”培训班。1个基层团组织被评为省五四红旗团支部，1人被评为省优秀共青团干部，5个基层团组织被评为市先进基层团组织，5人被评为市优秀共青团干部，7人被评为市优秀共青团员。

打造网上共青团。启动数字共青团工作，实现线上团组织建设、团员注册、团情统计、团籍管理、开展团的组织生活和团的活动等基础功能，覆盖基层团员青年7319人；开通团县委官方微博、微信，全年累计发布微博1200多条，微信180期。

【少先队工作】 深化全团带队工作，抓好少先队活动课进课表和少先队辅导员聘任，在六一、少先队建队日期间，组织全县少先队统一开展“红领巾相约中国梦”、“少先队先锋行动”等主题队日活动，利用校内、校外各种教育资源和阵地累计开展50多场次，10000多名少先队员参加。3名少先队队员荣获省少先队少年先锋章；1个少先队大队被评为省少先队先锋大队；3个少先队中队被评为省少先队先锋中队。

（陈魁辉）

罗源县妇女联合会

5月23日，县妇联组织开展“母亲健康1+1公益募捐”活动

【概况】 2014年，县妇女联合会以建设“坚强阵地”和“温暖之家”为目标，推动解决妇女儿童相关利益问题。全年帮助18名创业女性申请海西农村妇女创业发展资金小额信贷贴息款63096元；组织双学双比培训2次，参训妇女144人；资助贫困学生111人次，发放助学金76600元；为22名贫困“两癌”患者争取到专项救助金85000元。2014年，罗源县有乡（镇）妇联11个、社区妇联7个、村妇联1个、村（居）妇代会188个。

【妇女儿童发展纲要实施推动】 完成2011—2013年“两纲”阶段性监测评估工作。为11个乡镇950名已婚低保妇女提供常见病免费检查 。免费为1500名农村妇女完成1500例“宫颈癌”和1000例“乳腺癌”检查。组织“母亲健康1+1”公益募捐活动，募集善款70745.5元。为22名贫困“两癌”妇女争取“福建省红十字母亲健康天使基金”、“贫困母亲两癌救助专项基金”、“福建省‘光彩·粉红丝带行动’”专项补助85000元。

【家庭教育工作】 全县建立家长学校43个，组建率100%。市级优质家长学校12个。组织市、县两级家庭教育讲师团成员到学校开展家庭教育公益讲座3场次，培训家长1174人次。在凤山、霍口、起步、碧里等4个乡镇举办5期“农村儿童安全教育”、“未成年人防拐知识”、“农村家庭美德教育公益大讲堂”等专题讲座，加强对未成年人的综合教育。

【创业就业服务】 实施女性创业就业素质提升、扶持、结对帮扶三大行动。在碧里乡、松山镇举办新农村女性大讲堂、专家快车农村行大棚蔬菜专场培训班，144名农村妇女参训。培树西兰翠丽山生态农业发展有限公司为省级巾帼示范基地。起步下长治村妇代会主任黄銮英通过栽培秀珍菇，带动一批留守妇女创业，获得“全国农村科技致富女能手”荣誉称号。2014年7月29日《中国妇女报》刊登其先进事迹。

海西农村妇女创业发展资金小额信贷为18名创业女性争取帮扶贴息款6.31万元。与农业等部门联合，引导帮助妇女实现与创业项目有效对接，为城乡妇女创业就业解决资金困难。利用每年县举办创业就业专场招聘会等形式，为妇女提供政策咨询、就业岗位等服务。县妇联参与海西专场民营企业招聘会，提供就业岗位1000多个，当场达成就业意向的女性36人。中房镇以罗源生春源茶业公司为主导，召开2场“家门口的招聘会”，为当地妇女提供就业机会。实施女性创业就业结对帮扶行动。开展省市级巾帼示范基地创业“帮帮带”活动，为西兰乡许洋村翠丽山生态养殖示范基地和鉴江镇东湾村精品肉兔养殖基地牵线搭桥。在福州市妇联等6家单位联办的福州市女大学生创业之星评选活动中，罗源县宏星烨食品有限公司总经理陈烨、捷诚汇盛财务有限公司总经理王巧婷被评为福州市十佳女大学生创业之星。

【妇女儿童权益保护】 依托“妇女之家”在全县推广妇女维权“三制”（妇女议事制、妇女代理/协理制度、妇女互助制）。针对全县低保户中无男劳动力家庭的300多名特困妇女的家庭基本情况、健康情况、生产生活情

3月6日，县召开纪念”三八“国际妇女劳动节104周年表彰会暨巾帼文明新风展

况和贫困原因等进行问卷调查。开展日常信访接待和“12338”信访投诉热线工作。全年处理来信2件、来电6个，接待来访妇女14人次。依托县法院“维护妇女儿童合法权益合议庭”、“少年审判合议庭”，充分发挥18名女性人民陪审员（占33.3%，其中妇干3名）作用，参与调解婚姻、家庭等案件。邀请福建省妇女干部学校校长郭素娟、广东国悦律师事务所福州分所律师李彰益为县乡村三级妇联干部和部分女职工130多人作了男女平等和妇女干部维权法律知识的专题讲座。

利用“三八”节、“六一”节、“12·4”法制宣传日等时节，到乡镇、社区开展法制宣传活动11场，发放《中华人民共和国妇女权益保障法》《中华人民共和国婚姻法》、“平安家庭”创建、廉政文化进家庭、禁毒等宣传材料、宣传品近2万份。

【特殊困难儿童帮扶】 开展“城镇化背景下福建省农村留守流动儿童问题追踪调查研究”和“春蕾计划”关爱项目摸底调查。在中房中心小学和中房中学采取小型座谈会、问卷调查、个人访谈和实地考察等形式进行，并向省妇女儿童基金会争取4万元建设基金。援建霍口中心小学“春蕾爱心书屋”，赠送价值近万元的爱心图书。“六一”节期间，为11名贫困女童及留守儿童（含孤儿、单亲家庭女孩）赠送价值2000多元的学习用品。向111名贫困生发放助学金76600元。发动社会各界为贫困女生捐资助学献爱心，全年资助春蕾女童23人，发放春蕾助学金16600元。

【巾帼志愿服务】 开展“罗川情·一家亲”志愿服务乡镇行系列活动，为基层妇女和家庭办实事。到凤山镇开展在职党员进社区为群众服务工作；到挂点村开展“母亲节”慰问活动；到中房镇开展“责任担当·服务圆梦”主题巾帼志愿者服务活动。认领5户“微心愿”困难家庭，自费购买电磁炉、书包文具等物品送到心愿人手中。对5户结对家庭的贫困母亲、单亲母亲、孤寡母亲，进行慰问帮扶。为中房中心小学12名贫困中小学生送去书包文具等学习用品。并为学生们上一节题为《做一个有道德的人》的“道德讲堂”，发放《守护童年》儿童手册和家长手册。

【妇女基层组织建设】 推进“妇女之家”建设，向省妇联推荐2个“先进妇女之家示范点”；向市妇联推荐表彰3个市级优秀“妇女之家”；全县新拓展成立“妇女之家”3个。加大女干部培养力度，推荐22名女干部参加省市妇联举办的培训班。

（黄艳芬）

罗源县科学技术协会

【概况】 2014年，罗源县科协团结和动员全县广大科技工作者，探索创新科普工作新思路、新方法，围绕农村和社区两大块科普工作，全力拓展新时期科普工作渠道，建设覆盖城乡、立体式的科普工作网络。全县各乡镇均建立乡镇科学技术协会，每个村配备1名科普宣传员，152个村居建有科普宣传栏，在县电视台开设科普栏目。

【科普活动】 开展以“创新发展，全民行动”为主题的全国科普日系列活动。举办以“建设平安罗源，构建和谐社会”为主题的综治宣传月活动，发放反邪教科普宣传资料800本。配合县委政法委、防范办、县综治办在闽星广场举办“科学·反邪、平安·罗源”为主题的反邪教科普文艺会演，3000多群众观看演出。邀请福建卫生职业技术学院教师和罗源县医院医生，在罗源二中及罗源县职业中学开展青少年青春期性教育专题讲座，向广大中学生普及青春期知识。参与“科学生活·创新圆梦”为主题的科技宣传周活动。开展科技政策、知识产权政策、食品安全与公众健康等科普宣传；免费赠送群众科普书刊、健康生活小册1000本。参与食品安全月科普宣传活动，宣传食品安全法律法规和食品安全科普知识，发放材料500份，咨询群众60多人次。和县广播电视台合作，每周两期播出《科普大篷车》与《科普新说》电视栏目。

【科普惠农兴村】 整合全县现有的各类农村专业技术协会、农业合作社以及广大农技人员、农业经营者，成立罗源县农村专业技术协会，推动农业经营主体和农村合作组织向规模化、产业化、现代化发展，吸收单位及个人会员85个。继续推动科普惠农兴村工作：罗源县食用菌行业协会获全国科普惠农兴村先进农技协称号；罗源县翠丽山生态农业开发有限公司总经理叶翠丽获得福州市科普惠农兴村先进带头人称号；罗源县鉴江罗湖云雾茶场获得福州市科普惠农兴村先进科普示范基地称号。

【科普设施建设】 与凤山镇合作，在凤山镇凤美社区建成全县首个社区青少年科学工作室，于5月份对外开放。青少年科学工作室吸引众多青少年学生参观、操作，培养青少年学生们探索自然科学的浓厚兴趣，成为罗源县建设文明县城的名片之一。新建西兰乡蒋山村、松山镇上土港村、凤山镇4座科普宣传栏。

【青少年科技活动】 2014年9月20日至10月18日，以"体验科学，启迪创新"为主题的省流动科技馆在福州三中罗源滨海学校体育馆开展巡展活动，县实验小学、凤山小学、附小、二附小、民族中学、罗二中、罗三中以及滨海学校等10所学校及周边乡镇14000多名中小学生、青少年参与活动。展出包括声、光、电、磁、数学和科普影视等62件展品。

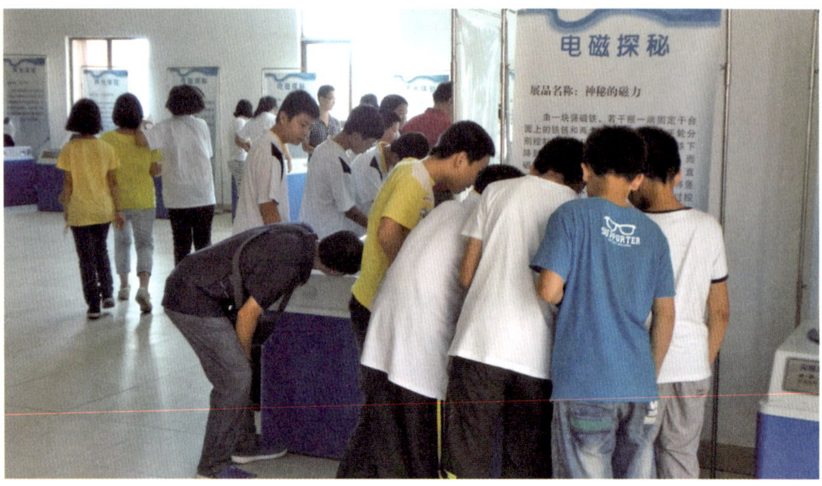

9月20日至10月18日，省流动科技馆在罗开展巡展活动

【农函大工作】 省农函大罗源分校开展农村实用新型技术培训35场次，其中：中长期培训15场次，短期培训20场次，培训农民4000多人次，涵盖食用菌、茶叶、花卉、水产养殖、蔬菜等种养技术。

【服务科技工作者】 推荐罗源宝钢德盛不锈钢有限公司的煤气能源综合利用和抗冷爆节镍型奥氏体不锈DSNITC研发2个项目到市科协参与"讲理想、比贡献"优秀项目竞赛。

（郑秀华）

罗源县文学艺术界联合会

【概况】 2014年，县文联贯彻党的"双百"方针，坚持"二为"方向和"三贴近"原则，紧紧围绕中心，服务大局。组织作家协会、书法协会、摄影协会、音乐舞蹈协会、凤山诗社、鸣凤乐社、凤山谜社等社会团体开展文艺活动50多场次。

【文艺活动】 春节期间，文联与中共罗源县委宣传部、文化馆、书协、飞竹镇守善村等联合举办"'我们的中国梦'守善村书法作品展览"。6名中国书协会员赴驻罗海军舰保大队，开展"翰墨抒怀·情系官兵"迎"八一"书法进军营活动。

摄影协会举办"连罗摄影"、首届"美丽罗源"网络摄影图片展。联合罗源湾滨海新城、罗源湾新闻网举办"两周年风采展"摄影大赛。9月3日，与党史办、老区办联合举办"庆祝建国六十五周年暨红军攻克罗源城80周年"摄影图片展。12月，举办"和·4G杯"平安罗源主题摄影大奖赛。

2014年，凤山谜社举办"2014年环保知识灯谜邀请赛展猜"、"罗源县廉政宣传灯谜展猜进社区"、"办庆国庆灯谜展猜"等活动。鸣凤乐社会同老年大学举办"文明祭扫、平安清明"森林防火宣传演出活动。凤山诗社举办"诗人节"吟诗会、"国庆"吟诗会以及为庆祝中华人民共和国成立65周年征集的"新旧层咏"诗钟吟唱会。

【文艺创作】 开展陈善文化宣传，组

7月17日，县中国书协会员开展书法进军营活动

织编印出版《扪虱新话评注》，被列入“福建文史丛书”，由福建人民出版社出版发行，被国家图书馆收藏。《罗源湾文学》季刊每期发行量2000册，总字数达45多万字。书协主席彭飞的《彭飞隶书》一书，由海峡书局出版；《古文摘抄》获福建省第七届百花奖三等奖。林知林、阮为真的作品《连江龙峰薛氏家训》《朱熹家训》分别获福建省委文明办主办的优秀家训书法作品三等奖和优秀奖。罗源县摄影协会出版《福州摄影家丛书—罗源摄影》。美协于福琴、申友国、谢庭、蔡荣华的4幅作品在福建省《八闽鱼水情》首届双拥书画摄影展展出。朱学舜的剪纸作品《税务廉风》，在福州市人民检察院与福州市国家税务局廉政文化征集评选活动中荣获综合类作品特别创作奖。

【文化交流】 阮涟、阮天朝、阮为真等人在飞竹乡守善村，举办书法笔会，并邀请福州等外地客人前来文艺采风。美术协会朱学舜等3人参加由福建省文联举办的“剪春风—闽台剪纸艺术展”，并在福州三坊七巷福建省海峡民间艺术馆展出。朱学舜现场作剪纸教学表演。美术家协会组织会员赴鉴江镇开展写生活动，并组织召开座谈会学习贯彻习近平总书记在文艺工作座谈会上讲话精神。市美协、福州绿榕画院院长、福州乌山画院等应邀参加活动。

【组织建设】 国庆期间，县美协在文化馆展厅展出《国庆65周年“美丽、和谐、幸福罗源”》100多幅美术作品展。4月10日，召开音舞协会第三次代表大会，陈雯当选为主席，黄雄任秘书长。6月29日，召开美协第四次代表大会，选举产生罗源县美协新一届主席团，谢庭当选为主席，黄晓丹为秘书长。7月2日，成立“福建省海峡文化创意产业协会书画专业委员会罗源创作基地”。8月23日，召开凤山诗社会员大会，谢飞峰当选为社长，陈学铃兼任秘书长。

（谢飞峰）

罗源县工商业联合会

【概况】 2014年，罗源县工商联实施“五好”工商联建设，履行各项职能，拓展服务领域。会员总数1481个，其中本地企业会员635个，团体会员846个，会员结构基本涵盖建筑、农业产业、小水电、建材、餐饮、运输、养殖、商贸各行业。本届执委125名、常委63名，主席（会长）1名、副主席2名（兼职）；常务副会长7名（交叉1名，兼职6名）、副会长16名（兼职）、秘书长1名。

【参政议政】 围绕促进罗源县经济和社会事业科学发展、和谐发展、跨越发展主题，开展调研活动，在县政协九届三次会议上，提交提案11件。推荐异地商会主要代表人士8人成为增补的县政协委员。

【回归工程】 按照“立足项目、突出发展”原则，推进“回归工程”。引进福建博澳码头及配套建设项目、福建亮峰玻璃加工项目2个，总投资8.15亿元。坚持每月到签约项目建设企业1－2次，了解项目建设进展情况，协调解决存在问题。做好项目建设进展督查，源鑫物流码头项目建设、福建博澳码头及配套建设项目、福建亮峰玻璃加工项目按时有序推进，实现签约项目履约率100%。做好商务考察团接待，年内接待异地商会客商189人次。

【社会服务】 组织会员企业捐资2.5万元，开展送温暖活动，走访慰问中房镇、起步镇、西兰乡部分村的困难户52户。开展光彩公益行动，会员（含异地企业）捐助凤山公园建设资金15万元，捐助梅岭公园建设资金54万元，支持少数民族地区公益建设资金3万元。开展助学活动，发动企业家捐资5万元，资助今年录取大学的家庭贫困学生。支持慈善事业发展，会员（含异地企业）向县慈善总会捐款

33.12万元。

【会员服务】 与县四大专业银行、信用社，福州民生银行、平安银行等多家金融机构联系，协同银行下企业调研，组织召开银企座谈会，帮助中小微企业贷款融资5亿元。协调帮助解决中榕新科技有限公司合同纠纷和厂房建设问题。组织召开企业家座谈会，赴随县考察走访罗源籍企业。收集全国各地资源信息，引导石材厂商向外拓展。组织会员参加全国各类展销会、海交会。组织5名企业家参加在贵安金源酒店举办的"闽商论道——走进绿色生态圈"高峰论坛学习培训；选送1名优秀企业家参加在北京大学举办福州市非公经济人士高级研讨班学习；组织28名会员企业家到东北三省、贵州学习考察，组织30多名企业家到美国、欧洲商务考察。

【组织建设】 组建成立广东云浮罗源商会、罗源湾建材商会，完成北京罗源商会换届工作。罗源县有北京、上海、天津、重庆、成都、云浮6个异地商会，罗源湾建材商会1个基层商会。行业协会有建筑、水电、食用菌、茶叶、运输、水产、石材等7个。

（兰玉灿）

罗源县社会科学界联合会

【概况】 2014年罗源县社科联团结和依靠全县社科工作者，开展理论学习宣传研究、决策咨询服务、学术活动、社会科学普及等工作，成立罗源县比干文化研究会。

【文化活动】 组织罗源县首届社科优秀文章评选活动，收到社科文章50篇，经专家进行评审，对优秀文章作者进行奖励，并将优秀文章结集出版。

【社科宣传普及】 10月，成立罗源县2014年社会科学普及宣传周活动组织委员会，策划宣传周活动方案，部署落实宣传周各项活动。联合县老年大学等举办社科讲座，向广大群众普及社科知识，向各乡镇、学校赠送社科宣传材料及《罗源社科百问》。在罗源湾新闻网上开展2014年社科知识宣传。

（易建忠）

罗源县红十字会

【概况】 2014年，罗源县红十字会秉承"人道、博爱、奉献"的红十字精神，实施"三救"和"三献"任务活动，协助政府完成人道领域各项工作。全县基层组织18个，冠名红十字医院及卫生救护站1所，成年会员708人，青少年会员540人，志愿者服务队伍1支，志愿者96人。成立罗源县首个学校红十字会组织。

【帮扶援助】 *"红十字博爱送万家"活动* 1月，前往各乡镇慰问低保户、残疾人、特困家庭，并送去食用油、床单、被套、棉衣、棉被、大米等慰问物品；上门走访患有重大疾病等到红十字会申请救助的家庭，了解困难原因、家庭境况，发放慰问金5000元，慰问品300箱、棉被100床、受益人数953人。

重特大疾病医疗救助工作 做好宣传和来人、来电咨询及申报材料初审工作，并在规定工作日上报福州市红十字会复核，尽量做到不退件。2014年度，向省、市红十字会呈报重特大疾病人道救助105人次，救助金额达117.83万元，个人最高救助金额8.58万元。其中，省红十字会救助76人次，救助金额98.82万元；市红十字会救助29人次，救助金额19.01万元。

【募捐活动】 *"母亲健康1+1"公益募捐活动* 根据《福建省妇联 福建省红十字会关于开展2014年"母亲健康1+1"公益募捐活动的通知》，5月6日，县妇联、红十字会动员各基层组织对患有"两癌"重症贫困母亲发动募捐，接受募捐7.07万元。

云南昭通地震灾区募捐活动 8月4日，印制"为云南昭通地震灾区募捐倡议书"300份，分发县乡各机关、企事业单位及社会人士，同时在罗源县有线电视台连续7天滚动播放呼吁市民踊跃捐款。截至8月26日，接收赈灾募捐1.93万元。

【救护培训】 5月5日、9月12日，罗源县红十字会分别联合罗源县委文明办、凤山镇闽凤社区及凤美社区开展红十字应急救护培训进社区活动。救护培训教师就心肺复苏步骤、方法、技巧及姿势、止血包扎的目的、作用、操作步骤相关技能进行详细讲解，并利用模拟人进行胸外心脏按压和人工呼吸现场演练，邀请社区工作人员及居民上台逐个实际操作，手把手教学。同时在活动现场，向社区工作人员及居民宣传推广"红十字急救掌上学堂"手机软件的下载使用，方便大家随时随地学习急救知识。这2次培训活动，参加培训人数80余人，掌上学堂下载使用人数达40人。

【志愿者服务】 *"博爱周"义诊活动* 5月6日—12日，"5·8"博爱周期间，罗源县红十字医院、洪洋卫生院等基层组织组织会员11名，分别在松山镇、洪洋乡开展义诊、健康咨询、传授自救和互救基本技能、分发宣传资料和送医送药进农村等活动，组织会员下访17村、诊治病人804人次，测血压201人，健康咨询1121人次，发放健康教育宣传单300多份，传授自救和互救基本技能337人次，免费发放药物3000多元。

“学雷锋志愿服务”活动　3月5日，组织卫生系统志愿者在罗源县凤蝶广场开展“学雷锋志愿服务”义诊活动，为群众提供健康检查、咨询服务、免费发放药品及健康教育宣传。接受群众健康咨询200多人次、测血压血糖100余人，发放健康教育宣传资料280余份。

“九九重阳节、浓浓敬老情”志愿服务活动　9月29日，在罗源县委文明办的组织牵头下，组织医疗机构专家及志愿者32名在闽星广场开展“九九重阳节、浓浓敬老情”红十字志愿服务活动。活动现场开设内科、外科、口腔科、五官科、康复科、儿科等六个科室进行专家义诊，免费测血压110人次，健康咨询193人次，发放健康教育宣传单250多份，发放科学献血材料200多份，发放红十字急救掌上学堂宣传单180多份，红十字大病救助基金问题咨询90人次。

【生命工程】　“第11个世界献血者日”献血活动　为纪念第11个世界献血者日，围绕“安全血液，挽救母亲生命”的活动主题，6月13日，罗源县红十字会组织人员在凤蝶广场开展无偿献血活动。120多名县直机关干部及群众参加，经筛查有61名符合献血条件，献血量达21400毫升。活动现场还设立体检点，为群众免费测量血压，检测血型等，同时向群众讲解有关献血科普、献血返还等方面的知识，

10月10日，成立罗源第一中学红十字会

并发放科学献血宣传材料230份。同时，根据福建省血液中心、福州市红十字会工作部署，每月组织志愿者在凤蝶广场、各乡镇开展无偿献血工作。

遗体捐献工作　5月16日，罗源县遗体捐献志愿者邱惠端同志捐献出遗体，用于医学科学研究，成为罗源县首例遗体捐献志愿者。福州市红十字会领导及罗源县红十字会工作人员慰问其家属，并为他们颁发《志愿捐献荣誉证书》。

【学校红十字会组织】　10月10日，罗源县红十字会联合罗源县教育局，根据《福建省红十字会、福建省教育厅、福建省卫生厅、共青团福建省委关于进一步加强和规范中小学校红十字会工作的意见》的要求，在福建省罗源第一中学召开罗源第一中学红十字会成立大会暨第一次会员代表大会。这是罗源县首个学校红十字会组织。成立仪式后，邀请罗源县救护培训教师陈增章对参会的近200名师生进行救护知识的培训及现场模拟演练。

（姚丽云）

罗源县残疾人联合会

【概况】　2014年，县残联推进保障体系和服务体系建设，开展康复、就业服务、助残权益维护和助学等工作。

【康复工程】　为145名白内障患者免费实施复明手术，完成市残联下达的140名任务指标的104%。帮助19名学龄前残疾儿童在市级定点康复机构进行康复治疗，给予1.5万元/人的康复救助金。为各类残疾人免费发放辅助器具，其中轮椅46辆、拐杖5副、多功能护理床21台、盲人听书机40部，收音机盲表组合40套。年内为150名贫困精神病患者提供服药救助，每人每年补助500元；为16名贫困精神病患者提供，每人每年补助4000元，共计13.9万元。支持白塔乡钟下村建设1所康复站，补助2万元资金；支持起步镇西山村建设1所康复站，补助5万元资金，并在年初为起步镇西山村的康复站提供价值5万元康复器材。

【就业服务】　扶持50名贫困残疾人

开展创业就业，补助5000元/人，总计25万元。扶持霍口畲族乡田源山生态农业专业合作社种植油茶等农产品，并下拨扶贫开发基地建设资金5万元，该专业合作社安置11名残疾人就业。分别在西兰乡、霍口畲族乡、松山镇举办农村残疾人职业技能培训班，315名残疾人参加农业实用技术培训，提高残疾人就业能力。9月23－25日，罗源县残联组织5名残疾人参加福州市第二届残疾人职业技能竞赛，本次比赛罗源县残联获得道德风尚奖。选手林明锋在省、市残疾人职业技能竞赛中均取得盲人按摩项目第一名的成绩。

【助残工程】 帮助107户贫困残疾人进行危房改造，发放危房改造补助金额总计240.5万元。为140名重度贫困残疾人开展居家托养服务，给予补助金2000元/人，总计28万元。在第二十四次“全国助残日”期间，利用LED滚动播放助残先进模范事迹，在醒目位置张贴助残标语，向过往行人发放宣传单300份，向两万名手机用户发送扶残助残短信。

【权益维护】 为157名残疾人发放代步车燃油补贴费260元/人，总计4.082万元。出资8.408万元为罗源县2—70周岁持有“二代证”的4204名残疾人进行“残疾人意外伤害保险”。年内有3名残疾人得到意外险赔付，赔付金额总计4.3万元。帮助74名贫困残疾人进行家庭无障碍改造，总计发放无障碍改造补助金20.9万元。

【助学】 8月27日，罗源县残联在县政协会议室举行2014年“积善助学·金秋圆梦”助学金发放仪式，为83名应往届考入大中专的残疾人和残疾人子女发放助学金，总计27.2万元。助学标准为硕士研究生4000元/人、本科3500元/人、大专3000元/人，比上年提高500元/人；助学受助面由应届考入大中专学生扩大到往届在读的大中专学生，确保残疾人学生及残疾人子女不因贫困而失学，能顺利完成学业。补助2万元资金支持西山村“福乐书屋”建设及购置图书、书架等设施，以帮助西山村的残疾人提高文化水平，改善文化娱乐生活。与福州保税区（地税）分局开展共建“扶残、助学”活动。会上双方签订“扶残助学”协议，福州保税区（地税）分局向罗源县残联移交扶残助学资金，总计10万元。

（黄　真）

罗源县归国华侨联合会

【概况】 罗源县归国华侨联合会（简称侨联）秉承“以侨为本、为侨服务”的宗旨，积极履行“群众工作、参政议政、维护侨益、海外联谊”四大职能，广泛团结、联系广大归侨侨眷和海外侨胞、港澳同胞。县侨联第五届委员会委员21人，常委11人、副主席6人、主席1人，基层侨联组织2个，海外华侨、华人4000多人，港澳同胞1000多人，归侨侨眷1500多人，港澳眷属1000多人，出国留学人员500多人，约计8000人。华侨、华人主要分布在印尼、秘鲁、新加坡、马来西亚、美国、西班牙、日本、加拿大等38多个国家和地区。

【联谊联络】 贯彻落实省、市侨联“大走访、大交流”要求，开展海内外联谊活动。建立罗源籍海外侨胞QQ群和罗源侨联第五届侨之家微信群，及时掌握好侨情新变化，宣传罗源县侨联工作动态和政府招商引资优惠政策。组织罗源籍海外侨胞和侨联委员学习、畅谈、热议习近平总书记来闽考察工作时重要讲话精神和在爱国华侨陈嘉庚先生诞辰140周年之际习总书记给集美校友总会回信精神。采用“走出去、请进来”的方式，开展联谊活动。赴港拜访罗源籍旅港乡亲20余位；在中秋、元旦、春节期间，利用海外侨胞回乡探亲的机会，组织3次海外侨胞及其家属餐叙会，主动登门拜访海外重要人士，加强沟通，促进友谊。在重要节假日，采取手机短信、QQ、微信等方式发送祝福短消息。6月，成立罗源县首个乡镇级侨联组织——飞竹镇归侨侨眷联谊会和飞竹镇侨友之家。

【侨胞权益维护】 加强与县法院、司法等部门沟通联系，聘请侨联法律顾问，为归侨侨眷提供法律服务。收到来信5多件，接待来访15人次；协助侨界群众办理房屋拆迁纠纷2件，侨眷出国办理证件5件。协调飞竹外坂秘鲁侨眷姚仁华同志因邻居建房地基占用他家的公共通道引起纠纷争议等事宜。

【引导侨胞参与公益事业】 运用海内、海外“两个平台”和人力、财力“两个资源”的优势，引导海外侨胞、归侨侨眷参与罗源县重点项目建设、慈善公益事业发展等。香港天时国际发展集团有限公司董事长苏威扬先生向全县侨界糖尿病、高血压患者捐赠血糖、血压测量仪器200套，价值10万元；秘鲁福建同乡会会长、秘鲁福州十邑同乡会执行主席姚招旭先生等一行回罗考察，并以个人名义捐资12万元扶持飞竹镇外坂村村道建设。

【帮困救助】 春节期间，开展贫困侨“献爱心、送温暖”慰问活动，走访慰问15户贫困侨、5户挂点村贫困户、3

户退休工人及1户下岗特困职工。开展中秋佳节走访慰问活动，主动登门走访慰问空巢侨界老人、部分回罗探亲的华侨华人、侨资企业代表等8人，送去慰问品等。向省市侨联和县直部门争取助学资金2.7万元，帮助4名归侨侨眷贫困大学生和2名困难大学生解决实际困难。帮助凤山镇南门外村受灾户印尼华侨黄江锐争取各方面援助3.7万元，其中省市侨联慰问金8000元。

（雷康俤）

罗源县消费者权益保护委员会

【概况】 2014年，罗源县消费者权益保护委员会（下称县消委会）坚持以人为本，关注民生，宣传落实消费维权法律法规，健全消费权益保护机制，开展消费维权“进企业 进农村 进校园”等活动，维护广大消费者的合法权益。全年开展各类宣传咨询活动8次，各分会、站点接待来访2100余人次，受理申诉326件，办结率为100%，为消费者挽回经济损失21.83万元。

【“3·15”国际消费者权益日活动】 县消委会围绕“新消法 新权益 新责任”的年主题，邀请质监、卫生、农业等10多个消委会成员单位，通过法律法规咨询、真假商品展示、现场受理消费投诉等形式，在凤蝶广场开展“3·15”大型咨询活动。现场广告车同步播放新颁布实施的《中华人民共和国消费者权益保护法》等消费维权普及内容。通过电信运营商群发“维权纪念日”短信5万条，全县沿街商家LED显示屏滚动播放宣传标语10条。

【维权案例】 2014年4月23日，罗源县工商局12315消费者申诉举报服务台接到消费者苏先生来访投诉称：其于2014年2月，在滨海新城选购了1套期房。当天交付2万元，开发商为其开具收款收据，双方未签订任何合同及购房协议。半个月后，被告知因其有不良的信用记录，故无法办理房屋贷款，考虑到没有经济能力一次付清房款，苏先生便决定退房，并要求退还钱款。遭到拒绝，求助。

罗源县工商局12315消费者申诉举报服务台和罗源县消委会接诉后，立即联系双方组织进行现场调解。开发商以该款项为“定金”为由拒绝退款。根据《福建省房屋消费者权益保护条例》第九条规定：“经营者应当依法律、法规的规定和合同的约定履行合同，不得在合同签订前收取定金，不得在合同外收取费用……”，经工商多次调解，开发商如数退还2万元预付款，双方办理退款手续。

（陈　霞）

罗源县个体劳动者协会 私营企业协会

【概况】 罗源县个体劳动者协会和罗源县私营企业协会充分发挥“服务政府、服务会员、服务社会”的职能，2014年，个协召开七届代表大会，拥有个体会员4768户，从业人员9915人，资金数额3.44亿元；私协召开四届会员代表大会，拥有私营企业会员942户，雇工人数7991人，注册资本77.23亿元。两会合署办公简称罗源县个私协会，设有凤山、城东、起步、松山、飞竹5个基层分会，建有党支部1个，会员之家1个，工作人员19人。

【生活服务】 开展“情暖罗川”走访慰问活动，慰老、弱、病、残等家庭生活困难以及子女就学不易等造成家庭沉重负担的个体会员，走访在“党员诚信经营示范店”、“先进私营企业”等创先争优活动中发挥骨干和示范作用的私企会员。开展职工医疗互助活动。与县总工会、移动公司通过短信普发、现场宣传、集中办理等方式，开展“每天节约一毛钱，平平安安管一年”预存话费职工医疗互助活动。举办“同心前行共筑梦”主题系列活动。1月，联合县工商局、县移动公司开展益智和体育两大类、业余及专业两组四大项活动。开展全员文体交流活动。3月开始，每周一晚7点至10点，租借县九大中心篮球馆一至四号羽毛球场地一年，免费向会员开放。

【经营服务】 在服务会员年检验照、电子档案查询等方面继续开通绿色通道。在广大个私业主换发新版营业执照期间，特别定制一批新镜框，免费向换发执照的入会会员发放，为规范和服务会员办实事。11月，筹备并发动会员参与罗源县创建“无传销县”联席会议暨注册登记制度改革和商标战略推进会。参加会议的代表170余人。会上有5家会员企业获发知著名商标企业牌匾，2家分别获得5万和2万元知著名商标政府奖励金。

【宣传服务】 “七一”前夕，选送业务骨干参加“2014年罗源县入党积极分子（发展对象）培训班”。同时，邀请会员参加在县工商局举办的由省委党史研究室原副主任、国务院特殊津贴专家林强主讲的中共党史讲座，推进党的群众路线教育活动。开展县级和市级党员诚信示范店宣传、推荐、申报、评选活动。1家个体会员荣获福州市第二批“党员诚信示范店”称号。配合县工商局，联系广大会员，以及电视台、移动、电信营业厅，利用短信群发、LED 显示、宣传车滚动播放等形式，走社区、进校园、下乡村扩大打击传销宣传覆盖面。

（陈　霞）

罗源县慈善总会

【概况】 2014 年，罗源县慈善总会秉承“救危助急，济困扶贫”慈善宗旨，按照章程，开展善款筹募活动，做好慈善救助工作，通过各种渠道筹集款物 496.43 万元，扶贫济困 2520 人，使弱势群体收益金额达 352.4 万元。

【换届选举】 9 月 19 日上午召开罗源县慈善总会第二次会员代表大会。会议听取、审议并通过会长朱碧娟代表第一届理事会作的工作报告、林友义副会长所做的《五年财务工作报告》、徐新银副会长所做的《修改<罗源县慈善总会章程>说明》。会议听取周玉瑞副会长兼秘书长所做的《关于第二届理事会人事安排方案说明》，选举产生罗源县慈善总会第二届理事会和监事会领导班子。会议宣读并通过第二次会员代表大会给全县各界人士的《关于开展慈善一日捐倡议书》，宣读县委办、政府办《关于继续开展“慈善一日捐”活动的通知》。会议表彰 2010－2013 年为县慈善事业发展做出突出贡献的单位与个人。

【捐赠】 “慈善一日捐”活动　县委办、政府办联合下发《关于继续开展“慈善一日捐”活动的通知》；第二次会员代表大会通过《关于继续开展“慈善一日捐”倡议书》。213 个单位（含村居、社区）7257 个人参与“慈善一日捐”活动，募集善款总额 88.77 万元，占全市 12 个县（市）区“一日捐”总额的 18.9%，名列全市第一。

项目促捐　以项目促捐款，募集善款 336.07 万元。在春节慰问活动中，筹集包括福州市慈善总会慰问金在内和县内外爱心企业、爱心人士等捐赠款物 23.58 万元；通过定向补助金机制为罗源县重病灾患者定向筹集善款 83.395 万元；实施“331”救助工程，接收福州市慈善总会救助金 21.36 万元；以助学系列项目，向爱心企业、企业家、爱心人士筹集善款 72.37 万元；慈善超市项目，接收新多尔惠、乐麦嘉、金源等三家超市定向捐款 5.36 万元；慈善安居楼项目，接收省、市慈善总会为 6 座慈善安居楼（幸福院）专项资金 130 万元；为罗源一中争取奖教金 5 万元。

基金募集　白塔籍企业家兰建伙设立的“畲家之翼”慈善助学基金按照原先协议正常注入善款 1 万元；县工艺美术学会慈善基金年内新增 20.709 万元，其中裸捐艺术品拍卖 15.209 万元；姚传焕等个人（家庭）基金注入 1.5 万元。合计募集善款 23.209 万元.

慈善助医　实施市慈善总会复明工程为罗源县 42 名困难群众实施白内障手术，免费 18.9 万元。

其他　通过省慈善总会联系厦门南普陀寺为罗二中捐助电脑 50 台价值 19.5 万元；为云南省鲁甸地震灾区募捐善款 0.23 万元；合计募集款物 19.78 万元。

【捐助】 助学　发放助学、奖学金 71.4759 万元 333 名学子受益（含“畲家之翼”慈善教育基金、县工艺美术学会慈善基金、姚传焕等个人基金助学）。慈善助学从重数量转向重内涵，把有限的善款向特困生倾斜，191 位特困生参与自愿签订《爱心传递承诺书》活动。爱心团队不断出现，新增福州井大小学上千名少先队员“手拉手慈善助学”团队、罗源 5 所民办幼儿园的千余名老师、儿童、家长联合组成的“大手牵小手爱心在行动”团队。

助医　实施定向善款补助金救助重病灾项目，2014 年救助人员 32 人，发放善款 92.945 万元（其中定向善款 83.395 万元，罗源慈善总会配套补助 9.55 万元）。

复明工程　与市慈善总会、东南眼科医院等联办“慈善复明行动”1 次，为西兰乡和飞竹镇 151 名群众排查眼病，同时开展眼健康科普宣传教育，发放科普材料，对群众现场咨询讲解。经初步检查、复查后 42 位进行免费复明手术。

“331”慈善救助工程　实施“331”慈善救助工程项目资助孤儿、孤老和贫困高中生 178 人（其中新增孤儿 9 名），发放资助金 21.36 万元。

“慈善情暖万家”活动　开展春节“慈善情暖万家”慰问活动，重点慰问孤儿、超龄孤儿，入住“慈善安居楼”孤寡老人、重病灾户家庭 468 人次，慰问款物 31.33 万元。

慈善爱心超市　全年新多尔惠、乐麦嘉、金源等三家慈善爱心超市继续为城关 66 户弱势群体发放 792 张慈善爱心购物卡，价值 3.96 万元。

安居楼（幸福院）建设　继续实施安居楼（幸福院）建设项目 6 座，其中由省慈善总会为主支持建设的破石、石塘和梧桐 3 座慈善幸福院全面开工建设；由市慈善总会为主支持建设的下湖村安居楼全面竣工，可安置 18 位无房危房老人居住；西洋村、洋北慈善安居楼建设完成工程量 80%。6 座总投资 566 万元，总建筑面积 3334 平方米，竣工后可安置孤寡老人 102

个。对历年已建且入住的8座（入住87人）安居楼，着重抓好管理，制定“创建文明助老慈善安居楼标准”、“慈善助老安居楼消防安全管理制度”等规章制度，同时组织老人参加力所能及的活动如种花、种菜或参加村里组织的公益活动等实现自建、自管、自养。

【慈善宣传活动】 先后召开“慈善文化进校园活动总结表彰大会”、“第二轮慈善文化进校园活动工作会议”；学校数从8所扩大到12所；组织慈善文化进校园征文活动，并精选学生、老师、家长优秀征文一百篇，汇编成册，《慈善》杂志李玉林执行主编亲自作序，县委书记吴兰铮题写书名；2014年6月份，中华慈善总会编辑出版的《爱育蓓蕾——<慈善读本>读后感选编》和《<慈善读本>捐赠“慈善文化进校园”项目资料汇编》，罗源的32篇读后感和3份资料以及有关照片分别被选入其中，入编数位居全国县（市）区前列；出席全国“慈善文化进校园”黄岩研讨会，并在会上发言。

每月出一期《罗源慈善》小报，每两月出一期“罗源慈善”2个宣传专栏，不断充实《罗源慈善》网站（www.lyxcszh.com）。将征集到的慈善诗词编辑成《慈善诗词二百首》印刷发行；将2013年以前的“罗源慈善”小报编辑成《“罗源慈善”合订本》50本送发有关部门、单位存档；与县电视台合作，制作《慈善文化进校园专题》；将《慈善诗词二百首》《慈善征文精选一百篇》带到全国慈善宣传工作西安会议上，发给与会者。

【组织建设】 依托起步镇蒋店村长禧文化站成立罗源县首支慈善志愿者队伍——起步镇蒋店村慈善志愿者队伍，

2月26日，成立罗源县首支慈善志愿者队伍——蒋店志愿者服务队

队员20人，队长范小娟。根据县委常委会第14次会议精神，筹建各乡镇慈善分会。

（叶　鎚）

罗源县关心下一代工作委员会

【概况】 2014年，罗源县关工委工作按照贴近中心、贴近基层、贴近青少年的“三贴近”要求，坚持用社会主义核心价值体系引领青少年，开展关爱活动以及“基层工作深化年”活动，贯彻落实“两纳入、两补贴”工作，不断开创全县关心下一代工作新局面。

【“两纳入、两补贴”工作】 根据省委办公厅、省政府办公厅《关于进一步加强基层关心下一代工作的意见》和市委办公厅、市政府办公厅《关于进一步加强基层关心下一代工作的意见》以及8月7日市委“两纳入、两补贴”工作协调会的精神，罗源县于2014年9月10日出台中共罗源县委办公室、县人民政府办公室《关于贯彻落实“两纳入、两补贴”工作的通知》，要求各乡（镇）将关工委工作经费纳入本级财政预算，每年安排工作经费2－5万元，并根据工作需要给予相应追加，对参与关工委日常工作的老同志，每人每月给予不低于200元工作补贴。鉴于罗源县绝大部分村（社区）属于“零村财”村，无法解决关工委工作经费和“五老”补贴费的情况，县委、县政府决定，按照每个村（社区）每年4200元（关工委活动经费3000元，主持关工委日常工作老同志的补贴费1200元）的补贴标准，对全县196个村（社区）予以经费补助，所需经费由县、乡（镇）两级财政各负担50%，县财政每年需负担41.16万元。年底全部落实乡（镇）村两级的“两纳入、两补贴”工作。

【“老少共筑中国梦”主题教育活动】 开展“老少共筑中国梦”主题教育活动，以马尾区关工委杜进兴同志编

5月31日，县长工委举办“老少牵手　共筑中国梦”文艺联欢会

制的《我的中国梦》教育课件为重要内容。与县计生协会在起步镇蒋店村长禧文化中心举办“老少手牵手·共筑中国梦”文艺联欢会。联欢会后，县关工委为在场44位蒋店籍的儿童每人送上200元的“六一”儿童节慰问金。

【党史、国史教育】　组织白塔中心小学100多名少先队员到白塔乡百丈村中国工农红军北上抗日先遣队攻克罗源城指挥部旧址，开展“红军攻克罗源城80周年”主题教育活动。与凤山镇关工委联合举办罗源革命故事演讲比赛，18名青少年围绕“罗源革命故事”主题，讲述80年前发生在罗川大地上的一个个感人的红色金典故事。县关工委报告团进行专题研究，制作适合青少年特点的《中国梦与罗源革命斗争》《中国梦与中学生学习》等党史、国史教育课件，对全县中小学校学生进行党史、国史教育，年内，举办20多场专题讲座，受教育学生达1200多人次。

【爱心助学】　5月23日，在松山镇北山小学开展爱心助学活动，为北山小学50名贫困学生颁发助学金1.5万元。10月28日，在白塔中心小学开展爱心助学活动，为白塔小学70名贫困学生颁发助学金1.4万元。

【科普教育】　举办“秀珍菇栽培技术”专题讲座，县农业局经作站站长、高级农艺师兰世步应邀为该村菇户和中学生等40余人作关于秀珍菇栽培技术的专题讲座。

【典型示范】　总结福建金闽公司关工委和罗源长兴菇业种植场青少年食用菌技术培训基地的典型经验，推动关工委工作。10月22日，市关工委领导干部培训班学员到金闽公司关工委和罗源长兴菇业种植场青少年食用菌技术培训基地进行现场教学。

【组织建设】　5月份，调整充实县关心下一代工作领导班子成员，县委王命瑞副书记为县关工委主任。深入全县11个乡镇对基层关工委领导班子情况进行调查摸底，配合乡镇党委调整充实起步、洪洋、飞竹等乡镇的关工委领导班子，特别是配齐配强关工委常务副主任。5月23日，县关工委在罗源长盛水产发展有限公司成立企业关工委组织和青少年科普培育基地。

（钟建慈）

罗源县计划生育协会

【概况】　2014年，罗源县计划生育协会围绕人口计生工作的总体目标，加强组织建设，开展宣传教育，深化生育关怀行动，提升群众自治水平。罗源县计生协会拥有乡镇协会11个，开发区协会1个，村（社区）协会196个，企业协会9个，流动人口计生协

6月13日，开展“红军攻克罗源城80周年”主题教育活动

会1个，建立1379个协会小组。凤山镇城关村、飞竹镇外坂村、洪洋乡石塘村被评为“全国人口计生群众自治示范村（居）”。

【生育关怀】 开展8项“生育关怀”项目，帮扶计生困难家庭2402人（次）。元旦、春节和母亲节期间，开展集中慰问活动，慰问计生困难家庭380户，发放慰问金38万元。为37名遭受重病灾的计生特困户发放紧急救助金11.5万元。实施“幸福工程—救助贫困母亲”项目，发放项目无息借款196万元，帮扶180户计生贫困母亲发展生产。实施小额贷款贴息帮扶，为1471户计生家庭发放市、县小额贷款贴息资金60.15万元，为211户计生家庭争取省级小额贴息19万元。开展“闽都助学”活动，县级投入17.3万元，资助87名计生困难户子女上大学。助学标准为本科2000元/人，大专1000元/人。争取省、市资金16.4万元，帮扶50名计生困难户子女，其中16名学子获助每学年5000元助学金。

实施“安居工程”项目，制定三年帮扶规划，为29户计生困难家庭修缮房屋给予补助，年内为2户失独家庭房屋修缮给予8万元补助。补助金额市、县按1∶1标准配套。关怀计生特扶家庭，为8户失独家庭发放扶助金19.2万；为1户重病失独家庭、1户失火失独家庭实施紧急救助各1万元；为3户失独家庭成员缴纳社会养老保险金0.6万元；凤山镇计生协为15户特扶家庭发放补助金9万元；组织志愿者在“两节”、“助残日”等节点上门为特扶家庭提供服务。5月13日，开展“计生贫困母亲免费筛查治疗子宫肌瘤和卵巢囊肿专项活动”，为48位女性进行筛查，其中花费1.3376万元为3位符合手术条件的患者免费进行微创手术。

5月13日，开展“计生贫困母亲免费筛查治疗子宫肌瘤和卵巢囊肿专项活动”

【宣传服务】 开展青春健康知识讲座、生殖健康知识讲座、“送法进社区”、“母亲节计生宣传服务活动”、“会员活动日”、“世界人口日”文艺演出等节点宣传服务活动12场。县计生协会依托县人口文化学校，开展“人口文化剪纸艺术进社区”活动；凤山镇依托“罗源湾之窗”网站开设的“凤山计生”宣传专栏，飞竹镇开设微信服务平台，将计生政策法规发送给育龄群众；碧里乡依托西洋村美丽乡村建设，推进人口文化进公园。编印《计生协动态》彩页内刊4期，市级及以上刊物采用23篇，其中“村民自治开出幸福花”被中国计生协会收录到《全国人口计生基层群众自治案例集》。

【组织建设】 开展县、乡、村、组“四联创”活动，有6个乡镇达到先进乡镇标准，达标率为54.5%；有160个村达到“一流村”、“合格村”标准，达标率为81.6%；有1100个协会小组达到“五好协会小组”标准，达标率为80%。开展“计生群众自治”，全县有34个村（居）达到市级群众自治示范标准，凤山镇、白塔乡作为2015年市级计生群众自治示范乡镇建设。

（余　芝）

罗源县企业与企业家联合会

【概况】 2014年，罗源县企业与企业家联合会有荣誉会长10人，副会长30人，会员企业110家。联合会秉承服务宗旨，围绕政府工作大局和企业中心开展服务工作，发挥桥梁和纽带作用。

【服务政府】 组织相关乡镇11名石材加工企业及会员代表参与罗源县拟出台的“关于做好差别电价收入资金的管理使用办法”（暂行规定）征求意见稿讨论座谈会。协同经贸局领导分别到西兰、飞竹、洪洋、中房、白塔等乡镇召开3场石材业代表座谈会，

1月21日，县企联会召开第二届会员大会

征求县拟起草的石材业转型升级的实施意见的“意见与建议”。组织相关乡镇石材加工企业负责人代表座谈，县流域办、环保局、国土局、林业局等部门领导到会听取关于“做好差别电价收入资金管理使用办法(暂行规定)”在执行中的意见与建议。

【服务会员】 2014年，接待会员来访76人次，来电11次、来函3件。共反映五个方面17个问题，沟通协调政府相关部分解决12个问题。通过座谈会及走访，与98家会员企业零距离沟通交流，接触面占会员数的89%。组织石材业会员代表赴南安参观考察石材生产情况，学习转型升级的做法与经验，引导企业加快推进产业转型升级。组织会员到源鑫建材有限公司开展“规划先行、创新驱动”观摩研讨活动，引导会员企业走规范化发展路子。协调宏星烨冷冻厂拆迁补偿安置问题；督促陶洋养猪场采取措施堵住外排的污物污水，防止寿桥鳗场鳗鱼因污水排放而大量死亡。

（罗启廉）

（编辑　李晓静）

外事侨务　台湾事务

外事侨务

【概况】　2014年，全县华人华侨人员有4000多人，港澳人员1000多人，归侨侨眷1500多人，分布38个国家和地区，1969年以前归侨人员有15人。

【涉外事务处理】　配合市外侨办处置涉外事件1件。

【因公出国（境）管理】　做好因公出国出境申报工作，在办理县领导、部门及有关企业人员出访手续中，强调管理和服务。认真审核申报材料，及时与市外侨办出境处及组团单位沟通联系，确保出国出境手续齐全、符合规范。

【归侨侨眷权益维护】　落实政策，做好扶贫救助工作。2014年救助散居社会贫困归侨2人，发放补助资金2400元。做好节日期间慰问工作，对归侨侨眷等25户困难户进行年终走访，每人发放慰问金800元。落实归侨离退休职工生活补助工作，提升补助标准（每人每月达100元），改善生活水平。开展“三侨”（归侨、华侨子女、归侨子女）子女学生身份认证工作，做好归侨子女来罗生活定居手续。维护华侨权益，牵头与县国土局、住建局等部门协调解决华侨1名房屋所有权历史遗留问题。加强与新生代华侨的联络沟通，夯实工作基础。

【招商引资】　配合县外经局、宣传部等部门做好招商引资工作，会同县直有关部门深入台资、外资企业调研，了解企业经营运行中存在的困难和问题并提供帮助，为企业排忧解难。

【境外非政府组织管理】　开展境外非政府组织在罗源县活动调查摸底工作。罗源县非政府组织4个，其中教育类2个，宗教类1个，慈善组织1个，未发现从事非法活动。

（陈　铀）

台湾事务

【概况】　2014年，罗源县台办学习落实《海峡两岸服务贸易协议》，开展对台宣传、对台联络、对台经贸等各项工作。罗源县有台属507户，3005人，其中台属直系275户，1303人。年内，共计报批赴台团组（成行）21批，27人次。

【经贸合作】　中房镇与台湾南投县埔里镇、起步镇与台湾南投县草屯镇、鉴江镇与台湾台东县成功镇，签署农、渔业乡镇对接交流备忘录，并组团榕台特色乡镇对接交流访问团赴台访问，就农业、渔业项目进行对接交流。推动罗台两地农、渔业生产、加工、销售领域的合作，促进两地交流合作互访。

【文化交流】　配合飞竹普济崇福宫，做好台湾同胞来朝拜林九娘西洋宫接待与安全工作，接待台胞2批100多人。第七届“畲族·风”民俗文化旅游节暨进水宫庙会活动于2014年2月12日在起步村举行，台湾信士翁重钧先生一行7人，参加开幕式典礼，并参观起步进水宫三代祖师庙会活动。

【服务台胞】　台资企业在罗注册18家，正常运转9家，主要从事工业、化纤、建材、食品加工、餐饮服务等。罗源县台办坚持每月1－2次走访台资企业，年内分别走访宏伟兴业化纤有限公司、鉴江欣鹰农场、山林食品、百乐建材等台商、台资企业，帮助台胞企业解决生产经营中的困难和问题。配合罗源湾开发区和有关职能部门调解台商企业千里马节能灯具有限公司与明源宏业有限公司之间的纠纷。协助解决福州统一有限公司被认定“商业贿赂”案。参加台联会召开的各项会议，听取意见建议，开展台资、民营企业转型发展对接互动系列活动，为企业转型发展搭建平台。

【资料库建设】　指定专人，走访辖区台属及台资企业了解情况，收集整理台情资源，整理1991年以来历年档案，完善台资企业资料库。

（陈思干）

（编辑　李晓静）

社会管理综合治理

【概况】 2014年，罗源县委政法委深化“平安罗源”建设，创新社会综合治理方式，推进网格化社会服务管理，维护社会安定稳定，服务经济发展。

【社会管理】 网格化服务管理 在凤山镇开展网格化服务管理试点工作，投入334万元建成镇网格分中心及社区（村）管理站平台。健全完善凤山镇网格化社会服务管理工作机制，制定《凤山镇网格化社会服务管理工作考核办法》。全镇划分网格95个，录入人口信息87207人，其中流动人口5525人；采集事件3081件，其中维稳信息660件，办结648件，办结率98.18%。推进农村乡镇网格化社会服务管理分中心、村管理站建设，实行“一村一格”，全县10个农村乡镇共划分网格180个，建设村级网格化平台67个，每村配网格协管员1名，乡镇分中心及已建网格平台的村网格协管员共配手机终端87部，乡镇、村网格服务管理平台及网络系统建成并投入使用。

特殊人群管理 全县接受社区矫正人员173人。建立12个刑满释放人员过渡性安置基地，帮教1511人。摸排管控肇事肇祸精神障碍患者569人，其中重性精神病人42人，全部收治住院治疗。创办“心晴坊”青少年心理咨询服务中心，开展重点青少年心理疏导和权益保护工作，全年开展咨询服务200人次。

【综治维稳】 矛盾纠纷排解 落实县处级领导信访坐班制，接访群众152批2501人次，办结114件。化解信访积案件2件2人。开展项目建设社会稳定风险评估，派出14个工作组进驻56项重点项目，协调处理矛盾。健全县、乡、村三级调解组织207个，发展区域性、行业性、专业性民调组织19个。开展公调、诉调对接工作，审理医患纠纷案件16件，其中调解14件、导入诉讼程序2件，道路交通事故损害赔偿多元调解案件326件，调处成功227件，调解成功率达69.63%，调解金额达822.2万元。

群体性事件处置 针对碧里乡群体性事件，启动“罗源县处置群体性突发事件工作预案”，先后成立退养、宣传、环保、企业、帮扶、效能督查、维稳等7个工作领导小组，抽调全县150多名干部组成8个工作组进村入户，开展宣传、疏导化解工作，一方面加强罗源湾相关临港企业环保问题整治，制定并实施退养方案，落实救助措施，解决群众合理诉求；另一方面打击违法犯罪活动，12月4日，配合市公安局抓捕3名挑头闹事人员，并通过公告敦促其他10名犯罪嫌疑人主动投案自首。华东造船厂、罗源湾码头、华能码头如期恢复正常生产，同时加快推进退养工作。

社会治安整治 开展“蓝盾”、“打黑除恶”、“猎狐捕鼠”、“缉枪治爆”等专项打击和整治行动。全县立刑事案件1474起，同比下降1.5%；其中8类暴力案件54起，同比上升22.7%；侵财案件立1186起，同比上升8.1%；破刑事案件总数615起，破案率41.72%。检察院受理批捕案件183件220人，批准逮捕168件203人，受理起诉案件317件401人，提起公诉301件392人。法院受理刑事案件335件，结案329件，结案率98.21%，判处五年以上有期徒刑17件19人。加强治安案件查处工作，全县立治安案件1481起，同比下降47.1%；查处1205起，同比下降54.14%。打击毒品违法犯罪活动，全县立毒品犯罪案件56起，同比下降67.6%，破52起，查获吸毒人员313人，社区康复150人。开展打击非法吸收公众存款、非法集资诈骗以及传销、制假、售假等涉众型经济犯罪，立非法吸收存款案2起2人；侦破传销案件3起，涉案金额244.5万元；破获信用卡诈骗案11起。年初，洪洋乡及其他10个乡镇各1个村确定为县级治安重点整治单位，通过整治，存在的治安维稳突出问题得到解决。

公共安全监管　开展“六打六治”打非治违专项行动，检查427家企业，纠正违法行为为589起。投入1590万元，完成14处被省、市列为2014年为民办实事的危险路段隐患整改。开展“清剿火患”专项行动促消防管理，对公共聚集场所、商场市场、“三合一”工厂、木屋毗邻区等场所进行重点检查。开展“打四黑除四害”专项行动，组织公安机关、食品、药品管理部门深入社区、商场、市场开展联合执法，捣毁地下无证猪皮加工作坊2处，破获不符合安全标准食品案件1起，协助其他县（市）区公安机关查办“四黑四害”案件3起。

综治基层组织建设　完善11个乡镇的“综治信访维稳中心”五个功能区、196个村（社区）综治信访维稳工作站设施，健全工作制度。全县排查化解各类纠纷2464件。调整充实全县维稳工作队员559名，维稳信息员394名，网络舆情引导员100名。向市见义勇为工作协会推荐见义勇为先进分子2名，黄宪森同志获得“福州市见义勇为先进分子”称号。

【平安建设】　治安防控体系建设　落实省“两办”《关于加强社会治安防控体系建设的意见》，更新改造原有监控效果较差的探头，新增安装高清监控探头199个，新增专职巡防队员63人，组建城关、松山2支专职巡逻队，城区巡防队员达到50名。

校园安全防范　组织公安、教育、工商等部门检查全县91所中小学幼儿园及14部校车，调整充实91名法制副校（园）长，配备学校专职保安人员113名，安装视频监控探头876个，各中小学校均安装一键报警系统，并与当地派出所实现联网，落实校园准入制度和治安巡查制度。

平安先行创建　开展“平安乡镇”“平安单位”“平安村居”“平安铁路”行业系统等系列创建工作，提高社会治安满意率。同时，加强督导和检查考评，巩固平安创建成果，培植平安海域创建亮点，建立“以船管人，以船管海，联创联建，保海平安”小型船舶长效管理机制，投入60万元专项经费，在沿海17个行政村组建17支88人治安巡逻队。全县沿海17个行政村已命名“爱民固边模范村”，创建率达100%。碧里乡梅花船管站被评为“全省优秀船管站”，县公安边防大队被公安部边防局评为“爱民固边先进集体”。

平安宣传　开展综治宣传月活动，举办以“平安罗源”为主题的乒乓球、羽毛球、登山、摄影等赛事，与县司法局配合在县城江滨建成法制文化公园。利用沿街店面、社区、学校、单位、广场的LED显示屏，各类交通车辆车载电子显示屏及车厢外壳空间和乡镇、村居宣传栏、公益广告牌等载体长期投放宣传“平安罗源”建设公益广告。通过网络通信平台，每季度向全县22万户手机用户发送平安宣传短信，同时印制并发放平安宣传手册2.6万份，向各级电视台、报刊报送综治、平安建设工作素材，宣传罗源县综治及平安建设工作亮点和成效，全县政法单位在《法制日报》刊登稿件51篇，在福州电视台“法眼”栏目播出2期，在福州政法网刊登各类信息207篇。

（林国忠）

审　判

【概况】　2014年，罗源县法院全年受理各类案件3465件，结案3297件，同比分别上升6.98%和5.77%，结案率95.15%，位居全市法院第一名，八项重要审判质效指标均居全市前列。罗源法院被省高院评为“全省法院系统先进集体”，被福州市委市政府评为“社会管理综合治理先进集体”，法院党总支分别被福建省委、省高院评为“全省先进基层党组织”“全省法院先进基层党组织”，11名干警获得省市级荣誉称号。

【刑事审判】　受理各类刑事案件335件，审结329件，同比分别上升3.4%和4.11%，结案率98.21%，同比上升0.68个百分点。受理刑事附带民事案件14件，调解结案9件，调解率64.3%，涉案标的额183.3万元。审结“两抢一盗”等严重侵财犯罪、团伙暴力犯罪、毒品犯罪、林业犯罪案件107件。注重未成年犯教育感化，对15名未成年被告人依法指定辩护律师。坚持惩罚犯罪与保障人权并重，判处五年以上有期徒刑17件19人，占刑事处罚总人数4.6%；适用缓刑120人，占刑事处罚总人数29.1%；实施未成年人犯罪记录封存11件。

【民商事审判】　受理各类民商事案件2402件，结案2332件，同比分别上升29.07%和30.86%，结案率97.09%，同比上升1.33个百分点，诉讼标的额19927.82万元，一审判决案件改判发回重审率0.31%。审结婚姻家庭类案件316件、权属侵权类案件502件、合同类案件445件。运用特色审理模式，以新成立的全省首家“医患纠纷巡回法庭”、“海上渔排纠纷调处中心”为主，结合畲族巡回法庭、交通巡回法庭，运用“就地办案”工作模式，开展巡回审判391件次，审结各类案件513件。

【行政审判】 受理各类行政案件32件，审结32件，同比分别下降21.95%和20%，结案率100%，同比上升2.44个百分点。受理行政一审案件5件，受理非诉执行审查案件27件，全部裁定准予执行。受理非诉执行案件15件，结案15件，执结标的总金额为54.47万元。注重对策建议分析，向行政机关提出司法建议4条，发布《罗源县人民法院2011－2013年度行政审判白皮书》。推进司法与行政互动，率先于6月13日召开全省首次区县政府与法院良性互动联席会议，专题研究并联合制定《关于建立行政审判与政府法制工作良性互动机制的意见》。县法院编发的《依法行政与行政审判良性互动步入新轨》工作经验简报，被省法院领导批注向全省法院刊发。

【执行工作】 受理执行案件696件，结案604件，执结率86.78%。建立执行指挥中心，推进“点对点”网络执行查控。实现与省内金融、公安、车管、工商、国土、房管等单位“点对点”网络对接查询，发出查询信息35058条、涉案614件451人，执结案件181件，标的965.75万元。建立失信被执行人名单公示制度。将符合条件的418名被执行人纳入最高法院失信被执行人信息库，并在最高法院网站、罗源法院政务网站“执行曝光台”公布，实行信用惩戒。开展“执行旧案专项整治活动”，对2013年前终结本次执行程序的1200件执行积案予以重新立案，纳入正常执行程序，拘传被执行人59人，行政拘留8人，执结积案17件。改传统委托拍卖行拍卖模式为直接委托淘宝网进行“零费用”公开竞卖，成功拍卖房产、小车等执行标的物，为当事人节省拍卖费用6.8万元。

【审判监督】 重新组成合议庭审结发回重审案件5件，指令再审案件2件、决定再审案件1件。加强案件质量评查，全年开展常规评查案卷2754件，重点评查发回改判案件、再审案件，提出评查报告12份，清理跨年未结案件122件。修订《刑事简易程序案件集中审理若干规定》，发布《严格使用人民法院司法文书纠错系统确保裁判文书质量的通知》等指导性文件，研讨统一民间借贷利息、律师代理费承担、护理费标准等司法尺度。

【畅通监督渠道】 人大及其常委会监督　向县人大第十六届第三次会议报告工作，向第十六届人大常委会第十九次会议专题汇报人民陪审员专项工作。制定出台《2014年罗源县人民法院人大代表、政协委员联络工作方案》，采取科级干部与全县代表“结对子”、短信平台沟通、到各个乡镇召开代表座谈会、赠阅《闽都法官》等多种方式，增进代表、委员对法院工作的了解支持。全年邀请代表旁听庭审7场次，邀请人大代表、政协委员和社会民众370余人参加“法院开放日”活动4场次。县法院法官与省人大代表深入村居宣传党的十八届四中全会精神的图片新闻，被最高人民法院主办的《人民法院报》头版报道。

政协民主监督　聘请5名政协委员担任人民法院监督员，3名政协委员担任人民陪审员，并通过走访、座谈、邀请观摩庭审等方式，加强与委员联络，接受民主监督。

检察机关法律监督　全年召开审委会15次，邀请检察长列席审委会5次，确保法律监督落到实处，共同维护司法公平正义。

社会监督　提请县人大任命的人民陪审员22名，提前完成总数达54人的人民陪审员“倍增计划”，并组织岗前培训。全年人民陪审员参与普通程序案件审理401件，陪审率达91.73%。开通罗源法院官方微博、政务网站，公布法院最新工作动态、案件信息、法律法规及其他司法公开信息。建立12368执行短信公开平台，全程公开执行案件信息，以电脑自动发送短信方式告知案件当事人案件流程节点信息，实行短信互动服务。全年举办“法院开放日”4场、庭审网络直播6场、发送短信4.53万条，上网公开生效裁判文书1644份，裁判文书公开率位居全市法院前列。

【司法服务】 推行诉讼调解与行政调解、人民调解的衔接互动，以医患纠纷巡回法庭、畲族巡回法庭、交通巡回法庭和海上渔排调处中心为载体。全年立案调解674件，司法确认117件，调解、撤诉率46.85%。推行刑事“集中审判”、民商事小额速裁、巡回审判、四全调解等高效审理模式，提高办案质量效率。全年适用简易程序审结2063件案件，简易程序适用率83.11%。成立罗源法院环境资源审判庭，依法保护山海资源。健全弱势群体权益保障机制，对民生案件特困当事人缓、减、免交诉讼费2.84万元，为9名刑事特困受害人发放司法救助金8.8万元。开展“法制电影进基层”活动，自编经典案例电影短片到全县各村居、社区巡回放映。

【涉诉信访】 完善诉访分离、判后答疑、申诉听证、网上接访、风险评估等工作机制。坚持信访“窗口”24小时开放、领导带案下访、每月十五日院长接待日及院长每月一日县信访局坐班制，解决涉诉信访问题。全年通过“12345”福州便民呼叫中心网络平台办理群众诉求件19件，开展院长接待日12场，现场接待来访群众188件284人。

【廉政建设】 贯彻落实各级党风廉政建设、反腐败工作会议和队伍整训会议精神，落实廉政谈话、“一月一警示”、廉政周例会等制度，深化廉政教育。制定实施《廉政惩防体系工作规划实施方案》《开展大督察工作实施细则》，签订党风廉政建设责任状和“公正廉洁司法承诺书”，设立罗源法院网络举报中心，新聘12名人民法院监督员、9名廉政监察员。执行“八项规定”，树立“马上就办，办就办好”意识，集中整治“六难三案”问题，深化“好作风好绩效好形象”和“零差错”治理活动。全年发放《廉政监督卡》3303份，全程监督执行案件178起、大宗物品采购1起，开展审务督查38场次，调查反馈信访举报件4件，对2位同志因考勤、文书制作瑕疵问题进行诫勉谈话。

【队伍建设】 坚持“抓党建、带队建、促审判”工作思路，推进党建“1263”机制建设，开展党的群众路线教育实践活动。制定加强代表委员联络工作、驻庭法警工作职责、干警请休假制度、法院公车管理等17项规章制度，重申新进人员及新提拔任用人员下法庭、立案庭锻炼、给予有突出贡献干警嘉奖等决定。2014年会议数和文件下发数同比减少60%和10%，“三公”经费同比下降22.13%。

（黄宗斌）

12月4日，县法院举行首个国家宪法日初任法官宣誓活动

检 察

【概况】 2014年，罗源县人民检察院运用打击、预防、监督、教育、保护等职能，着力保障项目推进和市场环境。提供行贿犯罪档案查询166次，深挖“两违”背后职务犯罪3件3人，起诉非法吸收公众存款、虚开增值税发票、逃税等破坏市场经济秩序被告人26人，起诉破坏森林、耕地等案件12件13人。批捕1起生产、销售不符合安全标准的食品致人中毒案件。发挥巡回检察室职能，接待群众来访33人次，走访群众45人次；抽调5名干警参加群体性事件处置工作，深入村组开展法制宣传，协助相关部门妥善处理1起突发性事件。开展帮扶救助工作，帮助19名当事人获得法律援助，向1名特困被害人发放司法救助金。开展“五个百场”法制宣讲活动，深入村居、学校、企业、机关、工程开展普法活动16场。县检察院被福建省依法治省领导小组办公室评为依法治省先进单位；被福建省创建青少年维权岗活动组委会评为省级青少年维权岗，1名干警被评为省优秀少先队志愿辅导员。

【刑事检察】 以建设“平安罗源”为目标，批准逮捕各类犯罪嫌疑人205人，提起公诉385人。贯彻宽严相济刑事政策，突出打击重点，批捕盗窃、抢夺、抢劫、强奸、故意杀人犯罪嫌疑人62人，起诉66人，对发生的群体性事件涉及的刑事案件主动提前介入，引导侦查，固定证据；从轻处理轻微刑事案件，对无社会危险性案件依法做出不捕4人、相对不起诉21人。注重未成年人司法保护工作，依法对4名未成年人做出相对不起诉决定，对2名未成年人探索开展附条件不起诉，对20名未成年人实行犯罪记录封存。

落实防止冤假错案工作机制，恪守疑罪从无原则，对证据不足和不构成犯罪的，不批准逮捕4人、不起诉10人。为确保庭审质量，提请侦查人员、鉴定人出庭说明情况3人次。强化非法证据排除意识，引导公安机关对瑕疵证据进行核实、补正、合理解释或重新收集59次。依法保障律师诉讼权利，制定律师接待操作细则，接待律师查询、阅卷63人次，听取律师意见31人次。

开展刑事和解工作，对当事人能够达成和解协议的部分轻微刑事案件作相对不起诉处理。启动强制医疗诉讼1件，促成对涉案精神病人进行强制医疗。推进涉法涉诉信访改革，运用法治思维和法治方式化解矛盾，妥善处理来信来访98件。落实举报奖励制度，奖励举报人3名。依托县未成年人心理健康辅导站，为涉案未成年人提供心理矫治。

【职务犯罪侦查与预防】 初查职务犯罪案件线索20条，从中立案6件6人，其中贪污贿赂案件4件4人、渎职侵权案件2件2人。加大追逃力度，抓获1名在逃职务犯罪嫌疑人。

规范公正文明执法，落实“十个依法、十个严禁”和办案工作区管理使用制度，把安全防范措施落实到执法办案各个环节。执行讯问职务犯罪嫌疑人全程同步录音录像制度，定期检查同步录音录像录制、移送、管理情况。强化风险意识，加强对涉案人员健康状况、思想情绪的掌握，完善办案安全防范预案，把各项工作做细做实。开展规范执法、安全办案专项督察，进一步规范强制措施适用、扣押涉案款物管理等工作。

开展预防工作，发出预防建议4份，开展案例剖析4件，组织开展各类警示教育10次，在重点行业、重点系统开展预防调查4件。借助“罗检预防”微信公众号，推送预防信息171条。创新警示教育载体，电子警示教育读本手机下载量1300多人次，实现警示教育读本便携化、大众化。

【诉讼监督】 刑事诉讼监督 对侦查机关应当立案而不立案的，要求说明不立案理由，督促立案2件；对侦查机关不应当立案而立案的，提出纠正意见，督促撤案2件。改变侦查机关定性11件，追加逮捕6人，追诉漏犯9人，追诉漏罪4人。推进“两法衔接”工作，依托“两法衔接”平台，办理行政执法机关移送涉嫌生态、食品药品安全领域犯罪案件3件5人。

审判活动监督 落实检察长列席同级人民法院审委会制度和量刑建议制度，检察长列席审委会5次，对5件案件发表意见；提出量刑建议204件225人。在强化刑事诉讼监督工作的同时，进一步加强民事行政诉讼监督，受理对行政机关不当履行职责的监督案件1件，并发出改进工作制度检察建议1份。

刑罚执行和监管活动监督 向监管单位发出书面检察建议8份、纠正违法通知书4份、书面监督意见1份。定期为在押人员上法制宣传课，对新收押的刑拘、逮捕人员谈话80人次，监督考察监外执行罪犯20人次。对3名符合法律援助条件的在押人员，向法律援助中心发函建议指派辩护人。严格进行捕后羁押必要性审查，督促侦查机关解除羁押措施2人。

【畅通监督渠道】 党委监督 接受党委领导，牢固树立党的观念，贯彻执行党的路线方针政策，将检察工作摆到全县发展大局中来谋划和推进。把检察事业置于党的领导之下，依靠党的领导解决工作中遇到的问题。贯彻落实县委决策部署和指示精神，坚持重点工作、重要问题、重大案件及时向县委请示汇报，明确履职方向和工作重点。

人大监督和社会监督 接受人大监督、社会监督，持续落实省、市人大常委会关于加强诉讼活动法律监督工作的决定、决议，向县人大常委会专项汇报反贪污贿赂工作。邀请县人大常委会领导和市县人大代表视察社区矫正法律监督工作，参观办案工作区并进行座谈交流。坚持联系人大代表“四个一”活动，加强与人大代表、政协委员的联络，邀请人大代表、政协委员观摩庭审活动5次。推进案件信息公开工作，及时将103件程序性信息和43份法律文书发布到案件信息公开系统。

【队伍建设】 开展党的群众路线教育实践活动和“增强党性、严守纪律、廉洁从政”专题教育活动，依托“两提升五过硬”建设等载体，查改“四风”问题。落实以“罗川情·一家亲”为主题的“四个万家”活动，改变作风，服务群众；做好省级文明单位结对帮扶贫困家庭、贫困学生工作，组织党员干部深入挂点村走村入户，结对帮扶22户低保户、特困户，为群众解决实际困难。响应县委号召，开展“慈善一日捐”和党员干部认领困难群众“微心愿”活动。落实学习制度，开展“道德讲堂”活动，加强思想政治教育。加强专业化培训，组织院领导和干警参加各类学习培训58人次。

落实党风廉政建设“两个责任”，开展“正风肃纪、公正廉洁”专项检务督察工作，加强对检察人员8小时外行为监督。坚持抓细节抓隐患抓常态，将坚守廉洁自律、防止冤假错案、防范办案事故“三条底线”要求融入日常工作。制定《廉政提醒谈话制度》和《办案说情报告制度》，规范执法行为。加强对干警的警示教育，编发《廉政月刊》12期、廉政短信350条，播放廉政箴言50条。做好案件集中管理工作，依托检察机关统一业务应用软件系统，对受理案件进行动态监督。

（檀　真）

公 安

【概况】 2014 年，罗源县公安机关加强反恐维稳基础建设，组建应急处突队、巡特警队 2 支防暴维稳处突队伍。组织开展“剑盾”、“猎狐捕鼠”、“亮剑扫毒”、“打四黑除四害”等专项行动，整治街面“两抢”（抢劫、抢夺）、电信诈骗、侵财型犯罪等突出问题；开展禁种铲毒工作，打击非法种植毒品原植物违法犯罪活动；打击黄赌毒违法犯罪活动；打击整治非法集资犯罪活动。强化交通安全综合整治，交通事故起数、死亡人数、受伤人数、经济损失“三降一平”。开展“清剿火患”战役，部署重大火灾隐患集中专项整治，全县火情基本稳定。加强执法质量工作，组织开展执法检查“回头看”。抓好队伍建设，坚持政治建警，开展公安宣传，推出先进典型。开展“调防结合，以防为主、多种手段、协同作战”矛盾纠纷排查工作，聘用调解员 22 名，其中专职调解员 7 名，兼职调解员 15 名，全年移送可调解案件 100 件。强化社会治安风险评估制度，全年摸排矛盾纠纷 1557 起，调解矛盾纠纷 1555 起，成功调解 1539 起；监测摸排各类群体性事件线索 35 条，治安部门参与、协调化解处置群体性事件 39 起。开拓“网络警务”体系，建立警方公益提示机制，在县公安局新浪、腾讯微博、微信订阅累积发布安全防范、警方提示等微博信息 1892 条。经过市局、省厅综合考评，县公安局获得 2013 年度全省执法质量优秀单位。

【刑事犯罪侦查】 破获各类刑事案件 615 起，八类暴力犯罪案件 43 起，抓获刑事作案成员 446 人，其中依法刑拘 366 人、移诉 362 人，摧毁犯罪嫌疑团伙 16 个、涉案成员 60 人。

攻坚恶性案件 贯彻落实“打黑除恶”专项斗争部署，破获九类涉恶案件 30 起，判刑九类涉恶人员 75 名。践行“命案必破”理念，成功侦破“7·15”故意伤害致死案，实现命案破案率 100% 的目标。抓获年前命案逃犯 1 人。

打击侵财犯罪 开展“猎狐捕鼠”专项行动，打击“两抢一盗”、电信诈骗等多发性侵财犯罪。破案侵财型犯罪案件 235 起，相继破获郑某某飞车抢夺案、张某某抢劫案、雷某某系列入室盗窃案、石某某捡钱丢钱诈骗案等一批影响恶劣的系列侵财案件。

缉捕各类逃犯 抓获各类在逃犯罪嫌疑人 139 人，逃犯库存总量下降 26.4%。

【案例举要】 破获公安部交办非法持有枪支案 11 月 28 日，省厅传真致罗源县公安局称“公安部打击网络贩枪专案收网行动”中发现罗源县邓某在网上购气枪气动配件等零部件。当天下午，刑侦大队分析研判后得知邓某真实身份，并将其依法传唤，经预审，邓某如实供述其购买枪支犯罪事实，根据供述，侦查员在其住所当场扣押 1 支射钉枪改装的枪支、1 支以火药为动力的鸟铳以及枪支零部件。

破获“2·12”强奸案 2 月 12 日凌晨，被害人林某在一出租房内被 2 名男子强奸。刑侦大队于 3 月 20 日通过布控蹲点，在罗源城关一杂货店和一茶馆内一举抓获该案嫌疑人王某某、王某某。

破获“11·5”抢劫案 11 月 5 日，受害者滕某某在亿鑫钢铁厂高压软水泵内工作时被人击打脑部至昏迷，颈项上 1 条价值 6000 多元黄金项链被抢走。刑侦大队联合松山派出所开展破案攻坚，抓获涉嫌抢劫犯罪嫌疑人罗某。

破获系列入室盗窃案 根据“猎狐捕鼠”专项行动统一部署，经过前期缜密侦查，情报研判，5 月 21 日晚，刑侦大队专案组成员突击行动，在连江县某酒店抓获涉嫌入室盗窃雷某某，破获系列入室盗窃案 5 起，涉案金额 5 万余元。

破获非法吸收公众存款案 根据“剑盾”2 号专项行动部署，8 月 26 日，刑侦大队相继在江西赣州、福清市某医院分别抓获犯罪嫌疑人谢某某和叶某。经查，谢某某涉嫌非法吸收公众存款金额 30 余万元，叶某涉嫌非法吸收公众存款 58 余万元。

破获诈骗案 刑侦大队通过前期警情分析和信息研判，得知在逃人员甘某某现身于三明市的重要线索后，组织追捕组驱车前往三明市，历经两天两夜摸排走访，于 8 月 15 日在三明市梅列区成功抓获涉嫌诈骗金额达 20 余万元的在逃人员甘某某。

【经济犯罪侦查】 立案 44 起，破获各类经济犯罪案件 39 起，抓获经济案件犯罪嫌疑人 12 人，起诉经济案件 16 起 18 人。

整治多发领域经济犯罪 结合近年来罗源县“民间标会”案件多发的特点，组织开展非法集资风险专项排查活动，重点打击利用“民间标会”非法吸收公众存款犯罪活动。全年，立非法吸收公众存款案件 22 起，破案 21 起，起诉涉嫌非法吸收公众存款案犯罪嫌疑人 5 人。

打击合同诈骗犯罪 针对合同诈骗犯罪时有发生现状，加大打击犯罪力度，开展宣传教育，揭示犯罪危害。年内，立合同诈骗案 2 起，破案 2 起。

打击信用卡诈骗犯罪 “剑盾”行动重点打击伪卡类、涉网类等严重损害人民群众财产权益的信用卡诈骗犯罪，深挖犯罪线索，集中力量侦破一批案件。全年，立信用卡诈骗案17起，破案11起，起诉5起5人。

打击假币犯罪　坚持“追源头、捣窝点、打团伙、摧网络”的指导思想，加大对假币犯罪的打击力度，年内，收缴假币11140元。

缉捕网上在逃人员　经侦大队成立追捕组，奔赴江西、厦门、福清等地，在当地警方协助下，抓获潜逃数年的以“标会”形式涉嫌非法吸收公众存款案犯罪嫌疑人柯某某、谢某某、叶某等犯罪嫌疑人5人，抓获涉嫌生产、销售伪劣产品罪的犯罪嫌疑人1人，动员投案1人；抓获涉嫌合同诈骗、职务侵占犯罪嫌疑人各1人，抓获涉嫌信用卡诈骗案犯罪嫌疑人3人，全年抓获网上在逃嫌疑人12人。

【禁毒工作】　打击毒品犯罪　组织开展“除毒害”和“亮剑扫毒”打击整治专项行动。破获毒品刑事案件51起，抓获毒品犯罪嫌疑人44人，缴获冰毒284.02克、K粉15.1克、麻古2.94克，查获吸毒人员313人，处置社区戒毒62人、社区康复4人，强制隔离戒毒28人。

禁种铲毒工作　按照“谁主管、谁负责”和“守土有责”的原则，紧紧围绕确保“零产量”，努力实现“零种植”目标，坚持“四禁并举，堵源截流，严格执法，标本兼治”的禁毒工作方针，动员和依靠社会各界力量，推进禁毒人民战争，强化禁毒各项工作措施，打击非法种植毒品原植物违法犯罪行为。

加强易制毒管理　全县17家企业网上注册开户购买易制毒化学品，有9家企业申请购买易制毒化学品，备案87份，合计10693.934吨，无发生有违反易制毒管理现象。

吸毒人员动态管控　开展社区戒毒（康复）工作，凤山镇及起步镇社区戒毒社区康复集中管理工作站配备专职社工5人。年内查获吸毒人员313人，社区戒毒62人，社区康复4人，强制戒毒28人，期满解除7人。

开展禁毒宣传　在“6·26”禁毒宣传日和“12·4”全国法制宣传日期间，举办乒乓球团体赛、戏剧文艺演出；在罗源湾新闻台黄金时段播出禁毒公益广告1周，在移动、联通用户中群发禁毒宣传短信3天，禁毒宣传进社区、入学校宣传6场，受教育达万人。全年出动宣传车130多车次，刷写宣传标语180多幅，发放禁毒宣传材料7000多张，禁毒图片1300幅，《致辖区居民一封信》12000多份。

【社会治安管理】　整治食品药品“制假售假”罗源县公安机关联合食品、药品管理部门深入社区、商场、市场开展联合执法，捣毁2处地下无证猪皮加工作坊。7月，接收到食品药品监督管理局移送的销售不符合安全标准的食品案件，经过1个多月的取证调查，立该案为刑事案件，并对犯罪嫌疑人吴某移送起诉。配合其他县市公安机关开展“四黑四害”案件协查，参与5起案件协查，为案件侦破提供线索。

检查整治娱乐场所　对全县12家歌舞娱乐场所、11家网吧、12家电子游戏厅进行摸排整治，并召开娱乐场所安全管理工作会议。年内召开娱乐场所安全管理会议3场次，联合县文体局、禁毒大队、城关、松山派出所对全县娱乐场所进行检查，停业整顿娱乐场所1家。打击赌博卖淫嫖娼违法犯罪，破获涉赌刑事案件12起，打击处理涉案人员39人，查处涉赌治安案件138起，打击处理涉案人员454人，破获涉黄刑事案件3起，打击处理涉案人员3人，查处涉黄治安案件9起，打击处理涉案人员10人。

开展“缉枪治爆”专项行动　破获涉爆刑事案件3起，查处治安案件15起，打击处理涉案人员13人，处罚涉案企业5家；破获涉枪刑事案件3起，查处涉枪治安案件3起，打击处理涉案人员7人，其中刑事拘留2人，取保候审1人，起诉1人，行政拘留2人，行政警告1人；收缴非法烟花爆竹一千余件，黑火药51.01公斤，炸药177.65公斤，雷管200枚，气枪5支、仿真枪2支、鸟铳4支，猎枪8支、彩弹枪29支，管制刀具46把。

【户籍管理】　规范社区警务　加强和改进城乡社区警务工作，实行社区民警专职化，一网格一警、两警或多警，全县划分社区警务网格40个，城关7个，建制镇6个，农村警务网格27个，配备专职社区民警51名（含边防），配备协勤108名。将社区警务工作纳入全局性工作规划中，建立警务室25个。

年终人口统计　2014年，全县总户数77922户，总人口数264612人，其中男性138214人，女性126398人，比上年增加3184人。年内申报出生人口5219人（其中补报往年出生3510人），出生率19.7‰，比升1.8‰，注销死亡公民户口1530人，死亡率5.86‰，人口自然增长率为14.12‰；总人口中未落常住人口29人。年龄组人口分布情况：总人口中18周岁以下44735人，18至35周岁74169人，35至60周岁105301人，60周岁以上40407人，分别占总人数的16%、28%、39.79%、15.27%。年内迁入2372人，迁出2877人，年内迁出县外人数多迁入人数505人。

流动人口管理　加大流动人口清查登记工作，对“城中村”、城乡接合部、违章建筑、简易工棚、商住两用房等流动人口落脚点进行再排查，全县登记出租房屋2789户，流动人口63066人，抓获各类违法犯罪流动人口302人，其中有登记的242人，登记率为80.13%。全面清理异常地址数据和异常出租房屋核查，有21条可疑地址。同时通过入户核查，及时变更房屋属性为非出租房屋，全县未记载流动人口暂住登记异常出租房屋有2330户。

【巡特警工作】 4月30日，组建巡特警队，主要承担罗源县武装巡逻、反恐防暴处突、处置突发性群体性事件、警卫等工作任务。

反恐工作 巡特警大队规划巡逻路线，强化重点区域武装巡逻，提高见警率，震慑违法犯罪，增强群众安全感。完善联勤联动机制，巡特警大队在县局指挥中心的指挥调度下，以就近处警为基础，完善与派出所、刑侦、交警等其他警种在现场处置、指挥协调、封控抓捕等方面的联动机制，强化快速处置能力。巡特警大队结合警营开放日、法制宣传日等活动深入辖区企事业单位、校园、社区村居开展防恐宣传，营造全民反恐氛围。

队伍建设 成立协警特勤处突队，配合巡特警大队民警参与巡逻执勤工作，发挥辅警助警作用。规范队伍管理，投入经费70余万元新建150平方米的营房，并配套建设100平方米的警营活动室，切实做到全体民警、特勤队员集中住宿、训练、管理，全天候巡逻。投入40余万元配齐民警单警装备、枪支、防弹头盔、防弹背心、警棍、盾牌、救生衣、反光背心等相关装备。投入资金150余万元购买4辆巡逻执勤车、1辆防爆运兵车和1辆装备运输车，以提升巡特警队的快速反应和处置突发性事件能力。严格考核管理，按照“每日必学、每周必练、每月必考”工作要求，突出训练重点，确保在执法执勤尤其是处置暴力犯罪案事件中能够依法、规范、有效使用武器警械。

【出入境管理】 办理各类出入境证件11051人次，比增58.05%。其中受理公民因私出国4690人次，比增53.92%；受理内地居民往来港澳地区4222人次，比增49.72%；受理大陆居民往来台湾2007人次，比增85.83%。被批准赴台定居13人，香港定居11人。受理台湾居民签注、证件38件次。

便民利民，推行十项出入境便民利民新举措。加强外国人管理。全年，外国人短期旅游、商贸来罗源371人次，出入境管理部门开展上门入户访查，外国人常住居民家中353人，其中外籍新娘311人，分别是越南305人，缅甸5人，柬埔寨1人。查处外国人非法居留案件4起4人。

【打击走私】 设立打击走私工作科，推进打私科职能划转，调整充实反走私综合治理领导小组，增强组织领导效力。结合打击农产品走私“绿风”专项行动，对全县冻库进行摸排调研，重点加强对全县8家冻库日常监管力度，确保走私食肉冻品不经罗源县流入市场。加强严打严控，边防大队出动警力256人次、车辆83台次、船艇36艘次，检查车辆312台次、船舶278艘次、场所42处，查获无合法手续成品油案件3起，约51.4吨。

【网络安全监察】 9月，增设公共信息网络安全监察大队，加强信息网络安全管理，防范打击网络违法犯罪活动。

年内，四级互联网信息监控中心刊发每日网情132期，约谈网民17个，处置网络舆情7起，参与敏感重大事件的舆情跟帖2700余条，信息化建设为信息网络安全管理奠定坚实基础，12月，顺利通过福建省公安厅网络安全保卫总队四级互联网信息监控中心达标验收。

落实网吧实名登记制度，规范网吧业主经营，与全县11家网吧业主签订网吧安全管理责任书。通过明察暗访方式不定期检查，查处违规网吧7家，查处“黑”网吧6家，网吧实名登记率达96.55%。

【道路交通管理】 全县发生道路交通事故100起，受伤124人，死亡11人，直接经济损失6.01万元，“四项指数”较上年三降一平，其中，起数下降15.97%，受伤人数下降21.02%，死亡人数持平，经济损失下降12.22%。

全县查处各类交通违法行为18500余起，其中查处五类十项严重交通违法6274起，饮酒后驾驶70起；醉酒驾驶78起；营运客车超员23起；其他车辆超员295起；摩托车超员706起；货车超载30%以上334起；涉牌1384起；涉证1663起；未戴头盔1721起。

受理机动车各项登记业务14585起，其中注册登记1683辆次，注销登记296辆次，补换机动车牌证404辆次，核发检验合格标志11294辆次；受理机动车驾驶证业务6108起，其中初次领证1601人，审验446人，补换证3067人，转入994人。全县中型以上货车和其他营运车辆注销率99.2%，大型客车注销率100%，大、中型非营运载客汽车注销率达100%，轻、微型非营运载货汽车注销率99.5%，摩托车注销率99.43%。违法受理窗口办理各类交通违法42696起。

全县建立交通安全示范乡镇4个、示范学校3所、示范企业1家、示范社区1个、示范村10个，建设交通安全宣传教育基地1个，深入运输企业对企业负责人、驾驶人教育24次、2万余人受到教育，刊播文明交通公益宣传片3条，在县电视台开设宣传专栏2个，建立交通安全信息短信发布平台11个，开通公安微博13个。发放宣传材料8万份，悬挂宣传横幅120余条，制作宣传展板72面。

交通管理大队接处警2260起，办理各类交通事故922起，立刑事案件85起（交通肇事17起，危险驾驶案68起），办理行政案件31起，刑事拘留25人，逮捕12人，取保候审70人，起诉88人。发生交通死亡逃逸案件1起，破获1起，破获率100%。发挥多元化调处中心作用，受理调处案件516起，调解成功420起，调解成功率达81.4%。

【重大交通事故案例】 4月15日20时25分，尹某某驾驶皖S90×××重型半挂牵引车（挂车号：皖S92××挂），副驾驶室乘坐李某，车上运载石板材，由白塔乡往城关方向行驶，途经104国道2248K+200M路段，车辆制动性能失效，导致车辆失控冲入道路右侧非机动车道碰撞道路右侧机非隔离护栏及路灯杆，随即车辆又冲出路右碰撞龚建华停靠在道路右侧外空地的闽J63×××重型半挂牵引车（挂车号：闽J16××挂）和2根路灯杆及水泥防撞墙内侧，造成尹某某和李某当场死亡、机非隔离护栏、3根路灯、水泥防撞墙、车上运载的石板材受损以及2车局部损坏的交通事故。

6月24日20时30分，唐某某醉酒后驾驶闽AKT×××号小型轿车由城关往碧里乡方向行驶，途经战备路2K+800M路段，车辆碰撞前方同向行走的行人刘某某，导致行人刘某某受伤倒地，随后唐某某驾驶车辆向后倒车时，车辆又碾压行人刘某某，造成行人刘某某当场死亡及车辆局部损坏的交通事故。事故发生后，唐某某驾驶车逃离事故现场，于当天被交通管理大队民警抓获。

【森林公安】 打击破坏森林和野生动植物违法犯罪活动。全年组织开展野生动物保护执法专项行动、打击破坏野生动物资源违法犯罪“2014天网行动”、“2014利剑行动”，受理各类森林案件40起，查处35起。其中立刑事案件19起，破刑事案件16起；抓获犯罪嫌疑人16名，其中1名在逃犯；查处林政案件21起，处理各类违法犯罪人员22人次，收缴木材32立方米，为国家挽回经济损失57万元。年内开展联合治安巡逻300余次，接受群众提供各类破案线索20条。

加强值班备勤工作，接到群众报警求助并出警200余次，救助放生国家二级保护动物穿山甲，国家濒危稀有二级保护动物乌雕，解决一批蛇窜民居扰民问题。

加强执法规范化建设，投入20万元完成执法办案场所（中心）建设。对2010至2013年立案侦查、检察机关逮捕、审查起诉和人民法院依法判决的案件中查封、扣押、没收的象牙和红豆杉及其制品的保管和处置情况进行全面检查监督。在省、市森林公安局支持下，投入基层基础建设资金购置电脑、信息采集仪、视频会议系统等信息化应用装备，加强警务信息化应用培训，提升信息化应用水平。

【“110”指挥中心】 县公安局“110”接报警61764次，日均169.2次，其中有效警情13373次，日均36.6次。有效警情中，违法犯罪3195起、治安事件20起、纠纷2345起、交通警情3826起、失踪人员31起、举报1343起、求助1802起、意外死亡38起、其他灾害事故10起、社会联动1起、预警指令368起，其他146起。出动警力26142人次。

落实警情倒查工作。倒查警情11604起，占全部警情86.8%，其中问题警情2589起，占倒查警情22.3%。严格落实警情核实工作。核实警情13038起，占全部警情97.5%。落实短信回访工作。发送回访短信5436条，发送率40.6%；回复短信2253条，回复率41.4%，群众对接处警工作满意率96.7%。

9月，成立情报中心，将视频监控作为侦查破案和治安防控的重要技术手段，发挥视频监控系统连续性和实时性优势，切实服务实战工作。情报中心每日对罗源县近上千个视频点位进行巡查，治安视频监控正常使用率均能稳定保持在90%以上。

【公安法制建设】 法治理念教育 组织民警观看《全国公安机关爱民模范先进事迹报告会》等主题报告会，举办6期法律、业务讲座，受训民警达210人次。组织民警参加《公安机关人民警察纪律条令》和《福州市干部法律知识统一考试》等法律知识考试，参加民警240人次。开展警营开放日活动，上门邀请人大代表、政协委员、特邀监督员、法院、检察院以及社会各界代表、人民群众对公安机关执法工作提出意见和建议。

普法宣传 组织有关业务部门通过多样式的宣传形式，深入社区、村（居）、学校、企业，对高危人群、暂住人口、外来务工人员和青少年学生群体等进行“六五”普法宣传，开展校园法律讲座24场，法律进社区、法律进乡村等活动75场，联合相关单位开展大型法制活动10场，发放宣传材料8000多份。

执法质量服务　法制大队深入基层所队开展公安法制调研3次，解决4个执法问题，为领导决策、民警执法提供56条工作建议，为基层民警执法提供法律指导和法律服务140件193人次，协调解决疑难复杂案件17件，书面批复执法疑难问题4件，协助其他部门办理案件2起。

执法检查监督　组织专项执法检查3次，对执法办案场所安全隐患排查34次，发现安全隐患68个，提出整改意见112条。法制大队全年在网上监督案件2493起，发监督日报256份。

执法质量考评　县局组织执法质量考评4次，考评案件3765起，案件日常考评工作考评刑事、行政案件2493起，考评4715次，保证年内案件扫描率、考评率、整改率均为100%。

执法资格考试　5月和12月组织75名民警参加初、中、高级执法资格等级考试，基本上实现全覆盖。截至2014年，初级执法资格等级考试通过人数为235人，中级执法资格等级考试通过人数为166人，其中中级执法资格考试必考人员通过人数为83人，通过率为88%，高级执法资格等级考试通过人数为5人。

信访工作　法制大队受理12345信访件494件，全部按规定时间办结；群众来信来访31件，全部办结；省长信箱来访件5件，全部办结；厅长信箱来访件8件，全部办结。每月10、25日为局领导信访接待日，全年集中接访24场，累计接待来访群众18批次29人次。继续保持公安部、省厅、市局信访件“零挂牌”。

【消防工作】　消防队伍接警223起，出动223次（含增援），出动消防车266辆次，消防人员2038人次，抢救被困人员53人，疏散人员37人，抢救财产价值44.8万元。发生火灾99起，死亡1人，受伤1人，直接经济损失192870元。同比去年，火灾起数上升1.02%，直接财产损失上升9.32%。

消防力量建设　公安消防大队下辖凤山中队和开发区2个中队，有现役队27人，政府专职队22人，建成起步、西兰2个乡镇专职消防队及狮岐码头企业消防队，社会立体化、网络化火灾防范能力进一步增强。

灭火救援　推进应急救援队伍和联动机制建设，建立健全以公安消防部队为骨干，公安、安监、卫生、民政、气象、环保、供水、供电、供气等部门和其他各种救援力量参加的应急救援机制，实现社会应急响应联动机制的制度化、常态化。拓展消防部队训练内容和手段，做好各项应急救援预案，推动部队向扑救现代火灾和应急救援训练转变，提高在复杂条件下“打赢”能力。加强区域性拉动演练、特殊灾害事故专项演练、多部门合成作战演练，组织开展80多次灭火及各类灾害事故预案演练。

整治火险隐患　开展“清剿火患”战役、重大火灾隐患专项集中整治、文明城市综合整治，以及以公共聚集场所、商场市场、在建工地、“三合一”场所、化危企业、出租房、旅馆业、木屋毗邻区、劳动密集型企业等场所为主的消防安全专项整治工作。全年，检查单位1376家次，发现火灾隐患1648处，责令整改隐患1612条，发出《责令改正通知书》607份，对41家单位实施消防行政处罚，处罚金额25.8万元，临时查封12家，责令“三停”13家，排查出6家重大火灾隐患单位。全面推行三级“网格化”管理，构建三级网格化管理机构，建立11个“大网格”、195个“中网格”和493个“小网格”，落实消防监督员挂点联系乡镇制度和乡镇专兼职网格员季度工作例会制度，提高基层网格员发现火灾隐患、督促整改火灾隐患的履职能力；实施“户籍化”管理，督促全县76家重点单位全部建立“户籍化”管理档案，完成网上消防安全管理人员履职、消防设施维护保养、消防安全自我评估“三项备案”，实现消防安全分类预警监管。

服务群众　消防大队统一运用“一体化”消防监督业务信息系统，实现所有收件项目“网上受理”、“网上审批”、“网上公告”和“网上监督”，全年办理消防设计审核23件，消防设计备案9件，消防竣工验收19件，竣工验收消防备案14件，开业前消防安全检查9件。同时，开展社会化消防宣传，治安、安监、教育、派出所、社区协作配合，建立宣传联动机制。开展各类宣传活动46次，发放宣传材料7500余份，配备500余名消防志愿者，消防站开放48次，举办消防安全知识讲座、开展消防安全知识咨询、组织消防疏散灭火演练等活动96场，拓宽消防宣传的覆盖面和影响力，提高全民消防安全意识和自防自救能力。

【边防管理】　县边防大队结合辖区治安乱点、热点大排查活动，注重打现行、压发案、治热点，提升辖区稳定系数。

打击刑事犯罪　全年，大队刑事发案12起，破9起，发案率比上年下降60%，查获涉毒案件3起，查获冰毒2.73克，打击处理违法犯罪人员9人，抓获网上在逃人员4名。其中鉴江所破获“12·19”系列吸贩毒案，抓获违法犯罪人员10人。大队落实社会面治安掌控，结合辖区实际，开展辖区网格化巡查工作，年内开展联合治安巡逻500余次，接受群众提供各类破案线索40条。大队强化案件线索经营，重拳出击，查获无合法、齐全手续成品油案3起，查扣无合法手续成品油51.4吨，抓获涉案人员3名、油罐车3部，案值约36.5万元人民币。

沿海边防治安管理 罗源县公安边防大队协助地方党委政府和公安机关妥善处置群体性事件6起，疏导上访人员400余人。大队加强辖区出海船舶管控和重点港澳口巡查工作，检查各类船舶760艘次，渔船民840人，查处违规船舶59艘次，违规出海作业渔船民57人次，年内沿海边防辖区船舶未发生涉及偷私渡案件及被台、日临检、抓扣的情况。大队深入贯彻落实总队、支队“两个实施意见”，以加强边防派出所基础设施建设为契机，强化边防派出所工作职能，年内，县政府为边防辖区新增安装技防监控探头31个，招录人防辅警保安人员6名。县、乡两级政府为边防辖区17个行政村配备88名海上专职治安员。与罗源县海洋与渔业局、海事处、工商局等涉海职能单位签订“联勤联动”协议，并组织开展海上治安专项整治15次、海上“联勤联动”23次。大队持续推进示范船管站建设工作，强化船管站职能作用，实现罗源边防辖区船舶100%列管的目标。年内大队还推动新澳边防派出所成功晋级公安二级派出所，筑牢沿海管防工作根基。

爱民固边战略 开展爱民服务大走访活动，走访常住人口10963户17058人次，流动人口1545人次，重点人口334人次，警民双向熟悉率达90%，排查化解矛盾纠纷186起，帮助群众解决实际问题67起，收到锦旗4面，与困难儿童结成帮扶6对，帮助20户群众申请低保医保。大队开展关爱孤寡老人活动，在元宵、端午、中秋等节日期间主动走访老人，为老人家送慰问金、生活用品、营养品等共计5万余元。大队在辖区17个行政村创建“爱民固边模范村”11个，创建比例达64.7%，并全部获驻地政府发文命名，大队15名民警兼任17个村村干部，实现民警村干部全覆盖。定期向辖区群众开展法制宣传、“四防”宣传等70多次，发放传单8000余份，受教育群众达9000余人，发送预警短信一万余条。深化爱民固边模范系列品牌创建活动，在3月份召开的全县公安工作暨总结表彰大会上，大队1个集体和4名个人分别获全县公安系统2013年度“先进集体”和“先进个人”称号。

【监所管理】 看守所年内新收在押人员376人，处理各类出所402人，其中投劳163人、刑满释放121人、取保候审74人、转本省市区他所5人、其他原因出所39人，有在押人员143人。拘留所年内新收拘被拘留人员689人，其中治安拘留681人、司法拘留8人。处理出所665人，其中期满释放642人、强制戒毒1人、刑事拘留11人、其他原因出所11人。有在拘人员37人。

设计看守所关押量为600人，拘留所关押量为150人。征用土地5.33公顷用于两所一队建设，总投资9000万元，建筑面积12000平方米。建设项目于2012年7月份正式开工建设，已完成土建主体工程验收工作。

【公安科技信息建设】 完成全县117家治安保卫重点单位录入和审核，将全县13家寄递行业，13家油气行业录入治安管理信息系统。新增建设技防监控探头199路。社会治安防控体系建设（共享平台与联网平台项目）通过初验收。

【公安队伍建设】 2014年9月，成立情报中心。加强领导班子建设。提任局领导4人，正科级干部3人，副科级中层领导干部3人。开展党的群众路线教育实践活动，夯实思想基础；落实民警公休体检制度，活跃警营文化生活；开设因公负伤民警救治“绿色通道”，注重民警心理健康教育。开展公安宣传，树立公安良好形象。在各类媒体刊播新闻661篇（其中国家级15篇，省级165篇，市级23篇，县级54篇，网络404篇）。注重典型宣传，推出“情系百姓身”的社区民警周宇杰、“儿子想见面都要预约的民警爸爸”胡贤郁、“刑侦战线的标兵”黄承志、案件中的“尸语者”吴俏锋、“丹心洒满平安路”的交通民警杨志伟等先进典型。开展全警练兵，提升民警综合素质。参加2014年全省综合对抗考核比武，团体排名全省第二。强化机关党风廉政、效能建设。全年，无民警发生违法违纪案件；窗口单位受群众投诉和上级明察暗访通报批评为零。受理群众投诉件21件，重复件10件。开展执法检查“回头看”活动，发现查纠整改问题合计4493个。

（张新豪）

司法行政

【概况】 2014年，罗源县基层司法所11个，法律援助中心1家，公证处1家，社区矫正专职社会工作者30人，专职人民调解员22人。县司法业务用房完成搬迁入住。罗源县司法局拍摄的专题宣传片《阳光矫正》荣获全市法治文化作品法制宣传专题片类二等奖；县司法局谢庭在全市司法行政系统中关于庆祝国庆65周年书画摄影比赛活动中以《莲有清韵》《和乐有余》分别获得绘画组二、三等奖，张赛明以《畲村学法新风》获得摄影组优秀奖；县检察院章学娟以《犯罪嫌疑人逮捕后的羁押必要性审查工作机制研究》在法治福州建设征文中获优秀奖。

【人民调解】 各级人民调解委员会受理民间纠纷1160起，调解1160起，调解成功1159起，调解成功率达99.9%以上；调处医患纠纷16件，成功率100%。

【社区矫正】 全县累计新增社区服刑人员128人，新增解除社区矫正人员203人，办理调查评估案件127件，居住地变更21人次，对社区服刑人员撤销缓刑1人、治安管理处罚1人、警告36人次，县级社区矫正监控平台监控核查社区服刑人员68475次，发现问题817个，查处817个，违法违规行为查处率100%。率先在全市建立社区矫正中心——“罗源县社区矫正管理教育中心”，配备6名工作人员。组建社区服刑人员教育讲师团，开讲13课。

【安置帮教】 接收刑满释放人员377人，其中，从监所刑满释放人员174人，解除社区矫正人员203人。核实监所发布的服刑在教人员信息115条，核实率100%，健全完善服刑在教人员未成年子女排查帮扶工作机制，开展刑释解教人员集中排查走访专项活动。全县通过依托社会企业建立12个刑满释放人员过渡性安置基地。

【律师工作】 组织指导臻虹律师事务所深入社区开展法律服务活动，开办法律讲座9场，签订村居法律顾问合同18份。监督指导律师参加法律援助案件办理工作，安排事务所律师到人民调解中心值班，进行人民调解，化解矛盾纠纷，组织安排律师前往多个乡镇为村民及企业家普及法律知识。县司法局、工商局等单位协同臻虹律师事务所在罗源湾大酒店举办“合同法”专题讲座。

县司法局组织未成年人到法院旁听

【公证工作】 公证处有2名执业公证员、1名实习公证员及2名内勤人员。办理各类公证事项1439件，公证收费31万元。其中，办理公证法律援助11件。根据省司法厅公证管理处开发建设全省公证信息平台的要求，罗源县公证处作为试点单位，8月开始运行“NOTAMIS”公证业务软件办证系统，办理近300件公证。

【法律援助】 办理法律援助案件908件。其中，刑事法律援助案件59件，民事法律援助案件849件，受援人920人，挽回经济损失1500多万元。8月20日，成立罗源县看守所法律援助站。

【普法依法工作】 深化“法律六进”活动，开展法律进机关、法律进校园、法律进企业、法律进社区、法律进乡村、法律进单位活动。组织全县干部进行法律知识考试。到县职业中学、各中小学开展预防青少年违法犯罪法制宣传教育讲座。先后举办《劳动合同法》《产品质量法》《环保法》等法律知识培训班18期。利用“法治灯谜”、“法制微电影”、“LED视频普法宣传车”开展“法律进农村”“送法下乡”等活动。成立志愿者法律宣传小组、自行车法制宣传小分队、中老年人腰鼓法制宣传队、乡村（社区）普法宣传队等各类普法群体。在县城北江滨公园建设法治文化主题公园。

（杨晨虹）

（编辑　李晓静）

武装工作

【概况】 2014年，罗源县人武部以党的十八届四中全会和全军政治工作会议精神为指导，围绕举旗铸魂，加强理论武装。紧贴形势任务，做好作战准备，坚持从严治军，转改作风，推进国防动员和后备力量建设科学发展。罗源县武装部被省军区评为“依法治军从严治军先进单位”、“国防教育先进单位”和“征兵工作先进单位”，被警备区评为“国防动员先进单位”。

【思想政治建设】 开展“牢记强军目标、献身强军实践”主题教育，以中央编印的《习近平总书记系列重要讲话精神学习读本》和总政印发的《习近平关于国防和军队建设重要论述选编》为教材，组织干部职工对重要思想观点进行反复研读。以“读经典、学哲学”为抓手，围绕弘扬古田会议精神、民兵思想政治教育和海上民兵建设等课题，撰写调研文章。组织开展党的群众路线教育实践活动。

【征兵工作】 4月份，召开兵役登记部署会和征兵形势分析会。各乡镇开设兵役登记站，设置网上报名服务站。以高学历青年为重点对象，突出《兵役法》《征兵工作条例》等兵役法规和“省五条”等优抚政策宣传。通过横幅、电视、网络、手机短信、LED电子屏、流动宣传车等形式开展征兵宣传。县人武部会同教育局到各中学组织专场征兵宣传，寄送《致适龄青年的一封信》和初检初审通知书；会同县电视台摄制播出征兵主题片《好男儿就是要当兵》，与凤山镇、松山镇在县体育中心举办2场大型征兵宣传活动，发放征兵通告2000多份。2014年，完成85名新兵征集任务。

【民兵整组工作】 围绕“应急精、支援强、储备实”目标，编实建强民兵应急分队、民兵信息员、勤务保障等各类队伍。利用凤山镇网络中心平台，新建首支女子民兵网络分队。3月，福州市和警备区在罗源县召开民兵整组试点现场会。

【军事训练】 突出练将练官，在专武干部和民兵训练上，以专武干部、民兵骨干和应急分队为主体，采取“以岗代训、挂钩联训、编组合训”等方式，突出快速动员、参战支前和抢险救灾等课题演练，组织民兵营（连）长集训、冲锋舟训练、信息员集训和野战化拉动演练。2014年，罗源县人武部冲锋舟考核在警备区排名前列，民兵应急分队完成森林灭火、防抗“麦德姆”台风和应急维稳等任务。

【国防教育宣传】 深入机关、党校、学校开展国防教育，组织党政干部培训班观看《甲午甲午》等国防教育影片，200余名科级以上干部和1000多名学生接受国防教育。

【国防基础设施建设】 贯彻市委、市政府和警备区《关于大力推进军民融合深度发展的实施意见》，制定罗源县试点工作方案。加强国动委机构规范化建设。年内，将X条公路修建、港头搭桥改造和运输站场建设，纳入交战工程建设。审批38个“结建”防控地下室，征收人防易地建设费158万元，增设防控警报1台，购置滨海新城写字楼×××平方米用于建设人防地面指挥所；修建交战公路10.66公里，改建104国道水古至上楼段。

【安全工作】 坚持党委每月1次安全形势分析，建立健全分工负责、分析研判、检查考评、每月干部职工绩效考评等制度，开展“学法规、纠偏向、正秩序、树形象”条令法规教育训练活动，加强安全形势教育和安全法规常识学习。组织“条令月”、“涉密载体‘清零'”、 “百日安全竞赛”和

“枪支弹药清查整治”等活动，逐个库室、逐个部位、逐个岗位、逐个装备排查安全隐患。着眼季节、形势、任务变化，突出重大活动、重要时节、重要部位，组织安全评估。加强营区安全警戒和巡查，定期组织防暴恐袭击演练，严防安全事故。

【后勤保障建设】 落实财经制度，坚持党委科学管财理财，对年度各项经费预决算、重大经费开支，严格经费审批权限和财经纪律。落实后勤法规要求以及后勤战备工作制度，健全后勤战备组织，筹措后勤战备物资。加强武器装备管理，结合训练演练、防汛抗台等任务提升综合保障质量。

（苏 敏）

双拥、支前工作

【概况】 2014年，罗源县以“百连百村结对子，军民融合促发展”活动为契机，支持驻罗部队战备训练和基础设施建设，开展军民共建“三挂钩”活动等双拥支前工作。全年各级财政投入资金2981.86万元支持部队各项建设和开展拥军活动。

【支前保障】 全年县财政拨款2981.86万元，帮助驻罗部队完善基础设施、训练设施、文化设施及菜篮子工程建设等。县支前办安排支前保障经费51000元，用于补助各驻罗部队的专用燃料费及新增空军雷达站冬季营房取暖设备的添置。2月份为××××部队××分队争取到“四个一好”项目县级配套资金2万元用于营区水源改造建设；帮助×××××部队××分队争取到“四个一好”项目省市资金5万元用于营区食堂改造。

【拥军优属】 春节和“八一”前夕，县四套班子领导带领慰问团分组走访慰问驻罗的9个单位和重点优抚对象，发放慰问金慰问品68.91万元，共建单位还组织开展走访慰问活动。多渠道解决随军家属就业问题，组织上报21名驻罗部队正营职以上干部随军家属挂靠到罗源县企事业单位。全面落实优抚渠道解决随军家属就业问题，组织上报21名驻罗部队正营职以上干部随军家属挂靠到罗源县企事业单位。全面落实优抚优待政策。发放烈士家属、因公牺牲军人家属、病故军人家属抚恤金60.9万元；残疾军人抚恤金154.9万元；在乡老复员军人、带病回乡退伍军人定补金290.3万元；参战人员定补金54万元；为1300多名60周岁老兵发放老年生活补助费165.6万元；为32名烈士子女发放生活补助金4.99万元；为随军家属93人次发放异地生活保障金23.06万元；对全县红军失散人员、“三属”对象、老复员军人、参战对象、带病回乡退伍军人等重点优抚对象，抚恤补助在原有发放标准基础上，自然增长率再次提高3.4%；对义务兵家属实行普遍优待，农村入伍的义务兵优待金标准为14000元。2014年春季接收5名转业士官，对80名退役士兵实行自主就业，地方发放一次性经济补助金167.7万元。多次召开县委常委会议和政府常务会议协调解决部队营区征地、随军家属就业、军转干部及退役士兵安置等重点难点问题。将法律援助维权工作延伸到部队，8月份县法院成立“维护军人军属合法权益审判合议庭”。在海军舰保大队、公安边防大队等设立“军人军属法律援助站”。

【拥政爱民】 支持地方经济建设和精神文明建设。下发《罗源县百村百连结对子、军民融合促发展活动实施方案的通知》，按照就近就地原则，部队驻地在哪里，共建对子就选在哪里，并立足结对子双方实际条件和优势特长，促进驻地部队和当地村居结成对子，成功促成凤山镇陈厝村与海军舰保大队直属中队、凤山镇余家塘居委会与武警中队等6对村居与驻地部队结对子。

【军民共建活动】 各驻罗部队参加梅岭公园、城市景观改造、五里至白塔段道路改线等工程建设项目12个，组织官兵为驻地周边村镇群众平整道路、清理垃圾、整修河道300多人次，义务植树1000余株，组织兵力200多人次执行“两会”等全县重大活动警卫任务及协助县汽车客运站维护“春运”秩序。在“八一”建军节前夕，组织县书法协会会员深入舰保大队，开展“翰墨抒怀·情系官兵”迎“八一”书法进军营活动，现场为部队官兵挥毫献墨，促进军地融合发展，丰富军营文化生活。各驻罗部队累计修理家电80余台。海军总库与县敬老院成立结对帮扶关系，不定期组织官兵到县敬老院进行卫生扫除、维修设施等，节假日前夕到敬老院慰问孤寡老人，并送去慰问品。各部队资助特困户、失学儿童70多名，公安边防大队多次与县妇联联合开展“关心农村留守儿童”活动，为贫困学生送去助学金。各中小学聘请驻罗官兵为校外辅导员，普遍建立学生军训制度，听取部队官兵做国防知识和双拥工作宣传报道，清明节组织学生到烈士陵园扫墓缅怀革命英烈，进行爱国主义教育。

【抢险救灾】 在“麦德姆”等台风抢险救灾中，出动官兵400多人次，排除险情10余次，抢救转移遇险群众

500多人。1月30日，驻罗海军xxxxx部队组织官兵30多人自发参加凤山镇城关居委会笔架山扑火救灾工作，挽回森林266.67多公顷。

【宣传工作】 国庆前夕，县四套班子领导及有关部门、驻罗各部队开展第一个烈士纪念日活动，向人民英雄敬献花篮，缅怀先烈事迹、弘扬先烈精神。工作中注重双拥工作的宣传报道，以全县日常双拥工作为基础，加大信息刊发和报送力度，1－10月，编发《双拥简报》15期，刊登信息27条，同时向省、市、县报送双拥工作信息，被《中国双拥》及省市县双拥简报采用10余条，通过县电视台、广场媒体及商业LED滚动屏宣传报道县双拥工作新进展、新成效，培树典型，以点带面，推动活动深入开展。在城关内几条主干道建立灯箱广告，在高速出口旁设巨型宣传板，在乡镇设立双拥专题宣传栏，在全社会营造军地携手服务群众、服务发展、服务国防的良好氛围。参加省国动委指挥的代号为“前卫－5”的演练工作以及南京战区组织的防卫作战和县国防动员指挥所的演练。

（叶志先）

人民防空

【概况】 2014年，罗源县人防工作坚持“长期准备、重点建设、平战结合”的方针，以人防业务工作和基础建设为根本，以“准军事化”建设为标准，实行严格规范管理制度，维护人防警报信息系统畅通，完善“结建”审批与质量监督工作，依法依规，足额收缴防空地下室易地建设费，坚决杜绝国有资金流失。建成人防地面指挥所建筑面积xxx平方米，并投入使用。

【人民防空宣传】 利用报纸、杂志、电视、网络等新闻媒体开展人防知识宣传，增强全民人防意识，提高全民国防观念。一是抓好对领导干部的人防知识的灌输，向各级领导宣传人防法规政策，不断增强领导干部的国防和人防意识。二是拓宽对市民的宣传面，通过人防网、县政府网、《罗川信息》《罗源政讯》等刊物发布人防信息，同时举行座谈会、开辟宣传专栏、放映宣传电影等活动系统地宣传人防知识。4月21日，开展防空警报试鸣日活动。三是在中学生中开展人防知识教育。城关地区3所学校全面开设人防知识教育课。免费提供教材，组织和鼓励学生参加福州市举办的人防知识竞赛活动和各种人防征文活动。拨出专项经费奖励获奖学生和指导老师。

【人防工程建设与维修】 全年审批38个“结建”防空地下室，竣工验收工程7个，在建工程28个，拟定二期或三期动工建设工程3个。全面实行网上审批限时办结制，按规定完成项目预审和“结建”审批手续。确因地质因素不能修建防空地下室的，经地质专家论证和依法公示后，按规定标准征收人防工程易地建设费。2014年，收取人防易地建设费xxx万元。

【指挥通信建设】 全县有6台防空警报和1个防空警报中间站。2014年，在滨海新城新安装1台防空警报。实现防空警报鸣响覆盖凤山镇（县城区域）、松山镇（罗源湾开发区）及滨海新城。警报通信设施方面指定专人负责管理，并委托郑州欧丽信大电子信息股份有限公司进行维护，警报终端所在单位确定1人担负管理，确保整个警报通信系统良好运转。

（甘丽玲）

（编辑　李晓静）

综合经济管理

宏观经济管理

【概况】 2014年，罗源县生产总值完成172.7亿元，比上年增长5.6%。其中第一产业增加值30.6亿元，增长4.9%；第二产业增加值完成114.1亿元，增长4.5%；第三产业增加28亿元，增长11%。规模以上工业产值370.7亿元，增长3.7%，规模以上工业增加80.11亿元，增长3.1%。公共财政总收入19.2亿元，增长11.7%，其中地方财政收入13.6亿元，增长10.7%。固定资产投资（含高铁高速）158亿元，增长12%，其中工业固定资产投资36.8亿元，增长36.2%。出口总值4639万美元，增长31.5%；实际利用外资3138万美元，增长0.4%。社会消费品零售总额39亿元，增长15.6%。

【计划编制】 代拟《中共罗源县委 罗源县人民政府关于印发〈2014年罗源县深化重点领域改革要点〉的通知》《中共罗源县委关于贯彻党的十八届三中全会精神全面深化改革的若干意见》《中共罗源县委 罗源县人民政府关于印发〈罗源县关于贯彻落实福州新区建设行动计划（2014－2020年）的实施意见〉的通知》《中共罗源县委 罗源县人民政府关于印发〈关于进一步加快罗源科学发展跨越发展的行动计划〉的通知》等重要文件。形成《关于罗源县2014年国民经济和社会发展计划执行情况及2015年计划草案的报告》，提出2015年经济社会发展主要目标和发展思路。拟定《罗源县“十三五”规划研究编制工作方案（送审稿）》上报县政府，开展“十三五”规划前期课题研究。

【项目储备与推介】 纳入罗源县科学发展跨越发展行动计划（2014－2018年）重大项目70项，总投资721.4亿元，其中列入福州新区（2014－2020年）重点项目54项（其中：产业项目20项，基础设施20项，社会事业10项，旧城区改造及保障房4项）7年完成投资500亿元以上。

【项目资金补贴】 年内27个项目涉及农村基础设施、农业开发、社会事业、公用事业、企业扶持、社会发展等方面的中央、省级预算内扶持资金达5960.6万元。

【项目服务工作】 在重大项目服务上，制定服务方案，加强指标和组织协调，开展每月、季度、年度对全县经济运行、固定资产投资、重点调控行业发展情况进行预测预警分析工作。按照“马上就办、办就办好”的要求，所有审批事项全部进入罗源县行政服务中心办理。再造审批流程，审批环节由原来的5个简化为3个。深化行政审批制度改革，承接省、市“简政放权”工作。招投标管理工作，履行招投标核准审批制，做好招投标指导与协调工作。全年网上审批项目112件，其中审批78件，备案23件，核准8件，转报2件，不予许可1件。

【重点领域改革】 深化政府职能和机构改革，调整合并4个单位部分职能，组建食品药品监督管理局。深化行政审批制度改革，县级行政审批事项减少59项，削减24%。提高行政服务中心工作效率，简化办事流程，审批时限压缩到法定的30%以内，审批事项办结率达99.8%，其中当日即办率保持在80%以上。完成全县60个行政事业单位收费项目年审，实现涉企收费单位一律实行“阳光收费”，基本完成事业单位预分类。“大部门制”改革、县级公立医院改革、林权制度配套改革、农村土地流转、工商登记制度改革等工作有序推进。出台惠企政策，减轻企业税负，推动中小微企业和高新技术企业发展。

（杜鸿润）

统计与调查

【概况】 2014年，县统计局完成人口抽样调查、农业产业化经营组织基层调查等专项调查13项，完成第三次全国经济普查机构组建、方案制定、宣传动员、业务培训、清查摸底、入户登记等一系列工作。罗源县统计局定期编印《罗源统计月报》《罗源统计年鉴》等综合性统计资料；10月下旬在罗源湾网站发布《2013年罗源县国民经济和社会发展统计公报》；开展2014年度县绩效管理有关指标数据的采集和考核评分工作，参与改进2014年度县绩效评估指标体系、评估办法、计算方案；通过网站向公众发布经济运行情况。罗源调查队完成住户调查等7项常规调查，全年有73人参加统计从业资格考试，8人参加统计职称考试，131人参加继续教育。

【普查与专项调查】 第三次全国经济普查 全县各相关部门以及各级普查工作人员按照《第三次全国经济普查方案》和《福建省人民政府关于开展第三次全国经济普查的通知》规定的步骤、程序和要求，结合实际，完成机构组建、方案制定、宣传动员、业务培训、清查摸底、入户登记等一系列工作。普查资料显示，2014年末，全县有法人单位1723个，总单位数2686个，个体经营户12508户。

其他专项调查 会同县效能办组织开展2014年政府绩效考核评估工作；完成农业产业化经营组织基层调查，少数民族乡、农村社会经济调查，人口抽样调查，文化产业调查，妇女儿童发展纲要监测等工作。组织完成工业、能源、投资、贸易、农村、人口、服务业等专业2014年统计年报和2014年定期统计报表工作。

【调查服务】 罗源调查队建立语音调查室，引进电话调查系统。接受县委、县政府和部门委托开展各类专项调查，主要有：受县委、县政府委托对11个乡（镇）、开发区政府开展绩效管理公众评议调查，对各县级机关单位开展绩效管理公众评议调查；受县政法委委托开展罗源县居民安全感电话调查。

【统计法制建设】 县统计局在各级党政干部培训班和统计人员继续教育培训班中举办新统计法知识讲座；结合“12·4”法制宣传日、“12·8”统计法宣传日等，以宣传手册、群发短信等形式，向社会、企业宣传统计知识和统计法律法规；开展工业、贸易专业等统计专项执法检查和统计监督检查，加大对源头统计数据质量的检查力度。检查单位18家，立案查处统计违法案件3起，予以警告3起。

【常规调查】 住户调查 全县样本数150户，分布于8个乡镇，15个村居（社区）。按照《2015年度福建省住户调查样本轮换和样本偏差校准实施方案》操作规程，市县住户调查网点以样本偏差校准为主，轮换样本量（户）在20%以内。2014年城镇居民人均可支配收入24408元，比增9.7%；人均消费性支出17450元。农民人均可支配收入11068元，比增10.6%，人均生活消费支出9879元。

农村经济调查 开展农业（稻谷产量、播种面积）、畜禽监测调查。农业调查样本数57个，分布10个乡镇，其中稻谷测产样本10个，稻谷播种面积样本30个；以县为总体的畜禽监测调查样本27个，分布10个乡镇、45个村，主要调查生猪存栏数、能繁母猪头数、期内增加/减少数量等存出栏相关指标数据；对5个乡镇集中开展数据质量检查。

居民消费价格调查 居民消费价格调查样本点89个。根据《流通和消费价格统计报表制度》计算居民消费价格指数（CPI），组织开展城镇低收入居民基本生活费用价格调查。2014年，罗源县居民消费价格平均上涨2.2%。

工业生产者价格调查 工业生产者价格调查企业17家，其中省点企业15家、市点企业2家，省点企业中县直报企业15家。抽样调查企业中，上报的产品行业覆盖全县工业统计8个大类、11个中类、15个基本分类。

限额以下商业调查 完成限额以下商业抽样调查，调查样本企业及个体户50家。完成贸易行业小微企业抽样调查，调查样本企业及个体户4家。并召开业务培训会和调查员座谈会。

规模以下工业调查 规模以下工业抽样调查企业中省点企业5家，市点企业9家。2014年，罗源县规模以下工业（年主营业务收入500万元以下及个体）实现总产值28.85亿元，现价增长11.14%。

福建产品市场占有率调查 在全县范围推行电子网络直报方式，调查样本为工业半年报7家、年报企业32家。

（刘乔东）

工商行政管理

【概况】 2014年，新增内资企业20户，注册资本17.83亿元；新增私营企业252户，注册资本12.64亿元；新增农民专业合作社48户，出资总额2

亿元；新增个体工商户1104户，注册资本2.01亿元。至年底，全县各类市场主体达8318户，其中实有内资企业317户，注册资本79.93亿元；实有私营企业1240户，注册资本87.99亿元；实有农民专业合作社206户，出资总额10.97亿元；实有个体工商户6495户，出资总额6.02亿元。

【企业注册登记】 在罗源县行政服务中心设立审批处，将涉及工商审批的各类事项整合到注册窗口统一受理，营业执照由窗口注册官采取一审一核的办事流程，设立登记的办照时限由原来的5个工作日缩短为2个工作日。

内资企业 新增内资企业20户，实有内资企业317户，注册资本79.93亿元，其中国有企业121户，集体企业112户，股份合作企业49户，公司35户。在总户数中排列前5位的是批发和零售业，金融业，电力、热力、燃气及水生产和供应业，信息传输、软件和信息技术服务业，租赁和商务服务业，分别有136户、43户、21户、19户、18户，各占总数的42.9%、13.7%、6.6%、6.0%、5.7%。全县内资企业注册资本79.94亿元。

私营经济 私营企业新增252户，比增46%；注册资金12.64亿元，比增105%；实有私营企业1240户，比增24.5%，注册资金88.02亿元，比增16.7%，从业人员9948人，比增6%。注册资金亿元以上的私营企业16户，比增23%；1000万元至1亿元的私营企业178户，比增23.6%；500万元至1000万元的私营企业188户，增长14.0%；100万元至500万元的私营企业312户，比增37.4%。从事第一、二、三产业的户数分别是92户、424户、534户，分别占私营企业的7.4%、34.2%和43.6%。

个体经济 新开业个体工商户1104户，比增7%；资金数额2.01亿万元，比增65%；实有个体工商户6495户，比增20.0%；资金数额6.02亿元，比增50.5%。在个体工商户总户数中排名前5位的分别是批发和零售业、住宿和餐饮业、居民服务及其他服务业、制造业和农、林、牧、渔业，分别有4332户、597户、592户、393户和280户，各占总户数的66.7%、9.2%、9.1%、6.1%和4.3%。从事第一、二、三产业个体工商户分别为280户、398户和5817户，分别占个体工商户总数的4.3%、6.1%和89.6%。

农民专业合作社 规模化、集约化程度进一步提高，区域或行业农民专业合作社龙头开始形成。11月26日成立第一家农民专业合作社联合社"罗源县双农丰果蔬专业合作社联合社"。全县新增农民专业合作社48户，比增20%；实有农民专业合作社206户，比增30.4%；出资总额10.97亿元，比增22.3%。出资总额1000万元以上的有31户，比增14.8%；500万元至1000万元的有42户，比增35.5%；100至500万元的有81户，比增35%。

【商标品牌培育】 提请县政府召开全县商标战略推进会，县政府转发工商局拟定的《加强罗源县商标品牌工作的若干意见》，将商标工作列入对乡镇的绩效评估，规定对获得驰、著、知名以及地理标志商标的权利人分别给予100万元、5万元、2万元、5万元现金奖励。制定商标数量3年翻番目标，全面推进公共资源商标、地理标志商标、海洋渔业商标和马德里商标国际注册。工商总局商标局受理"罗源下廪羊"注册地理标志商标申请。2014年9月，"红苹果RED APPLE及图"商标成功获评驰名商标，实现罗源县驰名商标"零"突破。全县实有注册商标708件，其中，驰名商标1件，著名商标11件，知名商标17件，地理标志证明商标1件。加强打击侵犯知识产权和制售假冒伪劣商品专项执法，查处商标侵权案件10件，罚没入库2.765万元。查处制售假冒宝马服饰品牌案件1起，涉案金额1.5万元。

【市场监督执法】 办结各类案件256件，罚没129.27万元，罚没入库132.43万元，罚没及罚没入库分别比增126.51%、130.63%。

企业主体和各类市场监管 查处取缔无证无照经营行为，健全联席会议制度，以"县查处无证无照经营工作办公室"名义向成员单位、乡镇政府发放通知，集中查处无证无照案件11户，罚没5.01万元，探索"黑网吧"层级治理责任制，查处黑网吧案件4起，罚没1万元；探索无照经营网格化监管、企业信用分类监管等监管机制；开展合同格式条款、房地产市场监管、中介突出问题、安全生产检查、建材市场等专项整治行动，查处各类违法案件31件，罚没25.82万元。

公平竞争执法 开展"八闽红盾出击"行动，突出治理商业贿赂、虚假宣传，以及公共服务行业侵害群众和企业利益等违法行为。查处商业贿赂案件5件，罚没10.0267万元，不正当竞争类案件18件，罚没25.9974万元。

参与社会综合治理工作 与县综治办、公安局联合制定《罗源县工商局、公安局、综治办2014年罗源县打击整治传销集中行动实施方案》，全面推进打击整治传销工作，组织“打击传销进校园、进社区、进乡村”宣传活动6场次，收集“拒绝传销”签名248个，发放各类宣传册10500余份，针对社区居民、广大经营户、房屋出租业主三类人群发放公开信各900份，在县电视台、沿街商户LED显示屏滚动播放《打击传销违法犯罪活动警示提示》《远离传销·珍爱生命》等公益广告、宣传标语。一批次集中行动出动人员700余人次，执法车辆150余台次，查处窝点3个，破获传销案件3件，案值共计244.5万元，三案均达到追诉标准，移交公安局侦查。

3月18日，县工商局启动“八闽红盾护农春季打假保春耕行动”仪式

【打假维权】 推进消费纠纷多元调（和）解工作机制。开展行政调解与司法调解衔接联动，探索建立多元化调解工作机制，推进调解协议的司法确认，促进行政调解、司法调解、人民调解有效衔接联动，发挥各种调解方式的优势作用，增强调解效力，提高调解成功率。

推进“12315”消费维权网络建设。进一步推进“一会两站”（消费者协会分会、消费者投诉站、“12315”联络站）建设，规范全县13个消费者协会分会、246个消费者投诉站和12315联络站建设。建成1个省级示范站点、8个市级示范站点，申建2个省级示范站点。

提高12315行政执法综合能力，健全“诉转案”机制。健全和完善12315行政执法体系，提高维权服务工作效能。推行“12315诉转案”工作机制，实现“以案促管”、“以案促调”，通过投诉发现案源，及时通报检查大队，由检查大队负责办案；消委会负责咨询和协调，实现维权、办案、咨询、协调有机结合。2014年来，排查线索43条，其中立案16起，罚没款50.53万元。

立足抽检工作，促消费维权大执法。一是配合省市局完成包括服装、家用小电器等5批次商品的抽检工作；自行完成包括2组化妆品、2组农用化肥及10组“水龙头”共计三类14批次的商品的抽检工作，花费检测费用2万余元。二是针对抽检情况，及时对检验不合格的某品牌电饭煲、某品牌水龙头7批次商品依法没收并立案查处，对生产及销售不合格商品的个人和企业立案调查。开展针对抽检中发现问题较多的家电、化妆品、水暖、文具等行业的专项执法行动，立案查处销售不合格商品案件14起，依法没收不合格电饭煲、剃毛器、水龙头等商品500余件，案值3.5万元。

（陈　霞）

物价管理

【概况】 2014年，罗源县居民消费价格总水平比上年上涨2.2%，比上年同期下降0.7个百分点。其中，服务项目价格上涨2.7%，消费品价格上涨2.0%；食品价格和非食品价格分别上涨3.5%和1.5%，食品价格上涨是影响CPI（居民消费价格总水平）上涨的主要因素。

【物价总水平调控】 2014年，罗源县CPI上涨2.2%，涨幅在全市五区七县市中列第一位。

价格补贴联动机制　明确统一县、市补助标准和启动条件，全年发放价格补贴308.259万元，收益人数1.3万多人次。

价格调节基金征收　入库2657.15万元，超过预期征收任务目标，基金主要用于联动机制价格补贴等。

价格监测预警　选定定点单位，对农副产品、化肥、成品油等30多种的商品价格实行常规监测，重大节日有针对性加大监测频率、品种以及监测范围，关注市场价格动态，完善应急值守。

【价格监督检查】 开展对民办幼儿园收费、机动车检测费、数字电视收费、中小学代办费等多个专项检查，查处违规收费金额65万元，退款65万元，罚款12万元。对重要民生商品价格开展日常市场巡查。在元旦、春节、清明、“五一”、中秋、国庆等传统节日以及“3·15”消费者权益保护日、诚信兴商宣传月等重要活动期间，加强对粮食、食用油、主要副食品、蔬菜、牛奶及奶制品、常用药品、交通运输、物业管理服务、停车服务、零售商业服务旅游相关服务等重要民生商品价格和服务收费的监督检查力度，重点防范经营者串通涨价、哄抬物价、囤积居奇、价格欺诈等不正当价格行为。开展农资价格和惠农政策落实情况专项检查，对全县17个农资经销网点和4个涉农收费检查，规范涉农部门的价格收费行为。加强市场价格政策提醒，召开“春运价格”等价格政策提醒会。及时受理消费者反映交通运费，物业管理费，教育收费等热点问题的价格投诉举报55件，办结率100%。

【价格服务】 依法行政　编制职权目录和流程图，规范罗源县物价局行政处罚裁量标准。严格按照程序规定和时限要求办理。建立科室、局长办公会议批价制度，依法履行调定价的成本监审，实行集体审价制。成立案件审理委员会，实行综合检查、集体审议。

价格认证　开展造船厂事件、沈海复线罗源段、黄瓜鱼育苗场、鲍鱼苗及公安涉案案件等价格鉴定123起，价格金额达163.75万元，为促进县重点项目开展提供服务。完成涉纪、涉税案件及环保、国土部门价格鉴证工作8件，价格鉴证总额达300万元。完成价格矛盾调解3件，价格鉴证价值总额达83.74万元。

价格调查　根据罗源县政府安排，开展公共租赁房租金市场调查研究，提出公共租赁房租金标准，为实现公共租赁房和廉租房并轨提供价格参考。

【非商品价格监管】 行政事业性收费　全县应年审收费单位60个，实际审60单位，审验率达100%。通过审验60个单位，占100%；通过审验责令收费单位纠正各种违规收费行为，从源头上清费减负。

教育收费　对全县30所私立幼儿园收费进行成本监审，规范收费标准，明确收费项目，健全收费公示，规范幼儿园报备制度，纠正不合理的收费行为，提高收费透明度，减轻学生家长的负担。

景区票价　依照法定程序，核定畲山水景区门票标准为每人每次40元，景区内停车费标准为小轿车白天5元/辆．次，夜间10元/辆．次。客车20座（含）以上白天10元/辆．次，夜间20元/辆．次。

【居民消费价格】 居民消费价格总水平上涨2.2%。八大类商品呈“八涨”的态势：食品类上涨3.5%，烟酒类上涨1.0%。衣着类上涨0.5%，家庭设备用品及维修服务类上涨0.8%，医疗保健和个人用品类上涨0.8%，交通和通信类上涨0.1%，娱乐教育文化用品及服务类上涨2.3%，居住类上涨2.8%。

（吴自洪）

食品药品管理

【概况】 2014年，罗源县食品药品监管局深入开展治理“餐桌污染”建设“食品放心工程”，确保人民饮食用药安全。全年出动执法人员2152人次，执法车辆445辆次，检查农贸集市11个、校园周边食品流通经营户321家、农贸市场、超市及个体工商户等1231家次，当场销毁“三无”食品23袋及过期饮料65瓶袋，下架不能当场提供检验报告乳制品4个批次，下发整改通知书43份。检查零售药店15家次，医疗器械经营使用单位46家次，抽验药品54批次，快检药品90批次，抽验保健食品9批次，化妆品2批次。立案33起，结案27起，移送公安机关处理1起，涉案金额2.04万元，罚没12.7万元。

【药品器械流通管理】 药师在岗履职和处方药销售情况专项检查行动检查药品零售企业15家次，出动执法人员75人次，执法车辆4车次，责令整改3家次；开展含特殊药品复方制剂购销管理专项检查，出动人员25人次，检查零售药店15家次，责令整改4家次。并要求各经营企业按季度上报含麻复方制剂的购进、销售、库存情况，未发现异常情况；开展药品新版GSP帮促指导，加强对药品经营企业日常监管和医疗机构“两房”规范化管理，对罗源县药品经营和使用单位药品购进渠道的监督检查，加强药品经营和使用单位票据管理，规范药品购进渠道；深化行政许可工作，简化许可流程；2014年，新审批核发药品零售企业《药品经营许可证》3家（其中连锁门店0本），注销药品零售企业1家，受理行政变更事项11项。认证跟踪检查2家；抓好医疗器械监管工作，出动执法人员182人次，监督检查医疗器械经营使用单位46家次。

【保健品、化妆品监管】 2014年结合保健食品日常监管开展摸底调查，检查保健食品经营企业35家，对各保健食品经营企业的销售品种、经营状况、进货渠道等情况进行摸底；抽检减肥、增强免疫力类保健食品9批次，祛斑化妆品2批次；对北京诺天源贸易有限公司的自热之宝产品开展排查，未在罗源市场发现相关产品。

【食品安全监管】 食品生产流通市场准入关 食品流通方面仅对符合条件的发证。主要核查食品从业人员健康证明、食品销售和贮存条件等要素。专项核查销售婴幼儿配方乳粉。新发《食品流通许可证》63本，延期换发《食品流通许可证》66本，注销35本，变更2本。

承接除乳制品、冷冻饮品等4类半食品外的其他23类半食品申证收件工作。2014年开展5类开业审查4家。派出观察员协助审核QS企业8家10个单元，其中换证6家6个单元，新申证2家4个单元，不予行政许可3家4个单元，年审获证企业23家。发放质量管理人员岗位证书17本，食品添加剂人员岗位证书6本，与罗源县食品生产企业签订食品质量安全责任书36份。

食品生产流通日常监管 食品流通方面发出责令整改通知书73份，立案15起，罚没款7.2万元。食品生产发出责令整改通知书13份，立案2起，罚没款0.82万元。

专项整治 校园周边食品专项检查出动执法人员251人次，执法车辆49车次，检查周边食品流通经营户321家，当场销毁"三无"食品23袋，超过保质期食品13种。农村食品市场专项检查农贸集市11个、农村食品经营户829户，当场销毁过期饮料65瓶袋、下架不能当场提供检验报告的乳制品4个批次，下发整改通知书36份，立案查处2起。糕饼市场专项检查行动立案查处无证生产经营糕饼案件5起，查扣糕饼53公斤，罚没款计1.61万元。织纹螺专项检查，张贴相关通告200余份，发放宣传单500余份。出动执法人员157人次，检查车辆31辆次，检查农贸市场、超市、个体工商户等387家次。对发现违法销售织纹螺行为的经营者进行立案查处1起，移送公安机关处理1起 。开展"打两非治源头"食品安全专项检查。出动执法人员238人次，执法车辆63车次，立案查处6起。

县食品药品监督局组织开展食品安全专项检查

【药品安全及法规宣传】 利用"3·15"国际消费者权益日、食品安全宣传周和安全用药宣传月等活动，在罗源县凤蝶广场开展保健食品宣传咨询服务活动。发放《给全县老年朋友的一封公开信》等保健食品宣传材料800多份，接受群众咨询100多人次。

（陈 机）

质量技术管理

【概况】 2014年，罗源县质量技术监督局继续推进质量管理与认证，进行名牌产品培育和推荐工作，开展计量管理，推行标准化管理、产品质量监督、特种设备安全监察等工作。监督与服务并重，引导企业走质量效益型道路，为维护社会市场经济健康有序发展提供重要保证。

【质量管理】 "质量强县"工作 以福州市争创"全国质量强市示范城市"为契机，开展质量强县工作，由县人民政府印发《关于贯彻质量发展纲要（2011－2020年）建设质量强县的实施意见》《罗源县贯彻实施质量发展纲要2014年行动计划》，明确建设质量强县的要求和目标，部署建设质量强县的各项任务，抓好产品、工程、服务等重点领域的质量建设。

名牌发展战略 制定罗源县品牌培育计划与工作方案，重点在冶金、食用菌、水产、建材等地方重点产业中培育发展一批名牌产品。3个产品申报福建省名牌产品进入公示阶段，2家企业申报福州市产品质量奖，1家企业发布《企业质量信用报告》。

【标准化管理】 指导生春源公司完成农业标准化示范区阶段性建设并帮助企业申请第二期标准化工作项目专项工作经费；开展农业标准化示范区"回头看"活动，对罗源县通过验收的秀珍菇标准化示范区进行检查，并通过福州市的核查；深入开展消灭无标生产的行为，对100多家企业在用标准进行登记，摸清罗源县标准状况；利用各种宣传方式，宣传标准和标准化工作的意义，组织企业派员工参加实施技术标准战略企业高管研修班。

【计量管理】 民用“三表”监督检查 加强新建楼盘民用“三表”（水表、电能表、燃气表）监督检查。2014年以来，对供电公司、水务公司、天然气公司和滨海新城、闽星花园2个小区内“民用三表”的检定、管理和使用情况进行检查，现场抽查电能表220只、水表205只、燃气表196只。对发现强检标识粘贴不规范、部分表未实施首次检定和到期轮换、“民用三表”档案不够完善等问题要求相关单位进行整改。

计量宣传服务 通过世界计量日、消费者日等节日，联合社区居委会开展计量宣传服务进社区活动，解答计量民生相关问题，受理计量投诉，发放“计量与民生”、“计量与节能”等宣传资料，免费为群众检定电子秤与血压计。受计量咨询51次，向发放标准重量砝码和有关计量宣传材料1000余份，提供检测服务110件。

计量免费检定 对乡镇卫生院、卫生所在用的血压计，城区与乡镇集贸市场的计量器具进行免费检定，开展诚信计量与计量法律法规的宣传，2014年免费检定计量器具5432台（件），减免费用16.3万。

检定能力 完善机构质量管理体系，完成年度管理体系的内部审查和管理评审，通过法定计量检定机构授权考核和技术机构能力评定考核。通过温度试验设备校准标准装置的建标考核；完成燃气表标准装置建标软硬件配置，为申请燃气表检定建标创造条件。

县质监局开展春季农资打假专项检查

【特种设备管理】 一抓整治，全年出动执法检查365人次，检查特种设备489台，发出安全监察通知书32份，其中整改30家，2家处于整改中，对辖区内38家重点使用单位建立监管档案，特安案件立案4起，办结4起；二抓巡查，组织开展秀珍菇产业特种设备大检查、小型锅炉、液氨储罐、大型综合商场新建电梯、码头起重机械、小区电梯、压力管道等专项整治，对检查发现问题的责令限期整改；三抓联动，加强与安监局、建设局、公安局等部门的沟通联系，通报相关特种设备安全信息，联合开展氨使用企业、天然气管道等专项安全生产检查。

【产品质量监督】 执法打假工作 围绕“质监利剑”、“质监护农”、“双打”和“打非治违”等专项行动开展一系列执法打假活动。结合辖区实际，制定专项行动方案，成立领导小组。出动执法人员186人，检查企业246家，开展瓶装液化气、袋装水泥，加油机、农资、集贸市场、能源计量等多领域监督检查，立案查处12起。

工业产品获证企业的证后监管 完成9家企业年审工作，对罗源县7家眼镜验配企业，6家工业企业实行分类监管。开展首批质量信用A级企业及推荐质量信用红榜企业的工作，评定A级3家，均推荐信用红榜企业。按照监督抽检计划实施质量监督检验，2014年，工业企业产品监督抽检合格率100%；福州市对罗源县绩效管理指标任务中，罗源县市以上名牌产品数与工业生产企业产品质量合格率均并列位居全市第一。

（游 星）

安全生产管理

【概况】 2014年，罗源县落实“党政同责，一岗双责”责任制，树立科学发展、安全发展理念，以强化安全生产主体责任、巩固基层基础，深化隐患排查治理，提升安全监管水平为重点，促进全县安全生产工作。全年发生各类生产安全事故202起，死亡15人，受伤125人，直接经济损失274万元。

【安全工作部署】 2014年3月17日，召开县安全生产工作会议，总结2013年安全生产工作，部署2014年全县安全生产工作。5月7日，召开全县安全

3月17日，召开县安全生产工作会议

生产标准化工作推进会，传达上级安全生产标准化工作精神，部署生产标准化建设工作。12月23日，县委常委会议审议通过《罗源县安全生产“党政同责，一岗双责”规定》。

县政府每季度召开1次防范重特大安全事故会议，贯彻落实国务院、省、市政府有关会议精神，分析安全生产形势，通报安全生产情况，对开展隐患排查治理、安全生产大检查、“打非治违”专项行动、企业安全生产标准化建设、道路交通安全综合整治等多项工作进行研究协调。

【安全生产标准化建设】 罗源县人民政府安全委员会制定下发《罗源县安全生产标准化提升工程三年行动实施方案》，落实专项工作经费30万元 。对已达标企业，若本行业有新出台国家标准的，按照“主动衔接、巩固提升”原则，抓好由“省级标准”向“国家标准”过度。通过持续改进，提升企业本质安全水平。2014年底，全县应达标企事业单位180家，完成达标创建工作75家，其中一级达标1家，二级达标5家，三级达标69家，评审达标率达41.67%，完成上级2014年15%达标率的要求。

【道路交通安全综合治理】 依托交通安全综合整治“三年行动”、“2014年道路客运安全年”、“剑盾行动”等一系列专项工作，持续推进城区交通、市容综合整治工作。2014年内查处各类交通违法行为18500余起，查处严重交通违法行为6274起。对全县20家客货运企业车辆、驾驶员进行排查，对14辆专用校车、1辆非专用校车进行列管。持续开展道路“黑点”危险路段的摸排和整治工作，深入辖区国、省、县、乡道路开展事故“黑点”、公路危险路段及临水临崖隐患路段摸排工作。2014年罗源县列入省、市政府2014年为民办实事的14处隐患路段整治任务，全部整改到位。

【重点行业（领域）安全专项整治】 消防安全 出动执法检查人员2315人次，检查单位1853家，责令整改火灾隐患2850处，整改隐患2670条，对54家单位实施消防行政处罚，处罚金额25.1万元，临时查封11家，责令“三停”11家。

非煤矿山安全 出动执法人员400多人次，检查非煤矿山企业35家次，排查事故隐患245条，完成整改222条。

危险化学品安全 出动执法检查人员300多人次，检查危险化学品企业30家，排查事故隐患103条，全部整改到位。

建筑施工安全 检查在建工程61项次，发出责令整改通知书61份，责令停工通知书11份，查处安全隐患352条。

燃气安全 下发隐患整改通知书16份，要求整改隐患44条，打击“黑气”3起，查处违规行为4起，查扣钢瓶79个。

水上交通安全 出动执法人员206人次，出动公务船艇33艘、检查各类船舶181艘，查处违章行为10起。

渔业安全 组织执法人员840人次，检查渔业村居127个、港口127个，查处渔船或船员持证不齐、船名号标不规范等船只374艘，查处渔船违法违章作业行为14起。

学校安全 安排中小学校舍安全长效机制专项资金405万元，用于中小学校舍修缮维护。

特种设备安全 出动执法检查365人次，检查特种设备489台，发出安全监察通知书32份，其中整改30家，立案查处特种设备违法案件4起。

餐饮场所卫生安全 检查餐饮服务单位263家次，发出责令整改意见书95份。

职业病防治 检查石材、冶金企业161家，发出卫生监督意见书和体检、检测通知书161份，从业人员职业健康体检1813人。

民爆物品 收缴非法烟花爆竹1000余件，黑火药50.61公斤，炸药171.4公斤，雷管200枚。

【应急救援能力建设】 修订《罗源县安全生产事故灾难应急预案》和《罗源县危险化学品事故灾难应急预案》。6月26日，在宝钢德盛不锈钢有限公司进行煤气柜应急预案演练。8月25日，县福盛液化气有限公司组织罗源县燃气企业联合消防演练。10月18日，在三金钢铁厂开展安全生产应急演练。

【安全生产宣传教育】 6月，开展第十三个全国“安全生产月”活动，利用电视、网络、手机等媒体，运用电子屏、标志牌、板报标语等载体，组织开展安全咨询日、安全宣传进社区、安全文艺演出、安全知识灯谜展等宣传活动。安全生产月期间，在安全宣传栏出刊80期，悬挂横幅标语100多面，发放安全宣传资料4000多份，举办安全教育培训讲座3次，发送手机短信6万余条。重点抓好企业主要负责人、安全管理人员、特种作业人员及企业从业人员安全培训，培训人员1000多人。

（张立东）

审 计

【概况】 2014年，罗源县审计局完成审计和审计调查项目（单位）15个，占年度审计项目计划15个的100%。审计查出违规金额102万元、管理不规范金额44626万元；审核工程造价677项，审核造价38.3亿元，核减造价3.8亿元，核减率9.9%，提交审计综合报告15篇，审计提出建议32条。

【预算执行情况审计】 对2013年度公共财政、政府性基金以及专户管理资金收支执行情况进行审计。查出主要问题金额3.5亿元，深入分析研究审计发现存在未按规定纳入预算管理、未按规定征收缴纳预算收入、部分项目和单位预算执行率偏低、专项资金结余结转未及时清理、无预算项目支出拨款、超范围使用国有土地使用权出让金等方面问题的原因。

【财政决算审计】 对13个行政事业单位部门单位2012－2013年度的财政收支情况进行审计。查出主要问题金额0.97亿元，深入分析研究审计发现存在预算编报不真实不完整、预算批复不规范、违规变更调整预算、未按规定纳入预算管理、未按规定征收缴纳预算收入、隐瞒转移截留资金、违规改变资金用途、资金滞留闲置、违规采购、决算草案编报不实不完整以及预算资金结余不实等方面问题的原因，从体制机制制度上提出加强财政预算管理的建议意见，促进提高财政政策实施效果，推进深化财政改革，推动预算的统一和完整，提高财政资金使用绩效和财政管理的规范性。

【政府投资审计】 审计677个项目，送审造价38.3亿元，审定造价34.6亿元，核减造价3.7亿元，核减率达9.8%。其中标前控制价审核项目183项、送审造价11.6亿元，审定造价10.6亿元，核减造价1.0亿元，核减率达8.6%。审计中显示工程管理中存在合同管理不规范、项目投资超概算（预算）、监理单位监管不到位、施工单位虚高工程量等问题。

【审计信息化建设】 全面完成“金审二期”审计会商系统部署，实现与国家、省、市和县（市）区四级审计机关互联。完善正版软件和短信平台建设，解决审计局内重要公告、信息宣传等短信发送功能。启动“金审三期”工程项目建设，着力解决审计项目流程管控、大项目管理、网上审理、数据库和移动办公等问题。全局实现使用OA系统进行办公，并初步实现OA和AO的交互使用。

（朱航斌）

（编辑 薛 静）

财 政

【概况】 2014年，罗源县公共财政总收入19.23亿元，完成预算的102.85%，比增2.02亿元，增长11.73%。地方公共财政收入13.58亿元，完成预算的103.4%，同比增长1.31亿元，增长10.71%。全县公共财政预算支出19.34亿元，完成调整预算数的91.18%，比增7702万元，增长4.15%。

全县政府性基金收入14.96亿元，完成预算的118.7%，同比增长5.37亿元，增长51.91%。全县政府性基金支出14.54亿元，完成调整预算数的65.58%，比增4.25亿元，增长41.25%。

【项目资金筹措】 支持重点项目建设 集中财力13.1亿元保证县委、县政府2014年重点项目建设需求，主要用于滨海新城配套设施、台商投资区松山片区等重点项目建设，罗源湾港口及配套设施日益完善，加速推进港城联动。

促进重点产业转型 灵活运用并进一步优化财税政策，拨付1477万元支持亿鑫钢铁、宝钢德盛等已落户的省、市、县重点企业发展，壮大实体经济，涵养财源；贯彻落实即征即奖、技改补助、增产增效用电奖励等优惠政策，拨付1687.85万元支持三钢小蕉、三金钢铁等企业自主创新，增强财政增收后劲。

拉动内需发展 贯彻落实扩大内需政策，加大地方配套投入，拨付4550万元用于渔民上岸安居工程、乡镇司法所业务用房等13个中央基建项目建设，拉动罗源县经济发展。

【民生保障资金】 筹集资金1.8亿元用于县委、县政府为民办实事项目建设，支持农村安全饮水、提高城乡居民社会保障等惠民实事项目实施。

拨付2.18亿元支持保障性安居工程建设，重点支持南洋花园、泰康家园、滨海新城等保障性住房建设，推动涉迁群众搬迁安置及改善困难群众住房条件。

拨付1.68亿元支持生态环境建设。其中：拨付9789万元用于石材加工区废水污染及废渣综合整治；拨付1008万元用于美丽乡村建设；拨付810万元用于污水及垃圾处理厂和污水管道建设；拨付1456万元用于城乡环境综合整治及生态建设；拨付1681万元用于畜禽养殖整治、敖江流域罗源段“二水源”治理等，推进城乡环境综合整治。

【加大“三农”投入】 农林水事务支出2.89亿元，增长1.14%。其中：拨付松山围垦闸门加固资金2154万元、病险水库除险加固资金1281万元、造林绿化资金1130万元、生态公益林补偿金855万元、造福工程资金1376万元等，改善农村发展环境。继续落实强农惠农富农政策，拨付农业“六大”特色产业扶持资金2163万元和设施农业专项资金640万元；发放农资综合补贴650万元、石油价格改革财政补贴1533万元、良种补贴126万元等，促进农业增产增效。

【支持社会事业发展】 教育事业支出3.1亿元，同口径增长3.5%。其中：拨付义务教育公用经费6043万元；拨付3404万元支持中小学校改建及添置办学设备；补助滨海学校教学设备购置1580万元等，改善城乡办学条件。

社会保障和就业支出2.09亿元，增长19.67%。其中：拨付2744万元用于城乡低保支出；拨付3623万元补助城乡居民社会养老保险；拨付1273万元用于抚恤支出、自然灾害生活救助；拨付567万元用于农村五保供养；拨付395万元用于重度残疾人生活困难补助等。

医疗卫生与计划生育支出2.25亿元，增长57.5%。其中：拨付6493万元加大新型农村合作医疗补助投入；拨付2184万元用于公共卫生支出；拨付3159万元支持基层卫生机构运转；拨付1464万元支持县中医院改建、精神病院建设等。

公共安全支出1.13亿元，增长1.23%。在保障公、检、法、司正常运转的同时，拨付3000万元用于第二消防站建设；拨付1650万元用于公安“两所一队”建设；拨付1095万元用于社会治安防控体系、加强和创新社会管理、社区矫正、“六五”普法教育等，保障“平安罗源”建设。

【财政管理】　执行《国库管理暂行规定》《财政国库集中收付支付流程》，扩大国库集中支付范围，提高资金使用效益，全县119家预算单位纳入国库集中支付，2014年受理2万余笔，累计支付金额12.5亿元；贯彻落实中央八项规定，转发并执行省市培训费管理办法、因公临时出国经费管理办法，重新修订、出台《罗源县行政机关和事业单位差旅费管理办法》《罗源县行政机关和事业单位会议费管理办法》，全县“三公”经费支出2536.28万元，比2013年减少1614.56万元，下降38.9%。

开展会计信息质量检查、强农惠农富农资金专项检查、严肃财经纪律和“小金库”专项治理，重点检查县医院、洪洋乡政府、县旅游局、县第三中学等20个单位，检查资金总额1.33亿元。通过开展专项监督检查，收缴未入库的非税收入22.5万元，查处纠正账务处理不规范、专项资金拨付不及时等问题。

【政府采购】　执行政府采购目录和限额标准，加强政府采购事中、事后的监督检查，规范政府采购行为。2014年，罗源县政府采购109次，其中公开招标采购58次，网上竞价采购51次，采购预算金额7516万元，实际支付7068万元，节约资金448万元，节约率达5.96%。

（黄秀国）

国家税务

【概况】　罗源县国家税务局管辖全县各类纳税人3148户，其中一般纳税人579户，小规模纳税人775户，个体工商户1794户。税收收入以石板材行业和钢铁行业为主。2014年，实现税收53932万元，同比增长5382万元，增长11.09%，完成全年收入计划53500万元的100.81%。其中完成县级税收收入16707万元，同比增长2136万元，增长14.66%。增值税入库40400万元，占总收入74.91%；企业所得税入库13020.66万元，占总收入24.14%；消费税入库113万元，占总收入0.21%；车辆购置税入库398万元，占总收入0.74%。2014年度获全县民主评议政风行风工作免评单位，连续六年获免评资格。

【货物劳务税征管】　2014年1月起，在铁路运输业和邮政服务业企业启动营业税改征增值税试点；6月起，在电信业企业启动“营改增”试点。截至年底，全县“营改增”企业176户。全年“营改增”增值税入库1865万元，同比增长365万元，增长24.33%。落实“营改增”试点企业过渡性财政扶持政策，累计申请拨付财政扶持资金约140万元。

【企业所得税征管】　全年组织入库企业所得税13020.66万元，同比增长3146.08万元，增长31.86%。探索实施分规模、分行业管理，将9户税款较大的企业列为县局重点监控。推进房地产企业所得税管理，运用“红、橙、黄、绿”4个预警等级，对房地产行业进行全面“体检”，评估补税300万元。开展2013年度企业所得税汇算清缴工作。截至2013年年底，全县办理税务登记企业865户，开业806户，开业面93.18%；全年应参加企业所得税汇算清缴792户，实际参加789户，汇算面99.62%。经过汇算清缴，盈利户268户，占全部汇算户数的33.97%；零申报企业310户，占全部汇算户数的39.29%；亏损企业211户，占全部汇算户数的26.74%。落实小微企业税收优惠政策，助力小微企业发展。截至年底，全县符合小型微利企业标准的纳税人59户，减免税金额164435元。

【国际税收征管】　全年组织非居民税收100.86万元，同比增长36.83万元，增长57.52%。对非居民企业到罗承包工程和提供劳务探索源头控管；开展反避税工作，新立案情况汇报1户。

【出口退税管理】　创新全县出口退税管理方式，加快退税单证审核审批时间，加强对出口退税工作的监督考核。全年为10户出口企业办理退税1500万元，办理免抵调库1503万元，比增98.87%。

【征管改革】　对机构职能实行“扁平化”和“实体化”改造。按“四大体系”设置机构（大服务机构、税源管理机构、税务稽查机构、后勤保障机构），按“行业＋地域”和“规模＋特定业务”两种分类方式对税源进行科学分类，由4个税源管理分局面向全县分别实施税源专业化管理，由征管科技科负责户籍集约化管理。

【依法治税】 规范执法 推进税收执法管理信息系统运行，全年调整前执法准确率为99.69%，申辩调整后执法准确率达100%，高于全省平均水平。推进税法咨询维权，加强规范性文件审查，保障纳税人合法权益。

整顿秩序 2014年打击发票违法犯罪工作查结案件16户，涉及其他非法取得发票147份，涉及金额46.87万元，查补入库税款18.55万元，加收滞纳金0.01万元、罚款0.73万元，合计19.29万元。开展税收专项检查和区域税收专项整治，查找征管薄弱环节和风险隐患。对房地产、农村信用合作联社等企业开展税收专项检查，查补入库税款611.99万元，加收滞纳金6.45万元。

税法宣传 开展全国第23个税收宣传月活动，组织税收志愿服务队，深入宝钢德盛不锈钢有限公司等8户企业开展"送税收春风入企业"税宣活动，分别从政策、服务、管理上为企业提供税法辅导、咨询服务。

【纳税服务】 办税服务厅开通免费WIFI，设置导税台，对兜底条款自查修订，编制办事指南。对125项即办事项做到"立等可取"，对111项限时办结的审批事项做到前台受理、内部流转，实现服务无缝链接。全年办理同城通办业务67500户次，办理免填单业务10021张。

【风险管理】 成立税收风险分析监控中心，推行"信息管税"，通过应用风险分析监控平台、行业税收管理模型等，对纳税人申报信息、政府相关部门提供的第三方信息等各类信息进行分析，按风险高低对纳税人进行排序。对风险较小纳税人，通过提醒，及时纠正；对一般风险纳税人，通过分局纳税评估，引导企业自查自纠；对风险较高纳税人，移送税务稽查部门立案处理。将税源管理的主要资源优先用于管理高风险的纳税人。全年评估28户，评估成果729.27万元，其中直接补税入库税额605.89万元，冲减应退税金123.38万元。

（黄 聪）

地方税务

【概况】 2014年罗源县地税局累计入库各项收入16.1亿元，同比增收2.25亿元，增长16.21%。其中：税收收入13.24亿元，同比增收1.88亿元，增长16.56%（其中：县级税收收入10.42亿元，同比增收9523万元，增长10.06%）；费金收入2.86亿元，同比增收3642万元，增长14.57%。

【税费收入】 2014年企业所得税累计入库2.07亿元，同比增收4670万元，增长29.1%；营业税累计入库5.99亿元，同比增收2667万元，增长4.7%；个人所得税累计入库1.22亿元，同比增收1381万元，增长12.8%。

基本养老保险费入库9717万元，同比增收1740万元，增长21.81%；失业保险费入库673万元，同比增收206万元，增长44.11%；医疗保险费入库8410万元，同比增收241万元，增长2.95%；工伤保险费入库626万元，同比增收144万元，增长29.88%；生育保险费入库453万元，同比增收236万元，增长108.76%；残疾人就业保障金入库322万元，同比增收29万元，增长9.9%；价格调节基金入库2657万元，同比增收1547万元，增长139.37%；工会经费入库229万元，同比增收22万元，增长10.63%。

【征收管理】 设立建安房地产、个体工商户等2个专业化管征局和5个属地管征局，成立税收风险分析监控中心和纳税评估分局，形成"行业+属地+个体"的税收征管格局，并及时将各基层分局（所）的征管职能调整事项向社会公告。2014年，根据市局下达的3期税收风险分析提示，及时向纳税评估分局和管理分局推送风险排查任务，完成市局推送的64户任务，查补税费49.81万元。同时开展石板材行业用电量数据比对，查补62户石板材厂税收125.75万元。通过县国土局提供2012年度至2014年上半年"招拍挂"土地相关信息，对63宗招拍挂土地涉及单位的契税、土地使用税、印花税、耕地占用税进行四税同查，查补税费6.88万元，县国土资源局自行补缴该项土地印花税117.02万元。

【信息化建设】 开发完成以契税申报为载体、二维码技术为核心的涉税申报数据采集系统，并于2014年5月30日上线试运行成功。该系统运用二维码技术将电子数据导入省局征管系统，实现涉税数据快速读取录入和智能核对，契税申报单笔业务操作耗时由20分钟压缩至7分钟，批量集中申报业务操作耗时压缩至平均每户5分钟。2014年，累计完成6136户涉税信息采集零差错录入工作。

【纳税服务】 梳理岗位业务流程、工作时限及要求，推进集中办税、涉税事项受理、审核、审批等环节向纳税

县地税局开发以二维码技术为核心的涉税申报数据采集系统

服务部门前移，简并涉税表报，扩大通用文书报表和免填单使用范围，形成标准化岗责体系。同时加强惠民税收政策宣传，通过办税服务厅公告、微信、网站等多渠道，及时告知纳税人小微企业税收优惠政策及申报操作事项，2014年确认符合所得税减半征税政策的小型微利企业64户，其中查账征收户21户、核定征收企业56户，累计减免税款3.07万元。办税服务厅受理涉税事项25069项，纳税人满意度达100%，被福州市总工会授予福州市“五一先锋岗”荣誉称号。

【依法行政】 与罗源县国税局联合制定罗源县共管个体工商户定期定额核定标准，结合典型性调查结果，按行业按地段分规模确定定额，规范个体工商户定额管理。出台《税收执法管理重点工作考核办法》，每月对税收执法情况登记表的使用、违法违章处理情况、非正常户管理与停歇业巡查、欠税管理等情况进行通报。从2014年4月份起，通过外网对未申报的662个纳税户进行公告催报，清理注销证件失效2年以上非正常户63户，认定非正常户71户；组织专人对全县453户独管双定户税收核定情况开展自查，组织开展2014年税收执法检查，并对2013年税收执法检查中发现的突出问题落实整改情况进行检查。2014年查处发票违法企业5户，涉案发票67份，涉案金额316.02万元，查补税款32.23万元、罚款800元，其中协助市局做好“1·20”发票违法案件协查查处假发票7份，涉及金额56.49万元。

【队伍建设】 2014年，参加省、市局组织的纳税服务系列、存量房交易评估系统操作、办税服务厅标准化建设、税收研究与课题等各类培训59人次，组织开展中层干部读书班、干部知识更新培训、企业所得税汇算清缴、土地增值税清算业务、风险防控业务、征管业务流程及税收执法、党风廉政等学习培训13次，培训达724人次。制定《2014年度绩效管理工作实施方案》，出台《重点工作绩效考核办法》和《关于地税工作人员效能问责的补充通知》，开展机关作风纪律整顿4次，明察暗访22次，受理12345市民诉求件25件，受理率、办结率、反馈率均达100%。

（吴艳彬）

金　融

【中国人民银行罗源支行】 2014年，人行罗源县支行推动金融生态县建设，建立日常金融风险监测机制。贯彻落实稳健货币政策，有效传导货币信贷政策，实现2014年全辖区信贷增量不低于2013年和全辖涉农贷款增量不低于2013年的工作目标。2014年12月末，全县银行业金融机构9家，营业网点33个。各项存款余额85.05亿元，比年初增加8.310亿元，增幅10.83%；各项贷款余额119.48亿元，比2014年初增加39.650亿元，增幅49.67%；本外币贷款首次突破100亿。

传导信贷政策　一是开展涉农信贷导向评估，扩大金融机构涉农信贷投放；启用执行差别化存款准备金政策工具；发挥支农再贷款政策的引导作用，为农村信用社争取支农再贷款限额1.270亿元，支持农户2595户。二是创新政银农合作机制，设立特色农业产业担保基金；协助县政府召开辖区首个金融服务食用菌项目对接会，破解三农融资担保瓶颈问题。三是建议县政府制定《罗源县人民政府关于进一步做好金融服务小微企业工作的意见》。至12月末，银行支持小微型企业79家，信贷总额43.600亿元，占比重98%；四是采取“额度包干、序时考核”推进跨境人民币业务，提前超额完成上级行下达的考核任务。

维护金融稳定　开展“两综合，两管理”（综合评价、综合执法、开业管理、营业管理）工作，制定金融机构综合评价办法和综合执法检查办法；通过“提前介入，先期指导”，支持罗源汇融村镇银行与国泰君安证券罗源营业部2家新设金融机构筹建开业。

全年辖区金融机构重大事项报告16项；组织开展民间融资与非法金融活动定点监测，建立与县公安、法院的信息共享机制；建立金融稳定工作联席会议制度；开展金融稳定突发事件应急演练；拟定金融生态县创建实施方案。

提升金融服务　指导金融机构落实金融统计标准化工作，做好金融统计数据核对及监测工作。开展第二代现代化支付系统运行；实现助农取款服务“村村通”；至12月末辖区手机银行业务签约客户累计8.93万户，手机支付交易743.17万笔，同比增长461%，交易金额196.220亿元，同比增长252%；全县IC卡发卡184137张，占比重90%。

推进企业和个人征信系统建设，规范金融信用信息基础数据库查询管理；推动农村信用社开展“农村信用工程”建设，至12月末全县创建信用镇1个，信用村49个，占全县行政村（社区）的26.63%，促进征信业务规范开展。

推动国库业务信息化建设，实现各级税收收入入库、退库和更正业务电子化；建立与财政、国税、地税部门和商业银行的横向联网系统应急处置机制，实现国库管理安全高效，确保国库资金“零在途”。

开展反洗钱三维评估试点；开展反洗钱现场检查与非现场监管评估，发出警示性《监管意见书》3份；完善反洗钱协作机制，创建与县公安局、检察院、法院反洗钱会商机制。落实资本项目减政放权改革，推行外汇年报会计师事务所代理制，通过互联网系统办理，支持辖区外向型实体经济。至12月末，辖区银行跨境收入4454.56万美元，同比增长46.27%；跨境支出4977.54万美元，同比增长199.28%。至12月末，辖区企业进出

9月9日，县人行开展“严厉打击假币犯罪 维护群众切身利益”活动

口总额25142.85万美元，同比增长43.28%，其中进口21010.14万美元，同比增长43.75%，出口4132.71万美元，同比增长40.89%。

落实小面额人民币供应长效机制；建立券别调剂及残损券兑换绿色通道；推动全额清分和冠字号码查询工作，可查询冠字号码的存取款一体机及取款机贴标比例达到90%；联合县政法委开展反宣币专项整治。落实假币收缴管理工作，维护人民币流通秩序。全年收缴假币1518张，金额14.01万元。

探索县域金融消费权益保护工作机制，以“消费者权益保护日”和“金融宣传月”为平台，开展金融宣传；选聘金融消费权益保护工作社会监督员。

强化内部管理　全年组织中心组学习17次，坚持把学习政治理论与中心工作紧密结合。续聘中层干部12人，对办公室、营业室及信贷调统股3个岗位进行优化配置。开展“七一”建党系列活动、“发扬革命传统、坚定理想信念”爱国主义教育实践活动，接受红色教育。开展“道德讲堂”活动，组织经典诗歌诵读。全年开展同级监督专项审计2项、内审核查2项、内控督导12项。依托本行开发的NOTE公文管理系统和中支OA系统，实现电子化、网络化办理公文；整合清理各类领导小组；厉行节约，大力管控“三公经费”支出，2014年1－11月三公经费同比下降30.28%。

（詹财锋）

【福建银监局罗源监管办事处】　福建银监局罗源监管办事处辖9家银行业金融机构，分别为工商银行罗源支行、农业银行罗源支行、中国银行罗源支行、建设银行罗源支行、海峡银行罗源支行、中信银行罗源支行、邮政储蓄银行罗源支行、罗源县农村信用联社、罗源县汇融村镇银行。9家银行业金融机构全年实现存款余额85.06亿元，同比增长10.83%；贷款余额119.49亿元，同比增长49.67%。2014年罗源银监办组织对辖内银行业金融机构现场巡查、调查4次，其中邮储银行2次，农村信用社2次。非现场监管方面，对农村信用社，全年完成并上报福建银监局非现场监管报表529份，监管报告16份。年终决算年度财务报表公布前“三方会谈”（银监办、

县联社、委托外部审计机构）2次，发出监管意见书2份；对邮政储蓄银行完成并上报福建银监局现场巡（检）查报告2份，监管报告2份，发出监管意见书1份。全年对辖区银行业金融机构安防工作大检查2次。在市场准入监管方面，全年完成并上报福建银监局8个高管任职资格初审，全部获得核准；机构准入初审1个即“罗源县汇融村镇银行”，机构开业初审1个（同上）。

风险防控　2014年银监办对辖区2个机构信贷业务开展检查，查出11个信贷操作与管理风险漏洞，以整改意见书的形式责令被查机构限期整改。重点督促信用社、邮储银行保证“五级”分类的真实性，确保偏离度不超过5%。受宏观经济下行影响，处置2621.34万元不良贷款。至年末全辖贷款余额119.49亿元，其中不良贷款余额1791万元，占比0.15%，比全省平均水平低1.76%。银监办全年抽查2个机构合计4个部门16个基层网点31个风险点的风险防范工作，对每个被查单位存在的风险隐患都给予明确整改要求。

农村信用社监管　一是督促其落实法人治理建设。按照章程规定的“三会一层”职责履职，各负其责。二是加强二级班子建设。把基层乡镇信用社主任纳入高管管理，其准入实行行政核准制；向乡镇信用社主任灌输审慎经营的原则、风险监管理念、内控执行力建设、职业道德和个人品行操守教育的重要性等。三是下乡巡查，坚持做到每半年到各乡镇信用社巡查1次，与一线员工沟通。

普惠金融工作　在全县农村推动设立金融服务便民点，截至2014年底全县共设行政村金融服务便民点189个，占全县行政村96.43%，剩下的行政村将计划在2015年做到便民点全覆盖。全年组织全县各银行业金融机构进村入校金融知识宣传活动1次，宣传点工作人员分发宣传品，为学生、社区居民、农村村民答疑解惑，普及基础金融知识。

（叶　强）

【中国银行罗源支行】　中国银行股份有限公司罗源支行年末人民币存款时点余额64880万元，其中：人民币公司存款时点余额43227万元，人民币储蓄存款时点余额21638万元。外币存款时点余额270万美元，其中外币公司存款时点余额106万美元，外币储蓄存款时点余额163万美元。人民币各项贷款余额121827万元，其中人民币公司贷款12132万元，人民币零售贷款109695万元。外币贷款996万美元，外币业务占全县金融机构的90%。

网点建设　中国银行罗源支行在罗源县有支行本部1个网点，在支行本部设有自助银行1处；在城关地区府前街、三中路及罗源湾开发区德盛宝钢不锈钢有限公司厂区内设有3处自助存取款设备。

风险管控　支行落实岗位责任制，强化对员工的行为管理和资产风险的管控。一是加强内部风险管控，坚持思想教育引导与严惩违规行为“两手抓”，加大对员工的廉洁意识、合规理念、安全观念的教育宣导。二是加强资产风险管控，在把握市场风险、政策风险、经营风险、操作风险的情况前提下，加大对当地重点企业、重点项目、支柱产业融资支持力度；重点监测信贷资金流向，加强信贷资金流向监控，警惕和防范金融掮客贷款，严防借名贷款；重点把握信贷资金投向，严格执行贷款新规。

金融产品　2014年发放个人按揭贷款3亿多元；商品房开发贷款2500万元；办理国家外汇储备委托贷款2500万美元；国业信用证收单3800万美元；融资付款3800万美元；外汇贷款余额996万美元；小微企业贷款98万元；跨境人民币结算业务6027万元，内存外贷“财融通”业务1000万元，代发公务卡243张。其中外汇贷款和跨境人民币结算业务，填补了罗源辖区金融行业在这一方面的空白。开办中小型企业贷款，出国留学保证金贷款，代销黄金、代售基金等产品。

（黄衍国）

【中国农业银行罗源支行】　中国农业股份有限公司罗源县支行年末本外币各项存款余额14.30亿元，比年初增加2.21亿元。实现中间业务收入1640万元，同比增加109万元，增长7.12%；实现拨备前利润9713万元，同比增加4062万元，增长71.88%；实现拨备后利润6636万元，同比增加1390万元，增长26.5%。各类信用余额33.04亿元，比年初增加11.31亿元。2014年获得罗源县政风行风民主评议公共服务行业第一名，连续三年位列罗源县公共服务行业第一名；获得第十四届市级文明单位荣誉称号。

服务“三农”　重点锁定现代农业，为益升食品、长盛水产等农业产业化龙头企业提供产业链整体金融服务。2014年发放滨海新城个人住房按揭贷款3584笔，金额12.84亿元，2012年8月至2014年12月累计发放个人住房按揭贷款8527笔，金额28.3227亿元。与7个行政村签订银村共建协议，向共建村发放惠农卡，发放农户小额贷款与个人生产经营贷款，培育信用村2个。向农村基础设施建设项目倾斜，优先安排信贷资金。建设惠农通便民服务点13个，布放自助服务终端、转账电话等机具。

存贷款业务　本外币各项贷款余

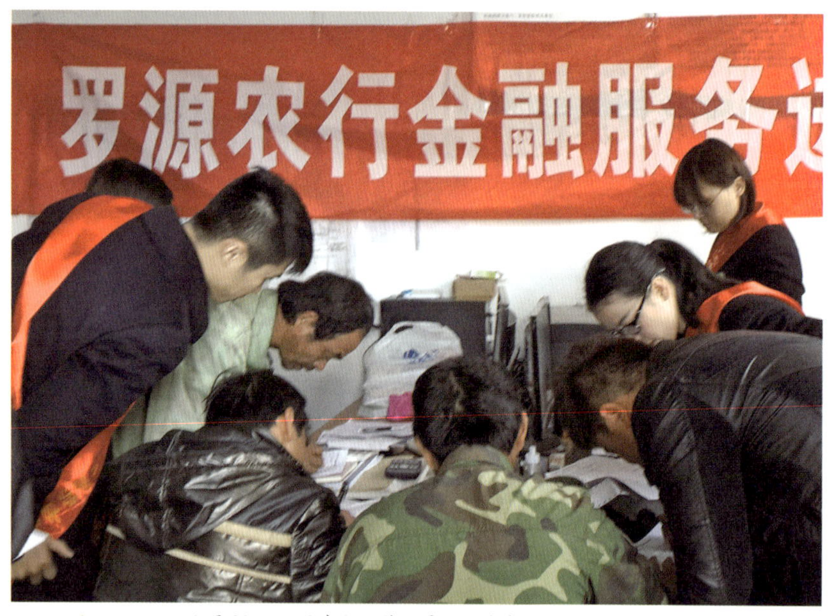

1月23日，县农行工作人员为返乡农民工提供金融服务

额32.24亿元，比年初增加11.51亿元，贷款存量市场份额占比均稳居同行业第一，增量市场份额占比在同业中排名第二。

网点建设　开展以“加强营业网点建设，提升网点服务品质”为主题的民主评议行风工作。推进网点劳动组合优化工作，强化网点客户经理、产品经理、大堂经理队伍建设，实施销售服务流程导入。落实智慧银行建设战略，促进柜面业务向电子渠道迁移。完善管理机制，推动新一代内部计价管理系统应用。

风险管控　开展信贷业务2009年以来新发放不良贷款、法人客户信贷业务担保圈、信贷业务“防假打假”等三项治理活动。加强对钢贸企业、个人经营贷款和担保公司担保业务审查，退出转化法人潜在风险贷款2500万元，压降不良贷款3599.39万元，实现法人客户贷款零不良。

服务社会　成立创建活动工作领导小组，制定“文明餐桌”公约，发出“光盘行动”倡议书，组织学雷锋志愿者服务队深入光荣院慰问孤寡老人，开展“创先争优我带头，捐献爱心展风貌”义务献血活动，发起“平安出行，文明礼让”志愿者活动，以及改善农村支付服务环境，深入滨海新城、益升公司、霍口畲族乡开展三农服务，开展金融知识进校园、进社区等活动。

（李晓丹）

【中国工商银行股份有限公司罗源支行】　中国工商银行罗源支行截至年末，本外币存款总额9.05亿元，其中对公存款余额3.82亿元，储蓄存款余额5.23亿元，较年初增加0.49亿元，增长10.50%。贷款余额29.86亿元，较年初增加16.70亿元，增长126.90%，日均余额19.55亿元，较年初增加6.40亿元，增长48.85%；实现收入1.63亿元，同比增加0.74亿元，增长83.79%，计划完成率达115.11%，其中结算代理理财类收入553万元；实现净利润0.29亿元。

网点建设　罗源县工行下辖2个营业网点，7个自助银行点，20台存取款机，4台多媒体自助终端，另购置滨海新城店面414.2平方米，拟建设滨海新城新网点。

支持地方经济建设　一是支持安居工程，满足居民消费需求。年末个人住房按揭贷款余额17.20亿元，主要面向滨海新城购房客户发放，个人消费贷款余额0.12亿元，个人经营性贷款余额1.90亿元；二是助力实体经济，扶持小微企业。年末公司贷款余额9.5亿元、表外贷款余额5400万元，加强对罗源湾经济开发区落户企业的融资支持，促进区域经济发展。

个人金融服务　推出商友卡、理财金卡、宝贝成长卡等特色卡种，结合本地群众消费需求，推出以工行“如意金”为主的贵金属金融产品，为广大客户提供多样的账户管理服务。2014年罗源工行大力推广芯片卡，累计发放商友卡860张、灵通卡14949张；围绕e－ICBC战略，全年新增工银e支付注册用户2949户；新增企业网银证书客户63户、个人证书客户5824户、手机银行客户9184户，完成网上银行、手机银行渠道交易额112.33亿元；代理基金销售量576万元；银行类理财产品销售量9013万元；代发工资新增11户，私人银行有效客户数2户；发放信用卡1736张，发展特约商户37户。

规范管理　改进信贷经营，加强风险防控。开展员工职业道德、职业素质、职业操守教育活动，定期组织重点岗位、重点人员的学习培训工作。构建以岗位价值为核心、以员工履职能力和工作业绩为依据的薪酬分配机制，通过以能定资、以绩定奖、以市场为参照的薪酬分配方式，推动员工薪酬与经营业绩同步增长。

服务社会　深入霍口畲族乡、西兰乡，开展爱护人民币、反假币宣讲活动，提高当地群众鉴别假币的技能，制止假币的流通，同时，为当地商铺提供小票兑换服务；开展金融知识法律法规进校园活动，组织专业团队至福州市民族中学等学校，普及相关知识，提高学生金融素质；为罗源县华威公交公司安装34台IC卡刷卡机，并免费开立闪酷卡，方便群众出行，促进县域公共交通建设发展。

风险管控　要求岗位人员依照规定程序办理业务，加强对操作风险的监测分析与核查，内部风险暴露水平保持在历史低位；加强对信贷风险的动态监测和实时预警，2014年罗源支行对信贷资产进行风险排查，不良贷款262万元，不良率为0.88‰。加强廉政和安全保卫两个责任制的落实，实现全年安全经营无差错、无事故。

（郑亦佳）

【中国建设银行罗源支行】　中国建设银行罗源支行截至年末，存款余额12.10亿元，各项贷款余额18.63亿元。存贷款30.74亿元，比上年增加4.92亿元，其中一般性存款余额121049万元，新增3376万元，企业存款余额45047万元，储蓄存款余额76002万元。实现账面利润5491万元，比上年同期增加1441万元，同比增幅达35.58％，人均创利112万元。全年实现中间业务收入1524万元。在2014年度罗源县政风行风民主评议13个公共服务行业考核中获得第一名。

支持地方建设　支持国家电网、闽光钢铁、房地产、小企业及个人贷款等项目，累计发放各项贷款近19.6亿元；进一步加大个人住房贷款，保持传统信贷优势，截至年底，利用信贷资金发放个人住房贷款16.1亿元。

网点建设　加强在服务渠道建设，加大自助设备投放，开通自助银行4家，自助设备19台，自助设备账务性交易量同比达91%。加大各级客户经理评聘力度，强化客户经理专业人员队伍建设。建立涵盖网上银行、短信银行、手机银行等体系。推广“善融商务”金融服务平台，为企业提供销售商机，并通过网络贷款、分期等融资业务，促进产品销售与企业壮大。

主要金融产品　全年销售理财产品36347万元、基金146万、代理保险123万，销售实物黄金1.0344万克、贵金属销售527万克，新增个人高级版网银9895户，新增个人手机银行10149户，成功审批通过安居分期业务350件，放款额度4300万元，信用卡成功发卡1571张。

规范管理　推行会计基础管理工程，达到一级达标单位规范化管理的要求。强化内控基础管理，落实案件防控工作责任制。正确处理风险防范和业务发展关系，尽责履职。开展困难帮扶慰问及员工健康体检等活动，持续推进文明创建与民主评议政风行风工作，以提升“两个”满意度为目标，坚持“以客户为中心”的服务理念，强化网点窗口文明规范服务。

（黄新文）

【中国农村信用社罗源县农村信用合作联社】　罗源县农村信用社年末各项存款余额20.15亿元，比年初增长23.84%；存款市场占有率26.26%，比年初上升3.42个百分点，继续位居罗源县金融系统第1名。各项贷款余额14.87亿元，比年初增长20.36%；全县贷款18187户，同比增加600户；贷款19862笔，同比增加853笔。五级分类不良贷款余额707.72万元，占比重0.48%，近十年末核销剥离1笔不良贷款，不良率按升序排名稳居全省农信系统前十名内。

涉农贷款　贷款重点投向服务“三农”，截至12月31日，罗源农村信用社涉农贷款余额达13.72亿元，占贷款总额92.28%，比年初增加2.32亿元，增幅20.37%，涉农贷款增幅比各项贷款增幅高0.01%，实现涉农贷款“两个不低于”的工作目标。全县16638户农户获得罗源农村信用社信贷支持，农户户均贷款8.25万元，农户贷款面达26.09%。同时，创建信用镇1个，信用村51个，评定信用户3961户；已建农户档案30957户，占目标客户数100.89%；发放农户小额信用贷款3642.27万元，受益农户数1325户；发放农户联保贷款16911.89万元，受益农户数1107户。

金融产品　推出针对农户的“富农卡”、针对个体工商户和小微企业的“兴隆卡”和针对公职人员的“如意卡”等3种普惠金融卡片，满足县域不同群体的信贷资金需求。累计发放“富农卡”3098张，授信金额达11374万元，发行“如意卡”650张，授信金额达7750万元，发行“兴隆卡”41张，授信金额达764万元。推出“活利贷”自主定价贷款，累计发放383户，金额9636万元；推出“福万通·兴源贷”个人最高循环贷款，累计发放69户，金额547.50万元。推出专项信贷产品“金菇宝”、“绿业贷”和“渔快贷”，信贷支持农民专业合作社、巾帼创业园等新型农户经营模式。首次开办人民币理财产品，理财产品“福万通·金源宝”于2014年7月份首次发行，累计发行5期（每期1000万元）。

网点建设　罗源农村信用社为县域独家乡镇全覆盖的金融机构，是全县服务网点最广的金融机构，下辖18个营业网点。新购置东方新城和滨海新城2处店面房产，启动起步镇、碧里乡2处营业网点的危房改建工作，对全县8个网点的破旧食堂进行重新翻修，完成辖内全部网点的“福万通”新门楣改造工作。

风险管控　重点管好放好贷款，防止“垒大户”、“傍大款”，防范行业和系统性风险的出现；重点支持服务“三农”、支持实体经济和小微优质企业，加大对种养殖业、农业龙头企业和农民专业合作社扶持力度；重点监测信贷资金流向，加强信贷资金流向监控，警惕和防范金融掮客贷款，严防假冒借名贷款；重点把握信贷资金投向，执行贷款新规。制定罗源农村信用社2014年清非控险方案和工作意见、罗源农村信用社不良贷款责任追究管理暂行办法。深入推进“阳光办贷”工程，推行办贷首问责任制和限时办结制度。

金融服务“村村通” 在全县189个行政村（除11个乡镇实体网点外），布设175个小额支付便民服务点，为福州辖区第1家实现小额支付便民点行政村全覆盖的金融机构，保障新农保客户在家门口就能缴纳保费和领取养老金。

科技支持“三农” 依托科技支撑，拓宽金融服务半径，加快ATM、存取款一体机、福农通、POS机等自助机具的布设进度，推广手机银行、网上银行等现代金融支付工作。截至12月31日，罗源农村信用社在县辖内共布设ATM机14台、存取款一体机16台、自助终端21台、实现客户自助办理存取款、非现金业务、冠字号码查询功能；布设福农通收音机具595台、POS终端198台；开通手机银行13977户、网上银行4904户、短信银行38699户；发放金融IC卡3.01万张，向全县农户发放新农保卡9.94万张。

履行社会职责 发放青年创业贷款210万元，受益农户青年50户。发放农村妇女创业贷款1024万元，受益农户207户；发放“生源地助学贷款”1138.22万元，受益户数869户；发放“扶贫贴息贷款”88户，金额257万元，补助利息11.77万元；发放“下岗失业人员小额贷款”1094万元。通过“福万通慈善基金”，向10名当地品学兼优的贫困大学生每人捐赠5000元，获得县慈善捐赠“组织奖”、“贡献奖”称号。

起步镇洋北村小额支付便民点

扶持民生建设 支持小微企业贷款16家，金额3192.42万元；支持小微企业主贷款52户，金额6955万元；支持个体工商户贷款321户，金额7513.48万元。代发种粮直补、新农保、家电下乡、低保户、机关社保等政策性补助资金80.25万笔，累计金额1.88亿元。在中房镇设立福万通IC卡整合试点，实现新农保卡与低保户整合，在中房全镇22个村试点由“折”改“卡”，并通过便民点，让低保、五保户便捷领取低保金。

内部管理建设 一是深化人事制度改革。开展人员“三定”工作，制定中层竞聘、员工双向选择和富余人员分流等3项选人用人制度，实现干部任免由“委任制”向“竞聘制”转变。二是推动绩效改革。制定2015年薪酬实施细则及绩效考核办法，采用以“计件考核”为主的激励机制，拉开工资差距，深化激励奖惩机制。三是促进贷款精细化管理。完善信贷业务审批流程再造，简化贷款手续，释放客户经理时间，实现办贷提速增效；完善支持实体经济模式，成立小微企业中心，纵深扶持实体经济；完善信贷管理制度，优化办理贷款的主要环节操作，提高客户经理操作效率。

（林蔚然）

【福建海峡银行罗源支行（县海峡银行）】 福建海峡银行罗源支行截至年末资产总额为64762万元；各项存款62820.4万元，比年初减少46050.8万元，完成年存款计划的51.25%；日均存款74552.4万元，比年初减少5180.9万元，完成总行日均存款计划的80.97%。各项贷款47646.7万元，比年初增加1645.1万元；实现利润2692.8万元，同比增加369.3万元，完成年计划的86.34%。

主要业务 支行经营业务主要包含办理人民币存款、贷款、结算业务；办理票据承兑与贴现；发行金融债券、代理发行、代理兑付、承销政府债券等经中国人民银行业监督管理委员会等相关部门批准的业务。2014年12月，支行成功为客户办理第1笔出国留学贷款业务；实现二手房按揭贷款零突破；推进“迷你贷”商圈方案报送。发放迷你贷（叠加贷）5笔，金额548万元。推出公务卡，销售公务卡18张；截至12月30日总计销售理财266笔，金额6626万元，较年初增长金额84.82%，增长笔数254.67%。

风险管控　强化员工经营管理风险意识，优化内部经营管理机制，妥善处理风险、经营和管理的关系，为提高经营管理水平，有效规避风险提供基础保障。遵循前台操作、中台控制、后台保障的业务顺序，规范业务操作流程、细化操作标准，分离不相容岗位、职务，明确划分权责利，适当推行轮岗制，制定完善的风险体系。

加大对各部门员工的教育和培训力度，通过深度宣传防范经营风险的必要性和重要性，督促全员树立和强化风险意识，增强员工的责任感，提职业素养，形成自上而下自觉防范风险、忠于职守的风气。

（任人平）

【中国邮政储蓄银行罗源县支行】　截至2014年末，个人业务储蓄存款余额48000万元，对公业务储蓄余额5690万元。各项贷款本年度全行共计发放贷款2723笔，金额47721万元，年度结余52466万元。

业务与产品　推出针对公职人员的“个人信用消费贷款”、针对农户及个体工商户的小额贷款、针对小微企业的小企业抵押贷款和增信贷，满足县域不同群体的信贷资金需求。推出专项信贷产品，支持农民专业合作社、家庭农场等新型农业经营模式。

网点建设　邮储银行在罗源设有1个自营支行和4个代理支行（网点），依托覆盖城乡网络，服务“三农”、服务中小企业、服务社区，承担“普之城乡，惠之于民”社会责任，走“普惠金融”发展道路。

风险管控　重点监测信贷资金流向，加强信贷资金流向监控，警惕和防范金融掮客贷款，严防假冒借名贷款；重点把握信贷资金投向，严格执行贷款新规。提高全体员工合规操作、规范经营行为，构建操作风险管控畅销机制，培育员工内控合规意识，规范业务操作流程，突出规范管理和风险防范，从根本上提高员工合规经营素质。

（邱雄芳）

【中信银行罗源支行】　中信银行罗源支行截至年末，人民币各项存款余额17804万元，比年初新增11422万元，其中个人存款余额12286万元，对公存款余额5518万元。各项贷款余额17958万元，比年初新增17551万元，其中个人贷款余额14352万元，比年初新增14092万元；对公贷款余额3606万元。各项业务实现中间业务收入71.92万元，其中，零售条线中间业务收入46.92万元，公司条线中间业务收入25万元。

网点　中信银行罗源支行网点位于罗川中路天福花园。

业务　吸收公众存款；发放短期、中期和长期贷款；办理国内外结算；办理票据承兑与贴现；代理发行金融债券；代理发行、代理兑付、承销政府债券；买卖政府债券；从事同业拆借；提供信用证服务及担保；从事银行卡服务；代理收付款项及代理保险业务；销售理财产品；代理销售基金、信托产品；提供保管箱服务；外汇存款；外汇贷款；外币兑换；国际结算；同业外汇拆借；外汇票据的承兑和贴现；总行授权的代客外汇买卖；代理国外信用卡的付款；资信调查、咨询、见证业务；办理贵金属业务；总行在中国银行业监督管理委员会、中国证券监督管理委员会、中国保险监督委员会和国家外汇管理局批准的业务范围内授权的其他业务。

（董惠钦）

【罗源县汇融村镇银行】　福建省罗源县汇融村镇银行股份有限公司于2014年10月28日在罗源县正式开始试营业。年末，罗源汇融村镇银行年内资产总计14838.24万元，比年初增加14838.24万元，同比增加14838.24万元，其中各项贷款余额2636万元，比年初增加2636万元，同比增加2636万元。负债总计14838.24万元，比年初增加14838.24万元，同比增加14838.24万元，其中各项存款12079.95万元，比年初增加12079.95万元，同比增加12079.95万元。其中，储蓄存款余额6513.24万元，比年初增加6513.24万元，同比增加6513.24万元。各项贷款余额2636万元，其中正常类贷款2636万元，无关注类贷款及次级类贷款。截至2014年12月末，涉农贷款余额2022万元，占贷款总额76.71%。用于支持个人农林牧渔业贷款余额1440万元；用于支持建筑业贷款余额20万元；用于批发和零售贷款余额1028万元。

网点　罗源县汇融村镇银行有凤山镇富丰小区7－8号1个网点。

业务　吸收公众存款；发放短期、中期和长期贷款；办理国内结算；办理票据承兑与贴现；从事同业拆借；从事银行卡业务（借记卡）；代理发行、代理兑付、承销政府债券；代理收付款项及代理保险业务；经银行业监督管理机构批准的其他业务。

（陈波、林苏森）

【罗源县人民保财产保险有限公司罗源支公司】　2014年，人保财险罗源支公司遵循“人民保险，造福于民”的原则，加强风险管控，统筹发展、提升效益与服务，不断提高市场拓展能力和业务获取能力。公司全年毛保费收入3549.41万元，实收保费2997万元，增幅9%，综合赔付率47%，实现利润总额468.57万元。

经营业务　人保财险罗源支公司在继承传统销售渠道的基础上，开拓新的承保渠道，一方面展开电子商务、网销服务等渠道，形成新型承保方式，另一方面加强与车行之间的相互协作，保障新车保险业务的持续发展。车险业务是公司的主要经营对象，同时，公司也在拓展非车险业务，如公众责任险、雇主责任险、综合财产险等，为客户提供全面的人身财产保障及服务。

客户服务　不断推进服务标准化进程，形成前台服务后台，上级服务下级，全员服务客户的理念。从承保一线到后期的服务，遵循保障客户利益的原则，结合实际情况为客户提供优质服务。2014年，财险罗源支公司在“PICC服务界面5S标准化建设”中取得良好的成绩。

风险管控　一是在企业财险承保前进行风险评估、承保中进行管控、承保后进行跟踪。提前做好灾情预报和灾害防御工作。二是对出险率高的企业，进行改造承保条件，提高其免赔额；剔除高风险的小规模企业，不予承保。三是责任险承保限制其保额，提高保费费率，改进特别约定。四是推动建议险、驾意险、旅意险、借款人意外险等效益型险种提升，加强与邮储银行合作。

保险理赔　根据市场总体变化和公司业务发展需求，坚持“稳健经营，以效益为中心”的指导思想。加强理赔车险队伍基础制度建设，完善理赔服务体系；深化各项理赔制度改革，狠抓理赔队伍建设；提升管理水平，提高公司经营效益，扩大市场份额。2014年赔付案件2819起，赔付金额约1551.4万元，较去年同期增长13%。

（黄新杰）

【中国人寿保险股份有限公司罗源支公司】　2014年，中国人寿保险股份有限公司罗源县支公司实现总保费6954万元。其中，长险首年保费2667万元，长险首年期交保费1050万元，10年期及以上期交保费549万元，长险首年标保581万元，短期险保费1127万元，其中意外险保费845万元。总保费列罗源寿险行业首位。

业务　个险渠道实现长险首年保费918万元、长险首年期交保费920万元、10年期以上期交保费506万元、长险首年标准保费538万元、短期险146万元。银保渠道实现长险首年保费1731万元，长险首年期交保费128万元，长险首年标准保费41万元。团险渠道通过实现短期险保费969万元，其中，意外险保费730万元。

经营管理　遵循资源倾斜基层的总体原则，财务资源配置不断提高基层和销售费用占比，向业务一线和基础建设倾斜；人力资源管理严格遵循“增人不增资、减人不减资”原则，实行编制控制，总额核定，引导基层公司提高自主管理意识。加强员工队伍和销售队伍建设，通过校园招聘、日常增员、培训等方式提升公司管理干部、销售人员的数量和质量。

风险管控　坚持从源头上消除风险隐患，保障业务发展。合规合法管理印章、单证，抓好综合治理销售误导、营销员诚信建设、内部控制标准执行与评估，全面落实反洗钱等工作，排查关键岗位风险隐患。加强党风廉政建设，开展党的群众路线教育实践活动，遏制违法违规违纪行为，保障公司和谐稳定。

保险理赔　2014年，中国人寿保险股份有限公司罗源县支公司赔付案件296起，赔付金额439.44万元，较去年同期下降5.66%，其中，短期健康险赔付案件251起，赔付金额141.396万元，较去年同期增长12.39%，短期意外险赔付案件53起，赔付金额190.65万元，较去年同期下降21.12%。

客户服务　通过网络、电话等平台为客户提供便捷服务，组织客户参加福州分公司举办的2014年“中国人寿杯”少儿绘画展福州选区、VIP客户健康体检、国寿大讲堂、“鹤彩无限”特约商家优惠活动，举办金银卡客户年会，丰富国寿“1+N”服务品牌内涵，提升公司品牌形象。

（蔡翠娅）

（编辑　薛　静）

农村经济

综　述

【农业收入】　2014 年，罗源县农林牧渔业总产值 54.77 亿元，比增 5.0%；实现农民人均期内现金收入 11068 元，比增 10.6%。全县粮食播种面积 0.71 万公顷；食用菌生产栽培 1.62 亿袋规模，生产鲜菇 8.9 万吨；生产水果 1.05 万吨，茶叶 0.68 万吨，蔬菜 8.44 万吨。完成造林任务 6400 公顷，毛竹林垦复 406.67 公顷。全年出栏生猪 87500 头、牛 1950 头、羊 15000 只、兔 32.15 万只、禽类 55.6 万羽，实现肉蛋奶产量 1.49 万吨。水产品总产量 14.51 万吨，水产品加工量 5.89 万吨。各类农资、种苗、农技、信息、流通等服务全年实现产值近 3 亿元。

【农业产业化】　全县市级以上龙头企业 19 家（其中新增市级 3 家、省级 1 家），农民专业合作社 201 家（其中 6 家农民专业合作社评为市级以上示范社），家庭农场 21 家（其中 3 家评为县级示范场）。获无公害农产品产地认证的企业 12 家，产品数量 20 个，种植面积 686.67 公顷；获绿色食品认证企业有 1 家 2 个产品，种植面积 88 公顷；获国家地理标志产品有“罗源秀珍菇”和“七境茶”2 个农产品。

龙头企业　较大规模的农业生产经营户中市级以上农业龙头企业 19 家，全年销售产值超 10 亿元，带动农户 3 万户。通过优惠政策的补助扶持，拓宽企业农产品市场销售渠道，培育企业产品营销人才队伍，提升企业农产品市场流通效率，提高龙头企业产品竞争能力。11 月 28 日，召开金融项目对接座谈会，广发银行与部分企业达成初步协议，解决龙头企业资金短缺问题。

农民专业合作社　加强对发展农民专业合作社培训，引导农民围绕产前、产中、产后等环节开展多元化、多形式的合作，提高农业生产和农民组织化程度。

休闲农业　制定《罗源县休闲农业发展实施意见》，开展休闲农业示范点创建工作，2 家单位获评市级休闲农业示范点。结合新农村建设和特色产业发展，加大推进重大休闲农业项目动建，全县动建 1000 万元以上休闲农业综合体 6 个。

【农业综合服务体系】　信息网络服务　加强“12316”农业热线服务工作和农村信息网络服务建设。投入 30 多万元，在 8 个乡建设触摸屏农业信息查询系统，在 54 个村建立农业信息点，发展 120 多户手机农务通和“12316”手机平台。面向农民免费提供土地承包经营权流转信息、政策法规咨询、农业信息查询和农业技术指导培训等服务。全年接受群众服务热线电话、来访件 585 件次，其中技术性咨询求助 532 件次；组织农技人员前往现场处理 1563 人次，为农民直接挽回经济损失 150 多万元。

金融创新服务　2014 年，罗源县获批列入省级农村金融创新服务试点县。成立罗源县农村小额信贷担保服务工作领导小组和罗源县农村小额信贷担保互助协会。研究制定《罗源县农村小额信贷担保服务认定管理办法》和《罗源县农村小额信贷担保服务实施方案》，省、县两级财政筹集 400 万元设立农村小额信贷担保基金，与农村信用合作联社开展合作，解决农村农户因发展农业生产而形成贷款难、融资贵的问题。

【农业科技服务与培训】　基层农技推广体系建设　明确农技推广公益性职能和农技人员职能定位，重新核定农技推广机构 29 个，其中县级 7 个、乡（镇）级 22 个，乡（镇）畜牧兽医站实行“三权归县”垂直管理。县乡两级机构编制内人员 113 人，其中县级 37 人、乡（镇）级 76 人，具有高、中级以上职称47人。重点建设乡（镇）农技推广机构办公用房与“三室一厅”（办公室、检测室、培训室和服务大厅）。先后新建2个乡（镇）400平方米和改扩建8个乡（镇）1510平方米的农技站房；11个乡（镇）基本上配齐农残速测仪等一系列所需仪器设备。建立完善基层农技推广机构管理职责、推广责任、人员聘用、绩效考评、培训教育、多元化服务等运行机制，推行县级业务主管部门、所在单位和服务对象“三方”考评制度。

“五新”技术推广　抓好农业新技术、新品种的引进、试验、示范和推广工作。完成水稻、甘薯、蔬菜等新品种的试验、示范和推广53个（或项）。在食用菌、果蔬和茶叶生产上引进智能型高新农业技术5项，推动农业科技成果的转化应用，加快传统农业的改造升级。

科技培训　罗源县2014年被列为省级新型职业农民培育试点县，研究制定《罗源县新型职业农民培育试点实施方案》和《罗源县新型职业农民认定管理办法》，并确定培训机构。发挥县农广校和科教站的培训职能，全年举办各类培训班42期，培训3950人次。推行农业技术干部联户指导制度。成立种植业、畜牧业2个农业技术推广专家组；聘用80名农业技术指导员800户农业科技示范户。围绕粮食、食用菌、茶叶、果蔬、畜牧5个主导产业，建设农民田间学校6所，建立农业示范基地5个。

【新农村建设】　精品示范村建设　开展新农村建设“百村竞赛”活动，全县8个“百村竞赛”村（福湖村、北山村、深坑村、破石村、西洋村、下长治村、凤坂村、陶洋村）实施44个项目，总投入4000多万元。推进精品示范村建设，着力打造福湖畲族民俗文化生态旅游、北山社会主义新农村综合治理、上长治农民创业园产业集群等一批特色鲜明、带动辐射力强的精品村、示范村。

农村环境综合治理　县级财政拨付财政预算环境治理县级配套资金612万元。全县保洁员683人，乡镇均成立环卫所。罗源县农村环境整治办公室每半个月对11个乡镇的巡查结果进行综合排名并通报。全年巡查组开展360多次巡查，基本覆盖所有行政村，下发420多份整改通知单，改变农村环境卫生面貌。中房镇、西兰乡、洪洋乡等3个乡镇被评为示范乡镇，凤山镇管柄村、松山镇北山村、碧里乡牛坑村、鉴江镇东湾村、起步镇庭洋坂村、洪洋乡石塘村、中房镇深坑村、白塔乡凤坂村、西兰乡洋坪村、飞竹镇官路下村、霍口乡福湖村等11个村庄被评为福州市农村环境综合治理示范村。

造福工程危房改造　2014年罗源县“造福工程危房改造”完成360户涉及人员1286人，改造任务，其中计生户19户，残疾户40人，少数民族228人，五保户20户。累计发放补助资金692.8万元。

土地流转　在县级和11个乡镇建立土地流转中心，新增土地流转面积210公顷，全县土地流转面积1168.67公顷，引导农业适度规模经营，提高土地综合利用率，发展农业特色产业。

强农惠农政策　全年发放种粮综合直补金654.42万元、良种补贴金260.5万元；全县水稻种植保险投保面积0.59万公顷，投保率100%。

村财监督管理　把村财收支纳入预算进行管理，开展账前审核，把好村级财务入账关，加强对村集体资源资产公开发包（出租）的监督管理，建立资产和资源出租或发包台账，督查合同履行。针对村财监管中发现的问题发出整改意见18份，整改反馈率100%。

农产品质量安全监管　新增3家农产品可追溯体系项目试点企业。制定《2014年度罗源县农产品质量安全监管工作实施方案》。完成果蔬、茶叶、食用菌等生产环节农药残留检测1084件次，合格率100%。开展监督执法活动278次，出动监督执法人员2316人次；检查兽药经营场所100余家次、饲料经营场所90余家次，立案查处违法行为6起，罚款金额0.2631万元。

农民负担监督管理　拓展农民负担监管范围，开展减负检查，组织有关人员抽查部分乡镇。落实一事一议财政奖补工作，规范一事一议项目资金管理。落实减轻农民负担“五项制度”，推行政务公开、村务公开，督促做好农资综合直补、良种补贴、油价补贴等资金的发放工作。做好农民负担监督卡发放工作，发放农民负担监督卡5600份。

（李　棋）

种植业

【概况】　2014年，种植业生产以市场为导向，引种茶叶和食用菌等高产、优质、高效的农作物品种，优化种植业生产结构。粮食播种总面积0.71万公顷，总产量4.6万吨，水果种植面积0.38万公顷，产量1.05万吨，茶叶种植面积0.2867万公顷，产量0.68万吨，食用菌总量1.62亿袋，产量9.62万吨，产值7.5亿元。

【粮食生产】　全县粮播面积0.71万

公顷，总产4.6万吨，单产395千克。其中水稻0.59万公顷（早稻0.013万公顷、中稻0.533万公顷、晚稻0.047万公顷）、甘薯0.147万公顷、马铃薯0.033万公顷、豆类和玉米0.033万公顷，总产约4.25万吨。开展粮食高产创建工作，示范区水稻亩产601千克，比普通栽培亩增产116千克，增幅19.5%。开展水稻、甘薯新品种试验示范推广工作。

【经济作物】 蔬菜水果 发展大棚蔬菜、高山反季节蔬菜和西甜瓜生产。全县种植各类蔬菜面积0.61万公顷，产量8.44万吨，产值1.55亿元，其中毛豆种植233.33公顷、黄色韭菜100公顷、茭白200公顷。全县水果生产，主要是结合低产劣质果园改造加强山地种果，全年完成低产劣质果园改造1200公顷，新植果园53.33公顷。全县水果总面积0.38万公顷，产量1.05万吨，实现产值1.35亿元。

茶叶 重点抓好生态茶园建设、茶叶初制加工厂清洁化改造和茶叶品牌建设，推进茶产业转型升级。全县新发展茶园50公顷，初制加工厂清洁化改造5家，1家通过QS认证。在中房镇下湖村建立榕春早茶树良种繁育苗圃，扦插榕春早茶苗50万株。通过引进生产设备，强化加工技术培训，大力开发名优茶生产。组织茶叶企业10家18人到屏南县学习红茶、绿茶加工技术。通过品种改良和茶园改造，全县茶园面积0.2867万公顷，总产量0.68万吨，产值1.5亿元。

食用菌 依托起步镇省级农民创业示范基地建设项目，围绕“龙头带基地、基地连农户”的发展模式，新建和改造标准化菇棚6.67多公顷和食用菌生产线4条，新增创鲜、祥业等2家食用菌加工型企业。推行农业“五新”技术集成推广，促进多菌类可持续发展，引导企业申报商标，打造品牌。罗源农民创业示范基地于2012年12月30日经福建省人民政府批准成立，示范基地累计投入生产建设资金2亿多元，入驻的食用菌各类生产企业和生产大户达30多家，年栽培食用菌4200多万袋，从业人员2000多人。全年完成食用菌1.62亿袋（平方尺），销售鲜菇8.9万吨，实现产值7.5亿元。

【农作物病虫害防控】 抓好农作物病虫害、疫情监测预警工作，及时准确发布预警信息。编印《病虫情报》720多份以及其他宣传资料1300多份。加强植物检疫性病虫害的防控工作，抓好产地检疫和调动检疫，确保植物生产安全。2014年全县农作物病虫害发生24.49万亩次，开展农作物病虫害防治170.6万亩次，挽回粮食损失0.156万吨。农作物病虫害造成损失有效控制在3%以内。

（雷建华）

畜牧业

【概况】 全年出栏生猪87500头、牛1950头、羊15000只、兔32.15万只、禽类55.6万羽，实现肉蛋奶产量1.49万吨，实现产值2.25亿元。

【畜禽饲养】 结合重点流域畜禽养殖污染整治，以优化布局、突显特色为重点，推广沼气工程与生态治理相结合模式，促进生猪工厂化生态养殖。全面拆除敖江流域福州二水源保护区霍口、飞竹、中房3个乡镇生猪养殖场。督促拆除凤山、松山、洪洋3个乡镇禁养区内的养猪场。全县年出栏万头以上养猪场4个、1000头以上养猪场34个，规模养猪场出栏量占80%。在禽类养殖上，充分发挥山区的优势发展山地鸡。

【重大动物疫病防控】 完成春秋两季重大动物疫病强制免疫工作，各类动态免疫密度达100%。将疫苗配套、应急工作经费、监测流调、动物卫生监督等防控经费纳入财政预算，从而保障重大动物疫病防控工作的开展。2014年罗源县未发生重大动物疫情。

（雷建华）

林业

【概况】 2014年罗源县林业经济总产值185274万元，同比增长45%。林业用地面积78893.33公顷（其中：生态公益林面积32800公顷，商品林面积46093.33公顷）。有林地面积57060公顷，疏林地面积1753.33公顷，灌木林地面积3540公顷，未成林造林地面积3453.33公顷，无立木林地面积6006.67公顷，宜林地面积7146.67公顷，苗圃地176000公顷，非林业用地面积25200公顷，全县林木总蓄积量2095600立方米，森林覆盖率56.95%，林地绿化率78.7%。

【造林绿化】 2014年省、市下达罗源县造林绿化任务706.67公顷，全县完成造林绿化任务1359.47公顷，占任务数192.377%，其中完成人工造林更新662.73公顷，完成绿色城市53.33公顷，绿色村镇70.13公顷（其中省级绿色村庄3个），绿色通道48.73公顷，绿色屏障524.53公顷。省级财政补贴森林抚育368.4公顷。完成西兰乡后路村矿山覆土绿化工程建设和白塔乡应德村渣场覆土绿化工程，投入资金92.925万元，建设面积10.13公顷；中共罗源县第一个党支部旧址（应德村）周边场地绿化工程建设，投入资金108.86万元，建设面积1.39公顷；梅岭绿化工程建设，投入资金29万元，种植红梅、杜鹃等绿化苗木。在植树月期间，各级开展义务植树活动6场，参加人员约600人，种植各类苗木约11500株。绿色村庄建设稳步推进，做好3个省级、5个市级绿化示范村建设。

【森林资源管理】 2014年罗源县采取措施，加强野外火源管控以及扑火队伍和护林员队伍2支队伍建设。完成除治重度松墨天牛299.73公顷，除治松类枯死木2200株，防治马尾松毛虫254.67公顷，开展春秋两季松类枯死木调查与普查工作，开展“绿盾2014”检疫执法专项检查，遏制森林火灾发生。

【林业科技】 实行局部分科级干部和技术人员分片包乡镇责任制，加强对基层林业工作进行指导和服务，以及对林农技术服务，联系福建农林大学专家教授在罗源县举办1期80人参加的油茶种植和毛竹培育技术培训班。

【林业产业】 林业局在强化生态建设的同时，做大做强林业经济，实现生态建设产业化、产业发展生态化的良性发展，促进林业增效、林农增收。2014年全县林木生产出材量16208立方米。引导传统林产业加快改造提升，规模以上林产品加工业3家，省级和市级龙头企业各1家，中国·海峡项目成果交易会对接项目征集企业技术需求2项，项目成果对接2项，总投资1.2亿元。建设毛竹林示范基地400公顷，油茶示范基地126.67公顷，油茶及毛竹林便道100公里。涉林农民专业合作社12家，获评省级示范社1家，获评市级规范社3家，西兰许洋翠丽山生态园获得市级示范林下经济基地补助。

霍口香樟树

【花卉苗木生产】 开展“走百个市场、进千家花企、访万户苗农”集中服务活动，全面落实“助花企增效、促苗农增收、推产业增长”各项举措，加快产业产品结构调整，加强新增长点的培育，促进产业融合发展，加快产业转型升级。2014年全县花卉苗木达552.07公顷，产值达1.6亿元。

【国有林场】 福建省罗源国有林场全场经营区总面积2885.67公顷，有林地面积2863.4公顷，其中用材林面积1005.2公顷，生态林面积1729.53公顷。全场林木总蓄积量27万立方米，生态林总蓄积量16万立方米。林场下设吕洞、湖里、北际、寒洋、罗汉洋、西洋、外坂、秀岭8个工区，分布在全县9个乡镇32个乡村范围内，点多线长，是全省最分散的国有林场之一。

【林政管理】 2014年受理行政类森林案件55起，查处49起。其中立刑事案件19起，破刑事案件13起（其中破年前案件2起）；抓获犯罪嫌疑人15人（其中1名在逃犯），刑事拘留1起1人，逮捕1起1人，取保候审14人；移送检察机关审查起诉13起13人，移送起诉率100%。查处林政案件36起，处理各类违法犯罪人员38人次，收缴木材58.3立方米，为国家挽回经济损失84.75万元。注重林权矛盾纠纷排查工作，加大纠纷化解稳控力度，调处林权矛盾纠纷6起。

【林权登记管理】 新增林权初始登记发证宗地64宗，新增登记发证面积130053公顷，发放林权证64本；注销登记81宗，面积458.8公顷；更正登记3宗，面积81.47公顷；变更登记12宗，面积382.73公顷；办理林权抵押登记15宗，面积684.73公顷。通过审批临时用地4宗22.578公顷，永久用地4宗34.2881公顷。

（兰必德）

海洋与渔业

【概况】 2014年全县水产品总产量达14.51万吨，同比增长8.11%，水产品总产值35.55亿元，同比增长6.5%，其中海水养殖产量11.4万吨，海洋捕捞产量1.4万吨，淡水养殖产量1.66万吨。全年水产品加工量5.89万吨，水产加工产值1069亿元，与2013年基本持平，出口创汇1562万美元，比增10%。

【用海管理】 2014年海域资源开发利用由单一的申请确认，逐步转向招标、拍卖、挂牌方式确认海域使用权，以挂牌出让方式罗源湾滨海新城游艇码头、罗源湾滨海新城二号游艇码头、罗源湾滨海新城旅游管理用房、罗源湾滨海新城一号及二号钓鱼台用海海域使用权，面积4.41公顷，均已摘牌。上报获批项目用海2宗，面积2.58公顷；发放水域滩涂养殖证19本，养殖面积52.527公顷。

【海洋执法】 出动海洋执法人员596人次，执法船（艇）124航次，航时414小时，航程4130海里，执法车辆149车次，行程7340公里。其中，检查渔业用海项目93个；检查临港工业项目58个；检查在建涉海工程填海造地项目43次；发现并制止侵占海域违法行为46次；立案查处1起无证海洋倾废违法行为，处罚人民币15万元。

【海洋环境保护】 *海岸带整治与入海污染物总量控制示范工程* 北山村生活污水处理工程完成竣工验收，污水处理达到设计标准。2012年第一期北山村互花米草整治33.33公顷，种植红树林6.67公顷。2014年第二期北山村二期互花米草整治面积约23.33公顷。

放流增殖 8月份在松山北山村水域开展罗源湾长毛对虾增殖放流，放流规格1厘米以上长毛对虾苗种6720万尾。加大野生水生保护动物政策宣传，与酒店、酒家签订相关承诺书17份，张贴相关宣传海报36张，在罗源湾海域放流查处野生水生动物中华鲎9只。

监测水质环境 设立日常水质监测点，会同省市监测部门对罗源县临港工业排污口和重点养殖海区水环境进行监测，并统计分析向社会公布水质情况，做好渔业病害预警。监测结果表明罗源湾海水水质总体状况一般，海水中pH、溶解氧、化学需氧量、非离子氨、石油类、氰化物、挥发性酚、总铬等监测因子基本能够满足《海水水质标准》第一类或第二类水质标准的要求。

治理“海漂垃圾” 加强对罗源湾沿岸海域和海上养殖区海漂垃圾收集清理工作。多次开展松山海堤海漂垃圾清理，开展北山村海岸带海漂垃圾清理试点。组织人员进行海上打捞、清理海漂垃圾。要求海上酒家、酒店将日常垃圾与油污收集上岸处理。

落实保护措施 会同省海洋环境监测中心，监测罗源县在建海洋工程周边海域，加强海面与岸线巡查，落实海洋工程施工和临海企业营运期间环境保护措施，以及海洋工程建设“三同时”制度。

整治违规捕捞 监督管理224艘捕捞渔船，登临检查率100%。掌握港口渔船动态，防止伏休渔船擅自离港。重点巡查全县11个湾内无居民海岛。整治违规渔具，对渔船携带、使用的渔具情况按规定使用统一标尺进行测量、检查、登记，督促整改179艘违反作业类型进行捕捞作业的小型渔业捕捞渔船，清理碍航的固定违规捕捞设施的浮球92个，清理拦截插网陷阱300米，查处违法捕捞作业行为10起，处罚人民币1.5万元。

【水产养殖】 罗源县养殖面积6196公顷，其中海水养殖面积4264公顷，淡水养殖面积1912公顷。海水养殖区域分罗源湾湾内、湾外2大块，湾内是罗源县主要养殖区，养殖面积4000公顷。鱼类品种有大黄鱼、真鲷、美国红鱼、包公鱼、石斑鱼、鲈鱼等；贝类品种有鲍鱼、牡蛎、泥蚶、缢蛏等；藻类品种有海带、紫菜、江篱、龙须菜等；虾类有南美白对虾等。

其中鱼类网箱5万个（3.6×5.5平方米），鲍鱼网箱8.5万个（3.6×5.5平方米），海带（江蓠菜等）850公顷，牡蛎496.7公顷，滩涂贝类养殖188公顷，南美白对虾养殖1330公顷（松山垦区1100公顷）。罗源县凤山镇方厝村从浙江等地引进淡水鱼类新品种台湾泥鳅。养殖面积达5.33公顷。洪洋王认村淡水养殖场创新改变养殖方式，土池培育和养殖金鱼观赏鱼类面积4公顷。

2014年，罗源县有海水育苗场28家，主要繁育品种为大黄鱼、南美白对虾、鲍鱼、牡蛎。全年鱼类育苗3.8亿尾，虾类育苗200亿尾，贝类育苗1.01亿粒，总产值约1.22亿元。发放水域滩涂养殖证19本，养殖面积52.527公顷。

【渔业监管】 *渔业生产安全* 开展港口和海上执法巡查工作，组织执法人员840人次、执法船艇140船次、执法车辆167辆次，检查渔业村（居）127个（次）、港口127个（次），登临渔船检查3265艘次，发现存在船名号标识不规范、未配备（齐）救生消防设备等安全隐患小型渔业船舶374

艘，发出书面整改通知书374份，整改到位率100%。开展"六打六治"、"打非治违"等专项活动，查处占用罗源湾主航道进行渔货交易的违规作业渔船、小型无证从事渔业生产作业船舶等违法行为，保障海上渔业从业人员生命、财产安全，查处渔船违法违章作业14起，处罚人民币1.98万元。加大小型渔业船舶安全隐患整治工作，根据县政府办公室《关于印发罗源县小型木质养殖、辅助渔船更新改造工作方案的通知》文件精神，对2013年度、2014年度船检发现467艘存在小型渔业养殖渔船存在擅自更新改造的渔船安全隐患问题进行整治。

组织执法人员参加县渔业安全生产应急救援综合演练，提升执法人员应急快速反应和处置渔业安全生产突发事故能力。投入防范台风工作，台风期间，部署海上巡查和宣传工作，督促海上人员及时上岸避风，帮助群众加固渔排，协调引导外地来罗避风渔船有序进港停泊，深入辖区村居和渔业养殖区，帮助乡村落实防台工作。落实执勤值班制度，在节假日期间开展37次航道、港口、码头安全大检查，清理违规养殖设施、制止非法载客行为。落实上级部门部署的非法采捕交易红珊瑚专项整治工作，组织人员深入各沿海乡镇开展宣传、调查摸底和执法巡查工作。

水产品质量安全　加大相关法律法规宣传力度，组织人员与17家生产水产苗种育苗场场主或经营者面对面宣传《关于办理危害食品安全刑事案件适用法律若干问题及解释》等法律材料，与15名在生产的各育苗场负责人或经营者签订《福州市水产苗种质量安全承诺书》，配合有关部门开展水产品质量安全和水产养殖用药培训，大力宣传依法生产、安全用药有关法律规定和相关知识。加大执法巡查力度，将水产养殖执法的专项行动与日常监督、定期检查与不定期检查有机结合，全年出动执法人员18人次，对全县登记在册的29家水产苗种水产育苗场落实"三项纪录"、持证情况、生产和用药制度落实等情况进行执法检查，对存在问题的生产单位发出责令限期整改通知书4份，并督促整改到位。配合农业部、省市县有关部门开展水产品质量抽检工作，配合采集、送检水产养殖样品20批次，其中大黄鱼苗种10批次、鲍鱼8批次、大黄鱼2批次。加大水产品质量案件查处力度，查处水产苗种场培育水产苗种药残超标案件1起，销毁大黄鱼苗种194万尾，处罚人民币1万元。落实上级部署的食品安全任务，组织人员深入农贸市场、码头、澳口等水产品销售区域，宣传禁止食用织纹螺有关规定，制止群众采捕、销售、食用织纹螺。

【罗源湾海域退养】　根据省市关于加快海洋经济发展、建设"海上福州"等会议文件精神，结合罗源县水产养殖、项目推进、财政资金等实际情况，制定《罗源县罗源湾海域水产养殖退养总体工作方案》，拟分3个阶段、分项目、分区域完成罗源湾内水产养殖清理退养工作。

罗源湾水产养殖拆迁涉及松山、碧里2个乡镇31个行政村，涉及水产养殖人口5.08万人（劳动力3.57万人）。罗源湾北岸湾内水产养殖面积约8400公顷，各种网箱约13.4万标准箱，育苗场55个，养殖年产量约90511吨。

2014年完成网箱养殖拆除6.2625万箱、吊蛎53.33公顷，其中新澳、廪尾、狮岐岸线及主航道沿线400米范围海域养殖网箱基本清空。狮岐作业区养殖退养工作组，完成宝钢德盛专用码头项目涉及海域的养殖清理退养工作，涉迁养殖户272户、网箱17625标准箱，完成协议签订265户、发放补偿款5361万元。基本完成淡头作业区海上养殖清理退养工作，涉及养殖户263户、网箱养殖8000多标准箱、吊蛎53.33公顷。华能港电储项目签订拆除补偿协议249户，其中鲍鱼7412标准箱，鱼类11522标准箱，工作台614标准箱，管理房19073平方米，发放补偿金预付款5586.87万元。

【科技兴渔】　深化县级水产技术推广体系改革与建设项目，设立大黄鱼养殖、鲍鱼养殖试验示范基地，发展60户科技示范户，依托渔业合作社，重点抓鲍鱼、大黄鱼、白对虾3个主导品种水产养殖技术推广。科技人员包村包户进行面对面技术指导，解决渔民在养殖过程中遇到的困难与问题。通过科技示范户辐射带动周边养殖户增产增收。开展花鳗鲡、绿鲍、台湾泥鳅、观赏鱼类品种引进与试养，引导日本对虾网箱养殖新技术和新模式应用。

【病害防控】　开展大黄鱼、鲍鱼等渔业养殖主要品种病害监测。重点监测鱼类刺激隐核虫、白鳃病和鲍鱼弧菌性病害，及时分析病害蔓延趋势，做好宣传和防控工作。在福州市海洋与渔业技术中心和罗源县海洋与渔业局共同努力下，大黄鱼"白点病"等主要病害逐年减少。

【渔业惠民政策】　渔业保险　加大宣传力度，扩大群众对渔工保险知晓率，发挥渔工保险降低渔业风险，保障渔业安全生产和渔民利益，保费由省补贴30%，市县补贴10%，2014年3341名渔工纳入保险范围。

燃油补贴　履行机动渔船油价补贴公开、公示、监管等程序，2014年

技术人员现场讲解渔业养殖技术

申报2013年度获批享受燃油补贴渔船2531艘，其中捕捞渔船219艘，养殖渔船2312艘，补助用油量2838.639吨，发放补助资金1042.2383万元。

海洋与渔业培训　按养殖品种和生产季节开展渔业养殖技术、渔业病害防治、赤潮防范、水产品质量安全、渔业防灾减灾、新安全法、境外养殖发展状况与展望等培训，2014年免费培训渔民、养殖户936人次。协助福建海洋职业技术学校、碧里乡政府筹办新型农民中学学历班，12月9日在碧里乡吉壁村礼堂举行开班仪式，40余人次参加。在2013年罗源县1500名渔船船员“四小证”考试发证的基础上，深入3个沿海乡镇7个渔村，设点开展“四小证”培训和考试，全县592名船员参加培训，495名船员参加考试。

【渔业相关产业及组织】　水产加工业　鼓励水产加工企业开发新产品、新技术、新工艺，扶持罗源县源林食品有限公司、罗源县恒源食品有限公司、罗源县海林食品有限公司、罗源宏星烨水产有限公司等水产加工企业生产设备更新升级，扩大产品出口规模和项目用海。罗源县长盛水产发展有限公司2014年被评为“市级水产龙头企业”。组织5家水产企业参与渔业周、渔博会等市级以上大型渔业行业交流活动。

相关产业　签约罗源湾滨海新城旅游开发有限公司开发福州罗源湾海洋世界海洋旅游项目，总投资12亿元，总建筑面积约13万平方米。建有多功能大型海洋生态馆，集科普教育、体验互动、观赏及水生动物表演于一体，每天可接待游客8000至10000人，为华东地区最大的海洋公园。

相关组织　成立罗源县渔业行业协会，首届成员166人，主要由罗源县水产企业和松山、碧里、鉴江3个乡镇养殖户组成。

【突发事件】　针对3月碧里乡梅花海域外籍油轮溢油污染海域和7月吉壁海区图瓦卢籍“安娜”号轮船溢油污染海域，海洋与渔业局派出水技人员、渔业执法人员对受污染海区进行调查，配合相关部门摸底调查养殖户损失，指导养殖户开展生产自救。协助省、市海洋环境与渔业资源监测中心和评估单位深入渔区、渔排进行采样等。

9月碧里乡发生养殖鲍鱼高温死亡事件，海洋与渔业局协同相关银行，做好养殖户到期贷款还款转贷工作，帮助受灾群众渡过难关。其中转贷21批次，上账281笔，累计上账金额1954.4万。

（叶　榕）

水　利

【概况】　2014年，罗源县水利局开展以引调水工程、防洪排涝工程、中小河流治理及农村饮水工程、病险水库除险加固、堤防水闸除险加固、河道整治、水土保持等为重点的水利建设。全年累计完成投资2.8304亿元，占县年度水利投资责任目标1.5125亿元的187%。同时开展防汛抗旱、水资源保护、水利行业行政审批等各项水利工作。

2014年3月完成2014年度水资源年报和福州市2014年度水资源公报；及时结报水资源费及票据，做到票据专用，规范收费，2014年取水收费企业为63家，水电站62家，收取水资源费117万元。水资源换发证1家，申请水量154万立方米。2014年12月份，按照省厅要求完成罗源县水资源平台监控室的建设，3座水库（苏区水库、西溪水库、南榜水库）的监测站全部建成，等待下一步全省水资源平台的联网调试。

【病险水库渠道加固】　罗源县现有小型水库28座，总库容3138万立方米，其中：小（一）型水库12座、小（二）型水库16座。列入2014年除险加固的水库有4座，其中小（一）型水库2座（牛梅溪水库、经布岩水库），小（二）型水库2座（黄土水库、长基水库），总投资863.41万元，其中上级补助710万元，主体工程于年底前全部完工。

牛梅溪水库　牛梅溪水库位于鉴江镇呈家洋村，水库总库容161万立方米，最大坝高31米，坝型为浆砌石拱坝，是集灌溉、防洪、发电综合效益的小（一）型水库。完成大坝上游坝坡培厚至坝顶，坝基帷幕灌浆，坝体桩号0+005—0+047段进行三管高压旋喷防渗墙处理等项目。项目初设批复总投资240.21万元，上级补助195万元。

经布岩水库　经布岩水库位于碧里乡廪头村后山，水库总库容101.3万立方米，最大坝高30米，坝型为黏土心墙堆石坝，是以灌溉、人饮为主的小（一）型水库。新建防汛应急抢险通道，完成坝体防渗加固、坝顶加固及增设防浪墙等项目。初设批复总投资374.12万元，上级补助315万元。

黄土水库　黄土水库位于碧里乡黄土村，总库容11.2万立方米，坝高12.6米，均质土坝，是以灌溉为主的小（二）型水库。完成大坝防渗处理、原放水涵洞内套设PE管、溢洪道整修、管理房修缮、修建防汛公路等项目。初设批复总投资132.9万元，上级补助100万元。

长基水库　长基水库位于碧里乡前洋村，总库容20.5万立方米，坝高12.65米，浆砌石拱坝，是一座以发电为主的小（二）型水库。完成大坝防渗采用内坡现浇钢筋砼、坝基帷幕灌浆、坝体补强灌浆，坝顶溢流堰改造，坝顶加高并在上游侧增设防浪墙，下游坝脚抛填块石，管理房重建等项目。初设批复总投资116.18万元，上级补助100万元。

中房河洋溪农村河道整治　新建引水渠道1.674千米，新建引水管道0.243千米，新建排水沟0.659米，新建塘坝1座，加固塘坝1座，整治河道0.3千米，项目总投资235.21万元，该项目已完工。

【江海堤防工程加固】　罗源县有千亩以上海堤6条（松山围垦海堤、白水围垦海堤、团结塘海堤、濂澳海堤、鉴江海堤、鉴江盐场海堤），江堤2条为起步防洪堤、城区防洪堤，总长63.167千米。年内实施起步溪余家塘（一期）防洪工程，工程总投资825.30万元。项目位于起步溪余家塘段渡头大桥上下游处，总长307米，工程按20年一遇洪水标准设计，主要建设内容有：河道清淤、水泥搅拌桩基础、砼承台、浆砌石堤身、埋石砼、抛石护脚等。工程于2014年2月10日进场施工，6月20日主体工程建成，7月4日项目通过完工验收。

松山围垦管理　罗源县松山围垦地处福建省东部罗源湾西北部，是目前省内大型围垦工程之一。松山围垦枢纽工程由海堤、挡潮排涝闸、纳潮闸3大部分组成。2014年挡潮排涝闸（属大型水闸）除险加固，经省发改委以闽发改农业［2013］693号文批复同意建设，总投资3970万元，项目建设主要内容：水闸上部土建部分拆除重建、机电设备更新改造。工程于2014年1月开工，其中中央补助2382万元，至2014年12月31日累计完成投资2660万元，春节前主体工程基本完工。建成后防洪挡潮标准提高到30年一遇，更好保护罗源湾滨海新城与老城区人民生产生活。

白水围垦管理　罗源县白水围垦工程位于罗源湾北岸，海堤全长3.5公里，保护垦区面积800公顷，是一项综合利用滩涂资源的开发性工程。白水围垦区现为金港工业区，进驻有亿鑫钢铁、闽光钢铁、宝钢德盛不锈钢3大企业为主导的支柱产业。落地项目总投资达120亿，年产值约270亿。防洪排涝标准提高到防洪排涝50年标准、防潮50年标准。金港工业园区通过编制防洪排涝规划需投入2.65亿元进行工程建设。完成主体工程中的燕窝蛋新水闸、亿鑫排涝站、下土港排洪渠、可湖排洪渠加高工程建设。

【内河管理】　起步溪管理　起步溪余家塘段（一期）防洪工程经罗源县人民政府罗政综〔2009〕54号、罗源县发改局罗发改投资〔2013〕1号文件批复同意建设，工程总投资825.30万元。项目位于起步溪余家塘段渡头大桥上下游处，总长307米，工程按20年一遇洪水标准设计，主要建设内容有：河道清淤、水泥搅拌桩基础、砼承台、浆砌石堤身、埋石砼、抛石护脚等。7月4日项目通过完工验收。

南溪管理　南溪堤防修复45米，投资10万元；实施南溪清水工程项目，该项目于2014年9月23日由福州市水利局批复（榕水利管〔2014〕660号文）同意建设，河道清淤3000米，其中护岸加固367米，工程概算造价82万元，11月3日在罗源县交易中心由福建融茂水利水电工程有限公司以61.3万元中标。经报县政府同意，由鑫源保洁公司负责保洁南溪河面及水葫芦整治工作。

【霍口水利枢纽工程前期工作】　霍口大型水库以供水为主，兼顾防洪和发电，为敖江流域梯级开发方案的第二级，坝址流域面积1171平方公里，主坝最大坝高90.5米，坝轴线长338米，水库正常蓄水位190米，总库容约2.9亿立方米，电站装机容量60兆瓦，年平均发电量1.6亿千瓦时。水库建成后，日供水170万吨，其中罗源县40万吨，并承担敖江下游连江县城一定的防洪任务，防洪标准由20年一遇提高到30年一遇，总受益人口约22.8万人。

2014年1月省水利水电勘测设计研究院完成项目建议书，同时报送水规总院，5月21日工程项目通过水利部审查，并上报国家发改委，11月27日国家发改委水利处通过项目建议书评估意见。

【城乡饮用水工程】 根据中共福建省委、福建省人民政府《关于进一步加快推进农村饮水安全建设的意见》及省发改委、省水利厅《关于做好2012~2015年农村饮水安全项目前期工作的通知》的要求，2013年福州市水利局会同福州市发改委组织审查罗源县2014年鉴江、起步、飞竹、白塔4个乡镇农村饮水安全工程项目实施方案。项目概算总投资2062.1万元，受益人口4.2256万人，其中申请中央补助1649.6万元，省级配套103.2万元，市级配套76.1万元，乡镇自筹233.2万元。

鉴江柴桥头自来水工程 柴桥头水库为鉴江镇农村饮水安全项目主要水源工程，柴桥头水库总库容31.04万方，最大坝高29.29米，工程总投资1305.50万元。该项目2013年5月14日由福州市水利局（榕水利批〔2013〕98号）批复，经公开招投标（2013年8月22日在罗源县建设工程交易中心开标），2013年10月16日开工建设，工程已完工，准备进行完工验收。

敖江供水工程 项目总投资约2.35亿元，设计供水规模近期11万吨/天，远期40万吨/天，规划线路从傍尾水库库内取水，自流至八井水厂，隧洞线路长25.753千米，工期约4.5年，原计划2016年完工，因连江段施工区阻工问题，预计工期将会适当延期，供水范围为罗源县城区、罗源湾开发区及福州港罗源湾港区。年内溪里、岭下店、百丈、八井、赤岭、牛坑施工区等隧洞开挖，进水口傍尾施工区完成征地工作。

起步镇农村饮水安全工程 起步镇农村饮水安全项目的实施可解决起步镇的起步村、港头村、桂林村等17个村12690人口农村居民的饮水安全问题，新建水源、新建净水设施、新建输配水管道等。项目区日供水规模2155吨，供水保证率95%。项目概算总投资619.3万元，其中申请中央补助495.4万元，省级配套13.3万元，市级配套21.6万元，乡镇自筹89万元，工程即将完工。

鉴江镇农村饮水安全工程 鉴江镇农村饮水安全项目解决鉴江镇的鉴江村、东湾村等6个村5440人口农村居民的饮水安全问题，新建水源、新建净水设施、新建输配水管道等。项目区日供水规模3523吨，供水保证率95%。项目新建拦溪坝4座，机井2座，钢塑输水管1505米，输水管5070米，净水器4座，清水池4座，配水干管2035米。项目概算总投资265.5万元，其中申请中央补助212.4万元，省级配套13.3万元，市级配套9.3万元，乡镇自筹30.5万元，工程已完工。项目新建拦溪坝10座，加固拦溪坝1座，新建机井2座，新建净水器13座，新建清水池12座。

飞竹镇农村饮水安全工程 飞竹镇农村饮水安全项目的实施可解决飞竹镇的蛤蟆石村、洋柄村、陶洋村等18个村13847人口农村居民的饮水安全问题，新建水源、净水设施、输配水管道等。项目区日供水规模2830吨，供水保证率95%。项目新建拦溪坝16座，输水管25740米，慢滤池6座，清水池10座，配水管8270米。项目概算总投资675.7万元，除中央补助540.5万元外，省级配套33.8万元，市级配套23.6万元，乡镇自筹77.8万元，工程已完工。

白塔乡农村饮水安全工程 白塔乡农村饮水安全项目的实施可解决白塔乡凤坂村、旺岩村等14个村10221人口农村居民的饮水安全问题，新建水源、净水设施、输配水管道等。项目区日供水规模1966吨，供水保证率95%。项目新建拦溪坝25座，新建机井6座，新建输水管21062米，新建净水器12座，新建慢滤池2座，新建清水池12座，新建配水干管26104米。项目概算总投资498.8万元，除中央补助399万元外，省级配套24.9万元，市级配套17.4万元，乡镇自筹57.5万元，工程已完工。

（黄雪贞）

防汛抗旱

【概况】 2014年罗源县降雨量较多，8月出现持续性强降雨过程，9月份起降雨量偏少出现旱兆。台风“麦德姆”为年内主要影响最大的台风。县防汛办坚持“安全第一、常备不懈、以防为主、全力抢险”的防汛工作方针，立足于防大汛、抗大灾、抢大险的思想准备，防抗台风暴雨洪水和干旱。

【抗旱】 8月份，出现盛夏罕见的由非台风引起的最强持续性强降雨过程，全年1－8月份各水库蓄水量偏多，乡镇供水充裕。9月份起降雨减少，12月底全县28座水库蓄水量下降明显，部分乡镇出现旱兆，城区及周边人口面临饮水困难，为缓解旱情，县气象局采取人工增雨作业。罗源县1－12月降雨量达1901.4毫米，较去年同期

(去年 1－12 月 1323.5 毫米) 偏多 43.66%，高于多年平均降雨量。

【防汛防台风】 台风影响及受灾情况 年内影响罗源县的台风主要为 7 月份的第 10 号台风“麦德姆”。受“麦德姆”影响，罗源县普降暴雨到大暴雨，局部乡镇特大暴雨，全县平均过程雨量 358.9 毫米，海上风力 10－11 级，陆上最大阵风 10 级，强风暴雨给 11 个乡镇及开发区造成不同程度受灾，全县受灾人口 7987 人，经济损失 8506 万元，无人员伤亡。

强降雨及险情排查措施 8 月，出现由非台风引起的最强持续性强降雨过程，全县平均月降雨量 405.4 毫米。鉴江镇牛梅溪水库突发强降雨，过程雨量超过 200 毫米。针对 8 月份极端强降雨气候不利影响，县防汛抗旱指挥部于 8 月中旬再次紧急部署水库山塘安全度汛工作，各乡镇及有关水库山塘管理单位按要求做好水库山塘安全隐患险情排查工作，制定整改计划。县水利局派出防汛安全检查组对全县水库山塘等工程安全管理和安全运行情况进行拉网式排查，重点检查尚未除险加固和正在除险加固的险病水库。

人员与预案准备工作 修订全县 196 个村的村级防灾预案，完成全县登记注册的小（二）以上 28 座水库大坝汛期防洪调度运用计划和防洪抢险应急预案的审批审查。县级成立以公安、人武、交通、医院等机关干部为骨干的防汛抢险救灾应急大队 155 人。11 个乡镇组建以乡村干部和民兵为主体的应急抢险队伍 110 支 1887 人。县水利局、气象局、地震办联合聘任“罗源县村级水利气象地震信息员” 196 名。

（薛梦龙）

农业机械

【概况】 罗源县农业机械管理站以落实购机补贴政策为契机，自 2013 年起实行“自主购机、定额补贴、县级结算、直补到卡”兑付方式，引进示范推广农机新技术、新机具，鼓励引导农民购买微耕机、茶叶加工机械、水产养殖增氧机、食用菌简易保鲜储藏设备、废弃物处理设备等先进实用机械。截至 2014 年底，全县拥有 14.7 千瓦以上拖拉机 307 台，耕整机械 796 台，联合收割机 4 台，农用动力排灌机械 525 台，田间管理机械 273 台，农产品初加工机械 635 台（套），畜牧养殖机械 45 台，渔业机械 18197 台，农业运输机械 1275 台。农业机械向农业种植的耕、种、植保、收获和农产品加工等方面发展，农业机械化装备水平大幅度提高，水稻耕、种、收机械化综合水平达到 48%，比 2013 年增加 5%。

【农机推广】 起步镇引进首台畜禽养殖场有机废弃物处理机，并在罗源县福田农业综合发展有限公司投入使用，该设备将有机废弃物转化为无害粉状有机肥原料，达到批量环保处理，循环经济，实现“源头减废，消除病原菌”。借助落实省财政安排罗源县农机购置补贴资金 213 万元的机遇，引导农民购置新型农业生产机械，新增各类机具 376 台套，158 户农民受益。

【农机装备服务】 农机装备总量 全县农机总动力达 81535 千瓦，农业机械总值 10085 万元。

农机化服务 全年机收面积 133 公顷，机耕面积 10466 公顷，机播面积 66 公顷，机灌面积 258 公顷。农机化作业服务组织 27 个，农机户 5162 户，其中农机化作业服务专业户 1557 户。农机作业服务总面积 13233 公顷，农机作业总收入 13314 万元。

【农机安全】 生产形势 全年检验多功能拖拉机 357 台，公告报废 1156 台。多功能拖拉机有效在册数 716 台，其中当年注册登记 28 台，联合收割机 4 台；年末持有效拖拉机驾驶证 1480 人，其中本年度审验换证 76 本。全县农业机械的安全性能和驾驶员的安全生产意识、操作技术水平明显提高，全年道路以外拖拉机事故死亡人数控制在限额指标内，农机安全生产形势平稳。

宣传教育 举办 15 次农机安全教育活动，发放宣传资料 1600 余份，农机安全宣传手册 560 份，张贴安全标语 88 幅。与 320 位农机手签订安全责任书。开展执法检查 15 天次，查处逾期未年检 12 台，污损号牌 9 台，违法载人 9 起，超载超速 10 起。检查 12 家农机维修网点，发出 3 份整改通知书。参加农机化培训 123 人。

（黄文平）

水土保持

【概况】 2014 年罗源县水土保持工作以加强队伍自身建设、服务社会公众和生态环境整治为中心，开展水土保持监督管理能力建设、水土流失综合治理、开发建设项目水土保持监督检查、《福建省水土保持条例》学习培训、宣传普及等工作，超额完成福州市下达 2014 年度水土流失综合治理 600 公顷的任务，并通过福建省水利厅组织的全国第二批水土保持监督管理能力建设县验收。

【水土流失】 罗源县水土流失类型以

水力侵蚀为主。且轻度到极强度流失级别齐全，其中轻度流失、中度流失和强度流失的比例较大，且在空间分布上表现为块状并具不连续性。根据2011年福建省水土流失现状遥感调查，罗源县水土流失面积为59.07平方公里，占土地总面积的5.52%。其中，轻度流失面积2270.98公顷，占流失总面积的38.44%；中度流失面积1726.39公顷，占29.22%；强度流失面积1616公顷，占27.35%；极强度流失面积293.98公顷，占4.97%。裸地和坡耕地的水土流失较为严重。

【水土流失治理】　根据2014年度水土流失治理600公顷的任务，其中水利局233.33公顷、林业局333.33公顷、农业局13.35公顷、交通局6.67公顷、国土局6.67公顷、住建局6.67公顷。投入水土流失治理资金约846.6万元，完成水土保持综合治理面积777.8公顷，其中完成封禁治理271.3公顷、坡改梯6.67公顷、造林绿化516.53公顷。县水利部门完成水土流失综合治理任务320.4公顷，投入资金287.5万元，其中省市补助经费67万元，县级自筹220.5万元，完成封禁治理2710.33公顷、坡改梯6.67公顷、造林绿化55.73公顷。

【水土保持宣传】　2014年12月，在县水利局LED宣传屏滚动播出水土保持宣传标语1个月，面向县党政机关和水保委成员单位以及干部群众发放县水保办翻印的《福建省水土保持条例》2000册，发放水土保持宣传抽纸3000盒，宣传品纸杯50000个，宣传购物袋2000个。组织水利局干部职工学习《福建省水土保持条例》和相关水土保持业务知识。“3·12”植树节，组织水利局全体干部职工到霍口乡香岭村参加植树造林活动；在10个治理项目点设置水土保持宣传牌。

【水土保持监督能力建设】　开展全国第二批水土保持监督管理能力建设工作，规范水土保持审批、水土保持监督检查、水土保持设施验收、水土保持补偿费征收以及案件查处。全年审批开发建设项目水土保持方案18宗，开展水土保持监督检查32次，监督检查项目46个，查处水土保持违法案件1宗，办理水土保持设施验收项目1宗，征收水土保持补偿费215.36万元。2014年11月26日，通过省水利厅组织的全国第二批水土保持监督管理能力建设县验收。

（林建锦）

（编辑　薛　静）

综　述

【规模以上工业企业结构】　2014年罗源县工业总产值399.5249亿元，其中规模以上工业企业110家，完成产值370.67亿元，同比上年增长3.7%。其中石材加工企业61家，产值41.5亿元；电力销售值184978.07万元、比增-7.41%；规模以上软包装厂3家，年创产值16.27亿元。

表4　**2014年罗源县规模以上工业总产值情况一览**　单位：万元

企业名称	2014年完成产值	2013年完成产值
福州亮峰钢化玻璃有限公司	45532.33	0
福建省罗源县华昌福鑫石业有限公司	67240	59980
福州大华机械有限公司	83210	98140
罗源县鉴江农渔产品加工厂	40597	46126
罗源县中心屠宰场	97120	87110
福建省罗源县和盛饲料有限公司	0	27150
福建省罗源县丰盛石材有限公司	53836	51205
福建国福实业有限公司	91521	92630
福建省罗源县新业石材有限公司	72230	70030
罗源县宏利达石业有限公司	65645	51358
福州仙弟德兴石业有限公司	62028	55654
福建源鑫混凝土有限公司	132600	148650
侨源气体（福州）有限公司	88356	84727.11
福建省国清石业有限公司	68084	60394
福建隆辉石业有限公司	61926	60805
福州达伦石业有限公司	59455	62510
福建新科星新型建材有限公司	35286	0
罗源鸿胜食品有限公司	57106	54562
福建兴福盛石业有限公司	66849	47559
福建省新鑫达石业有限公司	66018	51146
福建新逢源石业有限公司	64303	50861
罗源县源林海产品贸易有限公司	50319	20320
福建恒森石业有限公司	42759	39903
罗源县清源石材有限公司	100954	73159

续表4

企业名称	2014年完成产值	2013年完成产值
福建省罗源县方正石业有限公司	52030	44710
福建永盛石材有限公司	63446	57098
福建德胜能源有限公司	1585575.5	1384884.93
福建嘉纳塑胶有限公司	58090	54129
罗源县新冠源石业有限公司	63921	59765
福建恒乐汽车部件有限公司	83124	88955
罗源县宏盛达石板材有限公司	62972	64341
福建省罗源县新鑫源石材有限责任公司	63100	67940
罗源县亿丰石业有限公司	75978	54720
福建嘉和玻璃纤维材料有限公司	80982	64249
福建永荣不锈钢制品有限公司	221447	214882
罗源县冠磊石业有限公司	63350	69511
福建金鑫源节能建材有限公司	40701	45360
罗源县新七镜石业有限公司	68144	52465
罗源县金磊石业有限公司	78988	78038
罗源县久旺石业有限公司	61152	67840
福建蓝海专用汽车制造有限公司	98110	61720
中闽（罗源）水务有限公司	60719	49816
福建沃隆管阀制造有限公司	76306	66113
福州市庆安机械制造有限公司	57612	53511
福建悦得软包装有限公司	990679.45	562516.17
罗源县宏鑫石材有限公司	63300	65967
福建宇通铜业有限公司	0	57210
福建宏伟环保建材有限公司	75519	66572
福建三钢小蕉实业发展有限公司罗源分公司	6345298	6542557
福州市宏星烨食品有限公司	15800	92400
福建省罗源县美味食品有限公司	83620	83830
福州海林食品有限公司	56323	53313
罗源县晋源石业有限公司	54214	55056
福建帅孚食品实业有限公司	0	43690
罗源县威龙工贸有限公司	68180	61920
福建方圆石材有限公司	62190	56007
福建省罗源县海阳食品有限公司	62430	64710
罗源县景源纸业有限责任公司	69353	68116
罗源县正兴石制品有限公司	61077	65150
福州福万塑胶制品有限公司	58044	32782
福州宏伟兴业化纤有限公司	31080	56396
罗源雄丰纸业有限公司	0	186514
罗源县益旺石业有限公司	54233	53228
罗源县翔龙纸品有限公司	44730	43200
罗源县三友石制品有限公司	60452	56291
福建亿鑫钢铁有限公司	5351907	5969963
福建金闽再造烟叶发展有限公司	329895.83	272659.69

续表 4

企业名称	2014 年完成产值	2013 年完成产值
福建时代包装材料有限公司	157894. 29	483675. 46
罗源县恒源食品有限公司	76110	73690
罗源县天宇石材有限公司	51973	45566
福建新宏磊石业有限公司	147441	127241
罗源县广福行食品有限公司	61620	64220
罗源县华宏石材有限责任公司	64260	52220
罗源县新华刚石业有限责任公司	54360	55250
福建三金钢铁有限公司	4656252	3615814
福州新源石材有限公司	57959	51228
福建省罗源县供电有限公司	1849781	1997868
福建源鑫建材有限公司	550682	598000
罗源县亿通石业有限公司	65802	53736
罗源县佳磊石材有限公司	43160	40428
罗源县新东润石业有限公司	63295	59305
罗源县瑞之达石业有限公司	78696	77381
福建富兴实业有限公司	69150	60780
罗源县利昌石业有限公司	71923	46571
罗源县利捷石材有限公司	59159	65290
福建广信石业有限公司	66173	57985
罗源县浦鑫石材有限公司	69371	58798
罗源县三利石材有限公司	76075	52660
罗源县宇峰石业有限公司	61968	52505
罗源县大自然石材有限公司	56063	45240
福建省罗源县鑫源石业有限公司	67900	68379
罗源县中正石业有限公司	54205	45060
罗源县腾飞石业有限公司	60478	64612
福建富明石业有限公司	71726	70785
福建省罗源县灵华石材机械有限公司	58070	52400
福州闽联木业有限公司	80330	57695
福建省万达石材有限公司	70788	59433
福建华东造船厂有限公司	275363	111387. 8
宝钢德盛不锈钢有限公司	8066905	9535672
罗源县雄建石业有限公司	74943	60083
罗源县坤泰石材有限公司	59675	52379
福建惠丰石业有限公司	71730	66780
福建省罗源县富洋石材有限公司	87970	80300
罗源县旭鑫石材有限公司	70250	62003
福建宇星实业有限公司	0	7328. 7
福建景泰包装材料有限公司	486113. 5	712762. 36
福建空分气体有限公司	150652	137500
福建省嘉联石业有限公司	69962	76496
罗源县新方圆石制品有限公司	74305	67300
罗源县申辉石制品厂	79461	78777

【乡镇企业】 2014年全县乡镇企业累计完成产值146.70亿元，占年计划数的101.26%，比增7.69%；其中工业产值100.58亿元，占年计划101.35%，比增7.75%。营业收入138.46亿元，税收2.91亿元，利润总额7.62亿元。

【工业节能减排】 2014年上报福建省金鑫源节能建材有限公司球磨生产线改辊磨生产线项目、宝钢德盛不锈钢有限公司废水处理回用系统改造项目、福建空分气体有限公司空分双线并网节能项目、福建亿鑫钢铁有限公司18兆瓦富余煤气、蒸汽联合循环发电等4个节能（循环经济）项目申请市级资金补助。

【企业减负】 根据《福州市经济委员会关于开展福州市2014年企业阳光减负专项行动的通知》和县政府转发的《关于进一步加强涉企收费管理减轻企业负担的实施意见的通知》精神，经贸局深入开展企业阳光减负工作，为企业发展创造良好环境。

【生产安全管理】 加强重点环节与安监部门联合执法，对辖区内使用的永荣不锈钢、侨源气体等企业进行检查。做好企业安全生产标准化建设，根据省市部署，多次召开安全生产工作部署会议，梳理企业名单，和安监局、开发区、乡镇联合对辖区内企业进行安全标准化创建工作督促、指导，推进工作有序开展，2014年5家企业委托中介机构进行标准化建设工作。同时与下属企业签订2014年安全责任状。

（林　程）

电　力

【概况】 2014年，罗源电网供区面积1081.2平方公里，供电人口20.44万人，供电户数10.03万户，全年发电量18778.67万/千瓦时，电力销售值184978.07万元，比增-7.41%。拥有35千伏及以上公用变电站13座，其中220千伏变电站2座、110千伏变电站7座，主变25台、总容量129.7万千伏安；35千伏以上输电线路总长249.76公里，10千伏输电线路1142.53公里。公司获得福建省第十二届文明单位称号；获得国网福州供电公司“2014年度先进单位”、“四好”领导班子称号；公司连续三年获福建省“安康杯”竞赛先进单位荣誉称号，连续第六年获得县政风行风免评单位；公司党委被中共罗源县委及福州市供电公司党委评为先进基层党组织。

【发电及电力供应】 罗源地区电网主要依靠省网络供电，域内中小型电厂总装机容量55.3兆瓦，其中，水电容量55.28兆瓦，其他容量0.02兆瓦，所占比例分别为99.96%、0.04%。

国网罗源县供电公司辖区内现有已投运变电站16座。其中：220千伏3座（白花变、碧里变，以及宝钢德胜专用变镍业变），110千伏9座（应德变、松山变、管柄变、寿桥变、港头变、洪洋变、东区变，以及亿鑫钢铁专用变白水变、三钢闽光钢铁专用变三金变）；35千伏4座（竹兜变、中房变、斌溪变、霍口变）。110千伏线路17条192.45公里；35千伏线路6条61.53公里；10千伏线路129条1206.92公里。并网小水电站61座，总装机容量54.08兆瓦。

全县用电最高负荷55.32万千瓦，比增-3.77%，网供最高负荷为54.22万千瓦，比增-5.64%。全县用电量34.33亿千瓦时，比增-8.02%，其中第一、二、三产业以及居民生活用电量分别是0.4亿千瓦时、30.99亿千瓦时、1.15亿千瓦时、1.78亿千瓦时，分别比增0%、-9.7%、22.34%、-2.73%。售电量33.36亿千瓦时，比增-8.25%；最高负荷55.32万千瓦，比增-3.77%；供电可靠率99.93%，电压合格率99.88%。2014年，公司连续安全生产4031天，三大安全保持平稳态势。

【电网建设与改造】 2014年公司电网建设投入资金18.357亿元，同比上升28.96%，其中资本性投资1.0256亿元，同比增长17.91%；成本性投资2857万元，同比增长49.57%。开工建设110千伏新城输变工程，续建110千伏碧里将军帽输变电工程。开工建设110千伏线路59.8公里，变电容量15万千伏安。2014年完成线路基础施工和变电站基础施工，主物资设备订货制造，同时完成属地化110千伏东区输变电工程建设并投运，投产容量10万千伏安，投产线路2×1.3公里。配电网方面完成10千伏港头——兰田、南山线路、碧里——鉴江线路投运，完成股改缆化项目（南北高速2公里，羽绒厂——歧头桥段，城区南门车站——沉香酒店路段馈线缆化和台区改造）项目竣工决算，完成乡镇老旧综合配电箱改造，台区改造完成44个，累计容量5205千伏安。生产技改开工36项，生产技改主要完成110千伏浦柄线#123-#124杆改造，35千伏变电站断路器改造，35千伏母线PT刀闸等设备改造，110千伏寿桥变、管柄变主变保护改造，35千伏霍口变、竹兜变主变保护改造以及110千伏变电站测控装置改造。自动化类技改主要进行竹兜、霍口、寿桥、中房变综自系统改造；变电站调度数据网技改。通信技改实现碧里——鉴江开闭所、白塔所——管柄变、起步变——洪洋变、寿桥变——飞竹、泥田开闭所——松山变10千伏线路光缆改造，中房营业所通信设备改造等。营销投入方面，2014年完成城区及乡镇表箱改造1.2万户，智能电表安装9.7万只，完成非统调电厂采集改造59处。

【客户服务】 开展全流程客户满意度评价活动。建立供电服务三级预警平台，制定三级响应行动措施，及时发出优化用电提醒。成立用电片区经理服务队，开展“一区一栏一卡”活动，降低抄表差错率，实现欠费复电及时率100%。推进“低压业扩移动平台”工作，简化报装接电流程，完成“一户一表”改造及保障性安居住房配套供电设施建设。开展“保增长、保电量、进企业、进社区、进农村”专项活动。深化复合缴费方式应用，拓展便民服务站、移动POS机、“空中充”和电费充值卡等缴费方式。完成中高考等保供电任务。

（姚明星）

冶金机械建材

【概况】 2014年，罗源县冶金机械建材企业主要有亿鑫钢铁有限公司、闽光钢铁有限责任公司、宝钢德盛不锈钢有限公司、大华机械有限公司、宏伟环保建材有限公司、源鑫建材有限公司、亮峰钢化玻璃有限公司，以及2000万元以上规模石板材工业企业61家，从业人员7256人，年创产值244.2亿元，比增-4.19%。产品主要有金属镍、镍合金、各类合金，热（冷）轧不锈钢卷板、镍合金卷板、农机、环保砖、石板材等。

【亿鑫、闽光、宝钢】 福建亿鑫钢铁有限公司位于罗源湾金港工业区，占地面积89.4公顷。主要生产钢坯、生铁和各种钢材，规模年产钢材150-200万吨。年生产钢铁能力：生铁48万吨，钢60万吨，钢材58万吨。第二期投资约8亿元，生产高附加值的钢材产品。2014年钢铁总产量141.43万吨，年创产值53.52亿元，税金6046万元，从业人员2401人。

福建罗源闽光钢铁有限责任公司位于福州市罗源湾经济技术开发区金港工业区1区。占地面积120公顷，紧邻同三高速公路、温福铁路、罗源3万吨码头和104国道。距福州长乐国际机场60公里，交通便捷，区位优势明显。其前身为福建三金钢铁有限责任公司，2014年钢铁总产量147.83万吨，创产值46.56亿元，税金1020万元，从业人员1437人。

宝钢德盛不锈钢有限公司系宝钢集团于2011年入主公司，控股70%。现公司注册资本42.53亿元，总资产逾百亿，占地面积217.8公顷，均为填滩涂造地。2014年粗钢总产量117.09万吨，钢材总产量106.98万吨，年创产值80.67亿元，税金5764万元，从业人员3027人。

【农机】 2014年，罗源县农机制造企业1家，即福州大华机械有限公司，生产农用汽车、拖拉机，产品销往本省各地和外省有关县市等，该公司从业人员185人，年创产值8321万元，税金289.5万元，利润485.3万元。

【建材】 *砖瓦* 福建宏伟环保建材有限公司，位于罗源县白塔乡应德村牛坑自然村，生产及销售环保砖、板、砌块，年创产值7552万元，利润395万元，税金103万元，从业人员160人。福建新科星新型建材有限公司生产销售环保砖，年产量约15万立方米，年创产值3529万元，利润194万元，从业人员62人。

水泥 福建源鑫建材有限公司，项目总投资8.2亿元，位于松山镇迹头村，占地面积33.33公顷，将形成集年产120万吨水泥，60万立方米混凝土，60万吨镍渣粉及配套科研中心，3个500吨码头物流等为一体的环保建材工业园。2014年该项目3条年产120吨水泥生产、粉磨生产已建成投入使用；年产60万立方米混凝土项目已建成投入试运行。2014年年生产水泥30万吨，产值约5.5亿元，税利7645万元，从业99人，产品主要销往福州、宁德及本地。

石材 罗源县石材工业依托丰富的花岗岩资源，发端于20世纪80年代，形成于90年代，经过20多年发展，2014年全县5个乡镇拥有石材加工企业。2014年，石板材加工企业167家，其中2000万元以上规模石板材工业企业61家，从业人员6119人，年产值41.5亿元。其中白塔15家，从业人员1290人，产值93009万元；洪洋12家，从业人员1336人，产值75920万元；中房1家，从业人员128人，产值7223万元；西兰28家，从业人员2962人，产值197735万元；飞竹5家，从业人员403人，产值41160万元。生产加工各种规格的光板、毛板、火烧板、薄板和少量的大板，异型材等产品，石板材网点遍布全国各大、中、小城市及欧美、日本和台湾地区等。

玻璃　福州亮峰钢化玻璃有限公司，生产钢化玻璃，年创产值4553.23万元，税金2万元，从业人员92人。

（林　程）

船舶修造业

【造船】　货船　福建华东船厂有限公司，位于罗源县碧里乡碧里村，主营船舶修理及拆船等业务，年产值2.75亿元，比增147.2%。

游艇　福州蓝之湾游艇有限公司，由福州悦洋游艇贸易有限公司与欧迅帕辛杰有限公司共同合资成立。第一期投资总额为78万美元，注册资本55万美元，生产34英尺Mariner Express，35英尺Mariner Sedan，37英尺Mariner Pilot House，46英尺Mariner Express，46英尺Mariner Pilot House等系列豪华游艇，产品全部销往美国和欧洲市场。有员工100多人，年生产15艘游艇，投产以来出口游艇25艘，出口交货值500万美元左右。

（林　程）

塑料食品

【概况】　2014年，全县规模以上软包装厂3家，年创产值16.27亿元；食品加工业以肉类加工和水产品加工为主，其中肉类加工业年产值11300万元，酿酒企业3家，产值700多万元。

【软包装】　福建时代包装材料有限公司，生产双向拉伸聚丙烯薄膜、共挤压光聚酯、PP粘胶带等，产值1.5亿元，税利562万元，从业人员119人。

福建景泰包装材料有限公司，生产聚丙烯（薄）膜，2014年创产值4.86亿元，税金929万元，从业人员178人。福建悦得软包装有限公司，从事软包装开发，年创产值9.91亿元元，税金0元，从业人员175人。

【食品加工业】　肉类加工　2014年罗源县大型肉类加工企业有味中有、味中味、美味食品有限公司3家企业，分别位于罗源湾南片工业区的凤山和起步民营工业区，从业人员520人，年实现产值11300万元，税利847万元。

水产品加工　2014年罗源县规模以上水产品加工企业9家，主要产品有海菜、紫菜加工、海带结、烤鳗等产品。

福州宏星烨食品有限公司，2014年营业收入1501万元，利润80万元，税金30万元，从业人员91人；罗源县源林海产品贸易有限公司，2014年营业收入4793万元，利润240万元，税金97万元，从业人员146人；罗源县鸿胜食品有限公司，2014年营业收入5438万元，利润272万元，税金110万元，从业人员177人；罗源县广福行食品有限公司，2014年营业收入6118万元，利润386万元，税金4万元，从业人员142人；罗源县鉴江农渔产品加工厂，2014年营业收入3866万元，利润193万元，税金77万元，从业人员154人；罗源县恒源食品有限公司，2014年营业收入7528万元，利润445万元，税金4万元，从业人员190人；福州海林食品有限公司，2014年营业收入5632.3万元，利润294万元，税金107万元，从业人员60人；罗源县海阳食品有限公司，2014年营业收入6197万元，利润436万元，税金2万元，从业人员123人。

酿造　罗源县有酿酒企业3家，分别是福州满坛香酒业有限公司、罗源县福双江酒业公司、罗源县鑫佳乐酒业有限公司，产量500多吨，产值700多万元，从业人员21人，税金4万元左右。

（林　程）

工艺美术

【概况】　2014年罗源县石玉雕刻从业人员达万人，按雕刻原材料品种分类：玉石雕刻从业人员约5000多人，寿山石雕刻从业人员约4000多人；按从业性质分类：从事各类雕刻艺术人员约7000人，从事原材料或工艺制品交易约3000人。现有石玉雕刻工艺美术产业领军人物近300人，其中：国家级工艺美术大师3人、省级工艺美术大师9人、福建省雕刻艺术大师23人、省市两级工艺美术名艺人40多人、高级技师26人、技师80多人、高级工100多人。

【重点项目】　2014年初罗源玉石文化产业创意园正式列入县重点工程项目，选址在松山镇吕洞村。8月26日，县委主要领导前往飞竹镇安后村考察调研罗源“安后石”资源保护和开发利用。8月17日县政府在榕组织召开罗源玉石文化产业创意园座谈会。10月10日该项目在福州市民营企业投资项目推介会上，县政府与广东福之翠玉石文化产业有限责任公司签约，由该公司牵头融资3.2亿元，在该园区建设玉石文化商贸旅游一条街，玉石企业加工区、大师名人村等。目前项目已成立领导小组并拨付启动资金进入设计阶段。

【参展赛事】　2014年4月28日－5

月2日，罗源县第一次组团参加“第九届中国（莆田）海峡工艺品博览会”，在莆田市工艺美术城设立罗源雕刻艺术馆，罗源石雕艺人获得“中国工艺美术百花奖”三金、两银、三铜和“第九届中国（莆田）海峡工艺品博览会”七金、九银、八铜的成绩。11月广东省雕工“泰岐杯”职业技能总决赛，获前10名选手中，6位来自罗源，有5名罗源雕工获“广东省技术能手”称号，2位获高级技师职业资格，65位获技师职业资格。11月4日，首届“秀美罗川”福建玉石雕刻艺术展暨罗源“安后石”创作大赛在罗源工艺美术珍品馆举行。展会共分三个板块，一是举办玉石雕刻艺术展，二是举办“安后石”（寿山石）雕刻创作大赛。三是举办玉石雕刻艺术品慈善义拍活动。“安后石”创作大赛3位金奖得主同时获得罗源县人民政府授予的“罗源石雕名师”荣誉称号，金银奖及最佳创意奖作品由罗源工艺美术珍品馆永久收藏。

【人才培养与认定】 2011年与罗源县职业中学联合办学，开设雕刻工艺美术班，2014年已累计招收学员309人，首届雕刻工艺美术专业毕业生96人，并与各家雕刻企业或工作室签约，实现百分百就业。组织雕刻艺术从业人员报名参加专业技术资格或劳动技能等级认定，2014年组织14人申报玉石雕刻技师劳动技能等级认定；有17名工艺美术专业技术人员通过专业技术任职资格评审；有27位玉石雕刻艺人被福建省工艺美术学会行业评定为福建省雕刻艺术大师或专家。

【罗源县工艺美术学会慈善基金】 11月30日，罗源县玉石珍品慈善拍卖会在罗源九大中心举行。当天61件慈善募捐玉石珍品拍出31件，成交额15.2万元全部转入“罗源县工艺美术学会慈善基金”，专项用于罗源助学、助残、助孤等慈善活动。

【雕刻技艺传承与创新】 城联社将罗源“香炉雕刻传统技法”列入申报福建省非物质文化遗产项目；罗源艺人、福建省雕刻艺术大师孙兆勇创作并在福州三坊七巷展出的寿山石“满汉全席”，143道栩栩如生的菜肴，2014年被收录“上海大世界吉尼斯纪录之最”，并获得“第九届中国（莆田）海峡工艺品博览会”金奖。

【宣传交流】 11月创建罗源雕刻艺术网站，通过省、市媒体宣传，扩大罗源玉石雕刻艺人知名度与影响力。完成《罗源雕刻艺术》一书的出版发行工作。

【行业管理】 组织罗源玉石雕刻从业人员申报工艺美术大师、名艺人评选、专业技术职称评定及职业技能等级考核认定，开展推荐申报大师工作室、大师带徒授艺、抱团拓展市场、对外交流合作等方面工作。2014年罗源工艺美术学会吸纳新会员33人，该学会共有会员人数300多人。

（陈立刚　陈　兴）

其他门类工业

【烟草、造纸】 烟草工业　罗源县有1家烟草加工企业即福建金闽再造烟叶发展有限公司，从事再造烟叶（俗称烟草薄片）生产和经营。企业占地面积近6.67公顷，生产规模按年产10000吨烟草薄片规划、分两期实施，第一期5000吨烟草薄片生产线于2009年6月建成投产。2014年创产值3.30亿元，税金2690万元，从业人员387人。

造纸　罗源县景源纸业有限责任公司位于罗源县起步镇兰田村，年产值6935万元，利润362万元，税金132万元，从业人员95人；罗源县翔龙纸品有限公司位于罗源湾开发区南工业区5号厂房，产品主要为纸箱，2014年该公司年创产值4473万元，利润255.2万元，税金164.1万元，从业人员67人。

【竹木加工业】 人造板　福建弘景实业集团有限责任公司创立于1999年，专业从事科研、生产、销售木塑环保新材料及其制品，弘景木塑在罗源湾开发区征地面积137996平方米，总建筑面积95386平方米，建成弘景木塑研发中心及海外生产基地，设计拥有120条生产线的生产规模，年产木塑复合材料达12万吨。2014年产值570.01万元，税收3.83万元，从业人员70人。

农具、家具制造　福州闽联木业有限公司，主营木橱柜制造与销售，年创产值8033万元，税金440万元，从业人员253人。

【车辆修配】 车辆修配　福建恒乐汽车部件有限公司，位于罗源县罗源湾开发区南工业区，生产汽车配件与销售，年创产值8312.4万元，税金70万元，从业人员82人。

福建蓝海专用汽车制造有限公司，位于罗源湾开发区南工业区岐鹤路9号，从事专用汽车（救护车、商务旅行车、房车及梅赛德期－奔驰品牌改装车）生产、销售。2014年底从业人员1025人，改造汽车392辆，年产值9811万元，税收1025万元。

【油漆】 红苹果化工（福建）有限公司位于罗源湾经济技术开发区，公司占地面积1.5万平方米。产品包括内外墙乳胶漆、油性木器漆、水性木器漆、硝基漆、水性建筑和工业用氟炭漆及广泛适用于船舶、港口、桥梁等特殊用途的重防腐涂料共十二大类上百个品种。9月，公司“红苹果APPLE及图”商标被国家工商总局商标评审委员会认定为驰名商标，成为罗源县第一件中国驰名商标。年生产能力达3万吨，产值800多万元，创税20多万元。

（林　程）

（编辑　薛　静）

商贸 服务业

国内商品贸易

【概况】 2014年罗源县商品贸易总体运行平稳，实现销售总额10110万元，比上年同期9594万元增长5.3%；实现利润36.56万元，比上年同期32.93万元增长11.02%；实现税收137.02万元，比上年增收121.59万元，增长12.69%。

（陈宏钦）

金源购物中心

【生猪定点屠宰】 罗源县有2家生猪屠宰场（点），分别是罗源县中心屠宰点、起步凯华屠宰点，2014全县宰生猪40354头，牛1214头，羊3350只。

罗源县中心屠宰场位于罗源县开发区松山镇小获村，建设总投资800万元。采用机械化流水作业线，计划日屠宰量200头以上，年屠宰量7万头以上。2014年全年宰生猪15417头，牛911头。

起步凯华屠宰点位于起步镇港头村，日屠宰生猪约70头。2014年宰生猪24937头，牛303头，羊3350只。

【商业网点】 农贸市场 罗源县中心市场位于城关东环路中段，占地面积719平方米，是一座楼层式、多功能、服务型、永久性的综合市场。场内固定摊位543多个，店面66间，经营范围有海产品、蔬菜、肉类、蛋类、副食品等，品种近万个，从业人员1200人。罗源县塔兜市场总面积1338.73平方米，有摊位115个，店面10间，从业人员270人。

超市 罗源县拥有6家大型超市，分别是：罗源县金源购物广场有限公司，资产总额574.69万元，从业人员58人，2014年销售收入5416.6万元。福建省青禾购物广场有限公司，资产总额5650.48万元，从业人员125人，2014年销售收入6778.1万元。罗源县金源瑞都超市有限公司，资产总额8127.08万元，从业人员51人，2014年销售收入5518.6万元。罗源县新多尔惠购物广场有限公司，资产总额574.69万元，从业人员108人，2014年销售收入5745.7万元。罗源县乐麦嘉购物广场有限公司，资产总额269.2万元，从业人员31人，2014年销售收入5071.3万元。永辉超市股份有限公司，资产总额269.2万元，从业人员180人，2014年销售收入约1.29亿元，利润770万元。

（林　程）

粮油贸易

【概况】 2014年，罗源县粮食局轮出储备粮2028吨，新增地方储备粮2000吨，确定新建3.4万吨粮食中心储备库。

【储备粮轮换】 罗源县2014年轮出储备粮2028吨，并对该批次2028吨地方储备粮实行推陈出新，出仓轮换销售，保证储备粮做到数量真实、质量良好，完成储备粮轮换和新粮入库任务。入库的粮食质量、品质、卫生经福州市粮油质量监督检测站检测全部达到国家粮食标准。

【新增储备粮异地代储】 罗源县2014年新增地方储备粮规模2000吨，原有粮食储备库超负荷运行多年，新的中心粮库正在建设之中。罗源县2000吨新增储备粮存放于三明市沙县粮食中心储备库，截至2014年12月底保质保量完成入库任务。

【清仓查库】 每年春秋两季对储粮点进行粮油实物库存检查，对轮进轮出的地方储备粮进行质量检测。粮质安全状况较好，粮情稳定，实现“四无”粮仓。

【粮食中心储备库建设概况】 2014年确定建成3.4万吨粮食储备库规模，总投资841万元。目前粮食中心库项目完成征地、填方、招投标等工作。

【军粮供应】 坚持军粮供应质量第一和保密原则，在管理工作上，落实责任制，坚持执行“一批、一检、一报告”制度。按时、按品种、保质保量完成对驻地部队的粮油供应任务。

（黄翠芳）

烟草专卖

【概况】 罗源县烟草专卖局（分公司）直属福州市烟草专卖局（公司），现有职工59人，县局下设综合办、专卖办、财务室、客户服务中心4个部门和城乡专卖管理所、客户服务部2个窗口单位。2014年实现销售卷烟1.22万箱，税利6576.02万元。专卖查办各类违法经营卷烟案件60起，查获各类违法卷烟1189.8条，市场净化率达98.33%。

【营销网络建设】 重点品牌培育 做大200－400元的品牌基座，引导同品类中较低价格的消费需求向较高价格消费需求转移，七匹狼重点品牌培育成效显著，尤其是尚品、灰狼和通运3个品牌。

现代终端建设 2014年建成并投入使用10户现代零售终端，13户“文化终端”及20户优质现代终端。通过打造雪茄文化、超一类卷烟文化示范终端，现代终端的影响力和示范作用不断扩大。通过召开专销联席会、沟通协调会，实现客户经理和专管员实时沟通。2014年网上订货率达92.94%，贷记卡结算金额占62%，一机一户率达45%。现代终端PC－POS扫码率达97.56%，真实扫码率51.22%。

营销队伍建设 发挥“七率”考核的导向作用，通过客户经理PAD拜访痕迹管理、市场经理随访跟踪、督查检查等措施，强化营销人员的基础工作。开展客户经理营销技能竞赛、经营指导情景模拟、团队观摩和PAD应用PK赛等系列活动。

【专卖市场管理】 市场整治工作 落实制假“防落地”机制，加强偏远山区“无人村”、“空壳村”等重点部位排查监控力度。将滨海新城作为重点区域整治，查获物流环节的万元案件3起。召开相关联席会议7场，在集结号会战期间查获卷烟数量超同期76.1%、乱渠道卷烟超同期79%，取缔无证户2户。全年查办各类违法经营卷烟案件60起，同比持平，查获各类违法卷烟1189.8条，比增25.6%；查获卷烟案值27.3582万元，比增95.4%；破获万元以上案件8起，比增60%；市场净化率达98.33%，市场净化率稳步提升。

法制宣传工作 联合其他县直相关部门，开展“3·15”消费者权益日、“12·4”法制宣传日等法制宣传活动，投入专项资金制作4块打假广告牌放置于4个乡镇，提高法制宣传的覆盖率。组织开展“两节”期间卷烟非法流通监管、商超客户专项抽查、“天价烟”专项治理、15件以上重点客户规范经营检查。全年处理5411单内管预警，预警处理比例达19%。

专卖队伍建设 每月组织案卷评查纠错会，将案卷评查结果列入专卖“七率”考核。调整“七率”考核指标，把精通业务技能作为衡量工作能力的根本尺度，量化成果评比和转化机制。组织定期培训并努力备战福州市烟草专卖局专卖比武练兵，获得法律知识竞赛第二名、展板竞赛第三名的成绩。

【企业标准管理】 企业标准化建设 制定质量管理总目标，分解到部门和岗位。通过开展自查和交叉检查，及时发现问题进行整改，开展“降低专卖内管预警率”、“提高客户经理PAD使用率”两个课题 。

财务规范管理 召开会议场次与去年相比下降40%，业务接待费与去年相比下降50%。并于下半年顺利实现预算系统与NC系统接轨，资金收支进行严格监管。

安全标准化建设 结合“安全生产月”、“119消防日”和安全文化大讲堂开展专题讲座和应急演练，推动安全教育培训、隐患排查监督和安全设施全面评估等机制的建立。组织开展20次安全综合检查、节前检查，努力实现“九个为零、一个控制”的安全责任目标。

文明创建工作 配合撰写《福州烟草志》，参与福州烟草30周年纪念活动。开展“讲文明树新风”、“三节约”活动，全年举办12期“道德讲堂”宣讲活动。先后开展“邻里守望，情暖罗川”、“慈善一日捐”等形式多样的志愿服务活动。捐助5万元支持结对村新农村建设，2014年累计捐赠赞助达8.6万余元。

【企业作风建设】 反腐倡廉工作 落实“年度报告”和“半年汇报”制度。开展2次廉政专题教育活动和2次效能监察，参与招标采购监督6次。组织学习《内部员工及其亲属从事卷烟经营管理规定》等廉政制度。开展廉政风险防控季度自查、召开“再评审、后评价”会议，排查廉政风险点。

政风行风工作 开展认领13名困难群众“微心愿”活动，以及各项扶贫帮困献爱心活动，落实为民办实事工作。2014年，罗源烟草政风行风评议位居全县25个经济和社会管理部门第二名。

（谢小良）

供销合作

【概况】 2014年，供销系统销售化肥3000吨，农药30吨。在全县11个乡镇规范发展分拣中心1个，再生资源回收网点10个，形成回收利用体系。

【农资供应】 全系统2014年销售化肥3000吨，农药30吨。春耕期间，完成市发改委下达的任务，储备各种化肥2900多吨、农药40吨、农膜30吨。

农资企业减少流通环节，降低流通费用，化肥价格同比平均下降10%，农资企业执行农资商品“三证”（《产品登记证》《产品批准证》《商品质量标准证》）制度，杜绝假冒伪劣农资商品通过供销社渠道流入市场。水果蔬菜经营服务中心站实行电话预约、专车配送，为农民群众送肥送药600多

庄稼医院农技人员向农民宣传农资知识

吨；庄稼医院农技人员向农民宣传农资知识，帮助农民提高假冒农资识别能力。抓好“农业生产资料服务中心”项目建设。已办好用地红线图等相关手续上报省国土厅审批，向省供销社争取18万元专项资金支持该项目建设。

【再生资源回收】 罗源县供销合作社以废旧物资回收利用公司为依托，采取加盟等形式，在全县11个乡镇规范发展分拣中心1个（起步硋窑再生资源分拣中心）和再生资源回收网点10个，形成以废旧回收、分拣加工、综合处理3个层次的回收利用体系，全年回收废纸、废塑料、废钢铁、废电子产品达500多吨，实现交易额达200多万元。

【烟花爆竹专卖】 罗源县供销社凤翔烟花爆竹有限责任公司严格向省、市社指定的烟花爆竹厂家进货。公司选购质量可靠的烟花爆竹并贴上防伪标签，外包装贴上专用标签。销售烟花爆竹总量1.8万多件，配送额300多万元。

（郭 云）

服务业

【概况】 罗源县有餐饮酒店250多家，其中酒店有8家。物流企业有23家。

【餐饮、住宿】 罗源县酒店有8家。2014年罗源县沉香大酒店营业额为1241万元，从业人员68人；罗源县山水大酒店有限公司营业额为1470万元，从业人员120人；罗源县家福大饭店营业额为2956万元，从业人员104人；罗源新东方大酒店有限责任公司393万元，从业人员95人；福州罗源湾大酒店有限公司营业额为1582.6万元，从业人员117人；福州瑞都大酒店有限公司营业额为3220.4万元，从业人员164人；畲家民俗度假村（福州）有限公司营业额为130.6万元；罗源湾世纪金源大饭店有限责任公司营业额为3826.6万元。

【物流业】 2014年罗源县有物流企业23家，注册资本总和33613万元，主要经营国内国际快递、货物运输代理、货物装卸、仓储等。

表5

2014年罗源县主要物流企业情况一览

单位：万元

企业名称	企业地址	注册资本	经 营 范 围
福建省邮政速递物流有限公司罗源县营业部	罗源县凤山镇南大路5号附属楼		国内快递（经营地域：福建省，有效期至2015年6月16日，详见许可证编号：闽邮20100010B）；国际、国内邮件（含邮政专营业务）寄递业务；国际快递（经营地域：福建省，有效期至2015年9月26日，许可证编号：闽邮20100028－13C）；设计、制作、发布广告；货运代理（不含水路运输代理）；货物仓储（不含危险品）、装卸、包装、装配；邮购（不含许可项目）；电子产品销售；家用电器、办公用品、日用品、文体集邮用品的销售；信息技术咨询服务；礼仪服务。（以上经营范围涉及许可经营项目的，应在取得有关部门的许可后方可经营）
福建金鑫源物流有限公司	罗源县罗源湾开发区江滨南路1号	500	普通货物运输（有效期至2014年8月15日止）；货物仓储、转运；销售水泥、矿粉、粉煤灰、钢筋。（以上经营范围涉及许可经营项目的，应在取得有关部门的许可后方可经营）
福建联鑫物流有限公司	罗源县罗源湾开发区亿鑫钢铁公司办公楼	5000	从事货物装卸、货物运输代理、仓储经营；码头和其他港口设施建设投资。（以上经营范围涉及许可经营项目的，应在取得有关部门的许可后方可经营）
福建省罗源县诚信达物流有限公司	罗源县凤山镇金福花园6号楼接连体	10	货物运输（有效期至2016年2月28日止）；物资仓储及中转物资装卸。（以上经营范围涉及许可经营项目的，应在取得有关部门的许可后方可经营）
罗源县恒通物流有限公司	罗源县松山镇迹头村后沙路1号	50	货物运输代理；货物装卸、仓储。（以上经营范围涉及许可经营项目的，应在取得有关部门的许可后方可经营）
福建省罗源县联风物流有限公司	罗源县凤山镇凤西路	100	普通货物运输（道路运输经营许可证有效期至2017年3月11日）。（以上经营范围涉及许可经营项目的，应在取得有关部门的许可后方可经营）
福建德盛物流有限公司	罗源湾开发区金港工业区	2000	普通货物运输（有效期至2017年06月07日止）；货物运输代理、仓储、装卸、搬运；国内劳务派遣；车辆租赁。（以上经营范围涉及许可经营项目的，应在取得有关部门的许可后方可经营）
福建盛鑫物流有限公司	福州市罗源县罗源湾金港工业开发区	500	道路普通货物运输（有效期至2015年01月06日止）；货物仓储、配载、中转；建筑材料、钢材、五金批发、零售；汽车配件批发、零售。（以上经营范围涉及许可经营项目的，应在取得有关部门的许可后方可经营）
盛辉物流集团有限公司罗源分公司	罗源县凤山镇凤南西路103号		受公司委托联系业务。（以上经营范围涉及许可经营项目的，应在取得有关部门的许可后方可经营）
罗源县鸿耀物流有限公司	福州市罗源县凤山镇管柄村	50	代理办理公路货物运输。（以上经营范围涉及许可经营项目的，应在取得有关部门的许可后方可经营）
福建鑫旺物流有限公司	福州市罗源县罗源湾金港工业区	5000	金属材料、机电产品、五金、化工、石化产品（不含易燃易爆品）、矿产品（不含国家限制或禁止经营的产品）、黑色金属冶炼辅料、建筑材料的货物仓储、配送服务及销售；生产性废旧金属、非生产性废旧金属、非金属再生资源的回收、销售（不含报废汽车及医疗废弃物和危险废弃物的回收）。（以上经营范围涉及许可经营项目的，应在取得有关部门的许可后方可经营）
福建金泉物流有限公司	罗源县罗源湾开发区金港工业区	8000	经营仓储、堆场；集装箱、货物配载、搬运装卸；矿产品（不含煤、石油、天然气）、金属材料、建筑材料、冶金材料的批发、代购代销。（以上经营范围凡涉及国家有专项专营规定的从其规定）。（以上经营范围涉及许可经营项目的，应在取得有关部门的许可后方可经营）
福建省远邦物流有限公司	罗源县松山镇迹头村文昌良罗源县福州港罗源湾港务有限公司港区内	500	一般经营项目：货物运输代理；货物装卸、仓储 许可经营项目：普通货物运输（道路运输经营许可证有效期至2017年10月7日止）（以上经营范围涉及许可经营项目的，应在取得有关部门的许可后方可经营）

续表 5

企业名称	企业地址	注册资本	经营范围
福建亿鑫物流有限公司	罗源县罗源湾开发区金港工业区（福建亿鑫钢铁公司内）	500	道路货物运输（有效期至 2015 年 05 月 24 日止）。（以上经营范围涉及许可经营项目的，应在取得有关部门的许可后方可经营）
福建源鑫物流有限公司	罗源县罗源湾开发区北工业区	8000	一般经营项目：物资仓储、中转及装卸；建筑材料代购代销许可经营项目：道路货物运输（有效期至 2014 年 12 月 08 日止）（以上经营范围涉及许可经营项目的，应在取得有关部门的许可后方可经营）
罗源县金福物流有限公司	罗源湾开发区松山工业园	50	普通货物运输（道路运输经营许可证有效期至 2016 年 09 月 04 日）；货物运输代理、仓储、装卸。（以上经营范围涉及许可经营项目的，应在取得有关部门的许可后方可经营）
福建省罗源县名洋物流有限公司	福州市罗源县永同信花园 D－002 店面	3	货物运输代理服务。（以上经营范围涉及许可经营项目的，应在取得有关部门的许可后方可经营）
福建盛丰物流集团有限公司罗源分公司	福建省福州市罗源县起步镇港头村过桥 66 号		一般经营项目：货物配载、货物仓储（不含危险品）（以上经营范围涉及许可经营项目的．应在取得有关部门的许可后方可经营）
福建省环球通达物流有限公司	罗源县罗源湾开发区管委会办公大楼四层	1000	一般经营项目：货物运输代理、装卸；物资配送；货物仓储；建材批发、零售；汽车（不含品牌轿车）及配件销售。（以上经营范围涉及许可经营项目的，应在取得有关部门的许可后方可经营）
罗源通达物流有限公司	福建省福州市罗源县凤山镇华林御景 1－051 店面	50	一般经营项目：货物运输代理、装卸、仓储（以上经营范围涉及许可经营项目的，应在取得有关部门的许可后方可经营）
福建宝翔物流有限公司	罗源县罗源湾开发区金港工业区 2 号 1 区 10 号楼	2000	货物运输代理；货物仓储；货物搬运装卸；汽车租赁（非营运）；五金代销代购；普通货物运输（道路运输许可证有效期至 2016 年 11 月 12 日）。（以上经营范围涉及许可经营项目的，应在取得有关部门的许可后方可经营）
福州市鑫盛通物流有限公司	罗源县岐阳北路 70 号	100	普通货物运输（道路运输经营许可证有效期至 2017 年 01 月 18 日）；仓储、包装、搬运装卸；运输路线制作设计；建筑材料、汽车零配件、机械设备、电子产品、金属材料的零售、批发、代购代销；代办车辆年检；汽车租赁（非营运客车）。（以上经营范围涉及许可经营项目的，应在取得有关部门的许可后方可经营）
福州恒成物流有限公司	罗源县松山镇迹头文昌良	200	货物运输代理；货物装卸、仓储。（以上经营范围涉及许可经营项目的，应在取得有关部门的许可后方可经营）

（林　程）

对外及港澳台经济贸易

【概况】 2014 年，罗源县围绕全面完成外经贸经济指标任务中心工作，抓好招商引资，坚持服务企业。全年实际到资（含港澳台资）完成 3138 万美元，同比增长 0.35%；出口完成 4639 万美元，比增 31.45%，列全市第一名。出口商品主要有竹木制品、工艺品、玩具、雨衣、海产品、管阀、橱柜、游艇、不锈钢卷等。产品主要销往欧洲、美国、日本、港台、东南亚等地。

【外商投资项目及港澳台投资项目】 2014 年第十六届海交会洽谈签约外企项目 7 项，利用外资 28200 万美元。其中台资项目 4 项，利用外资 12400 万美元；港资项目 1 项，利用外资 3000 万美元；在第十八届“9·8”厦门投洽会洽谈签约项目 3 项，利用外资 11000 万美元，全为台资企业。

表 6 **第十六届海交会罗源县签约“三维”项目** 单位：万美元

序号	三维属性	项目名称	投资方名称	国别或地区	项目内容（主要产品、产量等）	总投资		利用外资（注册资本口径）（万美元）	签约类别
						内资（万元）	外资（万美元）		
1	外企	制冷设备生产项目	福州富雪岛制冷设备有限公司	台湾	占地6.67公顷，建设集办公、研发、制冷设备生产基地		3000	2500	合同
2	外企	无纺布	福州汇昌纺织有限公司	中国/台湾地区	高级无纺布		1000	1000	合同
3	外企	橙天嘉禾影城综合体	橙天娱乐国际集团有限公司	香港	影城规划用地1.33公顷，由一座船型影城主体及公共活动区、星级酒店、公寓组成		3000	3000	意向
4	外企	液压机械设备及液压气动元件生产项目	福建天骏工业有限公司	文莱	占地8公顷，建设液压机械设备及液压气动元件。		5000	5000	意向
5	外企	石材业加工转型升级	西姆莱斯股份有限公司	巴西	建设大型石料交易市场与国外板材交易中心，引进巴西、中东大理石、花岗石，为各乡镇石材加工企业提供石料。		10000	7800	意向
6	外企	电线电缆制造	台湾大山电线电缆制造有限公司	台湾	项目用地3.33公顷，研发生产各类型电线、电缆		6400	6400	意向
7	外企	塑胶制品研发、制造	福州福营塑胶制品有限公司	台湾	项目用地4公顷，研发设计、生产聚氨酯人造革		2500	2500	意向

表 7 **第十八届“9·8”厦门投资贸易洽谈会罗源县签约项目** 单位：万美元

序号	项目名称	投资者	项目性质	投资总额（万美元）	利用外资（万美元）	项 目 内 容	签约类别
		中方/外方					
	合同2项						
	一、合同项目2项						
1	电网设备项目	天一同益电气股份有限公司	合资	5000	2500	占地17.33公顷，建设智能电网设备、高低压开关成套设备。	合同
2	绅斯威游艇项目	珠海中润投资集团	合资	6500	5000	占地13.33公顷，引进台湾游艇制造项目等。	合同
	二、意向项目1项						
3	新型建材装饰材料项目	台胞张国美	合资	3500	3500	计划征地3.33公顷，建设年产500万平方米的新型建材装饰板和竹集成材板，年产值可达1.5亿元。	意向
	合 计			15000	11000		

【招商引资活动】 2014年，罗源县外经局依托“5·18”海峡两岸经贸交易会、第十八届“9·8”投洽会等招商活动平台，做好招商宣传推介和项目对接，坚持“请进来”和“走出去”相结合，进一步提升项目推介实效开展多种形式的招商推介活动。

【对外及港澳台贸易】 2014年，外经局加强对台招商引资工作，抓住福州台商投资区扩区的有利时机，配合市县有关部门，参与台商投资区规划布局、产业安排、宣传谋划等工作，鼓励在罗源县的台商扩大投资，并通过他们及省市有关部门牵线搭桥，与台商加强联系，成功对接一些高科技环保项目。同时，加强对港澳招商工作。研究对香港、澳门招商的内容，整合资源优势，充分了解香港、澳门对外投资的信息，吸收投资的意向，形成一批有针对性地对香港、澳门招商引资项目。

（黄　瑛）

（编辑　薛　静）

城乡建设 环境保护

城乡规划

【概况】 县住建局以城乡规划、景观改造、民生工程、滨海新城建设、美丽乡村建设、建筑领域监管为重点，推进城市基础设施建设，改造宜居环境，增强城市服务功能，加强建筑领域监管工作，践行党的群众路线教育实践活动，推进各项工作有序进行。

【县城总体规划编制】 2014年罗源县总体规划完成编制工作，并获市政府常务会议审查原则通过。罗源湾开发区南片（含福州台商投资区松山片区）控制性详细规划、罗源湾开发区北片区控制性详细规划、罗源县主城区消防专项规划、罗源县绿道网总体规划均经过相关部门及专家多次讨论通过，待县总体规划获得批准后即可上报审批。

【乡村建设】 美丽乡村建设 对15个村庄开展美丽乡村建设，主要沿143县道西兰至霍口沿线的村庄进行村庄环境综合整治，重点推进西兰洋坪村、霍口福湖村2个示范村建设，计划按每个村庄投资200万元计算，总投资3000万元，年末完成投资3548万元。

美丽乡村景观带 罗源县创建X143县道西兰——霍口美丽乡村景观带，年计划投资1500万元，先后投入1588万元，完成飞竹段景观围墙改造、绿化、边沟整治及西兰段沿线厂房围墙、排水沟、人行道整治和霍口溪前段房屋立面整治和霍口辖区沿线绿化提升。

创建绿色乡镇 2014年洪洋乡经过多方筹资130万元用于绿化建设工作，建设集文娱、活动为一体的集镇区公园，2014年新增公园绿地面积0.8公顷，人均公园绿地面积达6.9平方米，同时乡政府、中小学校也进行绿化改造，推进道路两侧的道路绿化提升工程，新增植株5000株，新增绿化覆盖面积达1.5公顷，建成区累计绿化面积7.35公顷，绿化覆盖率达到21%。

传统村落申报工作 中房镇深坑村列入中国传统村落名单，福湖、丰余、塔里洋、洋坪、厚富、林家、满盾等7个村庄完成省级传统村落申报工作。

【新农村建设】 在新农村建设“百村竞赛”活动中，全县8个“百村竞赛”村（福湖村、北山村、深坑村、破石村、西洋村、下长治村、凤坂村、陶洋村）实施44个项目，总投入4000多万元。推进精品示范村建设，打造福湖畲族民俗文化生态旅游、北山社会主义新农村综合治理、上长治农民创业园产业集群等一批特色鲜明、带动辐射力强的精品村、示范村。

【造福工程】 2014年县“造福工程危房改造”完成360户改造任务涉及人口1286人，其中计生户19户，残疾户40人，五保户20户，少数民族228人。累计发放补助资金692.8万元。

【城乡建设审批】 2014年住建局办理项目选址意见书22份，总用地面积174.6万平方米；规划总平面方案批复22份，建设用地规划许可证30项，总用地面积246.53万平方米；办理建设工程规划许可证30项，总建筑面积281.6万平方米；办理规划验收11项。

【违章建筑查处】 录入“两违”项目593宗，违法建筑面积45.67万平方米，违法占地面积55.08万平方米。全县组织联合执法行动300余次，出动执法人员3000余人次，雇用民工约7000人次，租用大型挖掘机60余辆次，拆除违建495宗，拆除面积33.99万平方米，腾出违法占地面积42.26万平方米，完成年度治违目标任务；在罗源湾电视台等媒体上公示“四重点、六先拆”违建17批274宗，拆除公示违建对象面积20.93万平方米，腾出违法占地面积29.42万平方米。

【测绘项目】 2014年完成测绘项目161件，商品房建设预算测绘约302.8万平方米，竣工测量约53.4万平方米，建设放样30幢，测绘收入入库约103.3万元。

（住建局）

国土资源管理

【概况】 2014年，完成建设用地预审38宗，面积215.51公顷，其中耕地13.78公顷；完成建设项目用地初审2宗，面积53.47公顷；获批6宗项目用地使用有条件建设用地调整的规划修改，总面积15.18公顷，涉及有条件建设用地区修改面积6.29公顷；完成城市建设用地批次的定界报告书2个批次，涉及项目5宗，面积51.89公顷。供应建设用地32宗，面积157.71公顷，其中行政划拨10宗，面积26.28公顷，出让20宗，面积131.43公顷。审批个人建房56户，面积0.54公顷。审批个人划拨转出让81户，面积0.15公顷，补收土地出让金82.2万元。获批农用地转用和征用5个批次，面积28.91公顷。招拍挂出让土地25宗，面积108.73公顷，总成交价100833万元，其中商住4宗，面积17.11公顷，成交价34378万元；住宅用地6宗，面积28.43公顷，成交价54697万元；工业用地9宗，面积46.86公顷，成交价5705万元；商服用地4宗，面积4.84公顷，成交价2788万元；其他用地2宗，面积11.49公顷，成交价3265万元。

【罗源县土地利用总体规划（2006—2020年）】 2010年7月17日，通过福建省人民政府审批。该规划以科学发展观为指导，坚持经济、社会、人口、环境和资源相协调的可持续发展战略，统筹土地利用，保护耕地，节约用地。规划指出：至2020年，全县农用地面积调整到9.46万公顷，占土地总面积87.68%，比2005年降低0.24个百分点；全县建设用地面积增加到0.65万公顷，占土地总面积5.99%，比2005年提高2.7个百分点；全县未利用地面积减少到0.68万公顷，占土地总面积6.34%，比2005年降低2.46个百分点。完成全县基本农田的调整补划工作，确定基本农田总面积11758.3公顷（含可调整地类面积）。

【土地整理复垦开发】 2014年，福州市政府下达80公顷补充耕地与246.67公顷高标准基本农田建设任务，追加下达高标准基本农田建设任务393.33公顷。县政府将补充耕地与高标准基本农田建设任务分解下达至各乡镇。批准立项高标准基本农田建设项目4宗，规模244公顷，预计可新增耕地23.13公顷，上报1个旧村复垦项目，整治规模2.75公顷，可新增耕地2.73公顷。通过省土地整理中心审核。在建的高标准基本农田建设项目11宗。

【基准地价更新】 根据《福建省国土资源厅关于开展新一轮城镇基准地价修编工作的通知》及罗源县人民政府办公室关于开展新一轮全县城镇基准地价修编工作的要求，委托福建大地评估咨询有限公司完成罗源县基准地价修编。该次基准地价评估的范围包括罗源县城区、罗源湾开发区及各乡镇。其中凤山镇在城区定级范围内，松山镇在开发区定级范围内。2013年12月12日，县政府下发《罗源县人民政府关于公布实施新一轮城镇基准地价的通知》。

【地籍管理】 2014年全县办理土地登记发证2420本，其中初始登记发证80本（国有土地使用证30本，集体土地使用证50本）；变更登记2340本（国有土地使用证2265本，集体土地使用证75本）。协助执行各级法院土地查封冻结及执行裁定，协助执行案件29件。完成国土部下发的2013年度154个土地变更调查与遥感监测图斑的调查核实工作，并通过国土部级外业实地核查。完成土地变更调查面积11.00万公顷。确定全县城镇土地总面积11.00万公顷。完成城镇土地调查及建立城镇地籍信息数据库工作，于2014年1月13日通过市级验收，并将运用于日常土地登记及管理工作中。

【农村集体土地所有权确权登记发证】 完成全县11个乡镇194个农村集体土地所有权确权登记发证工作，农村宅基地使用权和集体建设用地使用权确权登记发证工作。

【地质灾害防治】 罗源县境内各类地质灾害隐患132处，规模以小型为主，其中滑坡53处，崩塌56处，不稳定斜坡17处，泥石流6处，地质灾害隐患点威胁455户2869人。地质灾害点主要分布在西部及中部的中低丘陵区的乡镇，包括霍口、飞竹、西兰、中房、洪洋、白塔等乡镇；中部乡镇主要包括起步镇、凤山镇、松山镇次之；东部乡镇如碧里乡、鉴江镇地质灾害较少。颁布并执行《福建省罗源县2014年地质灾害防治方案》和《福建省罗源县突发地质灾害应急预案》。落实132处地质灾害隐患点防灾责任制，发放“地质灾害防灾避灾明白卡”457份、“防灾工作明白卡”396份，补充埋设缺损地灾隐患点危险区警示牌33面，健全群测群防网络。健全汛期防灾值守、预警预报、巡查监测、灾情速报等各项制度。全年投入防灾资金40万元，发生地质灾害6处，无人员伤亡。

【矿产资源开发与管理】 矿产资源开发整合　45个整合矿山完成矿区范围划定审批材料，全部通过福州市国土资源局审批。

矿山生态恢复　推进矿山覆土绿化工作。落实“边生产、边治理”的要求，开展矿山覆土绿化，减少水土流失，保护自然生态环境。

非法违法采矿专项整治　开展2013年度矿产资源开发利用年检工作，全县应检矿山25个，参检25个，年检率100%。年检合格矿山24个，合格率96%；1个不合格，不合格率4%，合格率比上年度提高14.8%。收取采矿权使用费2.9万元，矿产资源补偿费91.35万元。

印发《罗源县打击非法违法采矿专项行动实施方案》，打击无证非法采矿行为，对突出重点区域巡查每月不少于2次，非重点区域每月不少于1次。7月份，专项行动开展以来，组成13个巡查组，1245人次深入各矿点进行摸排，全面核查矿山无证采矿停采，执法检查23个无证采矿点。立案查处非法违法采矿案件18宗，罚款38.13万元，没收违法所得83.77万元。2014年，建立非法违法采矿档案卷宗19个，建档率100%。

【国土资源执法监察】 清理整治违法建设　发放“两违”宣传材料500多份，重点突出对城区西片区的巡查制止以及配合重点乡镇拆违。发现并制止违法建设69起，拆除6起，配合乡镇拆违42宗。

土地卫片执法检查　完成遥感图斑数执法检查75个（70宗），监测总面积35.04公顷。发现卫星遥感监测图斑涉及违法用地63宗，面积22.24公顷（其中耕地14.65公顷），非立案查处30宗，立案查处32宗（其中两个图斑为同一业主），作出行政处罚32宗，立案率100%。做出罚款21宗，落实到位74.42万元；没收违法建筑物12宗，涉及建筑物面积3.08万平方米；拆除违法建筑物的20宗，涉及建筑物面积3.03万平方米。履职到位率100%。土地卫片执法检查工作通过省国土资源厅验收。

信访与诉求处理　接待群众来访3批12人次。受理各类信访投诉件128件，均已办理答复，办结率达100%。配合省市国土部门及县政府信访复查、复核17件。通过福州12345便民投诉中心受理“12345”诉求件83件，已全部办结，办结率达100%。

【行政服务审批】 罗源县国土资源局窗口于2013年5月14日入驻县行政服务中心。2014年窗口收件2420件，办结2420件，办结率100%；群众满意率100%。对法定审批流程进行精简、合并，由9个压减为3个，土地登记办结时限由20个工作日缩减到14个工作日。

（吕显丽）

建筑房地产业

【概况】 2014年，罗源县完成建筑业产值15.9亿元，比增63%，房地产开发投资76.45亿元，比增12.4%。全年固投计划任务14.6亿元，完成投资9.02亿元，完成任务约62%。

【建筑招投标】 2014年，完成工程交易134项，其中：公开招标66项，邀请招标68项。工程控制价125715.80万元，中标114508.77万元，降低工程造价11207.03万元，降幅达8.91%。

【建筑企业】 全县施工企业20家，其中包括福建省明通建设集团有限公司、福建升元建筑工程有限公司、福建广元建筑工程有限责任公司、福建省百顺建设工程有限公司、福建省中裕市政工程有限公司、福建源鑫混凝土有限公司、福建江海苑园林工程有限公司、福建兴中建设有限公司、福建国艺园林建设工程有限公司、福建华典建设有限公司、福建诚一建设工程有限公司、福建省罗源县华圆建筑工程有限公司等。

【建筑质量与安全监督】 监督工作　2014年注册登记项目43项（其中房建37项，市政工程6项），单位工程121个，建筑面积93万平方米，造价18亿元。在建受监工程项目48个，单位工程313个，建筑面积268万平方米，造价69亿元。发出工程质量问题责令改正通知书97份。出具工程质量监督报告23份。

工程质量安全“动态管理”　2014年，发出《违规事实确认与违规计分告知单》48份，进行违规计分48人次380分，其中项目负责人25人次，总监23人次。全县工程质量总体水平保持稳中有升，没有发生直接经济损失30万元以上工程质量事故。

保障房、校安工程质量控制　对

每个保障性住房和校安工程项目的钢筋力学性能进行监督抽测，抽检未发现加工调直后的光圆钢筋直径和力学性能不符合要求的现象，确保工程质量处于受控状态。全年，抽测承重结构实体混凝土强度50个构件；抽查钢筋原材物理力学性能188组；抽查结构受力钢筋接头力学性能6组；对预拌砼搅拌站福建源鑫混凝土有限公司抽查砂、石10组，确保保障房、校安工程质量稳定。

【建筑施工及燃气安全管理】 建筑施工管理 已检查在建工程61项次，发出责令改正通知书61份，责令停工通知书11份，查出安全隐患352条。通过动态系统录入通知单55份，隐患316条；给予监理单位的总监违规记分9人次计125分，给予施工单位的项目经理违规记分14人次计140分。检查20个在建施工企业的25个工程项目，发出隐患整改通知书33份，其中局部停工整改4份，责令限期整改29份，提出安全隐患158条，并对相关责任人按照《福建省建设工程质量安全动态管理办法》实施网上违规记分计14人次130分；分别办理施工升降机和塔机使用登记102台和72台，要求设备未经保养一律不得进入施工现场，确保申报登记的在建施工项目机械设备安全使用。

燃气安全管理 召开燃气经营企业、供应站负责人会议共19场，传达上级有关液化气安全生产文件和会议精神，制定《2014年罗源县瓶装液化气市场安全专项整治工作实施方案》等文件。通过整治液化气经营企业向外县或罗源县无证照者提供经营性液化气、充装超期未检钢瓶、违规存放钢瓶等行为，加强企业软硬件建设、安全隐患整改；打击“黑气”，规范供用气市场，同时抓好餐饮场所治理检查工作，通过开展“安全生产月”宣传活动，组织实地消防安全演练活动，发放安全用气知识宣传手册9000份，提高企业和群众供气用气安全知识，确保燃气管理安全。已检查发出隐患整改通知书16份，要求整改隐患44条，经复查全部整改到位；打击“黑气”3起，查处违规行为4起，查扣违规钢瓶79个。

【房地产开发】 房地产开发投资76.45亿元，比增12.4%。12家房地产开发企业参与开发建设，其中三级5家，四级2家，暂定资质5家。销售6882宗，面积75.10万平方米，金额38.13亿元。其中商品房住宅6123套，面积67.66万平方米，金额31.58亿元。

【保障性住房建设】 2014年市下达罗源县保障房建设任务：开工建设公租房80套，棚户区改造安置房200套，基本建成保障房230套。已开工建设公共租赁房80套，安排在罗源湾开发区南片松岐中路西侧“明日之星”，建筑面积约4820平方米，年度计划投资1500万元，进行主体施工。开工建设棚户区改造安置房249套，安排在罗源湾滨海新城，建筑面积约27600平方米，项目总投资12436万元，年度计划投资6500万元，进入室内外墙装修阶段，开工率达117.5%。2014年基本建成保障房253套，建成率达110%。

【物业管理】 2014年有1个项目按相关规定和程序完成前期物业管理的招投标工作，对9个小区进行物业合同备案。2014年有18个项目办理物业承接备案。处理并办结物业各类诉求件54件，办结率达百分百。2014年对4个小区的业主委员会进行备案。县设立专项维修资金专户，在业主办理产权登记前，需先办理专项维修资金缴交手续。1－12月份缴存物业专项维修资金5530.45万元，其中县海峡银行为5056.27万元，县农村信用社联社为418.25万元，县建设银行为55.93万元；总余额为18236.48万元。其中县海峡银行余额为8391.02万元，县农村信用社联社余额为9685.51万元，县建设银行余额为159.95万元，审批使用物业专项维修资金47项，金额为238.85万元，物业维修资金更名29户，退款8户。

【住房登记发证】 房地产管理所1－12月份完成房屋登记发证25450本，其中：房屋所有权证4409本，他项权利登记发证4872本，预告登记证明16160本；在建工程抵押登记证明9本。

【房产交易情况】 2014年全年合同备案6882宗，面积为75.10万平方米，金额38.13亿元。其中商品房住宅6123套，面积67.66万平方米，金额达31.58亿元。办理房地产买卖交易383起，面积4.98万平方米，交易金额0.70亿元，其中商品房住宅交易325起，面积3.51万平方米，交易金额0.57亿元。办理房地产抵押登记13907宗，面积394.04万平方米，抵押金额97.78亿元。

【全县各大房地产新开盘项目】 有12个楼盘在建施工，分别是罗源嘉龙房地产开发有限公司开发的“龙鑫第一城”D区；福州佳禾房地产开发有限公司开发的盛世名城；福建正宏置业发展有限公司开发的正祥特区；福建筑家房地产开发有限公司开发的筑家双星；罗源和霖房地产开发有限公司开发的罗马景福城；福州中茂房地产开发有限公司开发的香缇半岛；罗源湾滨海新城置业有限责任公司开发的滨海新城；罗源菁华房地产有限公司开发的菁华园；福建侨盛房地产有限公司开发的南洋花园；罗源泰康房地产开发有限公司开发的泰康佳园；罗源县江滨房地产开发有限公司开发的江滨花园；罗源旺城房地产开发有限公司开发的明日之星。

市政建设与管理

【市政设施维护】 罗川路、罗川中路道路改造工程 项目包括道路拓宽、路面白改黑、缆线下地、中华灯安装、交通护栏建设及沿线绿化景观提升等，改造长度7.8公里，工程总投资约1.5亿元，由福建榕圣市政公司采用BT方式建设，于6月27日通过竣工验收。

罗马景福城周边路网工程 含罗马景福城及实验第二幼儿园（简称二园）周边道路，总长度2.2公里，总投资约1500万，二园段及罗马景福城段已动工建设，受竹兜庙拆迁影响，无法实现道路贯通。

城区污水管网改造工程 委托福建工程学院进行可研编制及方案设计，并结合北大路至南大路环境综合整治工程实施凤蝶广场段雨污管网改造。

地下停车场工程 委托福建省建筑设计院完成闽星广场地下停车场可研编制评审工作，待县政府批准后实施。

边检执勤楼工程 项目占地2万平方米，工程总投资约1000万元，完成建设前期手续，进行招标控制价审核。

林业局周边道路工程 道路改造长度110米，总投资约50万元，于8月底完工。

城区下水道清淤工程 总投资80万元，改造下水道120米，清运淤泥5000立方米，于7月底完工。

【南大路至北大路环境综合整治工程】 项目包括建筑立面整治、路面白改黑、雨污水管网铺设、架空缆线下地、景观灯安装及绿化提升等，道路总长度约865米，总投资约3868万元。

【园林建设】 南江滨公园 项目总面积3.5万平方米，总投资3600万元，施工单位已完成硬景和三座步行桥桩基施工。

凤山公园 2006年初，县人大常委会发动市、县人大代表带头捐资，群策群力，共同推进凤山公园建设。5月，公园正式开工建设。第一期工程初建时，向社会公众筹资300多万元，打破了公益事业长期由政府包资包建的方式，开创了代表履职、社会捐资，人民群众共建共享的新思路。2007年10月1日，公园一期主体骨干工程竣工并正式向市民开放。为了高水平建设好凤山公园，2008年起，县政府每年安排100万元资金予以配套建设。凤山镇政府和城关村委会积极参与公园建设，从人力、物力、财力方面予以大力支持。规划中的公园，东至梅岭，西至职业中学，南部与县城区相连，北至罗宁高速公路，总面积86.67公顷。一期工程约占地23.33公顷，总投资3500多万元。其中，2014年投资335万元，建成“一路两园”：一路，即华清至公园广场水泥路，全长1.5公里，路宽4米。两园，即儿童乐园和紫玉兰园。儿童乐园，总面积1700平方米，完成土石方3000立方，浆砌驳岸600立方，浆砌护坡280立方，购置儿童游乐器材3套、体育器材4套。紫玉兰园，面积1公顷，种植紫玉兰树200多株。

（凤山公园管理处）

梅岭公园 资金以政府投入为主

凤山公园

导，其余由企业及个人捐资，是群众健身、休闲、娱乐的场所。2014 年总投入 373 万元，其中用于建设迎瞰台 110 万元，朝梅亭 113 万，朝梅亭广场 90 万元，梅岭公园门楼 45 万，书法碑林 15 万。书法碑林是由 76 面用“蒙古黑”石材制成的石碑组成，邀请全国各地书法家挥毫书写的历代咏梅诗词镌刻于石碑上，整个书法碑林庄重、典雅。

（梅岭公园）

【供水工程建设】 完成城区南大路供水管道改造、城区罗中路管道改造以及渡头新区供水管网改造等工程，完善供水管网基础配套设施；推进农村安全饮用水工程，完成松山镇泥田村、岐后村及盛头村等村的供水管网建设，解决松山镇约 4000 多户居民饮水问题。开展傍尾水电整合项目、滩内水厂改造工程、鉴江镇以及碧里、将军帽供水项目前期工作。

（县水务公司）

【供电线路建设】 完成电缆下地工程 3 项，涉及改造 10 千伏线路 17.4 公里，实现县城供电环网化、电缆化，节省地面“架空线走廊”所占面积，电缆馈线深入负荷中心提高馈线供电能力。

（县供电公司）

【供气】 2014 年全县次高压管网完成 12.96 公里，市政中压管网完成 39.20 公里，发展用户 41292 户，点火 1 万多户（包括工商业用户 21 户），日供气量 9.2 万立方左右，瓶装液化气年供气量 3800 多吨，用户 4.5 万户，普及率 89%。完成天然气大型调峰储备站建设以及市政高中压管网铺设，完成投资 2664 万元。

梅岭公园

【污水处理】 加强对污水处理厂、中途提升泵站运营监管，建成污水处理厂三期工程，全年城区污水处理量 575.4 万吨，处理率 90%。

市容管理与执法

【概况】 2014 年，县城建监察大队开展流动摊点整治、妈祖街整治、建行环岛夜市整治、市容“三乱”整治、违章建设、渣土运输管理四大专项整治，全年受理“12345”便民呼叫系统投诉 104 件，其中市容市政管理类 36 件，违章建设类 42 件，其他 26 件，反馈率 100%，无逾期办理案件；接待来信来访 15 件（其中来访 3 批 36 人次），反馈率 100%；办理领导批办件 26 件，反馈率 100%。

（县城建监察大队）

【城乡环境卫生管理】 实行每日“三普扫、全天候保洁”，生活垃圾日产日清。104 国道西起白塔分界处东至三道桥红绿灯处、罗川中路至高速北入口处、东区整片执行“水冲路面、机械清扫、人工保洁”三位一体的道路保洁无缝隙作业模式。2014 年建成区主要车行道机扫率 80% 以上，洒水冲洗率 70% 以上，总体清扫保洁质量效果良好。环卫监察中队配合县城建监察大队落实环境卫生“门前三包”宣传、劝导、执法工作，与沿街单位（含店铺，下同）签订《环境卫生“门前三包”责任书》，明确管理范围和责任，督促沿街单位配置垃圾容器，实行垃圾袋装，做到垃圾不落地、不乱倒，严防闭店后随意丢弃垃圾，利用县城监大队整治组拍照取证，每天对城区违反环境卫生“门前三包”行为进行新闻曝光或行政处罚，查处违章 508 起（其中：口头警告 200 家、书面整改 234 家、勘验罚款 74 家）。日清运城区生活垃圾 80 多吨，经压缩后运往宁德市漳湾生活垃圾焚烧发电厂实行无害化处理。

（卓建云）

【市容综合整治】 流动摊点整治 组织开展摊点、排档专项整治，清理各类占道摊点、排挡 260 余起，查扣占道物品 750 件，会同公安部门查扣占道载货销售机动车、辆 8 部。

市容“三乱”整治 开展占道经营整治，清理店外店占道 638 起，乱悬挂红布条、布幅广告 60 面，清理乱晾晒 30 起、乱堆放杂物 60 起。开展“门前三包”违规行为处罚整治，查纠乱堆乱放，乱丢乱倒垃圾等行为 407 起；扩大“门前三包”责任书签订范围，覆盖滨海新城及周边区域，新签订责任书 226 余户。开展乱张贴小广告整治，清理各类小广告 3.5 万余张。

违章建设专项整治 查处违法建

工作人员上门讲解“门前三包”规定

设案件92起，强制拆除30处，面积约2062平方米。

渣土运输管理　要求各渣土车运输公司所有渣土车辆加强GPS定位，纳入监控平台，接入监控平台运输公司5个，车辆50余部。会同交警等部门开展渣土车辆专项整治，查处车辆违章行为21起，立案处罚14起。

（县城建监察大队）

环境保护

【概况】　2014年，罗源县环境质量状况总体良好。城区空气质量优良率86.5%，全县13个供水在1000人以上的湖库型饮用水水源地水质均达到二类标准并设置保护区边界，八井水库等县级饮用水源水质达标率100%。中房溪、霍口溪、南溪水质良好，水域功能达标率100%。环境噪声年均值54.3分贝，交通噪声年平均值69.6分贝。生活污水无害化处理率90%，城镇生活垃圾无害化处理率100%。

【环境质量】　大气环境　罗源县城区空气质量指数（AQI）平均值69，空气质量二级以上达标天数294天，优良率86.5%，出现轻微污染45天，中度污染1天。城区空气中二氧化硫、二氧化氮和可吸入颗粒物均值分别为18.88微克/立方米、19.45微克/立方米、56.38微克/立方米，其中二氧化硫和二氧化氮达到环境空气质量一级标准，可吸入颗粒物达到二级标准。

水环境质量　敖江流域罗源段水质总体良好，主干流霍口溪、傍尾溪断面水质均值达标，支流6条溪流断面水质均值达标，水质功能区达标率100%，与上年持平。罗源城区2个饮用水水源地水质达标率为100%，与上年持平。2014年度加测3条内河（南溪、起步溪、五里溪），监测指标以有机污染物为主，3个断面达标率100%。罗源县近岸海域F13监测点位主要污染物为无机氮、活性磷等。

声学环境　建成区区域环境噪声年均值54.3分贝，比上年下降0.2分贝。交通噪声年平均值69.6分贝，比上年上升1.3分贝，维持在较好水平。

生态环境　推进生态乡镇和生态村创建，推动完成9个国家级生态乡镇、10个省级生态乡镇、138个市级生态村、29个省级生态村创建，完成率85.6%。加强农村环境连片综合整治，建立健全农村三级环保管理机构。11个乡镇成立环保工作站并指定环保专干。城市公共绿地面积达145公顷，城市人均公共绿地面积达14.32平方米。全县森林面积58731.67公顷，森林覆盖率56.95%，建成国家级生态公益林5830.4公顷，省级生态公益林26340.67公顷，设有7处县级自然保护区，受保护地区占全县面积比例稳定在30.8%。近五年，人工造林20000公顷。

【环境监管】　环境执法监察　县开展“整治违法排污企业保障群众健康”环保专项行动、疏港公路粉尘专项治理、“冒黑烟”专项行动、重金属企业排查整治、铅蓄电池环境专项整治、饮用水源专项检查和重点流域水环境执法监管、中高考噪声环境监管等，出动执法人员7500余人次，立案62起，处罚223万元。排污费征收入库1449余万元，新发排污许可证11件，办理危废转移7家，工业危险废物处置量91.44吨。

污染减排　全县工业水污染物COD和NH3N比上年减少排放8.82%和21.25%，生活水污染物COD和NH3N比上年增加排放8.22%和8.82%。县从结构、项目和管理三方面大力推进主要污染物总量减排工作，加快产业结构调整。对2家屠宰企业进行整合治理；完成城区污水处理厂新建三期（滨海新城污水处理项目）日处理水量1万吨项目建设；新上两套烧结（球团）机脱硫设施，率先完成2家钢铁企业烧结（球团）机的脱硫旁路取消工程；推广实施规模化畜禽养殖场全过程治理技术；建立减排联席会议制度，要求企业完善减排设施的运行管理制度，规范减排台账、设备运行记录及故障性情况报告制度。对所有减排项目做到一月一督查，一月一调度，及时掌握企业减排工作情况。

危险废弃物处置　对危险废物的产生、贮存、运输、处置利用全过程实行监管。开展危险废物污染防治专项检查、重金属污染防治专项检查。2014年，完成7家企业的工业危险废物报批转移工作，处置量91.44吨。

环评审批验收　执行环境影响评价文件的“六不批”及审批项目的“六符合”。全年受理建设项目环评审批42个，其中上报市环保局3个，县批39个；在县批项目中，编制环评报告书10个，环评报告表18个，登记表11个，办结率100%；竣工验收方面，办理建设项目竣工环保验收19个。

环境应急　加强环境安全应急体系建设，编制《罗源县突发环境事件应急预案》《罗源县环境保护局突发环境事件应急预案》等4个环境应急预案，督促全县30家重点企业完成应急预案编制，组织开展环境应急演练。及时启动应急预案应对三宝渣场溃坝事故，妥善处置“茉莉花”号货轮漏油事故、“安娜”号货轮触礁事故吸油毡等危险废物转移处置问题。检查核辐射单位6家。

大气污染防治　县政府印发《罗源县2014年度大气污染防治实施方案》，明确各乡镇、开发区、县直有关单位及各企业职责分工和主体责任，建立政府主导、部门联动、区域控制、行业自律的工作机制。开展钢铁行业除尘、水泥行业颗粒物综合治理、堆场扬尘治理、禁煤区划定、机动车污染防治、疏港公路粉尘污染治理、施工扬尘监管、违规商业活动监管、城区垃圾处置等专项治理。

【环境监测】　监测　对主要河口断面、饮用水源地、内河等水质超标情况采取加密监测措施，完成年度水、气、声等各项环境要素监测。定期上报流域水环境综合整治质量通报、区域环境质量月通报、环境质量季报、饮用水源地水质月报，为环境管理提供监测数据。参考福州市环境监测中心站，开展PM2.5自动监测仪选型、采购工作，于2014年1月1日起在福州市环保局网站上公布AQI空气质量日测指数。开展国、省、市控重点工业污染源、污水处理厂的监督性监测和污水厂的在线比对监测。完成污染源监测报告197份，其中监督性监测报告68份，建设项目竣工验收报告21份。

信息化建设　完成2座城区空气自动监测站建设，监测指标为常规六参数（PM10、PM2.5、SO2、NOX、CO、O2），金港工业区及滨海城空气自动监测站完成建设，正在进行设备调试。完成28座水质浊度自动监测站招投标工作，其中9座乡镇断面完成建设并投入试运行，19个工业园区及渣场断面完成15个点位建设。要求重点企业在线监控视频接入环保局在线监控平台，实施有效管控，其中全县167家石材加工企业视频监控全面接入，福州海关华能海港接入10个视频在线监控探头，罗源湾码头接入6个视频在线监控探头，福建华东船厂接入17个视频在线监控探头。改版升级罗源县环境保护门户网站，强化网站建设与管理，规范充实环境信息公开的栏目和内容。

【环保专项整治】　敖江流域水环境综合整治　通过专项治理，2014重点流域水质情况总体良好。其中兰水流水质浊度达标率83%，花园溪42%，起步溪79.1%，中房溪100%。开展县级集中式饮用水源地评估工作，完成监测数据采集和录入；完成县级以上集中式饮用水源应急预案编制；开展县级集中式饮用水源地环境风险排查，2014年无发现饮用水源地环境隐患等问题。完成白塔三宝渣场溃坝事故调查取证工作，同时对渣场进行全面整治，投入资金1213万元建设完成拦渣安全坝，渣场下游末端建设6个临时沉淀池和6个简易沙坝，对渣场进行平整覆土，撒草籽绿化，完成覆土面积2.60公顷，占渣场堆渣面积80%。完善西兰乡、洪洋乡、飞竹镇等3个在用渣场污水处理设施建设，实现达标排放，运行正常。继续推进矿山生态环境恢复治理，全县2014年投入资金2893.5万元，植树苗59.9万株，恢复治理面积约104公顷。落实好矿山“两池”建设及运行监管工作，安装视频探头实时监控，对有偷漏排放的矿山企业予以查处，确保达标排放。投入资金30多万元，建成霍口乡岐峰村垃圾焚烧炉，占地面积400平方米，日处理垃圾10吨，2014年已投入试运行。对石材加工企业环保设施投入进行补助。5月，修改完善《罗源县建筑饰面石材加工企业环保设施建设补助评定办法》，并成立领导小组及办公室，组织开展石材加工企业环保设施投入评定工作，对全县145家石材加工企业环保设施投入补助差别电价资金6685.7万元。建成9座乡镇断面水质浊度自动监测站、15个石材集中区及渣场断面水质浊度自动监测站，完成1家石渣堆放场视频监控系统建设，全部投入运行。

罗源湾北岸工业污染治理　推进金港工业区钢铁企业环境整改工作，完成省督导组下达整改任务91项。成立督查工作小组跟踪督查华东船厂及码头企业环境问题整改进展情况，监控湾内海域水质状况。强化环境执法监管，对重点工业企业下达环境整改通知40份，取缔非法钢渣处理点9个。

6月15日，县环保局开展“百姓富生态美”环保宣教进乡村主题书画展活动

【环保宣传教育】　围绕“6·5”世界环境日主题“向污染宣战”，利用环保宣传月，营造宣传氛围。开展环境知识展板下乡、下企业、社区巡展，深入乡镇企业12次，受教育人数约6千人。配合省、市环保部门开展守善村“百姓富、生态美”环保书法活动，组织开展首届福州市环保谜语县区邀请赛活动，发教育宣传手册、画册3000份，环保袋、扇6000个。参加由县委宣传部和县司法局主办的“12·4”全国法制宣传日宣传活动，营造环境法学法用法氛围。开展“环境友好型社区、学校”创建活动。至年底，创建12所市级“环境友好学校”，4个市级待批“环境友好型社区”。

【环保投诉件受理】　环境噪声污染和大气污染仍是群众信访投诉的热点问题，占投诉件总数的63%。通过“110”社会联动、“12345”便民热线、“12369”环保投诉热线、局热线等渠道，受理各类环境投诉282件，办结率100%。加强环境信访办理和纠纷调处工作，办理答复涉及环保的人大建议、政协委员提案8件，办结率100%。

（姜晨晖）

（编辑　王娜凤）

交通

【概况】 2014年，罗源县交通运输系统服务罗源湾滨海新兴城市开放开发，抓好交通基础设施建设，动建104国道五里至白塔公路、滨海大通道碧里至鉴江公路等交通重点工程，做好农村公路建设与管养工作（含农村公路改造工程、安保工程及危桥改造工作等），加大交通运输市场管理，党建及党风廉政建设、精神文明建设同步推进，全年累计完成交通建设投资约2.91亿元。罗源境内主要线路有104国道起步油车岭至白塔上楼，总长32.2千米；201省道起碧里至北山，总长20.3千米；县道8条，总里程148.6公里；乡村道498条，总里程808千米，通村率100%。

【设施建设】 沈海高速复线续建 沈海复线高速公路罗源段总长12.93公里，总投资达17亿元。2014年度完成固定资产投资1.0021亿元，累计完成投资16亿元。

104国道改线工程 104国道五里至白塔公路（含吕洞至白花公路及白花至滨海城市政道路）改线工程总里程约11.6公里，总投资约7.3亿元，其中建安投资5.3亿元。项目于2014年6月正式动工建设，已完成渡头大桥桩基施工，吕洞、前房和九溪村段路基，管柄大桥部分桩基，完成投资约12500万元，其中工程建安投资约7500万元。

滨海大通道罗源段工程 福州滨海大通道罗源段路线起于罗源鉴江镇（宁德交界），利用拟建的宁德至鉴江和碧里至鉴江公路、在建的碧里至将军帽公路，后经拟建的可门港大桥至连江，全长32公里。具体分四段：

宁德城澳至鉴江公路。长3.98公里（其中隧道1250米），设计为二级公路标准，路基宽度17米、路面宽度15.5米，总投资约1.8亿元。

碧里至鉴江公路。长14.866公里（其中隧道2868米、桥梁2452米），总投资约6.5亿元，其中建安投资5.6亿元，完成项目BT招标工作。

碧里至将军帽疏港战备公路。长10.3公里（其中隧道一座263米），总投资约17450万元。工程于2008年7月开工，已建成7.3公里，2014年完成投资1500万元。

罗源将军帽至连江界公路。长3公里，总投资约22亿元，路线规划可门港大桥长约1892米，涉及罗源、连江2个县，其中罗源段1161米，连江段731米。由于该特大桥技术复杂，实施难度大，市委、市政府决定暂缓实施。

乡村公路改扩建工程 完成农村公路硬化33公里、危桥改造5座、大中修工程项目257个（处），形成“畅安舒美”交通环境。群养公路路况质量稳步提升，综合优良率达87.2%。农村公路管养工作逐步走向常规化，“政府领导、部门指导、乡镇实施、群众参与”的农村公路规范化管养机制逐步形成。

【场站码头建设】 滨海新城汽车站 由福建罗源华威交通发展有限公司全资建设，规模为二级站，总投资约1300万元，已竣工，正在完善相关配套设施。

火车站公交首末站 由福建罗源华威交通发展有限公司全资建设，规模为二级站，总投资约3000万元，处于施工阶段。

鉴江镇井水陆岛交通码头 建设规模为300吨级客货泊位1个，总投资约1235万元。完成项目立项审批工作。

碧里牛澳陆岛交通码头 建设规模为500吨级客货泊位1个，总投资约1600万元，已完成招投标工作。

【运输管理】 长途客运 现有罗源至福州、长乐、福清、平潭、宁德、霞浦、莆田、石狮8条市县际线路。

农村客运　现有农村客运车辆139辆，其中华威公司116辆，顺源公司15辆，闽运公司8辆，开通农村客运线路40条，覆盖11个乡镇186个行政村。同时，为落实“村村通”工程，对斌溪、西录、白水等偏远村庄，安排沿线客车以定点定班方式为群众出行提供便利。

公交线路、站点　开通9条公交线路，投入运营公交车31辆，形成以城区为主体向滨海新城、起步镇、松山镇部分村居辐射的公共交通体系。完成《罗源县城乡公共交通规划》初稿编制工作，并上报县政府待审定。

公路货运　全县有普通货物运输企业18家，拥有运输车辆130辆，总吨位2893吨，大型、中型车辆分别占营运货车99.2%、0.8%；货运车辆平均吨位约160.72吨。

水上货运　县内仅有1家海运企业——宏鑫航运公司，拥有3艘货轮，载重量32867吨，全年航运量达610119吨。

【路政管理】　2014年，上路巡查361人次，接所、班站联动信息报告91起，处理完毕91起，处理路政赔偿案件5起，结案5起，办理路政许可审批3起，办结3起，办理平交道口延续手续5起，办结5起。函告综合执法机构公路违法行为6次，开展联合整治行动14次，参加人员143人次，清理堆积物2347平方米，拆除违章建筑378平方米。同时，加强相关法律法规的宣传力度，刷新公路标语4条、悬挂横幅标语6条、发放各类宣传小册子合计160份，并采用信息、LED、网络微博等方式进行宣传。

【安全生产标准化建设】　开展安全生产标准化提升达标考评工作，重点抓好经营市际以上班线客运企业由三级向二级的提升，4月份华威交通发展有限公司通过福建省交通运输厅标准化考评，由三级提升到二级。罗源县经营市际以上班线客运企业闽运、华威两家公司全部达到安全生产标准化二级标准。

【交通执法】　罗源县交通综合行政执法大队于2012年12月批准设立，2014年4月正式成立，为县交通运输局所属相当副科级事业单位。主要负责全县交通综合行政执法工作的组织协调；承担县郡养公路路政、道路运政、水路运政、地方海事等方面行政执法职责。2014年，查处非法营运车辆56辆次，客运车辆不按规定线路行驶28起，不按客运站点停靠15起，无从业资格证驾驶客货运输车辆25起，未取得道路危险货物运输许可擅自从事道路危险货物运输2起，擅自改装已取得道路运输证的营运车辆19起。

【驾驶学校及驾驶人员培训】　罗源县有机动车培训机构1家——兴隆驾校，其训练场面积19000平方米，教学场所60平方米，训练道路总长20000米，教练员30个，教练车22辆，全年培训机动车驾驶人员850个。

（李恒星）

邮　　政

【概况】　2014年，罗源邮政处理进出口邮件总量1133万件，投递邮件报刊量42.7万件。累计完成业务收入1651万元，增幅3.6%，实现有效收入1208万元，比增15.3%，人均有效收入13.73万元，列全区第三。全年向地方上缴各项税款40.1万元。

【业务经营】按照《邮政服务形象工程建投标准》完善服务窗口现场，规范管理制度，推进邮政服务“进企业、进校园、进部队、进农村、进社区”五进服务工程，推进邮政“尊老、敬老、爱老”服务新举措。全年受理用户各类投诉、查询1550件，做到件件有答复，用户的综合满意度达93%。

【邮运网建设】　全县开设邮政局所15处，2014年投入资金160多万元，改造全县邮政基层网点环境与设施，整修飞竹、西兰、鉴江、白塔、起步、洪洋、中房等7个区乡局所，新增滨海新城邮政小包专投邮路1条。至年底全县有投递邮路31条，单程邮路总长901公里，组建邮政便民服务站管理团队，对全县169个邮政便民服务站实行系统化、片区化管理，全面提高邮政便民服务站的整体功能。

通　　信

【中国电信罗源分公司】　概况　2014年，中国电信罗源分公司完成经营收入7640万元，比增2.41%；分公司获得“全国安康杯竞赛优胜单位”荣誉称号，荣获“2012－2014年度省级文明单位”，连续28年保持“省级模范职工之家”称号，保持“福建省和谐企业”称号。

通信业务　聚焦家庭、校园、农村、政企四大市场，调动自有、社会渠道力量开展体验式营销，聚焦流量产品营销推广，加强第一接触点辅导；同时以智慧商铺、旺铺助手、挂机短信等为抓手开展针对性营销；拓展翼支付便民商圈，利用店庆、节假日等契机，联合多尔惠、永辉等商户开展“便民五折”、“翼支付8折”等活动，打造“能省会赚”的翼支付品牌。在渠道建设方面，完善乡镇渠道布局，“统一布置、统一培训、统一放卡”规范动作提升企业形象。至2014年天翼用户达5.5万户，宽带用户达2.6万户，翼支付用户达1.3万户。

信息化建设 2014年，助力县政法委实施综治网格项目系统建设，完成11个乡镇83个社区（村居）的综治网格云平台建设、网络专线及网格化管理智能终端配置，配合地方政府建设治安防控体系、高清视频监控系统。“国土巡查”智能终端的开发应用成为国土资源执法监察工作的有力辅助手段。在农业信息化方面，完成“12316”智能化终端及平台软件操作指导培训，实现农时农事、农技咨询、农产品市场信息的智能化；行业信息化应用方面，推进智能物流车载定位和对讲、“税企通”、“智能环保”、“智慧校园”等信息化应用。

网络建设 一是推进4G网络深度覆盖建设，2014年完成4G深度覆盖一期建设工作，新建4G FDD基站建设67个（138个扇区），TD基站9个（21个载扇），累计建设LTE FDD室外站点80个，室分系统数4个，载扇数180个；TD－LTE站点15个，载扇数40个。密集城区、松山、碧里等重要区域总体4G网络覆盖率达到97.5%，其他乡镇部分覆盖。二是在乡镇所在地、发达行政村等区域推进FTTH光网络建设建设，新增端口4500线，端口数达1.8万线。三是积极推进移固融合，结合低效接入网退网加快农村无线化建设工作，在洪洋、西兰、飞竹、松山及鉴江渔排等合适区域，完成9个TD基站建设，同时完成18个接入网的退网工作；对新开发的滨海新城，在福州分公司的支持下，完成13个TD基站的建设工作。

客户服务 通过组织开展“暑假期间宽带服务支撑活动”、“参与有惊喜 满意服务在身边”等活动，提升服务质量。2014年全业务用户投诉率全年平均11.13人次/万用户·月，宽带装移机履约率98.87%，宽带修障及时率99.13%。民主评议政风行风建设工作考评在罗源县公共服务行业中排名第八，通信运营商中排名第一。

企业管理 2014年6月份开始实施营改增试点改革。结合农村无线化改造，降低机房能耗约11万元，同时盘活开关电源8套、蓄电池12组、空调9台、移动油机3台。至2014年正连续三年保持罗源县“平安先行单位”称号。

（陈莹艳）

【中国移动罗源分公司】 概况 中国移动罗源分公司1999年10月成立。2014年公司员工87人，党员23人，用户14.88万，全年运营收入累计超亿元。获得福建省省级文明单位、省级劳动关系和谐企业、省级模范职工之家、省级女职工标兵岗、省级青年文明号、省级五四红旗团（总）支部等荣誉。

全业务经营 以政府、行业、企业为切入点，实现全业务整体推进拓展，提升集团信息化收入；持续加强与政府的合作，通过各类资源置换进行信息化合作，2014年新增专线百条，成功拓展平安罗源视频监控项目、交警大队拼接大屏项目、环保局视频监控及凤山镇小区视频监控项目。

网络建设 2014年快速推进4G网络建设，全年新建LTE基站164个，已实现城关及各乡镇主要区域4G网络覆盖。同时新建56个2G站点，优化语音通话网络，提升网络覆盖质量。

客户服务 罗源移动分公司以2014年“优＋服务和你在一起”为主题，为客户提供多渠道服务，全面推广电子渠道自助业务，通过在营业厅移动视频、宣传单页、温馨卡片及营业人员的主动推荐，进一步提升客户业务知晓度；通过强化现场管理、暗访、电话抽测等工作，实现服务监管闭环管理，提升客户满意度；通过建立省级投诉预警机制，有效降低客户升级投诉。2014年罗源移动营业窗口客户调查满意度达95%。

（黄 红）

【中国联通罗源分公司】 概况 中国联合网络通信有限公司罗源县分公司（以下简称罗源联通）于2003年11月27日正式挂牌成立，隶属中国联合网络通信有限公司福州市分公司，下设综合管理部、市场营销部、固网中心、集团客户事业部、建设维护部5个部门并设立罗源湾驻点，员工50名。实现全年通信服务收入同比增长23%。

业务经营 2014年6月27日，罗源联通获得开展TD－LTE/LTE－FDD混合组网试验，通过“领先3G＋先进4G”的网络及产品优势，结合不同销售通路特点，通过强化阶段目标、聚焦差异产品、拓宽销售通路、开展4G合约宣传等措施，同时借助4G终端规模上市的时机，促进终端转型。

网络建设 2014年罗源联通新建3G基站32个，新建4G基站28个，总投资约750万元。2014年罗源联通基站数超200个，完成罗源滨海新城新区宽带与基站建设，满足新区居民宽带上网与手机通讯需求。

客户服务 2014年围绕“服务质量年”，营业厅由坐等的被动封闭式服务向客户主动开放式服务转变，创新服务方式，主动走进营业厅，深入社区、超市等搭建服务载体，加大营销力度。在营业窗口实行六上墙，即“营业员服务行为准则、服务公示栏、满意在沃服务八项承诺、产品资费一览表、业务受理指南、公众宽带装移修服务承诺”上墙，以提升客户感知。秉承“客户走进营业厅，剩下的事由我做的”的服务宗旨，实现主动的“零距离服务”。

市场营销　罗源联通扩大传统渠道拓展，结合滨海新城、渔排养殖、石材业等罗源重大项目，以农村包围县城，拓宽农村市场，发挥公司综合业务的优势，把移动、数据、互联网进行有效结合，细分市场，因地制宜开展传统渠道建设工作。

（量晓晴）

（编辑　王娜凤）

开发区建设

罗源湾开发区

【概况】 至2014年，罗源湾开发区累计引进项目118个，合同投资总额500多亿元，投产项目86个，在建项目32个。在宝钢德盛、华能集团、世纪金源、时代包装、华东造船等一批龙头企业的带动下，初步形成冶金建材、轻工食品、船舶修造、机械制造、港口物流等临港产业集群。2014年完成工业产值293.41亿元，其中规模以上工业产值292.21亿元；完成固定资产投资101亿元（含滨海新城，其中完成工业固投15.5亿元），同比增长15.4%；地方级财政收入7.8亿元，同比增长4%；实际利用外资1381万美元；出口总额2918.43万美元，同比增长33%。

【基础设施建设】 防洪排涝　金港工业区防洪排涝工程完成投资约9235万元，土港排洪渠完工验收，完成可湖排洪渠左岸加高和截洪沟，亿鑫排涝站电力配套工程进场施工，岐佃排洪渠和西闸改造工程完成招标，白水排洪渠和滞洪区防洪工程完成施工图设计和图审。松山片区大、小获片防洪排涝工程投资1214.5万元，委托编制工程勘测地界报告。

道路建设　松岐中路道路工程完成投资9932万元；站前路完成施工及监理招投标工作；南片污水管网完工验收；鹤屿泵站及滞洪区完成施工图审查与环评；松岐北路改造工程、松北路、罗江路和江北中路完成工程前期工作。

给水排污　建成水厂5座，形成联合供水体系；霍口溪水利枢纽工程动工建设，可日供生活用水达17万吨，工业用水30万吨以上。采取雨污分流排水体系，在松山、白水和牛坑湾垦区分别规划建设污水处理厂，各片区自成体系，通过管道汇集片区内污水集中处理后达标排放；建成生活污水处理厂2座，对居民生活污水进行无害化、集中化处理，日污水处理能力7.5万吨。

供电供气　使用华东大电网，双回路供电；建成22万伏变电站3座，11万伏变电站4座，3.5万伏变电站1座。完成燃气工程规划，主气源为天然气，引进LNG项目，组织实施供气管网建设。

【重点项目建设】 实施产业项目全程跟踪推进、全程督办服务，推动重点产业项目投产，形成新的增长点。推进宝钢德盛冷轧线、时代软包装第六线、弘景木塑一期、博美生物等项目加快建设，早日投产增效；成立专门服务工作小组，服务罗源闽光钢铁公司恢复生产、扩大产能，服务南铝铝材加工项目落地建设，培育新的经济增长点。

【落户项目】 新引进4个项目，分别是三明钢铁（集团）有限公司收购三金钢铁组建罗源闽光钢铁有限责任公司，南平铝业有限公司与华侨实业集团合作投资建设铝材加工项目，德胜新建材喷黑薄型高档墙地砖项目和年产5万吨新型环保涂料等项目，累计总投资逾30亿元人民币。推动宇星实业重组，对接宝钢德盛不锈钢400系、站前广场综合体项目和数控机械设备等项目的洽谈。

【服务工作】 强化干部作风建设，加强绩效管理，签订《效能建设个人承诺书》，服务好企业，明确分工负责，紧密联系企业，紧跟项目落地，落实好企业产前产中产后“一条龙”服务，全程无偿为投资者和区内企业代办或领办各方面的审批服务程序，做到“马上就办，办就办好”。

【重点企业】 宝钢德盛不锈钢有限公司　重组前为福建德盛镍业有限公司，重组之后隶属于宝钢集团有限公司，

宝钢冷轧生产线

成立于2005年12月，系国有控股特大型钢铁企业，其中宝钢集团控股70%。公司占地217.8公顷，并预留后续配套土地333.33公顷。公司注册资本为42.53亿元人民币，总资产逾100亿元人民币，员工3000余人。主要从事不锈钢生产加工，集烧结、粗炼、精炼、热轧、固溶、冷轧等完整的不锈钢生产工艺，形成年产100万吨以上热轧不锈钢及40万吨冷轧不锈钢生产能力，产品应用于餐饮厨具、卫生洁具、医疗器械、家用电器、食品机械、化工设备、汽车配件、电子元件、建筑装潢等领域。2014年实现产值80亿元。

福建亿鑫钢铁有限公司　成立于2003年5月，占地233.33公顷，总投资达18亿元，是福建省百强企业。公司建有烧结、球团、石灰窑、炼铁、炼钢、轧钢等生产线和相关的公辅设施：制氧、喷煤、变电站、TRT发电、煤气柜、脱硫等，具备年产100万吨烧结矿、50万吨球团矿、100万吨铁水、120万吨钢坯、60万吨热轧带肋钢筋的生产规模，每年可创造经济产值20亿元。有各类员工2800余人，其中具有中高级职称的200余人。一期项目投资7亿元，于2005年1月18日建成投产。二期项目总投资估计4.8亿元，于2007年4月份开工动建，现已建成投产。2014年，公司主要产品产量达141万吨，工业总产值53.5亿元。

福建源鑫建材有限公司　于2004年成立，由福建源鑫投资有限公司投资5000万元，是一家立足于新型建材产品研发、生产、销售的建材公司，并与投资公司旗下的福建源鑫物流有限公司、福州源鑫混凝土公司形成配套的产业集群。2014年实现年产值5.5亿元，年产118万吨水泥。目前已通过ISO9001:2000质量管理体系、水泥产品质量及ISO14001:2004环境管理体系三项认证。荣获“福建名牌产品”、“福建省著名商标”、“福建省建材放心产品”、“福建省质量管理先进企业”等称号。

海峡西岸软包装科技园（BOPP）隶属于中国软包装集团，园区内有福建时代包装材料有限公司、景泰包装材料有限公司、悦得包装材料有限公司，致力于打造百亿海西软包装科技园，是中国软包装集团最早打造的科技园。园区占地面积26.67多公顷，总投资30亿元，员工500多人，生产的双向拉伸聚丙烯塑料薄膜（BOPP）年生产能力可达100万吨，2014年产值16.3亿元。

福建恒久集团股份有限公司　于2007年底落地于罗源湾开发区南工业区，一期项目占地17.12公顷，总投资2.65亿，于2008年7月动建。是以专用汽车及汽车零部件的研发、生产、客车内饰改装、客车销售为核心的汽

BOPP第5条生产线

车产业集群链企业，主要开发救护车、商务旅行车、房车等专用汽车，以及车用缓速器、空调、座椅等汽车关联产品。其中，车用缓速器、座椅等产品进入市场多年，其中缓速器项目科技含量高、使用性能强，是集团公司的优势项目，其所有技术条件均满足国家技术指标，并完成与重庆綦江等国内主流变速箱和后桥厂家的匹配认证，被列入2009年国家重点产业振兴与规划目录，得到国家特殊扶持政策的支持，于2010年获得“福建省名牌产品”。该集团公司的专用车项目已开发出多款实用车型（商务车、救护车、房车），并且同福建省汽车工业集团进行合作，计划批量生产，发展成为海峡西岸经济区专用车制造基地。2014年实现工业总产值8312万元。

福建弘景木塑科技股份有限公司　成立于2009年8月，注册资金3000万元，是福建弘景实业集团有限责任公司旗下的一家专业从事科研、生产、销售木塑环保新材料及其制品的高新科技企业。位于开发区乡镇工业园内，2014年有9条生产线，主要进行新产品研发与试生产。其产品主要以木粉、竹粉、农业秸秆等天热木质纤维与新型高分子复合材料为原材料，具有防水、防腐、防虫蛀、阻燃等优点，并不含甲醛等任何有害物质，有较强的木质感，其硬度是普通木头的3倍-5倍，理论使用年限可达20-30年，可100%回收再生产，是极具发展前途的环保节能型生态建筑材料。

福建罗源闽光钢铁有限责任公司　2014年7月，福建省三钢（集团）有限责任公司与福建三金钢铁有限责任公司达成一致意见，由三钢集团公司出资收购罗源三金钢铁的所有资产，成立福建罗源闽光钢铁有限责任公司。该公司占地面积120公顷，注册资金6亿，资产总额超过20亿元，员工1800人，主要生产高速线材、优质钢和不锈钢等。

罗源湾滨海新城夜景

【罗源湾滨海新城】　年内完成固投85.512亿元，完成销售额130多亿，创税收10余亿元。销售住宅22000多套，商业店面1300余套。九年制滨海学校已招生，实现与福州三中联合办学。五星级酒店于2014年1月3日开业，游艇码头于2014年8月开业，苏宁电器商场于2014年11月开业，如意公园建设竣工。完善各项基础设施和便民服务网点，一座配套设施齐全的滨海新城初具规模。

（梁建文）

台商投资区

【概况】　福州台商投资区1989年5月经国务院批准在福州马尾设立，总面积1.8平方公里。2012年1月，经国务院批准，福州台商投资区扩区至罗源湾南北两岸，包括连江大官坂片区和罗源松山片区，扩区面积为13.26平方公里。松山片区原规划面积5.46平方公里，其中松山A片区面积3.38平方公里，B片区面积2.08平方公里。规划红线调整后总面积为6.024平方公里，其中A片区3.944平方公里，B片区面积2.08平方公里。2个片区涉及松山镇大获、小获、上杭、盛头、选屿、外洋等行政村1.4万人口。松山片区已被纳入罗源县新一轮土地利用总体规划（2006-2020年），片区内所涉及的基本农田均在新一轮土地利用总体规划修编时进行调整，并获得省国土资源厅审批。

【收塘工作】　2014年，完成松山B片区208公顷垦前塘（包含红线外小部分）征收工作，进行填土作业；A片区394.4公顷土地已收回242.68公顷，剩余133.33多公顷鱼虾塘分两期进行征收，其中第一期46.67多公顷垦前塘征收工作于9月底A片区垦后塘破塘后启动。开展A片区垦后塘果树苗木清点补助等扫尾工作，与群众签订补助协议，完善46.67多公顷垦前塘收塘方案，各收塘工作组进村开展相关工作。

【取土点征用工作】　签订小获村山边厝取土点土地征收补偿协议，征用土地11.29公顷，相关补偿款项拨付到位。开展剩余林地（已审批的2.8公顷林地可直接取土）报批工作。同时，配合市管委会开展国有林场报批、征用等工作；与松山片区施工单位签订104国道改线工程弃土方购用相关协议。104国道改线工程试运部分弃土至松山片区。

【B片区填方工作】　小获片区路网工程第1标段计划完成2-1地块16.13公顷，2-2地块32公顷，2-3地块30公顷，2-4地块17.07公顷，总计完成填方量198万方，道路路基3.9

公里，围堰长度 4 公里，占总进度 100%；完成投资 16363 万元，占总投资 100%。小获片区路网工程一期已竣工。

【招商引资】 配合市管委会开展招商引资工作。对接引进创隆电器、天一同益电气项目等第一批入园企业。游艇制造项目采取“园中园”招商方式，引进台湾游艇、电子制造项目等，对接竹制品加工机械设备等项目。

（辛　泉）

（编辑　李晓静）

综　　述

【概况】　2014年，县内有教师进修学校1所，中小学、幼儿园106所，学生31275人，教职工3253人，专任教师2498人。其中中学19所，小学35所。幼儿园（班）52所。高中学生4604人（其中普高2814人，职高1790人）、初中学生5717人、小学学生13331人、幼儿园学生7623人。县有高级职称教师158人，中级职称教师1125人，初级职称教师1215人。全县学校占地面积919681平方米，建筑面积354418平方米。

【惠民政策】　2014年，义务教育学校公用经费拨付1129.52万元（其中省级762万元，市级141.82万元，县级225.7万元），不足百人小规模学校拨款89.62万元，生均公用经费达到中学每生每年850元，小学每生每年650元。为义务教育阶段学生免费提供教科书总金额191.9万元，免作业本费53.18万元，发放寄宿生生活补助费93.06万元。中职学生免学费120.9万元，补助中职学生国家助学金11.01万元，普通高中学生国家助学金65.07万元，发放城乡低保家庭幼儿园保教费补助21.05万元，发放少数民族学生助学金147.9万元。生源地助学贷款审批通过672人，贷款额度380.7295万元。

【社会办学】　2014年审批设立品书郎文化艺术中心、向阳幼儿园、思维特幼儿园。

【教具设备】　2014年全县投入1440万元，采购373台计算机和55套多媒体等设备。为新建的第二附属小学、第二实验幼儿园配置完善教育教学仪器，同时在完成中心小学以上学校“班班通”工程的基础上，继续建设7所完小校“班班通”工程，为初小校配备安装农村远程教育卫星接收天线及接收设备，让初小校也能享受到优质的教育教学资源。

【校园、校车安全管理】　签订《学校综治安全工作目标管理责任书》等一系列责任状，开展危险水域、火灾隐患、校车安全、食品卫生、校园及周边安全隐患等专项治理活动。强化“三防”建设，配备122名校园保安，组织4期安保培训，配齐校园消防器材、应急照明设备，装备农村学校重点部位球形、枪式探头943个。全年组织逃生演练及讲座268场，播放教育影片156场，制作板报750期，深入学生家庭宣传8636户，发放宣传材料12.51万份，发送短信9.38万条，逃生演练24场。全县有幼儿专用校车14部，非专用校车1部，接送学生人数728人。教育和交警部门逐车建立校车安全管理档案，与相关学校签订《校车安全管理责任书》等一系列责任状，开展校车安全隐患专项治理活动和校车安全教育宣传活动。全年组织校车安全专项检查4次，安全培训26场次，安全演练24场。

【教师招聘】　4月份，通过全省统一招考，按照“公平、公正、竞争、择优”的原则，招聘新任教师80名；同时开展全县中小学教师遴选交流工作，选派37名教师充实到滨海学校和教师进修学校第二附属小学。继续实行教师轮岗交流制度，组织19名城关教师（含福州市区）赴农村学校支教，91名农村教师到福州和城关中小学跟班学习。

2014年罗源县组织春秋季两场教师资格认定工作，在职教师资格认定申报人数为203人，经过资格审查与体检，148人通过教师资格认定。继续开展教师中高级职务岗位聘任工作，2014年有106名教师新聘为一级职称，7名教师新聘为高级职称，并完成62名新教师的转正定级工作。

【改革城区学校招生方案】 2014年，城区公办学校推行招生方案改革。将城区幼儿园在优先招收随军子女和县重点项目需要安排就读学位等优抚和政策生源之后，剩余学位通过汇总向社会公布、幼儿家长自愿报名和电脑派位的办法，招收有凤山镇常住人口户籍的适龄幼儿入园；中小学在依法确保相应片区内有户籍的适龄儿童少年就近入学的前提下，优先招收随军子女、符合政策的外来务工人员随迁子女和县重点项目需要安排就读学位等优抚和政策生源之后，剩余学位通过汇总向社会公布、学生家长自愿报名和电脑派位的办法，主要招收在县城区已购置房屋居住但户籍仍留在罗源县农村或外地尚未迁入的中小学适龄儿童少年相对就近入学，向社会提供招生学位。

【农民工子女招生工作】 进城务工人员随迁子女教育实行"两个全部纳入"政策，将包含农民工子女在内的常住人口全部纳入区域教育发展规划；将农民工子女义务教育发展经费全部纳入财政保障范畴。全县义务教育阶段学校接收农民工子女2178人。

学前教育

【概况】 全县幼儿园52所，其中公办幼儿园21所，民办幼儿园31所，在园幼儿7623人，学前三年幼儿入园率98.86%，学前一年幼儿入园率99.59%。现有教职工879人，其中专任教师549人。全县有2所早教基地园、2所市示范性幼儿园（实验幼儿园和凤山幼儿园）、9所县示范性幼儿园。2014年新增6所县级示范性幼儿园（松山中心幼儿园、中房中心幼儿园、凤凰城幼儿园、智慧树幼儿园、阳光幼儿园、金太阳幼儿园）。

【县第二实验幼儿园设立】 第二实验幼儿园位于凤山镇竹兜村，为县直属学校，于2013年1月开工建设，2014年8月竣工，建筑面积5000平方米，投资1800万元，按省级示范幼儿园标准建设，办学规模12班，360个学位。2014年实有教师22人，学生210人。

【提高保教质量】 制定《罗源县片区管理暂行规定》，将全县所有幼儿园合理划分成若干个幼儿园片区，每个片区内有示范性幼儿园、公办幼儿园、民办幼儿园。以优质幼儿园为龙头带动各级各类幼儿园，建立健全管理、保教、卫生等方面的工作规范，形成"联片互动、资源共享、协作提高、均衡发展"的管理格局。

【学前教育普惠性发展】 2014年，全县保教费低于500元/月的普惠性幼儿园48所，普惠率达到92.3%；其中21所公办幼儿园月保教费均不超过270元/月，普惠率100%；民办幼儿园中27所保教费低于500元/月，普惠率87.1%。

初等教育

【概况】 全县小学35所，其中县城区小学4所、农村中心校10所、完小7所、教学点13个、民办小学1所。全县380个班级，在校学生13331人，专任教师1039人。全县一年级新招学生2793人，小学适龄儿童入学率100%、巩固率100%，小学生毕业率100%。

【县教师进修学校第二附属小学设立】 第二附属小学位于渡头新区，为县直属学校，于2013年7月开工建设，2014年8月竣工，建筑面积11598平方米，投资3508.88万元，按省级标准化学校建设，办学规模24班，1080个学位。现有教师32人，学生391人。

【活动获奖】 在福建省第六届学生规范汉字书写大赛中，凤山小学朱云辉同学获小学二组（软笔）一等奖，徐姚瑶、郑朵娅同学获三等奖。在福州市教育局、市委文明办、市语委联合开展的"中华诵·2014福州市经典诵读"大赛中，实验小学、凤山小学获小学生集体二等奖。实验小学教师余亚龙、学生姚羽珂获三等奖。

【小片区教研】 5月7日，在福州三中滨海学校举行"东线"小学教研协作片教学观摩研讨活动，滨海学校选派3位教师进行公开教学，福州乌山小学选派3位骨干教师进行送教下乡活动。5月16日，凤山小学举行"北线"教研片暨凤山小学家长开放日活动，凤山小学12位青年骨干教师分别进行语文、数学、英语、体育、美术班队、综合实践课等学科的教学展示。12月12日在起步中心小学举行"西线"小学教研片课改开放日活动。

普通中学教育

【概况】 全县中学19所，其中独立高中1所，完中3所、职中1所、初中12所、九年一贯制学校1所、民办初中1所，221个班级，在校学生数10321人（其中初中在校生5717人，高中在校生2814人，职业中学在校生1790人），教师1130人。初中一年级招生1876人，高中一年级招生950人。

【福州三中罗源校区设立】 位于罗源湾滨海新城的福州三中罗源校区，为市直属学校，占地11.47公顷，建筑面积10万平方米，按省一级达标校标准建设，办学规模为初中36个班，高中36个班，总学位3600个。2014年学校实有教师29人，学生170人。

【普通高中多样化办学】 按照“一校一方案，一校一路径，一校一评价”的原则，启动高中多样化办学模式和特色课程体系建设，罗源一中、民族中学、罗源二中分别开展“快乐英语”、“校园畲族文化”、“鲜明的校本文化生态、优雅的书香校园”等特色办学创建工作。

【中考工作】 设立三中、实小、附小三个中考考点，57个考场，报名总人数1707人。495分以上58人，占与考人数3.4%，385分以上710人，占与考人数41.6%，330分以上986人，占与考人数57.76%。全县普高录取970人，占与考人数56.82%，中职录取673人，占与考人数39.43%。

【普通高中考试及高考】 1月，学业基础会考报名参加考试的考生1330人，设3个考点，39个考场；6月，报考1387人，设2个考点，48个考场。组织1141名高二学生参加物理、化学、生物实验考查，1021名高三学生参加通用技术考查。2014年高考，全县应届本科上线983人，上线率76.6%，上升6.9个百分点。

中等职业教育

【概况】 县高级职业中学在校生1790人，录取新生596人；安排顶岗学生325人，8位毕业生通过教师招聘考试考人县公办幼儿园任教；2014年高考，有62位学生被高等院校录取；学校技能鉴定站进行11个项目449人次的技能培训及鉴定。

【实训基地建设】 5月，校实训基地一期主体工程建成并投入使用。一期建筑面积约10323平方米，总造价2481万元，建有培训大楼一栋、汽修车间两栋，主要用于学生实习实训及企业员工、社会青年等技能培训，同时开展汽修专业校企合作。实训基地现有焊接、机加工、信息化教学、汽车仿真教学、钳工、车工等实训车间。

【校企合作】 6月，邀请华东船厂、宝钢集团、金源集团及各幼儿园等企事业单位参加2014年毕业生就业暨顶岗实习招聘会，解决学生就业和企业用工的双向需求，现场签约顶岗学生92人。10月，参加第八届福州（秋季）校企用工对接洽谈会，就业安置走向八闽市场。2014年职业中学大部分毕业生已受聘顶岗，安置就业325人，其中学前教育专业8位学生通过招聘考试进入公办幼儿园任教。

【技能竞赛】 教师参加各级教学竞赛21人次，其中黄江云老师获市教学技能赛二等奖，吴信、黄晓丹老师获省中职学校“文明风采”竞赛优秀指导教师奖，严进忠老师石雕作品“降龙悟道”参加罗源安后石雕展；吴爱玲等11位老师率于康权等23位学生参加省、市各级技能竞赛，也获得良好名次。

表8 **2014年罗源职中技能站鉴定统计** 单位：人

时　间	项　目	报名人数	获证人数
2014.5.9	育婴师	102	101
2014.5.10	图形图像	39	6
2014.6.6	汽车维修工	19	19
2014.6.6	维修电工	38	38
2014.6.13	无线电装接	40	40
2014.6.13	装饰美工	22	22
2014.6.14	幼儿教师艺术	38	37
2014.6.20	餐厅服务员	40	40
2014.6.20	电焊工	70	70
2014.6.21	船舶电工	21	21
2014.6.21	汽车维修工	20	20
合　计		449	414

成人教育

【概况】　以县职教中心和社区学院为龙头，构建电大、乡镇社区学校和文技校为主体的成人教育培训网络体系，深入实施农村劳动力转移培训工程，普及农村先进实用技术，开设家政服务、餐饮、保育等职业技能培训，促进农村富余劳动力有序转移。

【学历教育】　2014 年，电大招收本、专科开放教育新生 199 人，完成上级电大规定的招生任务；村主干班经济管理专业大专班在籍学生 22 人，秋季经过成人高考又录取 5 人；县自考办招收自学考试本、专科新生 22 人。

【非学历教育】　招收第一期社区工作者岗位培训学员 63 人，并通过培训和考试，57 人取得毕业证书。秋季，第二期社区工作者岗位培训招收学员 32 名。全县扫除文盲 213 人。

（周天顺）

（编辑　王娜凤）

科学技术

【概况】 2014年，县科技工作围绕“建设罗源湾滨海新兴城市”的战略部署，以增强企业自主创新能力为主线，加强知识产权保护，扶持企业科技创新，发挥科技对经济社会发展的支撑引领作用。科研推广服务机构包括农科所、生产力促进中心、农业机械研究所。飞竹镇、起步镇、松山镇、凤山镇获得“科技示范乡镇”称号。

【科研项目】 2014年3月，推荐福建益升食品有限公司、罗源起步长兴食用菌种植场、罗源县科源食用菌技术服务中心3家企业为“罗源县食用菌产业关键技术升级与示范推广”项目的实施单位，获国家科技部科技富民强县专项资金110万元。

【科技项目推广应用】 食用菌安全生产示范推广 推广秀珍菇良种繁育与安全生产技术，实现金针菇、杏鲍菇工厂化高效栽培及产品洁净。建立食用菌技术服务体系平台，提高食用菌产业科技成果转化与技术创新。在从台湾等地引进秀珍菇新品种中，筛选出适合罗源栽培的秀珍菇优良品种2个；建设菌种研发实验室200平方米，开展秀珍菇菌种保藏与菌种质量检验；建设1家标准化菌种场，年生产100万瓶（袋）优质菌种；建设6条秀珍菇菌包生产线，年产800万袋菌包供应周边菇农栽培。建设秀珍菇安全生产示范基地（钢构大棚）13.33公顷，开展安全生产技术和喷雾调控温湿度、“移动打冷”刺激技术等示范项目，提高生产效率，平均单产提高10%，产品质量达绿色食品要求。建立食用菌产品质量安全可追溯体系，实现食用菌产品身份可识别与追溯，以福建益升食品有限公司为龙头，建立与福州永辉、沃尔玛、新华都等大型超市的“农超对接”销售渠道，解决菇农的“卖难”问题。

海带、紫菜生产与加工技术示范 福州海林食品有限公司通过实施福州市科技计划项目“海带、紫菜生产与加工技术示范”，自主研发海带、紫菜加工生产设备和烘烤技术，形成生产设备机械化、标准化、规模化。

碧里西洋油茶生态栽培与良种示范 罗源县西洋农林牧专业合作社通过实施福州市科技星火项目“罗源碧里西洋油茶生态栽培与良种示范推广”，对油茶树体结构进行培育技术研究，开展油茶营养诊断与平衡施肥技术研究，油茶林生态栽培技术研究。选择“营建闽优系列”、“杂交优良组合”、“长林系列”、“湘林系列”等良种，新建丰产油茶栽培示范基地6.67公顷，在项目示范区推广种植油茶新品种333.33公顷，促进项目区油茶品种结构调整和油茶品质改善。

【知识产权管理】 知识产权培训 邀请福州鼎新专利代理事务所等专家到罗源授课，在罗源湾开发区举办知识产权业务培训5期，企业参训人员350多人次。

知识产权宣传 利用“2·21”首届福建省知识产权宣传日、第七届中国专利周，开展专利宣传，提高社会公众知识产权保护意识，推动知识产权建设。

加强专利申请 组织3家福州市专利代理机构，深入县11个乡镇及罗源湾开发区20多家企业，辅导企业专利申请。2014年全县申请专利123件，其中发明20件、实用新型75件、外观设计28件，与2013年同比增长32.5%。全县授权专利114件，其中发明3件、实用新型80件、外观设计31件，比增307.1%。

【科技成果管理】 福建恒久集团股份有限公司企业技术中心获“第十七批福建省省级企业技术中心”称号；宝钢德盛不锈钢有限公司企业技术中心

被福州市财政局、福州市经济委员会认定为“福州市市级企业技术中心”。宝钢德盛不锈钢有限公司、福建弘景木塑科技股份有限公司被福建省科学技术厅等4个省直部门认定为福建省省级高新技术企业。福建益升食品有限公司、福州吉晟竹业有限公司、福建恒乐汽车（部件）有限公司、福建源鑫环保建材科技有限公司被福建省科学技术厅评为省级科技型企业。福建省龙翔特种水产养殖有限公司参加第二届中国农业科技创新创业大赛，其参赛项目晋级复赛。

2013年度，全县企业经国家知识产权局授权并上报罗源县科技文体局审核，符合奖励条件的授权专利25件，其中发明专利2件，实用新型23件。上述有关企业、个人获科技创新奖励金26.90万元。

【科技宣传与培训】 科技下乡 1月份，开展科技、文化、卫生“科技下乡”活动，组织省、市农业科技专家6人次，分别深入松山、中房、碧里、起步等乡镇（村）开展农村实用技术现场咨询，解决生产技术难题10多项，赠送电脑8部、科技书籍1000多份。

科普宣传 4月份，举办“知识产权宣传周”活动。5月份，举办“2014年罗源县科技人才活动周”宣传活动，现场免费发放科普书籍、专利知识、防震减灾、气象知识、生活健康小常识等资料2000多份、购物袋1000多个，参加本次活动的市民800多人。

11月27日，邀请清华大学万如意博士到罗源，在罗源县人民政府四楼会议室做“大数据”科普知识讲座，来自全县各部门、开发区及11个乡镇分管领导120多人参加本场讲座。

科技培训 9月份，邀请省、市农业专家5人次到罗源授课与现场技术指导，在起步镇上长治食用菌专业村举办“食用菌质量安全生产技术”培训；在中房镇举办“高海拔香菇无公害栽培技术”培训；在碧里乡西洋村举办“油茶生态栽培技术”培训。

【创新驿站服务】 罗源县生产力促进中心（中国创新驿站罗源工作站）开展企业科技成果技术需求调查，走访20多家企业，发放《科技成果技术需求表》100多份，成功对接科技成果3项。福建源鑫环保建材科技有限公司通过与同济大学合作开发镍渣利用项目，镍渣采用粉磨后作为掺合料作为混凝土中的细骨料使用，替代30%砂石，减少废渣占地以及环境污染，同时间接地减少砂石等自然资源与能源的消耗。在“6·18”中国·海峡项目成果交易会期间，征集“竹材拼花装饰板工艺”等5个科技成果项目参与对接。

（陈兰馨）

文　化

【概况】 2014年，罗源县文化事业挖掘文化资源，凸显文化特色，健全公共文化服务体系，推动文化事业全面发展。一些文艺作品获得各类比赛大奖。结合重大节庆日，开展丰富多彩的文艺演出活动。

【文学创作】 罗源县选送的作品参加2014年福州市非遗摄影大赛获得一等奖1名、二等奖1名、三等奖5名的成绩并在福州市画院展出。由福建省委文明办主办的优秀家训书法作品展，罗源县推荐的林知林作品获三等奖。2014年，举办“全国书法名家百佛作品邀请展”，作品结集出版。

【文化创作演出】 2月28日组织拗九节“百善孝为先，情融拗九节”文艺演出，文化馆编排8个节目参加表演；4月10日在起步镇长禧文化中心举办“党群心连心共筑中国梦”文艺宣传演出；8月份，文化馆编排的《谁不说俺家乡好》《红星闪闪》《和谐中国》等6个节目参加纪念“红军攻克罗源城85周年”文艺演出。广场舞《流光溢彩》《畲韵》均获得市村级文化协管员技能大赛广场舞比赛金奖。《流光溢彩》参加福建省第三届村级文化协管员技能大赛广场舞比赛并获银奖。

拉筋操《乌乌的歌》参加2014年福建省老年体育健身创新项目总展示交流活动获得优秀创新节目奖，该节目还于11月9日参加在漳州举办的福建省中老年人运动会开幕式表演。《山哈藤阵》《铃卜·情》于11月初参加在厦门举办的第八届福建省少数民族运动会表演项目比赛，获得两枚金牌。

正月初一至正月十五，与书法家协会联手在文化馆多功能厅举办“福州文化村——守善村书法作品展”。农历正月十三、十四两天组织罗源县民间手工艺人和演员参加2014（福州）海峡两岸民俗文化节展演活动，展示畲族手工技艺包括剪纸、织布、编草鞋等，以及充满畲乡风情的舞蹈和畲族八井拳。国庆期间，开展“党的群众路线教育实践活动宣传暨夕阳红”文艺演出、“金源好声音”歌唱比赛和“庆祝建国65周年”画展。

【文化惠民工程】 公共电子阅览室完成白塔乡、飞竹镇、凤山镇、起步镇、洪洋乡、松山镇、碧里乡、西兰乡8个乡镇综合文化站公共电子阅览室（文化信息资源共享工程）建设。投入资金30多万元，为每个文化站配套服务器、路由器、投影机、激光打印机、电视机、DVD各1台、音箱1套、台式电脑4台。

农家书屋建设　全县有189家农家书屋，书屋配套有图书、书架、电视机、DVD机、桌椅、音像制品、灭火器等配套设备，并有统一的管理、借阅制度，每年针对书屋管理员进行统一培训。

【文化市场与管理】　市场安全检查　县文化执法大队出动执法人员738余人（次），检查各文化场所2865家（次），其中检查网吧973家次、电子游戏机店736家次、歌舞娱乐场所837家次、音像、书报刊店179家次、印刷企业64家次，文物保护单位76家次。责令整改37家，没收游戏机芯片21张，海洋之星1台，赌博机9台，取缔无证游戏机店6家。

网吧管理　7－8月，开展暑期网吧专项整治行动；8－9月，开展创建全县文明城市娱乐场所迎检巩固专项整治行动；10－11月，开展打击全县网吧超时经营超台数经营等违法违规经营行为。

市场稽查与综合执法　县文化市场综合执法大队结合罗源县文化市场实际情况，开展各项工作，具体包括“扫黄打非”专项行动、2014年侵权盗版及非法出版物集中销毁活动和“绿书签”行动、“安全生产月”活动、“查处无证无照经营八闽出击”专项行动、暑期文化市场检查行动、创建文明县城整治行动、打击网络侵权盗版专项治理“剑网行动”、校园周边出版物市场整治行动等工作。

【文物管理】　陈太尉宫修缮　2014年，委托福建兴诚建工程管理有限公司（代理公司）对陈太尉宫保护修缮工程进行公开招标，最后成都市屹华建筑工程公司中标，签订施工合同，并于5月11日正式动工。完成陈太尉宫保护设施建设项目申报工作，争取资金153万元。

申请设计经费　向县政府提交《关于申请旗杆厝等文保单位设计专项经费的请示》，经县政府研究同意，11月县发改局批复同意就该项目进行邀标。

天后宫大殿保护修缮　县科技文体局于7月和8月2次组织技术力量对天后宫大殿进行现场勘查，发现正桁已经出现断裂等现象，存在重大安全隐患。随后委托泉州大众古建筑设计有限公司（文物修复设计乙级）编制修缮设计方案。

十八罗汉青石造像保护　4月，委托冠林电子有限公司编制《罗源县栖云洞十八罗汉石造像安全防范系统工程》。5月，聘请江苏建协工程咨询有限公司编制《罗源县栖云洞十八罗汉青石造像保护设施建设项目可行性研究报告》。同月，向省发展和改革委员会申请资金，8月省发展和改革委员会下达资金190万元，用于罗源县栖云洞十八罗汉青石造像保护设施建设。9月，根据省、市通知精神，罗源县栖云洞造像按照最新规范，重新整理建立《栖云洞造像国宝档案》。

【非物质文化遗产申报传承】　非物质文化遗产项目代表性传承人　2月，推荐八井拳代表性传承人兰明伙为福建省第三批非物质文化遗产项目代表性传承人。全县累计有省级非物质文化遗产项目代表性传承人5人，市级非物质文化遗产项目代表性传承人4人。

非物质文化遗产项目传承示范基地　2014年6月，罗源县霍口畲族民俗传承保护基地、竹里村畲族传统服饰传承保护基地、福建省罗源县名匠工艺品厂被评为首批福州市非物质文化遗产项目传承示范基地。

福州市第四批非物质文化遗产名录　2014年5月申报“中医正骨疗法（于氏伤科）”、“七境茶传统制作工艺”2个项目为福州市第四批非物质文化遗产名录并成功入选，于11月在福州市文化新闻出版局官网进行公示。罗源县国家级非物质文化遗产名录2项、省级非物质文化遗产名录6项，市级非物质文化遗产名录8项，县级非物质文化遗产名录13项。

非物质文化遗产保护活动　2014年3月3日在八井村开展畲家拳比赛。6月，县文化馆开展“非遗图片展”、“非遗进校园”、“非遗进社区”等一系列“非遗日”宣传活动。罗源县国家级非物质文化遗产项目——畲族服饰参加腾讯新闻大闽网“守艺”栏目专题制作。罗源县畲族非物质文化遗产参加省文化厅组织的“福建记忆”畲族文化拍摄。

【文化馆】　县文化馆开展健康有益、丰富多彩的文化娱乐活动，推动农村文化、广场文化、社区文化、企业文化发展。扶助开展19个单位的7个示范区、3个艺术扶贫点。各示范区工作以培养造就人才为主，开展活动为辅。平均每年开展大型广场文化活动7场；文化下乡、进社区活动近40场。制定对外免费开放时间、活动内容，为青少年学生和中老年人活动无偿提供场所；对兄弟单位提供免费场所及免费艺术指导。2014年被评为福州市三八红旗集体。

【博物馆】 县博物馆为福建省三级博物馆，是系统展示罗源县历史、民族文化以及革命史教育的综合性博物馆，被中国民族博物馆列为合作成员馆、福建省党史教育基地；是福州市青少年德育基地、罗源县直机关思想政治教育基地、罗源县青少年爱国主义教育基地、罗源县科普教育基地、福州民族中学实习实训基地。博物馆分为五个展区28个展柜，陈列和收藏了罗源古代和近现代珍贵文物标本2093件，其中体现地方历史文化和社会发展特点的文物400件，图片180幅，国家二、三级的文物36件。

2014年，县博物馆举办专题陈列展览3场、临时展览活动7场，参观人员2.5万人次。开展免费讲解55场，培训义务讲解员和志愿者36名。组织馆内业务骨干参加市级、省级、国家级等专业培训5次。

【图书馆】 县图书馆为全国三级达标图书馆，2006年初正式对外开放，2013年进行重新装修。现有建筑面积约1500平方米，一楼设有综合阅览室、少儿阅览室2个全开架阅览大厅，二楼设有特藏书库、多功能厅、放映厅、电子阅览室等厅室，实行全免费开放。现有各类藏书10万多册，计算机40台，存储4T。2014年接待读者29310人次，流通图书32070册次，为11个乡镇综合文化站和44家农家书屋更新价值5万余元图书及60组书架，赠送社区图书400多册。

（陈兰馨）

【图书发行】 全年销售收入826.62万元，其中春秋两季教材总销售575.47万元（九年义务教育免费教材312.06万元、非免教材教辅263.41万元），一般图书实现销售收入251.15万元。2014年政治理论读物征订发行2782册，码洋8.74万元，同比增幅66%。书店征订发行《走复兴路圆中国梦》1万册，充分发挥读本作用。5月，公司与县委宣传部、文明办、县教育局及有关部门，组织开展《走复兴路圆中国梦》青少年爱国主义读书教育活动，组织征文比赛及小学生讲故事比赛、中学生演讲比赛等。

（李　斌）

旅　　游

【概况】 2014年，县旅游推进畲山水景区、滨海旅游文化公司开发的海上七大旅游项目（海洋世界、游艇俱乐部、海上搏斗城、海上音乐喷泉水幕电影、海上高尔夫练习场、海上钓鱼台及海上豪华游轮餐厅）等景区点建设，打造“畲风·海韵”旅游品牌。全年接待游客59.26万人次，同比增长16.1%；旅游收入7.76亿元，比增16.1%。2014年，新增旅游项目2个（畲山水景区、滨海旅游项目），其中投资1亿元以上的旅游项目2个，全年旅游业固定资产投资额19.2亿元。至年底，全县有1个自然风景区、2个全国重点文物保护单位、13个乡村旅游经营单位（其中有1个三星级乡村旅游经营单位、2个“水乡渔村”、1个福州市科普惠农兴村示范基地），1家三星级饭店，国内旅行社2家，6家营业网点以及一批公园、度假区和旅游区。

【旅游资源规划】 组织规划编制团队人员到霍口畲族乡、龙山旅游景区、畲山水景区等景区（点）进行规划调研和各项探勘考察。2014年，《罗源湾旅游区控制性规划（2014－2025）》《中房镇旅游发展总体规划》《隐峰寺旅游控制性详细规划（2014－2024）》已编制完成并进入评审阶段。

【景点、景区建设】 畲山水景区　畲山水景区位于霍口畲族乡，连接山垅湾、岗尾等畲族村，与闽侯县接壤。景区总投资12000万元，面积约866.67公顷，有林地面积1.57公顷，木材储蓄量26万立方米，毛竹立株数约300万根，森林覆盖率85%。其起点距罗源县城约38公里，距离宁德市区约68公里，距离福州市国家森林公

畲山水景区

园约59公里，罗源“畲风·海韵”旅游品牌的重要组成部分，是福建少有的畲族风情景区，素有“畲山、畲水、畲寨、纯净世界”之美称。3月9日开业至年底，接待游客2.43万人次，门票收入52.49万元，旅游收入（含门票）达81.78万元。

海洋世界 2014年景区完成外部造景工程，进入大型设备安装、鱼类驯养及注水阶段。该项目占地11.47公顷，建筑面积20470平方米，是华东地区规模最大的海洋世界，分为浅海珊瑚礁区、梦幻水母宫区、儿童互动区、海洋科普展区、大洋区、热带雨林区、两栖动物区、海洋表演剧场八大区域。海洋世界是一座集科普、体验互动、观赏及水生哺乳动物表演于一体的多功能大型生态馆，并作为青少年科普教育基地和野生及濒危动物救助站。

海上音乐喷泉水幕电影 海上音乐喷泉水幕电影由大型音乐喷泉、巨幅水幕电影、激光表演三大部分构成。音乐喷泉的开放，配有喷火、气爆、雾化、一维摇摆、跑泉等多种元素特效，近千个喷泉点，中心主高喷水柱最高可喷150米，是国内最大的海上音乐喷泉。水幕电影拥有1500寸、接近标准IMAX银幕3.5倍的超大尺寸扇形水幕，影像与自然夜空融为一体，呈现出大范围的、立体的、玄幻的光影效果。2014年，海上音乐喷泉水幕电影继续免费向市民开放。

游艇俱乐部 游艇俱乐部项目于2014年8月对外运营，游艇码头分一二两期建设，总计设置150余个泊位。首期73个泊位全面建成。对外开放后，至年末接待游客达7万人次，成为福州及闽东地区首屈一指的海上游艇聚集地。

碧岩景区 碧岩寺是罗川八景之一，有千年历史。其中以“碧岩飞雪”、“古藤倒挂”等景观尤为著名。景区佛光寺于2014年7月12日举行“佛”字竣工典礼。“佛”字长119.8米、宽57米、刻痕入石0.5米深，刻在形似卧佛的海拔500多米、长约600米的观摩崖上，是目前世界上最大的镌刻“佛”字，正在申请吉尼斯世界纪录。

海上音乐喷泉水幕电影

福湖畲族文化村 霍口畲族乡福湖畲族文化村以蓝、雷两个姓为主，占全村总人口94%，村民使用畲语和汉语。继2006年被列入福州市首批民间文化（畲族民间文化）艺术之乡、2013年被评为“三星级乡村旅游经营单位”后，2014年获评“旅游特色村”称号。为改善福湖村生态环境，建设“美丽乡村”，省市县有关部门投入资金，加强畲族传统文化的保护、挖掘、整理和开发等工作，建设畲族文化公园，改造古建筑、危房和现代民居等。按照美丽乡村、特色村寨、历史文化名村的要求进行一系列改造建设。

【乡村游（农家乐）发展】 开展星级乡村旅游经营单位评定，推进乡村旅游试点工作。至2014年，全县有乡村旅游经营单位12家，其中“三星级乡村旅游经营单位”1家（霍口福湖畲族文化村）；“水乡渔村”2家（溪坂休闲农庄、滨海新城）；福州市科普惠农兴村示范基地1家（中房镇旗峰生态农场）。畲山水景区正在申报国家AAA级旅游景区；霍口福湖畲族文化村正在申报“闽台乡村旅游试验基地”。霍口福湖畲族文化村获“特色旅游村”称号；11月26日中房深坑村入选中国第三批传统村落名单。

【旅游服务】 星级饭店 罗源湾大酒店是县首家三星级酒店。有客房75间，床位101张，2014年入住客人约22881人，入住率约达63%。

旅行社 有海天假日旅行社和畲海旅行社2家国内旅行社。营业网点6家福建省中国青年旅行社罗源城关营业部、福建省康辉国际旅行社股份有限公司罗源营业部、福建省中国旅行社罗源营业部、福建省青旅国际旅行社罗源营业部、中国国旅（福建）国际旅行社有限公司罗源营业部、中国国旅（福建）国际旅行社有限公司凤山营业部。

【旅游市场规范】 加大对全县旅游市场的规范和整治力度，全年出动检查执法人员45人次，取缔无证经营的黑社、黑导，严查低价竞争的现象，维护市场竞争的公平性，维护好旅游市场秩序，达到净化旅游环境的目的。加快建立和完善旅游诚信体系建设步伐，督促旅行社、酒店等旅游企业进行诚信经营LED灯宣传，营造诚信有序竞争氛围。

【旅游质量管理】 做好诚信旅游、文明出游宣传，维护游客合法权益。加强酒店行业、旅行社服务窗口建设，提升服务质量；督促景区、乡村旅游经营单位等旅游企业做好游客接待服务工作，提高服务水平。参加“3·15”国际消费者权益日、“12·4”宪法日的活动，发放《旅游法》宣传手册、公民文明出游单页等宣传材料1500份。

【旅游产品推介促销】 注重对全县旅游的宣传，提高“畲风·海韵”旅游品牌。2月份，参与举办第七届“畲族·风”民俗文化旅游节。3月份台湾多家知名旅行社和媒体人士30多人到霍口畲山水景区开展“美丽福州采风之旅”踩线工作，提升罗源县旅游景区（景点）知名度。8月份召开信息工作会议，聘请一批乡镇及旅游企业信息员，促进县旅游信息工作的开展。10月份与罗源电视台合作拍摄滨海旅游及溪坂乡村游宣传视频。利用电视、网络、移动通讯和省、市旅游局网络平台，宣传罗源旅游资源，开展旅游项目市场推介。

印制分发《畲风海韵罗源游》服务指南8000份、宣传折页7000份，罗源游手绘地图6000份，安装“智慧旅游”触摸屏7台。组织旅游企业参加第十届厦门“9·8”旅游博览会，以及省、市旅游局组织的台湾乡村游学习会及绍兴、广州、扬州和徐州、长沙和湘潭等地的旅游推介会，利用展会契机，宣传推介罗源县旅游资源，提高“畲风·海韵”旅游品牌知名度。

【涉旅酒店建设与管理】 *罗源湾世纪金源大饭店* 罗源湾世纪金源大饭店位于罗源湾滨海新城，是世纪金源集团旗下第17家按照超五星级标准兴建的饭店，于2014年元旦开业。该饭店占地面积2.81公顷，总建筑面积约8万平方米，地上32层，地下1层，车位近500个，客房434间，床位650张。

时代大厦 时代大厦项目主要建设集商业、餐饮、娱乐、酒店等于一体的旅游综合性商服大楼。该项目总投资1.8亿元，地上16层，地下1层，总建筑面积30678平方米。项目于2014年7月份动工建设。

【旅游安全管理】 联合公安、工商、安监、卫生等部门，在节假日和旅游旺季开展安全生产大检查；规范旅行社接团用车制度；督促旅游星级饭店建立健全安全管理机构和安全管理制度，完善消防安全设施设备；督促景区建立各类安全警示标志。组织开展3次旅游安全工作培训会，提升旅游企业安全责任意识。

【旅游统计体系建设】 加强旅游统计体系建设，安排旅游统计专项经费，督促重点、非重点景区和酒店进行网络填报接待游客情况。在做好市对县统计绩效考核的同时，制定县对乡镇旅游绩效考核办法。向凤山镇、松山镇、中房镇、飞竹镇、鉴江镇、白塔乡、霍口畲族乡及碧里乡等8个乡镇发放《关于罗源县2014年度旅游绩效考核办法的通知》，开展旅游绩效考核工作。

（游 婷）

广电影视

【概况】 2014年，县广电局通过开设《凡人故事》《来自重点工程的报道》《美丽乡村》《党员风采》《我要上大学》等系列报道和《曝光台》电视专栏，为建设宜居和谐幸福的罗源湾滨海新兴城市提供精神动力和舆论支持。创新《罗源湾新闻》，完成县广播电视台新闻演播室全彩DLP显示屏建设，改进会议新闻报道，增加民生新闻、自采新闻，由原来每周3期增加为6期，全年播出《罗源湾新闻》312期。自办栏目《关注》和《走遍罗川》每周各播1期，全年各播52期。新开办栏目《闯世界的罗源人》，播出15期，讲述罗源艰苦创业、感人励志的人生故事，展示罗源企业家的风采。先后在中央及省、市台播出电视新闻164条，在《福建新闻广播》《榕广新闻》《直播福州》播出广播新闻38条。加强电视“村村通”运行维护管理工作和农村有线广播县乡村三级联播联控、应急预警系统建设维护工作，坚持日常巡检和年中、年末大检查相结合，完善各项制度，建立长效机制；完成高岗山发射台道路水泥硬化、县九大中心影剧院消防设施改造工程建设。推进农村电影下乡“2131”工程，全年完成电影下乡2361场，实现城乡100%数字电影放映。杜绝违法违规广告播出；配合县文化执法大队查处非法销售、安装卫星电视地面接收设施，检查接收境外卫视情况；开展打击破坏广电设施等工作。加强安全播出管理，每个季度开展1次全县安全播出大检查，全年无安全播出责任事故。

【新闻宣传报道】 2014年，县电视台在中央及省、市台播出电视新闻164条，其中《游玩遇山洪被困消防员搭便桥营救》《福建同名同姓汇借钱24万元失而复得》分别在《中央13套》和《央视新闻频道》播出；《罗源举办国际三代祖师文化交流活动》《祭扫烈士陵园 缅怀革命先烈》《罗源龙舟赛：好手云集 难分高下》《外籍货船侧翻罗源湾 多部门联合救援》《罗源边防官兵陪伴“英雄母亲”过节》等6条新闻在《福建新闻联播》播出；在《福州新闻》播出40多条新闻。县电视台制作的广播新闻有38条在《福建新闻广播》和《榕广新闻》《直播福州》中播出。

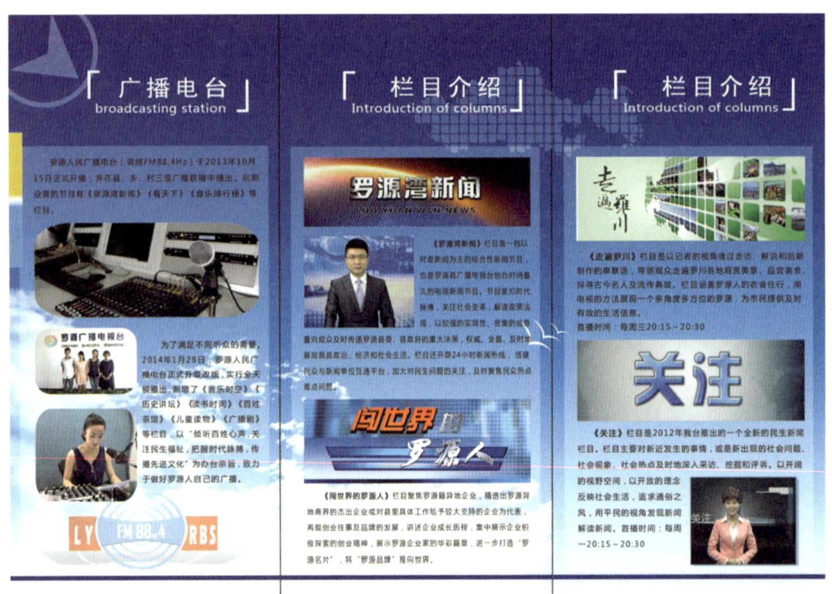

罗源县广播电视栏目

【精品栏目】 在2014年春节期间，县电视台推出《闯世界的罗源人》栏目，全年播出15期，通过讲述罗源老乡艰苦创业、感人励志的人生故事，展示罗源企业家的风采。3月，县电视台开辟《深入开展党的群众教育路线实践活动》栏目，第一时间制作播出罗源县委、县政府及各乡镇、各县直机关单位深入开展党的群众路线教育实践活动情况，播报新闻235条。8月，县电视台开辟《2014我要上大学—青春圆梦行动》电视专栏，先后报道罗源县陈某某等十名家境贫寒大学新生，筹集爱心助学善款20.23万元，帮助10名寒门学子实现上大学的梦想。

【获奖作品】 县电视台选送作品《畅游罗源湾过新年》获得福建广播电视优秀播音与主持作品奖二等奖及福州广播电视新闻奖播音与主持类一等奖；《143盘菜都是寿山石 满汉全席创基尼斯纪录》获得福州广播电视新闻奖电视类短消息一等奖；《全球第一条最快速度最高产能最大宽幅BOPP生产线落户罗源湾》、［系列报道］——美丽乡村和《罗源县庭洋坂村：造福工程助推新农村建设》分别获得福州广播电视新闻奖新闻类和广播类长消息二等奖；短消息《结对帮扶 为农民工子女撑起一片爱的晴空》《罗源长兴菇业种植场：建设恒温菌菇房实现菌菇全年生产》、系列报道《我要上大学》、专题《烈士陵园：矗立起永远的丰碑》、短消息《碧里乡西洋村如诗如画2000多亩花苗售罄今年增产》、长消息《黄荣婷：感动福州最美女检察官》、优秀栏目《关注——“女儿”杨金云》获福州广播电视新闻奖三等奖（包括新闻类和广播类）。

【广播事业公共服务建设】 罗源人民广播电台 2014年1月28日起，罗源人民广播电台（调频FM88.4）实行全天候播出，并在县、乡、村三级广播联播中播出。广播电台设置有《本县新闻》《音乐时空》《看天下》《历史讲坛》《读书时间》《百姓茶馆》《儿童读物》等栏目。

全彩DLP显示屏建设 2014年9月，罗源县电视台投入近70万元更换县电视台演播室背景，改为全彩DLP显示屏，提高电视画面质量。

农村有线广播应急预警系统运行维护 2014年，县广电局进一步做好村村通运行维护管理工作和农村有线广播县乡村三级联播联控和应急预警系统建设维护工作。坚持日常巡查和半年大检查相结合，日常巡查以乡镇站为主，每月巡检1次，年中和年末由县广电局组织人员成立检查工作小组，对全县广播室进行运行管理情况大检查。全年检测维护11个乡镇和全县194个村（居）广播室，修复更换多功能调制器75台，升级多功能调制器75台，更换调频调制器36台，漏电保护电源线31条，收扩机23台，保证农村有线广播县乡村三级联播联控应急预警系统正常运行。

电影下乡“2131”工程 2014年超额完成每个行政村每月放映一场电影的任务，全年完成电影下乡2361场，实现城乡100%数字电影放映。

影剧院消防工程 2014年初，县广电局对九大中心会场（九大中心影剧院）消防设施进行改造，完成九大中心影剧院的室内消防设施和室外消防水池建设。

发射台基础设施建设 2014年4月，高岗山发射台道路水泥硬化工程开工建设。截至10月31日完成两段总长约3.5公里道路水泥硬化工程。投资3.5万元，更新USP应急不间断电源1套。完成高山台微波传输备份通道设备的设计和招投标工作。

（姚淑旺）

广电网络

【概况】 福建广电网络集团股份有限公司罗源分公司成立于2012年9月，隶属于福建广电网络集团股份有限公司。公司现有员工76人，设综合部、营销部、技术维护工程部、乡镇管理部4个部门及10个乡镇站。负责县有线电视传输网络的规划、建设、运营和管理工作，主营全县模拟和数字有线电视基本业务、付费电视、互动电视、高清电视、数据宽带等业务，负责省、市和县广播电视节目和数据信息安全、优质传输。

【广电网络建设】 2014年，配合建设全省贯通传输网络体系。年内罗源分公司投资750万元，主要对城区进行分配网改造，改造户数1.5万户，完成松山、起步、鉴江3个乡镇网络改造，网改1.25万户左右，其中松山、鉴江、北山、大获地区建成双向互动网络。

【渠道建设】 2014年，为调整优化渠道建设，提升农村渠道营销服务水平，对碧里、起步、滨海新城营业厅进行立项、规划上报，建成并投入使用，渠道网点的建设，不仅方便农村客户缴费与业务受理，增加基层站营销与维护支撑能力，同时推动农村客户更便捷地使用广电业务。在市公司支持下，调配素质高、责任心强的营业员到一线营业窗口。在县行政服务中心设立一个收费和政策咨询窗口。

【业务发展】 2014年完成收入1745.68万元，完成年度总任务100%，比增3.85%，列全省第七名；新增有效用户数3873户，完成年度总任务105%，比增21.33%；高清机顶盒发展5404台，完成年度总任务108.08%；标清付费收入23万元，完成全年指标104.55%；高清双向互动已发展543台，完成全年指标135.75%。2014年，成功收编北山、大获2个村自建网络，计1200多户，保障网络的完整性与安全性。

11月6日，县政府第七十三次常务会议研究决定发展农村有线电视事业，同意对全县农村有线电视整转用户（扣减优抚对象、低保户和五保户后）给予每户50元补助，这为推动罗源农村数字整体转换工作奠定基础。

【增值服务】 2014年，进行双向网改造，推出“高清互动云电视”平台，实现从单向到双向，从看电视到用电视的跨越。平台包含直播电视、热门节目、互动点播、频道回看、八闽集萃、公共信息、智慧家庭和电视营业厅等8大服务模块近100项具体应用产品，向用户提供超过130套标清节目和42套高清节目频道，涵盖影视等视频节目超过2万小时，并支持51套频道7天回看，提供各类公共信息查询、缴费支付、政务信息发布、预约挂号及房产、汽车、旅游、特产、游戏等增值应用。

在城关各小区宣传栏、楼道告示牌张贴广告；在农村集镇、村委会等人流量大、视觉效果好的地点张贴海报、发放宣传单页；同时通过福建导视频道进行24小时无间断宣传，通过不同媒介持续不断宣传业务，增加影响力。

【客户服务】 实行全省统一的“96311”客服呼叫体系，为用户提供24小时集业务咨询、故障报修、用户投诉、业务受理和用户回访等一条龙服务。坚持深入社区，上门为用户现场办理数字电视业务，配送、安装机顶盒。2014年，开展“温馨服务进万家”活动，采用悬挂横幅，印制宣传单，进社区设点等形式进行宣传，耐心解答用户咨询。

【安全传输】 2014年，制定《福建广电网络集团罗源分公司安全播出应急预案》，在10月1日国庆国家重大节日活动期间，执行《安全播出应急预案》。责任落实到人，加强线路维护力度，缩短线路故障排查周期。同时，在机房配备灭火器，加固防盗设施，配备发电设施，定期对机房设备进行检查，及时排除安全隐患，坚持24小时值班，提高信号安全稳定传输的可靠性。

【内控管理】 组织对电缆进行全范围的普查工作，提升线路资源准确性；开展仓库清查盘点、营业款、各种终端使用核查工作，规避营业款上缴不及时、终端遗失等方面风险。

推进精确管理，持续开展财务主动支撑经营工作，响应支撑营销工作，实现财务支撑职能迁移。嵌入后端服务支撑工作，针对房屋租金、招待费管理、营业款发票等不规范事项及时进行协调指导，保证报账及付款时限，确保生产经营工作正常进行。主动服务前端经营，减少财务、审计及税务风险；负责前端营销成本预算管控，指导前端做好营销成本的使用。

加大成本费用管控力度。每月对成本支出数据进行比对分析，发现异常，进行预警，同时对异常点安排进行现场检查，查找原因予以及时纠正并堵住漏洞；加强车辆管理，制定车辆费用管控措施和办法并安排进行现场检查和突击抽查，有效控制车辆费用支出。

（李淑桢）

体育事业

【概况】 2014年，全县有14个单项体育协会组织，健身气功站点4个，国家社会体育指导员412人。群众体育健身意识不断增强，全县经常参加体育活动人数达总人口的40%；老体协会员人数17150人；完成第六次全国体育场地普查，全县人均公共体育场地面积1.16平方米。

【群众体育】 研究制定《2014年福建省全民健身运动会罗源县活动方案》，组织开展10个项目体育比赛活动，同时还举办一系列群众喜闻乐见的竞赛活动。1月8日，在闽星广场举办“老年人千人健步行活动”；1月26日，在县体育馆举办“2014年春节篮球赛”；2月4日，在县青少年校外体育活动中心举办“迎春杯”青少年羽毛球赛；6月23日，在县青少年校外体育活动中心举办县直机关“迎七一”乒乓球比赛；10月26日，在县九大中心门球场举办“光荣杯”六县（市）区门球邀请赛等。组织参加省、市国家社会体育指导员培训，老体协总辅导员林碧芳荣获“国家级社会体育指导员”荣誉称号。

【体育竞赛】 1月23－25日，县少体校象棋班参加福州市“运通杯”象棋赛，获得团体总分冠军。在漳州举行的省十五届运动会上，县少体校选送的运动员雷婷婧，尤涛，陈霞，咸博文，刘平婷，贾凤姣，刘雨鸿，张开浩、陈鸿、林航、陈语鑫、谢丹影、张世炜、林举杭、陈诚忠、李郑涛16人参赛，获11枚金牌、4枚银牌、4枚铜牌、1个第4名、2个第5名，其中年仅9岁的体操运动员尤涛获2金2银，陈霞获3金。雷婷婧（女）在2014年全国技巧赛上，获少年甲组第1套，第2套及全能3块金牌，是罗源县历史上年龄最小，一次性获全国赛奖牌最多的运动员。皮艇运动员康佳美、钟梦琳在2014年全国皮划艇（静水）锦标赛上，获得4银2铜，2个第4名，3个第6名，3个第8名的成绩。许华楚荣获2014年韩国仁川亚残会盲足赛第3名，日本盲足世界杯第4名。

【人才培养】 加强选拔培养体育苗子，年内向上级省市体校输送10名优秀苗子。雷婷婧入选省体工技巧队，康佳美入选国家皮艇队。

【体育设施建设】 继续建设为民办实事项目，县财政局和体彩公益金投入资金42万元，完成20条健身路径安装或更换任务。根据省、市体育局工作部署，在梅岭公园建设社区多功能运动场。投资83.4万元的体育馆地面沉降改造工程于6月3日验收通过，并正式重新投入使用。不断完善和维护田径场及青少年校外体育活动中心建设。

（蔡燕飞）

卫生事业

【概况】 2014年，有县直医疗卫生机构5所（县医院、中医院、妇幼院、卫生监督所、疾控中心），乡镇卫生院10所（其中：乙类3所，丙类7所），社区卫生服务中心1所。村级卫生所（室）144所，个体开业医41所，民营医院1所（中山医院）。县、乡医疗卫生单位在职职工1242名（含临时人员508名），其中卫技人员993名，占80%，每千人拥有卫技人员3.8名。卫技人员具有副高以上职称32名，中级职称198名。村级卫生人员298名。编制床位808张，实际开放972张，3.72床位/千人。全县医疗卫生单位占地总面积3.85万平方米，用房建筑总面积5.10万平方米。固定资产总值1.35亿元。2014年全县医疗单位门诊量956709人次，住院24996人次，业务总收入2.32亿元，业务总支出2.29亿元，业务收支节余351.94万元。县医院、中医院顺利通过新一轮医院评价。组队参加福州市卫生局举办的突发事件应急处置能力比武和妇幼健康技能竞赛分获团体第一名和三等奖。

【医药卫生体制改革】 巩固完善国家基本药物制度，开展基本药物制度实施情况监测与指导，降低药品和医用耗材采购价格，10个乡镇卫生院和1个社区卫生服务中心全面实行网上采购，完善“三定一补”方案，按综合管理、党风行风建设、基本医疗服务数量与经济管理、医疗服务质量、公共卫生服务等五大项内容核定和下达任务指标，按基层医疗卫生机构编制数核定人员补助经费。建立绩效和基本公共卫生服务考评制度，按考评得分比例分配经费，调动职工积极性。

推进县级公立医院改革。成立以县政府主要领导为组长的罗源县县级公立医院综合改革工作领导小组，县人大、县政府组织开展县级公立医院综合改革调研，了解罗源县县级公立医院实际情况，研究综合改革的路径和措施，参观学习先行县、市经验，出台《罗源县县级公立医院综合改革实施方案》，明确改革任务分工、牵头部门、进程安排等。加强经费保障，县财政预算安排2015年县级公立医院改革经费1200万元。全县4所公立医院（县医院、中医院、妇幼院、精神病院）列入，于2014年12月28日起全部实行药品和耗材零差率销售。

【公共卫生】 人均基本公共卫生服务经费提高到35元，免费为城乡居民提供12类43项基本公共卫生服务，全县累计建立居民电子健康档案188281份，建档率91.2%，其中：高血压15042份，规范管理率66%，糖尿病3605份，规范管理率60%，老年人21932份，管理率达70%以上，重性精神病建档704份，孕产妇建档10834人，儿童建档19581人。出生儿童3579人，建卡建证率100%，全县免费接种疫苗79224人次，各种疫苗接种率均达国家要求。

【医疗卫生机构、设备】 2014年完成县精神病防治院综合楼建设，二期工程列入省增床位项目，总投资1000万元，建筑面积4500平方米，于11月动建；投入资金1000.8万元，完成县医院危重症孕产妇监护室、县医院内科三区（增床47张）、县中医院旧院区改造、11所空白村卫生所、9所示范村卫生所建设和10所乡镇卫生院X光室标准化改造；投入350万元，动建松山卫生院改造装修。县医院、妇幼院等县级单位新增彩超、盆底治疗仪等设备，总值646.31万元；为11所卫生院配齐“六大件”基本医疗设备；投入72万元，完成3所卫生院“中医馆”建设和120所卫生所中医诊疗设备；县、乡医疗卫生单位全面实现居民健康信息系统、诊疗系统、医保系统、新农合系统对接以及社保卡就诊“一卡通”应用。为189所村卫生所配备电脑、读卡机等设备。

【疾病防控】 加强国家疾病监测信息报告管理，严格网络信息审核制度，全县累计报告传染病1547例，发病率829.1653/10万，比去年同期发病数下降13.28%，死亡2例（肺结核），死亡率0.9203/10万，未发现甲类传染病。继续加大霍乱、登革热、艾滋病、结核病、手足口病、人感染H7N9禽流感等重点传染病防控力度。2014年，接受防艾自愿咨询302人，免费HIV抗体、梅毒检测各656人，发现HIV抗体阳性3例，公安监管场所收押人员检测354人，未发现抗体阳性病例；发现活动性肺结核病人115人，其中新发涂阳病人51例。完成食物安全风险监测、碘盐监测、水质监测和公共场所监测等工作任务。

制定《罗源县卫生局群体性突发事件应急预案》，健全完善各种应急处置预案，开展人感染H7N9流感应急处置培训和演练，参加德胜镍业有限公司生产安全应急救护和罗源县海上联合应急演练。做好县“两会”等各项重大活动医疗卫生保障工作。

【妇幼保健】 建立危重症孕产妇监护救治网络和儿童、新生儿转诊救治网络，提高儿童和新生儿抢救能力。加强孕产妇和儿童保健管理，免费婚检3331人，新生儿疾病筛查和听力筛查分别3936人、3296人，农村孕产妇住院分娩补助2753人，农村育龄妇女免费增补叶酸1530人，农村适龄妇女“两癌”免费筛查1500人，农村低保妇女常见病筛查950人，各项指标完成均达到要求。孕产妇系统保健管理率92.57%，住院分娩率100%，3岁以下儿童系统管理率92.62%，婴儿死亡率2.59‰。

（黄　芳）

【爱国卫生】 卫生月活动　各乡镇、村居和有关单位利用专栏、标语等方式，广泛宣传爱国卫生运动；组织宣传队，宣传爱卫知识和卫生防病知识，派出宣传车到各乡镇巡回宣传《省爱国卫生工作条例》《福州市除四害条例》等有关法规政策，发放各类宣传资料10000多份；组织爱卫会成员单位开展爱国卫生检查和城区卫生整治工作。

农村改水改厕　深入农村基层宣传发动，举办培训班，进行技术指导，完成省市下达342户改厕任务，安排霍口东园亭村80户、仙洋村100户，碧里乡濂澳村100户，鉴江镇井水村62户。全县无害化普及率达95.52%。落实县委县政府为民办实事项目，2014年新建农村公厕30座，已全部建成投入使用。

除“四害”工作　制定《2014年除四害工作方案》，开展春、秋两季全县性除四害活动。加强县除四害消杀服务队建设和专业培训，配备消杀车和电动喷洒设备，确保随时、随地可以应急调用。分别于4月、10月，在全县开展春、秋两季灭鼠和灭蚊、蝇、蟑活动，结合“农村环境综合治理”工作，清除四害滋生地，四害密度明显下降。

（倪国耀）

【医政管理】 医疗管理 开展医院管理年活动，落实诊疗护理规范，严格人员和医疗技术准入管理，推广优质护理服务，优化就诊环境和流程，提高医疗质量和服务能力。重点开展打击无证行医、计生“两非”等执法检查。检查医疗机构154家次，责令整改15家，依法取缔无证行医3家，立案查处超范围行医1起，罚款2000元。加强医疗废弃物和开展放射诊疗工作的医疗单位监管，做好办理《放射诊疗许可证》组织和协调工作，累计发放《放射工作人员证》16人，《放射诊疗许可证》3家。

中医药工作 坚持中医专科优先发展、特色专科做大做强的发展思路，加强县、乡、村三级中医网络建设，基层医疗机构中医科设置率100%。推动高血压病、糖尿病等中医专科专病门诊工作。县中医院肿瘤专科获批省级中西医结合特色专科建设项目，市级肛肠中医重点专科建设项目通过评估验收。继续加强脾胃、骨伤、针灸康复理疗等专科建设。启动基层中医药适宜技术服务能力建设项目，完善3所卫生院和120所卫生所中医诊疗设备。唐江山主任医师获评全省“首届名中医”称号。

【卫生人才队伍建设】 招聘录用45名卫生专业技术人才。委托福州市公务员局公开招聘非专业技术人员10名。清理历史遗留的在编不在岗人员11人。组织各类讲座培训18期，参加培训720人次，239人参加省医学会通讯继续教育，300人参加远程继续医学教育，选送38人到上级医院进修培训，5人参加全科医师培训，177人参加自学考试和成人高等医学教育。启动卫生技术帮扶工作，派出66批次到基层医疗单位开展讲座、检查、指导、培训和考核。与县总工会联合举办罗源县青年医师、护士临床岗位技能竞赛活动，经各单位推选，有52名医护人员参加县级比赛，推动全县医务人员医疗业务能力建设。

【卫生监督】 食品卫生 在抓好日常监督同时，突出开展学校食堂和学校周边餐饮单位食品安全整治、节日期间餐饮食品安全、高考期间学校食堂和学校周边餐饮食品安全、餐饮服务单位销售织纹螺和河豚等4个专项检查。1－7月检查餐饮服务单位363家次，发出责令整改意见书105份。7月，顺利完成餐饮单位食品安全监管职能移交。

公共场所卫生 加强住宿业、美容美发、淋浴场所、娱乐场所、游泳池和集中式空调使用单位等公共场所日常卫生监督检查，检查公共场所234家次，发出卫生监督意见书106份。开展公共场所卫生监督量化分级88家，其中B级12家，C级76家。

职业卫生 加强职业病防治监督检查，检查石材、冶金企业161家次，发出卫生监督意见书和体检、监测通知书161份，发放宣传材料530多份。开展从业人员职业病健康体检1813人。组织专家对亿鑫钢铁有限公司、三金钢铁有限公司的职业病危害控制效果评价进行审查验收。

卫生行政许可 2014年核发餐饮服务许可证87份（换证23份），公共场所卫生许可证31份（换证5份），医疗机构许可证69份（换证59份），注销医疗机构许可证6家。

【义诊】 开展送医送药活动，组织义诊咨询55次，义诊咨询5883人次，免费送药24086元，发放健康宣传材料30060份。

【重特大疾病救助】 加强与县民政部门协作，开展医疗救治“一站式”服务，全年提供“一站式”服务10000人次，发放医疗救助款322.99万元。

（黄　芳）

计划生育

【概况】 2014年计生统计年度，年内出生3919人，出生率为14.30‰；其中政策内出生3501人，政策符合率为89.46%；人口自然增长2164人，人口自然增长率7.89‰；出生人口性别比为102.24，全县总人口275691人。

【宣传教育】 2014年，计划生育宣传工作以计划生育生殖保健、政策法规、奖励优惠政策等为主要内容，开展形式多样、内容丰富的宣传活动。开展元旦春节期间“三下乡”、“三八妇女节”、“母亲节”、“世界人口日”、“9·25《公开信》”发表年纪念日等宣传活动；联合其他部门开展宣传教育活动，4月23日与县纪委监察局深入霍口山垄塝村开展“下基层、送春风”活动；8月份联合法院、计生协分别深入凤山镇、霍口乡、鉴江镇、中房镇开展“计划生育宣传月”活动，形成部门联动机制，将计生政策送上门，送到群众手中。年内深入村（社区）开展宣传活动27次，发放计生宣传品8万多份。

【“单独两孩”政策实施】 自3月31日福建省“单独两孩”（一方是独生子女的夫妇可生育两个孩子）政策实施以来，罗源县简化“单独两孩”再生育服务证办事流程、缩短办事时限，截止到12月31日，罗源县办结“单独两孩”再生育服务证审批154本。

【流动人口计生管理】 把推进流动人口计生基本公共服务均等化作为推动流动人口"一盘棋"工作的一项重要工程来抓，加强信息采集和反馈，促进部门协作，加大巡查和清查力度，完善管理机制，推进均等化服务，提升流动人口管理水平。年内县流动人口74659人，信息协查反馈率99.79%。加大流动人口计生奖励优待力度。除在元旦春节期间对100户流动人口计生家庭开展慰问外，从2014年开始，对流动人口落实节育措施在市奖励的标准基础上（市标准：上环每例200元，结扎每例500元），再配套发给奖励金，其中上环每例200元、结扎每例500元；开展"关爱关怀"活动，对实行计划生育的流动人口（农民工）家庭子女，每年帮扶100名，每人补助500元。年内下发慰问资金5万元，落实节育措施奖励金7000元。

【奖励优待】 2014年，完善计划生育奖励优待政策，通过县政府64次常务会议上专题研究提高部分计生奖励优待标准，包括领取独生子女父母光荣证和符合再生育条件自愿不生育并领取独生子女父母光荣证一次性奖励费由1000元提高到1300元；农村生育两个女孩落实绝育措施一次性奖励费由3000元提高到5000元；农村部分计划生育家庭奖励扶助金由每人每月100元提高到130元（对享受此待遇对象同属于农村低保户的，在省级每人每月增加100元的基础上，县级再每人每月增加50元）；独生子女伤残家庭特别扶助金由每人每月500元提高到1000元，与独生子女死亡家庭特别扶助金标准一致；计划生育手术并发症救助金一、二、三级分别由每人每年6000元、4800元、3600元提高到8400元、6600元、4800元。其中具体奖励优待政策落实如下：年内发放独生子女父母光荣证242本；发放二女结扎奖励费14.4万元；255名计生家庭子女享受中考加3分的优待；241名被录取为本科生的应届高中毕业生的计生家庭子女享受每人给予奖励1000元；为2616名0－6岁独生子女和二女结扎家庭女儿办理爱心保险，；804人享受农村部分计生家庭奖励扶助金；196人享受城镇部分计生家庭奖励扶助金；582人享受农村部分计生家庭贡献奖励金；有23人享受计生特别扶助金；34540人享受参加新农合由政府出资为其投保的优待；5734人享受参加养老保险政府给予另加补贴20元的优待。

【计划生育优质服务】 全面开展计划生育避孕节育、生殖保健、优生检测、常见妇女病检查防治和术后随访等服务。继续做好查环查孕工作，加强孕情跟踪管理，动员节育对象选择可靠的节育措施，并做好随访服务工作。年内为1080位育龄群众检查常见妇女病，确诊342例；第一轮、第二轮、第三轮（正常年度）查环查孕到位率分别达到97.46%、86.83%、86.84%；落实"四术"3464例，其中上环2347例、结扎1002例、补救措施115例。加强避孕药具管理。全县设置免费避孕药具发放点208个，方便育龄群众就近免费领取避孕药具，并形成管理有制度、供应有计划、发放有专人、存储有箱柜、措施有落实、使用有指导、定期有随访、效果有提高的管理体系。加大实施优生促进工程力度。推进免费孕前优生健康检查工作，把此项工作纳入年终绩效考评的一项重要内容，全年落实"优检"1775.5对。

（陈 莺）

（编辑 王娜凤）

民　　政

【概况】　2014年，县民政继续调高城乡低保标准，实行全县范围内拉网式核查低保对象，全年累计动态调整低保人数1241人。按时发放自然灾害生活补助金、冬春救灾款及减灾防灾资金177.34万元，开展受灾地区紧急转移安置群众和灾后恢复重建。建成救助管理站并投入使用。拓展医疗救助“一站式”服务。推进福利事业基础设施建设，实施光荣院旧楼改造修缮项目。中福在线即开型彩票正式发行。

【社会救助】　城乡低保　开展拉网式核查全县低保对象，确保动态管理下“应保尽保、应退尽退”和低保金的按时足额发放。提高城乡低保补助标准，2014年1月起农村低保标准由1900元提高到2100元，农村低保对象月均补差由120.05元提高到140.05元；城市低保月均补差由207.12元提高到267.12元。2014年9月起城市低保中“三无”人员供养标准从每人每月410元提高至468元，集中供养标准从每人每月492元提高至562元。全县保障城乡低保对象10942人，年发放城乡低保金2025.6万元，发放一次性过节费近千万元。

农村五保　9月起农村五保分散供养标准从500元提高至553元，集中供养标准从600元提高至664元。全县农村五保对象1098人，全年发放五保金708.2万元，人均月补助537.5元。

医疗救助　全县审核批准城乡医疗救助14118人次，发放救助金439.7万元。基本形成与新型农村合作医疗制度和城市居民医疗保险制度相衔接、相配套的运行机制，开通医疗救助“一站式”服务系统。

【救灾救济】　按时发放自然灾害生活补助金、冬春救灾款及减灾防灾资金177.34万元。转移安置因自然灾害受灾群众9164人，为56户受灾农户发放农村住房保险理赔金46.58万元。开展“5·12”防灾减灾宣传日活动，对全县240个避灾点进行检查修缮，修订健全县、乡、村三级应急预案，提升应对突发自然灾害的整体防御能力。凤山镇凤美社区按照全国综合减灾示范社区建设标准，完善软硬件设施建设并通过省民政厅实地考察验收。

【优抚】　落实优抚对象抚恤补助标准不低于3%的自然增长机制，优抚对象中参战退役人员抚恤补助标准自然增长率不低于5%。按时发放抚恤补助金1213.7万元，医疗补助金97.1万元。认定带病回乡军人2人，新增60周岁农村籍退役士兵81人。接收退役士兵80名，发放安置费167.7万元。接收上士以上转业士官5名，均符合工作安置政策并上岗到位。解决2006－2011年三期以上转业士官历史就业遗留问题，19名转业士官通过招考录用等方式，解决就业问题。

【社会福利】　全县建成9个乡镇敬老院，起步镇敬老院正在建设。投入350万元实施光荣院旧楼修缮改造工程。审批筹建左旋、乐龄、崇宝山、龙山4家老年公寓。探索老年人高龄补贴制度，开展全县养老护理员专业技能培训。

【基层政权和社区建设】　建成凤美、闽凤、北门3个社区综合服务站，将凤嘉社区创建城市完整社区工作纳入2014年县宜居环境建设项目。组织社区工作人员参加2014年社会工作者职业水平考试，开展社会工作者专业知识培训及考前辅导，全县7个社区64名社区工作人员参加培训。

【殡葬服务】　完善殡葬基础设施建设，推行全县火化，全县平均火化率95%。建成20个公益性骨灰楼（堂、

11月21日，县民政局组织开展全县养老护理员专业技能培训

塔)。开展农村墓地生态建设整治工作，全县完成616台坟墓搬迁和披绿植树整治工作。针对清明节祭扫人流高峰问题，开展安全保障工作，引导市民错峰祭扫、文明祭扫。

【婚姻、收养登记】 巩固全国婚姻登记规范化单位和全国3A级婚姻登记机关建设成果，全年办理结婚登记2550对、离婚登记530对，办理收养登记49件，登记合格率100%。开展免费颁证、离婚预约、婚姻家庭咨询调解服务，提升婚姻登记服务质量。

（刘惟鹏）

【老区建设概况】 2014年全县农村饮水安全工程、大中型病险水库水闸除险加固工程、基层医疗卫生服务体系建设等30个重点老区项目，中央预算内配套补助4479.6万元，县造福工程集中安置区建设、气象台综合改造工程等40个重点老区项目，省级配套补助1136万元，争取5915.6万元配套补助。利用项目对接资金，项目带动产业，促进老区经济社会事业的发展。争取346万元，用于扶持70个项目(其中省级资金79万元，市级资金167万元，县级配套资金100万元)。关心和照顾新中国成立前参加革命现仍在农村的老地下党员、老游击队员、老交通员、老苏区干部和老接头户（简称革命“五老”)。将其作为老区工作重要内容来抓，提高革命“五老”及遗孀人员生活待遇。五老定补每个月从600元提高到800元，遗孀定补从每个月150元提高到300元，并做好五老医疗救助工作，年内有43人次得到住院医疗补助。对部分五老遗孀及五老后代个别生活特困者也纳入年终慰问。坚持零星补助制度。对平日来访的革命“五老”及遗属人员也予以钱物补助完善“五老”走访、慰问制度，改善“五老”的生活条件。组织班子、召开会议、走访、收集开始编写全县143个老区村革命史。

（彭文娟）

【老龄事务】 2014年办理老年人优待证635本。慰问全县高龄老人34名，并邀请市曲艺专家来罗表演评话2场。在“敬老月”活动中，举办庆祝活动20多场次。县老龄办荣获2014年福州市“邮爱·夕阳红”风尚大使评选活动优秀组织奖。

（老龄办）

【地名管理】 加强城区路牌设置维护工作，新设路牌13面。完成罗源湾滨海新城14个商业园区、宝钢公寓及江滨?花园住宅小区命名更名。

【社团组织登记管理】 开展社会组织年检工作，完成62家社团、42家民办非企单位的年检任务。全年新登记注册民间组织8个，其中社会团体6个，民办非企业2个。

【边界管理】 完成县5条县界线与17条乡界线管理工作，建立边界联管协调机制、纠纷联调化解机制、执法联手互动机制和边界突发事件应急机制。开展“平安边界”创建活动，2014年全县439.22公里边界线无边界争议和群众性事件发生。

（刘惟鹏）

社会保险

【概况】 2014年全县参加社会保险25.1126万人，城镇职工养老保险参保人数22641人，城乡居民社会养老保险参保人数95341人，被征地收海农渔民养老保障11759人，机关事业养老保险6953人；医疗保险参保61801人，工伤保险参保19326人，生育保险参保21306人，失业保险参保11999人。

【住房公积金管理】 年末，全县有319个单位建立住房公积金制度，13795名职工设立住房公积金账户，累计归集住房公积金83196.91万元，余额33196.60万元，2014年住房公积金归集额15311.64万元（含结转利息)，比上年同期增长12.06%，完成当年计划的101.74%。累计提取住房公积金50000.31万元，其中2014年提取住房公积金10113.18万元，比上年同期下降8.09%，完成当年计划的105.35%。

年末，累计为3230户职工发放住房公积金购房贷款，贷款总额54991.90万元，贷款余额40906.40万元，年末贷款使用率123.22%，其中2014年向277户职工发放住房公积金购房贷款，贷款额10266.70万元，完成当年计划的93.33%，回笼贷款2352.21万元，完成当年计划的102.27%。

2014年住房公积金业务收入1784.45万元，其中住房公积金存款利息收入55.48万元，委托贷款利息收入1701.08万元，增值收益利息收入27.89万元。2014年住房公积金业务支出686.49万元，其中支付职工利息576.95万元，支付承办银行归集和贷款手续费等109.54万元。2014年增值收益1097.96万元，按规定转至市中心增值户，由市中心统一分配。

【医疗保险】 城镇居民 2014年，县城镇居民基本医疗保险政府补助标准从每人每年300元提高至每人每年340元；将参保城镇居民在福州市统筹区内医保定点社区卫生服务中心、乡镇卫生院普通门诊报销封顶线由600元提高至1000元；参保职工在福州市统筹区内医保定点社区服务中心、乡镇卫生院普通门诊使用国家基本药物的药品费用取消起付线，直接由统筹基金按规定比例支付，同时将住院起付线由600元降至300元；允许使用职工医保个人账户支付参保人员本人在定点医疗机构所有个人负担（含目录外）部分的医疗费用，将参保职工在定点零售药店使用个人账户购药每15日最高支付限额由150元提高至200元。

农村合作医疗 全县参加合作医疗农民191081人，参合率99.9%。人均筹资标准从360元提高到410元，农村居民重大疾病保障病种由19种扩大到22种。每月对基金运行情况进行统计分析并通过网络管理系统实时监控定点医疗机构诊疗服务行为。组织人员开展专项稽查，对稽查中发现的各定点医疗机构违规检查、违规用药、违规收费情况，根据新农合管理办法及相关规定给予核减，核减金额23494元。8月1日起，县在全市率先实现新农合省内跨设区市（宁德市医院）即时结算，方便参合患者。2014年，全县参合农民住院医药费用合计补偿6769.29万元，资金使用率95.75%。“一站式”服务10000人次，发放医疗救助款322.99万元，发放住院分娩补助2753人，补助金110.12万元。

【养老保险】 从2014年1月起，全县无力参保县及以上集体所有制企业退休人员生活保障金发放标准由每人每月326元提高到每人每月410元。从2014年9月1日起，全县被征地收海农渔民养老保障金标准由每人每月120元提高至每人每月150元。

【失业、工伤、生育保险】 全年全县失业保险参保人数比增46.83%，发放失业金109.44万元，计864人次，失业人员每人每月领取失业金1266元左右；领取失业金人员每月领取基本医疗保险费311.11元，发放医疗保险费24.12万元；做好物价补贴工作，发放物价补贴716人次，补贴金额2.27万元。整合岗位，优化配置，实现工伤、生育保险经办归口管理。

【社会保障监管】 加强社保基金监管，开展社保基金专项检查，做到应收尽收、收支平衡。加强医保定点日常稽核、专项检查和年终考核，住院稽核2976人次，审核剔除违规费用89.9万元，其中门诊79.59万元，住院8.19万元，药店2.12万元，有效杜绝漏洞，维护基金安全。

（林志杰）

劳动就业

【概况】 2014年全县城镇新增就业人员2855人，下岗失业人员再就业146人，城镇登记失业率1.31%，控制在市下达任务2.3%以内，农村劳动力转移就业人员7166人，超额完成全年就业目标任务。

【就业工作】 开展“春风行动”、“民营企业招聘周”等就业服务专项行动。2014年举办各类招聘会15场，发布就业信息1003条，提供各类就业岗位1655个，417名求职者与企业达成用工意向。全年在罗源县电视台发布就业信息24期，发布就业短信信息17万条，全县有19个劳动保障平台开展“摇工作平台”工作，全年新增录入岗位7262条，累计录入岗位信息8060条。主动服务企业用工，2014年县人社局协助宝钢德盛、亿鑫钢铁、世纪金源大饭店及闽光钢铁等省市重点企业从江西省、云南省、贵州省、四川省和宁德市等省内外引进劳动力1500多人。加强校企对接力度，发挥校企对接实效。2014年举办2场校企对接洽谈会，邀请省内外职业技工院校22所，规模以上企业18家，其中签订校企对接协议8家企业和9所职业技工院校。

【技术培训、职业教育】 结合罗源湾开发区企业岗位需求，开办各类专业技

2月10日，县举办2014年海西专场招聘会

术班。全年开办“钢铁设备运行与维护（宝钢德盛）”、“船体构成运行与维护（华东造船厂）”、“酒店人才管理（世纪金源大饭店）”和“汽车维修（恒久集团）”等专业技术班。继续完善职业技能鉴定，发挥职业资格证书在劳动者就业和技能成才过程中的导向作用，引导企业建立使用与培训考核相结合、待遇与业绩贡献相联系的激励机制。全年开展培训鉴定5期310人。

【劳动关系纠纷处理】 坚持日常巡查以及开展用人单位遵守劳动用工、社会保险法律法规情况专项检查。全年开展劳动保障监察厂（矿）486次，接待咨询、投诉及“12345政府便民网”等各类劳动纠纷案件597起，发出询问通知书13份、责令整改决定书17份，提出整改意见29条。行政处罚1起，处罚金额2000元。全年查处拖欠工资案312起（涉及劳动者4186人），为劳动者追回被拖欠工资4896.7万元。全年做出工伤认定101起。全年受理劳动争议仲裁案件60件，结案率95%，调解率54%，全年追付工伤补偿款416.45万元。

（林志杰）

人民生活

【概况】 2014年，县坚持以民生为重，各类政策性调控措施作用于居民生活、社会生产与流通领域，各项民生指标保持平稳运行。“低保”“五老”“五保”等补助标准和被征地收海农渔民养老保障水平进一步提高。在城市化进程的推动下，以及强农惠农政策的保障下，居民收支平稳增长，其中城镇居民人均家庭总收入26712元，人均可支配收入24408元，人均消费支出17450元，城镇居民恩格尔系数39.45%；农村人均可支配收入11068元，人均生活消费支出9879元，农村居民恩格尔系数40.85%。

【城镇居民收入水平】 城镇居民人均家庭总收入26712元，；人均可支配收入24408元，比增9.7%。其中人均工资性收入10965元；人均经营净收入3917元；人均财产性收入997元；人均转移性收入8529元。

【城镇居民消费支出】 城镇居民人均消费支出17450元，比增9.2%，城镇居民恩格尔系数39.45%。消费结构继续优化，发展和享受型消费支出保持较快增长。其中，人均衣着支出1843元；人均交通费支出1197元；人均教育文化与娱乐支出1347元。

【农村居民收入】 农村居民人均纯收入11068元，比增10.6%。工资性收入、家庭经营纯收入是农村居民增收的主要来源。其中，人均工资性收入6335元；人均家庭经营纯收入3620元；人均财产性收入90.89元；人均转移性收入1204元。“十二五”规划以来，农村居民人均纯收入连续两年保持两位数增长，且增速超过城镇居民，城乡居民收入比继续缩小。

【农村居民消费支出】 农村居民人均生活消费支出9879元，比增10.2%，农村居民恩格尔系数40.85%。享受和发展型消费成为新趋势，其中，人均食品消费支出9878.91元；人均衣着支出592元；人均居住支出2204元；人均家庭设备用品及服务支出583.8元；人均交通与通讯支出772元；人均文化教育娱乐用品及服务支出897元；人均医疗保健支出625元。

（刘乔东）

（编辑　王娜凤）

凤山镇

【概况】 凤山镇地处罗源城区，区域面积32.2平方公里，均为陆地。辖9个行政村、7个社区，有17576户55039人。

2014年，凤山镇实施县级重点项目3项，年度投资8700万元，占计划投资127.94%。

【经济建设】 全镇完成生产总值28.09亿元，占任务数103.46%，比增8.74%；工业总产值15.78亿元，占任务数103.07%，比增8.75%；规模以上工业总产值5.67亿元，占任务数103.01%，比减12.09%；农业总产值6954万元，占任务数104.88%，与上年持平；地方级财政收入1.29亿元，占任务数96.99%，比增2.17%；固定资产投资2.07亿元，占任务数109.53%，比增32.69%。

农业 建设无公害蔬菜53.33公顷、优质果树基地13.33公顷，栽培秀珍菇800万袋。创建姆龙谷、安井农家乐和山水农牧专业合作社、红毛里珍禽养殖合作社等4家休闲农业示范点。

工业 罗源县汇盛工贸有限公司完成厂房主体建设，帅孚食品有限公司完成重组。

商贸服务业 实现服务业增加值3.694亿元。改造提升安通汽车事务有限公司、联风物流有限公司，新增4家限额以上商贸企业，新增5个规模服务企业。时代大厦项目年内动建，完成桩基施工。明珠假日酒店建成开业，古润生态酒店年内动建。

招商引资 引资创办罗源县汇盛工贸有限公司，总投资500万元，主要经营木制品等建材产品。

【征迁安置】 430项目征地拆迁加速推进，坟墓安置地象鼻山公园工程建设进入尾声。104国道改线涉及管柄村实现交地。抓紧金闽公司仓储中心征地工作。推进余家塘98亩片区旧屋区改造项目征迁工作，签订征迁协议119户。

【基础设施建设】 续建余家塘防洪工程，修建南门外、陈厝村和方厝新村村道，完成管柄村饮水安全工程和农村公路安全保障工程鳌苏线建设，投入260多万元，完成15条3000多米城区背街小巷路面改造。

【社会事业发展】 科技与教育 完成13项专利申请，新建凤美社区青少年科学工作室。优先发展教育事业，提高教育教学水平。辖区内的罗源第一中学专任教师135人，在校生1355人。福州民族中学专任教师188人，在校生1848人。罗源第三中学专任教师126人，在校生1642人。罗源三和中学专任教师18人，在校生283人。有小学4所，专任教师377人，在校生5155人。

文化 完善镇综合文化站电子阅览室，新建北门社区电子阅览室，补充更新农家书屋藏书，动建竹兜村农民文化中心综合楼。

卫生和计划生育 加强社区卫生服务中心标准化建设，组建8个服务团队，加强社区家庭医生签约工作，新增1台彩超、1台心电图、1台血球分析仪、1台尿液分析仪，门诊量3.86万人次。全年出生人口487人，人口出生率10.86‰，人口自然增长率6.42‰，出生人口政策符合率90.35%，低生育水平保持稳定，计划生育水平持续位居全县前列。

社会保障 转移农村富余劳动力550人，城镇新增就业1005人。落实最低生活保障制度，实行低保对象家庭动态跟踪管理。全面推进城乡居民社会养老保险制度一体化工作，参保率98.5%，继续抓好城镇居民基本医疗保险、新农合工作，参合率分别为116.11%、100%。加快发展养老服务业，完善慈善安居楼、社区居家养老服务站建设。

精神文明 创建省级文明乡镇，闽凤、北门社区和苏区村被评为第十四届市级文明社区、文明村。完成镇便民服务中心和村、社区16个便民服务代办点标准化建设，推行一站式服务。7个社区服务场所面积均达200平方米以上，全部实现达标。

【环境保护】 推进“四绿”工程建设，完成造林绿化6公顷。加强城区秩序管理，拆除“两违”建筑面积5.2万平方米，超额完成县下达任务。加强城区环境综合整治，改造县宾馆周边民房、竹兜村口景观，配合做好南大路至北大路景观改造工程。畜禽养殖污染整治顺利推进，完成生猪退养和猪栏拆除任务。加强宜居环境建设，完成凤嘉社区完整城市社区整治，并通过市宜居办验收。完善凤山公园、莲花山公园，新建梅岭公园。

【平安建设】 坚持镇主要领导和村、社区主干“接待日”活动，规范镇村两级综治信访维稳平台建设，充分发挥网格员作用，成功调处各类矛盾纠纷501件，无发生敏感时期进京上访、越级上访现象，综治信访维稳绩效考评每月保持全市173个乡镇前10名。完善网格化社会服务管理，实现9个行政村、7个社区网格化管理全覆盖，提高网格化管理实效。加强技防设施建设，在城区路段增设150多门高清监控探头，实现城区技防网络全覆盖。加强平安建设宣传，平安建设“三率”继续保持全县前列。深入推进“六五”普法规划，开展国际宪法日活动，提高全民法制意识。开展安全生产基层基础规范化建设活动，抓好安全专项隐患排查治理和重点行业专项整治。开展以“强化红线意识，促进安全发展”为主题的全国第13个“安全生产月”活动。深入推进消防安全网格化管理，实现消防宣传、火灾隐患排查、消防监督管理常态化，不断提升火灾防控水平。

【凤山镇便民服务中心】 中心位于凤山镇政府办公楼一层，于1月1日投入运行，总建筑面积160平方米，设置5个服务窗口，入驻工作人员11人，涉及便民服务事项46项。

【网格化社会服务中心】 中心位于凤山镇政府办公楼六层，于1月1日正式投入运行，总建筑面积412平方米。全镇划分16个一级网格，下辖95个二级网格，由挂点领导任格长，驻村干部任督导员，村、社区主干任管理员。中心综合履行信息采集、综合治理、党建管理、劳动保障、民政服务、计划生育、人口档案管理、统战、文教管理、重点人群等10项基本职能，努力实现“小事处置不出网格，大事化解不出社区、镇”。

【青少年科学工作室建成】 凤美社区青少年科学工作室于2014年5月20日成立，占地面积110平方米，投资20万元。该工作室是罗源县首家创建的科学工作室，是1所以传播科学方法、培养科学兴趣、探索科学奥秘为主要特色的综合性社区科普活动场所。

（陈晓蓬）

松山镇

【概况】 松山镇位于罗源湾畔，区域面积146.29平方公里，山地面积9.018平方公里，水域面积46.67平方公里。辖22个行政村，其中农业村18个（畲族村4个），渔业村4个，有10125户38367人。年内被评为“2012－2013年国家级生态乡镇。”

【经济建设】 全镇实现工业总产值61250万元，完成年任务100.79%，比上年增长（下同）6.34%，其中规模以上工业产值1580万元，完成年任务106.75%；农业总产值170842万元，完成年任务100.18%，比增4.94%；

1月1日，凤山镇网格化社会服务管理中心正式投入使用

5月20日，凤山镇凤美社区青少年科学工作室投入使用

地方财政收入4761.08万元，完成年任务136.03%，比增43.33%；外资出口总值315万元，完成年任务105%，比增23.53%，完成固定资产投资15357万元，完成年任务101.03%。农民人均收入8560元，比增8%。

以竹里畲春生态农业农民专业合作社，大获农丰水果蔬菜专业合作社和吕洞绿野蔬菜专业合作社为龙头，种植无公害蔬菜86.67公顷，产量达1200吨。完成绿化造林133.33公顷，防火林带建设5公里。以福州茂盛农业有限公司为龙头，扩大优质水果生产规模，新种果树45.6公顷。巩固发展上土港油茶基地，新种油茶13.33公顷。推广南美白对虾高密度养殖新技术，水产养殖面积2645公顷，产量100927吨，产值44775万元。

【征迁安置】 完成台商投资区A片区246.67公顷垦后塘收塘工作；104国道改线工程松山五里段完成征地13.27公顷；白水村搬迁工作有262户签订搬迁协议，占任务数的80.2%。下土港搬迁工作有128户签订搬迁协议，占任务数的91.4%。博澳码头项目各项征迁工作基本结束。

【基础设施建设】 投入1010.27万元，全面完成农村饮用水工程建设。岐头、南岐、树柄、岐后、选屿、盛头、渡头、乘风、迹头9个行政村实现县网供水并实施“一户一表”。北山、外洋、大获、小获、上杭、竹里、八井、上土港等11个村自建部分基本完成，受益群众2万余人。

【社会事业发展】 科技与教育　培育各类科技示范户105户。加强教师队伍师风师德、职业能力建设，推进课改。辖区内的福州第三中学罗源校区有专任教师20人，在校生170人。有中学3所，专任教师116人，在校生877人。小学10所，专任教师176人，在校生2734人。

文化体育　落实全民健身计划，推动老年人体育事业发展，巩固南岐、树柄、吕洞等9个村老年人体育辅导站。发展北山、渡头、岐后白花老年人体育辅导站。

卫生和计划生育　健全镇村二级卫生服务网络和基本卫生保健制度。切实抓好登隔热和人感染H7N9疫情防控工作，未发现人与家禽感染H7N9情况。强化性别比失衡治理和流动人口计生管理、实施出生缺陷一级干预工程、加大社会抚养费征收力度，征收社会抚养费228万元，全面落实农村部分计划生育家庭奖励扶助政策，人口与计划生育整体水平进一步提高。

社会保障　完善社会保障，提高农村居民保障性收入。全镇累计低保888户1686人，基本实现应保尽保；落实新农合31868人，参合率102%，新农保15043人，参保率96.06%；关心和保护弱势群体利益，做好民政救灾工作，发放救灾款20.03万元，“五老”、低保、五保及助孤儿上学等款项394.4万元，残疾人居家托养14户14人28000元，发放棉被180床；补助残疾人建房款8户19.5万元，安置退役士兵18人，发放安置费28.44万元；做好征地拆迁群众补偿安置工作，失海失地农（渔）民养老金提高至235元。

【环境保护】 实行8小时保洁制度，设置垃圾池31个，配备压缩式垃圾车1辆，实现垃圾日产日清，无害化处理。开展“两违”整治行动，拆除“两违”53042.07平方米，腾出土地面积73291.30平方米，投入474.18万元，实施“两高”周边小获埭头、上杭坑里等2个自然村71户第一排房屋立面改造整治立面外墙粉刷，涂料面积为2187.64平方米，屋顶平改坡面积7154.25平方米。投入350万元拆除猪栏27家，退养生猪3315头。

【平安建设】 推进社会管理创新，完善落实对特殊人群的教育管理措施；加强社会治安防控工作，全面实行网格化社会服务管理，对镇范围内的12所中小学开展安全检查，排查校园及周边安全隐患并整改；加强警民治安巡逻，努力维护社会安定稳定，依法打击各种犯罪活动和黑恶势力，坚决铲除“黄、赌、毒”等社会丑恶现象。2014年，全镇破获治安案件270件，破案率93.3%，人民群众的社会治安满意率达94.79%，治安安全率91%，平安建设知晓率78.33%。做好领导干部接访工作，落实“首办责任制”，实时掌握重点人员、重点信访案件的动态。注重从源头上化解各种矛盾，化解松山岛12公顷留地拍卖、下土港村村务公开、搬迁、选屿村沈海复线等重点信访案件。2014年，收到信访件35件，办结32件，收到“12345”诉求件100件，办理100件，回复率100%。

（陈崇训）

碧里乡

【概况】　碧里乡位于罗源县东部沿海，区域面积199平方公里，其中海域面积102平方公里，陆域面积97平方公里，海岸线长47公里。辖12个行政村，纯渔业村11个，有7294户25460人。

【经济建设】　2014年全乡完成地区生产总值18.2亿元，同比增长12.6%，其中工业总产值5.02亿元，同比增长5.7%，农业总产值13.17亿元，同比增长15.2%；财政收入2819.24万元，同比增长12.84%；农民人均纯收入9600元，比增14%。

农业　实现农林牧渔业总产值11.420亿元。发挥养殖合作社、龙头企业示范带动作用，开设养殖技术培训提升班。以“下廪羊”品种培育为重点，扶持壮大下廪羊产业，9月20日，“罗源下廪羊”获准注册地理标志证明商标，树立“罗源下廪羊”品牌。花卉苗木、茶叶、油茶等经济作物种植规模不断扩大，优良品种应用面积进一步扩大。

工业　实现工业总产值2.5063亿元，比上年增长30%，其中营业收入23801，比上年增长30%。工业企业个数162家，增加67家。

招商引资　引进创翔（罗源）有限公司投资建设充装站项目，该项目总投资约6000万元，主要充装销售氩气、液氨、氮气、二氧化碳等，拟选址在濂澳村县定规划化工区内，占地约1.3至2公顷。

重点项目建设　华东造船厂安装监控监测设备，并与环保部门联网，实现对企业的实时监控；罗源湾狮岐港区狮岐作业区1－4#泊位完成山地征用、渔排拆迁以及虾塘征用，启动挖山填海工程；碧里作业区6#泊位500亩海域征用工作顺利完成；滨海大通道碧里至将军帽公路协助施工方完成清表；将军帽15万吨码头完成主体引桥建设；罗源火电厂一期工程，电厂主场区进行施工；将军帽11万伏变电站征迁工作基本结束；四村搬迁安置工作稳步推进；完成碧里敬老院主体工程建设，完善配套设施；污水处理厂进行二次变更设计。

【海上养殖退养工作】　抽调人员组成工作组，划片分区进村入户开展工作，明确责任分工和工作时限，确保养殖退养有序推进。制定退养方案，建立网箱补偿（助）数据库，全面开展《网箱拆除补偿（助）协议》签订。加强海上监管以及海域环保监测。

【征迁安置】　将军帽后洋里拆迁已搬迁至滨海新城；梅花主村搬至“日出香山”楼盘，处于签约状态；长基、先锋两村搬至滨海新城，处于签约状态。

【基础设施建设】　完成碧里村便民码头建设。牛澳500吨级陆岛交通码头开展前期筹划工作。牛澳村、陶澳自然村通路和部分道路路面硬化之中。

【社会事业发展】　教育文化　加强教师队伍建设，提高教学质量。辖区内有中学2所，专任教师52人，在校生359人；小学4所，专任教师69人，在校生1050人。完善文化综合办公大楼多功能厅、电子阅览室等文化功能区，加强文化服务中心配套设施建设，同时提升各村农村书屋建设管理水平。完成西洋爱心园和碧里敬老院主体过程建设。开展文化活动，配合文化“三下乡”和文化大篷车进村进企业等活动进一步丰富充实群众精神文化生活。

卫生和计划生育　加强计生工作，完成县下达的各项计生主要指标，稳定低生育水平；投入8万元，建成2个村级示范卫生所，补助3万元用于卫生院购置DR－X光机，健全乡畜牧兽医站规章制度，配备相关动物防疫设施。

社会保障　扎实推进医疗卫生改革，抓好新农合、新农保工作，基本达到全覆盖，切实解决群众看病贵、就医难、养老难等问题。

精神文明　加强精神文明建设，认真贯彻落实《公民道德实施纲要》，开展文明单位、文明村、文明家庭创建活动；推动慈善事业和社会公益事业发展。引导广大干部群众参与“慈善一日捐”等慈善活动，组织社会各界人士开展无偿献血等公益活动。

新农村建设　投入2万元对碧里村村口进行绿化改造，投入30万元用于廪尾村道路两旁绿化以及先锋—梅花沿线景观改造；促进西洋村休闲农业发展，加快西洋村新农村“双百”示范村建设，完善村中心休闲公园二期配套设施；投入110多万元建成吉壁村便民服务中心大楼；推进植树造林工作，提升全乡森林覆盖率。

【环境保护】　督促华东船厂、华能海港公司、罗源湾码头3家重点企业进行环境整改。开展乡村环境综合整治工作，投入约100多万元资金维持垃圾无害化处理项目运营；整治占道经营和乱摆放行为，落实门前三包制度，保持街道整洁。明确属地管理责任，查处违法违章建筑及土地使用情况。加快环保基础设施建设进度，加快污水处理厂建设进程。实施牛坑村、溪边村、濂澳村自来水管网改造工程，统筹解决沿海村用水难问题；治理农村“两违”现象，对新增“两违”行为实行零容忍，实现零增长，并化解历史遗留“两违”问题。推动殡葬改革，着手碧里村骨灰塔建设，开展乱建坟墓整治活动，引导农村移风易俗。将全乡所有养猪场、养鸡场、养鸭场等养殖场登记造册，监督每家养殖场环境卫生，做好周边绿化和环境卫生，杜绝直排直放现象发生，拆除直排污染严重养殖场。

【平安建设】　实施“依法处理信访事项”路线图，开展社会综合治理“百日攻坚”专项行动；完善乡村调解组织，完善社会风险评估，注重信访个案化解，健全矛盾纠纷排查机制，运用法治思维和法治方式化解社会矛盾；建立网格化服务管理，建设数字监控系统，实行24小时视频监控，并聘用乡专职网格员1名，12个网格协管员。落实企业安全生产主体责任，开展消防隐患、道路交通、食品安全、校园环境等专项整治；加强食品安全和动物疫病防控工作。做好道路危险地段、山塘水库等危险区域的警示标识；制定水库、河流、地质灾害隐患点防汛预案，落实报警预险、抢险救援、群众疏散、后勤保障等各种安全度汛措施，组建乡消防应急队伍，开展群众应急转移等突发公共事件应急处置演练。

（黄智敏）

鉴江镇

【概况】　鉴江镇位于县东部，是福州市最北端的乡镇，区域面积74.07平方公里，其中海域面积8.6平方公里。镇辖9个行政村，36个自然村，有3889户13490人。

【经济建设】　全年完成工农业总产值82110万元，比上年同期减少（下同）8.77%；工业总产值40550万元，比增6.8%；其中规模以上工业总产值14802万元，比增47.02%；农业总产值41560万元，减少20.16%；地方级财政收入566.93万元，比增6.97%；全社会固定资产投资10000万元，比增24.73%；农民纯收入6800元，比增4.6%。

实现农业总产值41560万元，减少20.16%。稳定3万网箱鲍鱼和2000箱海参养殖规模，年初引进石斑鱼20万尾、凤尾螺6.67公顷，白对虾6.67公顷，优化养殖结构。发展现代化设施农业，新增有机、大棚蔬菜大棚种植面积6.67公顷。以东湾村的罗源源生态蔬菜公司为龙头，创建优质蔬菜种植基地。发展山地农业，增加茶叶种植面积6.67公顷、油茶种植面积13.33公顷、太子参药材种植面积13.33公顷。发展山地牛、羊、兔等畜牧产业。提升“罗湖云雾”品牌价值。

2014年，推进228国道滨海大通道鉴江段工程建设，完成前期测量和

鉴江湾海域养殖

征地工作。滨海大通道鉴江段全长14.66公里，路面宽17米，总投资6.5亿元。

【企业发展】　闽源鞋业年内新增产值3000万元；源林食品有限公司改造升级，新增1条鲍鱼速冻生产线，成为鉴江镇镇项目示范点，完成“官井洋日出”商标注册；鸿盛食品有限公司改造升级，新增1条鲍鱼加工生产线。

【基础设施建设】　投入450万元用于白鉴公路安保工程，圣塘通村道路路基工程全面完成。投资350万元用于鉴江盐场海堤除险加固和闸门修复工程。完成鉴江11万伏变电站，选址、征地赔偿工作。投入560万元，完成牛梅溪水库除险加固二期、三期工程。完成井水300吨陆岛码头设计、勘探、立项等前期工作。投资128万元建设鉴江污水处理厂，完成主体工程建设。

投入1165.45万元，建设柴桥头水库，完工验收蓄水使用，可满足6个行政村集中供水的水源点。完成与中闽水务（罗源）公司合作建设的集镇供水项目前期各项准备工作。

【社会事业发展】　教育文化　加强教育管理，通过教育均衡发展国家级评估验收。辖区内有中学1所，专任教师27人，在校生213人；小学1所，专任教师27人，在校生399人。发挥鉴江镇综合文化站作用，免费开放图书阅览室、电子阅览室、娱乐健身活动室，开展文化宣传活动。开展村级农家书屋建设，指导农家书屋规范化管理，各村农家书屋均有专职管理员负责做好日常开放和管理工作。

卫生和计划生育　全面进行家禽家畜免疫，组织畜牧人员7人共64人次，采取拉网式对全镇9个行政村2630只羽禽和4530头生猪进行防疫，防疫率100%。2014年，新出生人口186人，做好社会抚养费征收工作及双查四术工作，今年双查到位率92%，全镇人口出生率控制在10‰以内，征收社会抚养费70.25万元。

社会保障　全面落实农村社会保障制度，全镇615户低保、71户五保对象应保尽保。发放农资综合补贴44万元、良种补贴4.5万元，全面完成新型农村社会养老保险工作任务。做好贫困户和残疾人建档立卡工作，建立健全档案，完成识别人数700人。

【环境保护】　投入75万元开展农村环境综合治理工作，健全完善“户投、村收、镇运、集中处理”垃圾收集处理和“日产日清”环境综合治理长效机制。

【平安建设】　落实网格化社会服务管理新机制，加强信访维稳工作，实行分片包干、分级负责、齐抓共管的责任机制，坚持党政班子成员定期接访制度。年内镇村两级化解矛盾纠纷47件，调处成功47件，成功率100%。发挥民事调解作用，调解民事纠纷5起，受教育人员22名，安置帮教率100%，社区矫正无漏管脱管现象。落实禁种铲毒工作责任制，上山踏查800多人次，实现毒品原植物“零种植、零产量”。强化安全生产管理，落实安全生产管理工作责任制，加强消防、食品、企业生产、烟花爆竹等重点领域的安全专项治理工作。开展“两违”综合治理，完成摸底造册35户，18820平方米，其中拆除面积16060平方米。

（陈　斌）

起步镇

【概况】　起步镇位于罗源县城郊，区域面积72.73平方公里，其中耕地面积12.91平方公里，林业用地43.98平方公里。全镇21个行政村，有8391户28520人，除汉族外还有畲族等少数民族。2014年，起步镇被评为市级文明乡镇、通过国家级生态乡镇验收。

【经济建设】　实现工业总产值12.41亿元，比上年增长7.13%，其中规模以上工业产值2.59亿元，比增7.69%；出口交货总值7200万元，比增28.87%；固定资产投资总额2.51亿元，比增22.53%；财政收入1410万元，比增12.54%；农民人均纯收入7268元，比增13.53%。

农业及现代农业综合示范区　实现农业总产值4.1亿元，比增7.86%。以福建百谷农业发展有限公司、福建创鲜农业科技发展有限公司、罗源长兴菇业种植场为代表的全镇3家食用菌龙头企业、23家专业合作社及一批种植大户带领全镇12个村种植秀珍菇、海鲜菇4500多万袋，创产值1.6亿元，新增16条菌包生产线，日生产菌包能力达30万袋以上；花卉苗木种植面积200公顷以上；茶叶（油茶）种植面积达133.33公顷；以西山、杭山及起步洋现代农业示范走廊等为重点成片种植无公害蔬菜100公顷；开发山地资源，新增造林面积166.67公顷，毛竹垦复66.67公顷，修建竹山便道20公里；福田牧业等大型畜禽养殖基地经营良好。

工业　完成罗源县起步食品工业园园区总体规划编制并获得县府批复实施，着手招商引资工作；按要求完成最后7家石材过渡企业停产关闭工作，对接洽谈转厂项目；建成福建中鑫建材厂；服务福建沃隆管阀有限公司和福州豪仕达橱具有限公司增资扩厂。

招商引资　引进投资2亿的PVA生物降解膜项目，该项目主营全生物质降解膜、农业膜等系列产品研究开发、生产及销售。完成公司注册，并办理机构代码证、税务登记证等；完成可行性研究报告编制并通过专家评审；确定项目选址用地面积，上报县政府申请批准该项目落地建设。完成福州豪仕达橱柜有限公司二期项目1.93公顷征地工作。

重点项目建设　2014年，起步镇全面推进重点项目建设。海西天然气工程、“两所一队”工程、罗源县一般国家气象站、港头大桥工程顺利建设；总投资690万元惠及18个行政村、总人口12690人的安全饮用水工程、总建筑面积745平方米的起步敬老院动工建设；起步镇市级小城镇建设完成投资0.92亿元，实施4个项目即建设起步大桥、庭洋坂村畲族文化公园二期工程及国家民委畲族特色村寨项目，起步街旧街整治提升三期工程和食用菌产业项目；总投资680万元的起步溪下长治段防洪堤工程、总投资500万元的起步溪防洪堤沈厝、港头等村缺口段工程、港头村农村环境连片整治工程和贫困户旧房改造工程全面建成投入使用。

【征迁安置】　完成省级农民创业示范基地综合服务中心及罗源县食用菌研发中心项目征地工作，征地总面积约2.165公顷。完成罗源县地方一般气象站配套公路港头明挖山渠到平岗山公路工程建设征用土地1.98公顷。征地约5.81公顷（其中粮储项目3.82公顷、道路0.25公顷，以及位于后侧的1.75公顷项目预留用地）用于县粮食中心储备库建设。罗宁高速BK2006+55段紧急停车道建设工程征地0.8公顷，拆迁养鸡场1个。

【基础设施建设】　完善路网，建成桂林北山—蒋店仑头—杭山坑里、罗源二中至沈厝、庭洋坂新村—起步桥头等公路；6月份，投资400多万元重建起步大桥；建设起步至港头10千伏输电线路；建设兰田、党林、沈厝、下长治等村公园；农村贫困户、残疾人危房改造；投资620万元，建成起步溪下长治段550米防洪堤工程；投资680万元，建成日处理400吨的集镇污水处理站，实现集镇生活污水集中处理；动工建设14个行政村、总人口10690人的安全饮用水工程。

【起步溪护国段防洪工程建设】　起步溪护国段防洪工程位于起步镇起步溪支流的护国溪上，即蒋店桥至安下桥上游河段。工程主要项目是新建右岸堤防1.973千米及河道清淤工程建成后起步溪护国段防洪标准提高到20年一遇，增强兰田、桂林、蒋店、杭山、西山、护国等村的综合防洪减灾能力。该工程列入水利部、财政部《全国重点地区小河流近期建设治理规划》。2012年3月5日，省水利厅、省财政厅以闽水建设〔2012〕26号文《关于罗源县起步溪护国段防洪工程初步设计批复》对本工程初步设计进行批复；2012年5月8日罗源县发改局以罗发改投资〔2012〕26号文《关于罗源县起步溪护国段防洪工程立项的批复》，对本工程进行项目立项批准建设。工程批复概算总投资3090.62万元，其中建筑工程投资2335.47万元。资金来源由中央专项资金补助1620万元，其余资金由县政府配套解决。2014年12月30日，省水利厅组织的竣工验收委员会同意罗源县起步溪护国段防洪工程通过竣工验收。

【社会事业发展】　教育文化　加大教育投入，做好“双高普九”工作。支持罗源二中、起步学区发展，改善办学条件，提高教学质量。罗源二中通过省级三类达标校验收。全镇学前儿童入园率达88%，小学学龄儿童入学率达100%，初中入学率达96%，6-15岁三类残儿入学率达97%。完善起步镇综合文化站设施，新增图书1000余册，新配置电脑6台。

卫生和计划生育　拥有起步镇卫生院1个，18个村级卫生所，基本实现一村一所。完成港头村、潮格村、西山村和桂林村等4家示范卫生所建设。坚持计生工作长效管理，新出生人口495人，做好社会抚养费征收工作及双查四术工作。2014年，双查到位3266人，双查到位率87%，生育证发放636本，征收社会抚养费约146万元。全镇符合政策生育率达86.1%，发放各类计生政策奖励及扶持款21.2万元，计生各项指标均达到县下达的目标要求。

社会保障　落实新型农村养老保险制度和新型农村合作医疗制度，全镇参保人数分别达1.1万人和2.6万人，参保率分别达95.3%和100%，新农保工作得到国家社会保障部和省人社厅的肯定，并在福建日报、福建电视台宣传报道；最低生活保障覆盖面进一步扩大，农村低保人数达到1480人，占农业人口的4.93%，补助标准继续提高；加强对弱势群体帮扶救助，启动建设洋北慈善安居楼；开展党代表结对帮扶活动，镇两委领导每人结对帮扶2人，党员干部每人结对帮扶1

人；为残疾人特困户办理低保，实施城乡特困户大病医疗救助。切实落实惠农政策，全年发放种粮农民农资综合直补51.78万元，发放农作物粮种补贴7.04万元，受惠农民6781户3.21万人。

【环境保护】 实行由镇两委领导分片、镇干部包干工作责任制，每周五定期抽查评比70%的村，即13个村，奖优罚劣。投入100多万元配备保洁人员67名，购买压缩式垃圾清运车1部，添置垃圾桶1000多个，手推垃圾车55辆，新建垃圾收集池20个，购置垃圾转运箱27个，新建或改建垃圾转运池27个；抓好"两违"整治工作，拆除"两违"面积3.16万平方米；成立镇环卫所和高速公路收费站专门保洁队，确保重点部位整洁卫生；推进农村环境整治重点工程建设，投资435万元完成7公里罗中路起步走廊环境整治及绿化工程；续建起步公园、庭洋坂畲族文化公园，新建兰田、下长治等村庄公园，完成6个渣场覆土绿化和4个矿山环保治理和规范化建设，7家过渡石材企业到期关闭停产，实现石材企业全部退出，投资450万元建设集镇污水处理厂，投入30万元进行护国溪河道清淤和镇内主干道两侧清理整治。

【美丽乡村建设】 市县联合打造上长治美丽乡村建设 上长治村距离县城5公里，有395户1521人。2012年被农业部授予全国"一村一品"示范村称号，2014年为福州市市县联合打造美丽乡村示范村，被列入福州市新农村"幸福家园工程"示范村扶持建设。村党支部筹资投入1300多万元建设进村景观带、文化长廊、防洪堤、2800平方米溪边公园、村文化活动中心，实施裸房立面装修、弱电杆线规整工程等，全面提升村容村貌。2014年全村实现工农业总产值1.6亿元，人均纯收入1.26万元，村集体收入13万元。食用菌产量超过2200多万袋，其中秀珍菇1500多万袋，纯利润2000多万元。以上长治为核心区的省级农民创业示范基地辐射带动全镇12个专业村、3家龙头企业，23家专业合作社和几十户大户种植秀珍菇4500万袋，年创产值2亿元以上，受益人口达1万多人，成为县食用菌强镇。

上长治文化中心

下长治村县级美丽乡村建设 投入150万元进行村庄民房立面整治、进村道路景观整治和村口公园建设。

【平安建设】 开展安全生产专项整治行动和"交通安全三年综合整治行动"；开展企业安全生产标准化建设，认真排查整改各类安全隐患，全年安全生产形势保持平稳。加强社会治安综合治理，打击各类违法犯罪，全年立刑事案件32起，同比下降50.6%，破案7起，打击8人，抓获在逃人员8人，查处治安案件46起；平安建设知晓率达81.67%，居全县第4位，连续三年测评均完成责任书要求。全年摸排调处各类矛盾纠纷557起，各类信访件和12345便民服务中心信访件受理办结率均为100%；2014年起步镇维稳工作绩效考评连续11个月居全市前20名、全县第2名。做好禁种铲毒工作，实现"零产量"、"零种植"目标任务。全镇90%以上村、路段，90%以上机关、团体、学校和企事业单位，分别达到平安村、平安路段、平安单位标准。实现"七个位居全县前列"、"七个位居全县较低水平"、"六个防止发生"、"四个有效遏制"的目标。

（卓珍惠）

洪洋乡

【概况】 洪洋乡位于罗源县中北部，区域面积70.49平方公里，辖18个行政村，其中畲族少数民族行政村3个，有4087户13616人。全乡耕地面积779.73公顷；林地面积4789.2公顷，其中毛竹林1533.33公顷，毛竹蕴藏量约300万根；乡664#、665#花岗岩储量约3亿立方米，居全县首位。2014年，洪洋乡被评为全市农村环境综合整治示范乡镇。

【经济建设】 全乡固定资产投资16100万元，增长28%；农业总产值16370万元，比增4.7%；完成工业总产值96970万元，比增8.32%；其中规模以上工业总产值79500万元，比增15.34%。地方财政收入960万元，比增5.09%。农民人均纯收入6711元，比增4.86%。

农业 发放种粮综合直补资金64.56万元，良种补贴8.25万元。种植秀珍菇、香菇200万袋；种植绿化苗圃6.67公顷，培育桂花、罗汉松、红豆杉等15种名贵树种；种植太子参、金线莲、玫瑰、菊花等经济作物6.67公顷；抚育丰产毛竹林66.67公顷。

工业 推进石材企业环境整治与产业升级换代。全乡石材加工企业30家，其中规模以上12家，开发矿山28个，初步实现企业经营规模化、建设规范化、生产环保化。“福建新科星新型建材有限公司”利用石粉生产加气混凝土砌块（环保砖），一期项目正式投产。加快飞地工业“前景彩印”项目建设步伐，总投资8000万元，占地1.33公顷，一期投资1000万元，完成厂房建设。

招商引资 引进“福建新科星新型建材有限公司”，利用石粉生产加气混凝土砌块先进技术，生产绿色新型建材环保产品，一期项目正式投产。王认村引进“天迪农业综合开发有限公司”发展观赏鱼养殖、泥鳅育苗等，培育养殖观赏鱼15万尾。

重点项目建设 2014年，投资1000多万元建设洪洋大桥的重点项目，于年底竣工通行。总投资2700万元，新建县精神病防治院项目，完成一期大楼主体工程建设，推进二期大楼工程建设。

【基础设施建设】 完善洪洋乡总体规划和村级发展规划修编工作。完成石塘、曹营牛楼、王认上阮湾村道拓宽改造；完成石塘至盾后道路建设；完成民族、秋岭、盾后、王认4个村道路安保工程建设以及洪洋大桥建设。投入500多万元，完成18个行政村安全饮用水工程建设。修建洋坪水库及洪洋、曹营等重点灌溉水渠工程；投入30多万元，完成石塘公园建设。

【社会事业发展】 教育 均衡教育资源，改善办学条件，中小学综考成绩均居全县前列。辖区内有中学1所，专任教师26人，在校生147人；小学1所，专任教师39人，在校生441人。

卫生和计划生育 加大乡、村卫生院扶持力度，改善医疗卫生设施。全乡人口自然增长率控制在8.65‰，计生政策符合率为88.63%。

社会保障 推进新农合工作，全乡医疗参合率达100%。农村社会保障体系建设全面加强，养老保险实现参保率90%以上；城乡困难群体全部纳入低保管理。发放临时救灾救济款10多万元。完成王认、大目慈善安居工程，启动石塘村慈善安居楼建设，改善农村孤寡老人居住条件。

【环境保护】 加强水流域环境整治工作，加大石材企业治理力度，控制污水排放与环境污染。开展农村生态环境治理，全力清除“脏乱差”现象。投入150多万元，建设洪洋垃圾中转站及完善设施配备。加快推进生态村建设步伐，以打造秋岭农村环境综合治理示范村为抓手，以点带面，辐射带动，开展家园清洁和植树造林工作。开展“两违”整治，拆除违章搭建5000平方米，净化农村居住环境。

【平安建设】 开展“平安建设”活动，通过发动群众参与，加强宣传等措施，实现第二季度安全感满意为97.83%，位列全县第四名，比去年同期上升6位；第三季度为96.00%，位列全县第三名，比去年同期上升7位；第四季度为96.43%，位列全县第三名，“平安洪洋”建设满意率、知晓率、参与率进一步提高。农村网格化服务管理工作有序推进，实行党政领导群众来访接待日制度。受理各类来信来访142件，成功调处140件；受理12345网站诉求件12件，答复12件。开展矿山、企业、森林防火等13项专项安全整治，消除各类事故隐患，全年无重特大事故发生。

（雷可强）

中房镇

【概况】 中房镇古称河洋，位于县西北部，区域面积131.12平方公里，辖23个行政村146个自然村，有7377户24699人，除汉族外还有畲族等少数民族。2014年，中房镇获福州市第十四届文明村镇。

【经济建设】 全镇完成工农业总产值8.487亿元，比增8.82%，其中工业总产值5.199亿元，比增5.72%，规模以上工业总产值7223万元，比增3.14%；农业总产值3.288亿元，比增13.85%；地方财政收入447万元，比增10.4%；全社会固定资产投资8450万元，比增20.54%；农民人均收入6130元，比增8%。

茶产业项目 在中房镇满厝、叠石村等2个千亩标准化茶园基地的基础上，完成林家、沙坂、中房等村66.67公顷茶园标准化改造，高山优质茶资源带和福州茉莉花茶原材料供应基地初具规模。

特色农业项目 新成立8个从事

满盾村万亩茶园

食用菌生产专业合作社，全镇投产食用菌600万袋，初步形成吉潦、岭兜、柏山、显柄等食用菌生产聚集点。在巩固满盾、叠石等村200公顷茭白种植面积基础上，位于满盾村的罗源松峰生态农业合作社带头从浙江引进双季茭白新品种并成功种植6.67公顷。完成造林绿化55公顷，其中“四绿”工程12.67公顷、荒山造林12.33公顷、防火林带建设20公里（造林30公顷）、森林抚育33.33公顷。用好县上毛竹发展扶持政策，完成抚育毛竹200公顷和毛竹垦复100公顷。

工业生产　由国家级农业产业化龙头企业福建春伦集团投资1.2亿元建设的罗源生春源茶业项目正式投产，建有全自动不落地传统茶生产线3条和在国内属技术领先水平的速溶茶生产线1条，全年加工茶青15.3吨，生产成品茶4.54吨、速溶茶3800公斤。带动本土丰蓝春茶业等公司升级发展，扶持成立福建省国优茶业有限公司，新建700平方米厂房1座，打造“丰蓝春”、“河洋红茶”、“榕春早”等本土茶叶品牌。

招商引资　福建福鑫源农业综合开发有限公司总投资约5000万元，总占地面积约333.33公顷山地，发展山地养殖、生态种植、农产品改良、新品种培育等项目。福建江海苑园林工程有限公司总投资5000万元，总规模约200公顷，以苗木生产为主，逐步建成生态农业为主，农业观光、旅游为辅的现代苗木基地。

重点项目建设　2014年，完成中溪线、深洋线、上大线总里长约34.1公里道路安保工程建设；投资约387万，完成河洋溪项目建设。投入295万对南洋石材加工集中区、洋里旧石材厂区进行公园式景观改造，打造完成146县道中房段绿色景观带。

【基础设施建设】　道路交通　投入55万元完成农村公路大中修工程建设，对全镇14处路基坍塌、路面损坏的安全隐患点进行修复；投入220多万元完成深坑、下湖、上宅等7个村约8公里长村道水泥路面硬化；投入22万元修建厚富桥及两侧护坡工程。

水利设施　投资387万元的2013年中央农田水利建设资金罗源县河洋溪项目建设完成，对中房河洋溪卫生院至生春源茶厂段长457米河道进行拓宽、截弯取直、修建护坡。投入16万元完成上宅村溪下防洪堤、拦水坝工程建设，投入13万元完成柏山村自来水配套设施清水池及管网工程建设，投入60万元分别完成集镇河洋公园、柏山村等长约225米挡土墙工程建设。

农业基础设施　洋里、松洋等村2013年高标准基本农田建设项目开始建设，投资达450万元，可新增耕地11.33多公顷。

【社会事业发展】　教育　加大教育投入，改善办学条件，中小学教育质量继续保持全县农村学校前列。辖区内有中学1所，专任教师41人，在校生242人；小学1所，专任教师57人，在校生552人；有热源1所，专任教师9人，在校生171人。

卫生和计划生育　投入20多万元完成王沙、溪门、厚富、大园等4个空白村卫生所建设，农村医疗网络进一步完善。落实计生家庭奖励优惠补助18万元，为165对育龄群众提供孕前优生体检。

社会保障　新农保参保率保持93.5%以上，新农合参保20887人，基本实现应保尽保。发放各类优抚、低保、救灾资金190多万元，投入29万元完成下湖村慈善安居楼建设；邀请眼科专家为81名老年人进行免费眼病筛查。

【环境保护】　水流域环境整治　10家石材企业的治理得到进一步加强，确保污水“零排放”，建设完成容量30万立方米的曹湾新渣场；投资384万元日处理污水能力达400吨的中房镇污水处理站建设基本完成；投资64万元，动建石材加工集中区污水处理池及管网。

农村环境整治　投入295万对中房镇（南洋）石材加工集中区、洋里旧石材厂区进行公园式景观改造，打造完成146县道（中房段）绿色景观带。完善农村环境卫生综合治理长效工作机制，全年投入95万元，推动整治工作日常化、规范化，村容村貌得到改善。加大“两违”治理力度，拆除沿街乱搭盖30处7040平方米。

美丽乡村建设　投入资金320万元推进深坑村“美丽乡村”建设。

“青山白化”治理　开展“三沿五区”视线范围内坟墓重点治理行动，实行包片包村包山头制度，建立不定期巡查制度，完成26座私坟生态治理。

【平安建设】　坚持落实每月15日党政主要领导接访日期活动和信访坐班制度，调查反馈信访件5件，及时回复12345信息24条。开展“打非治违”和道路交通专项整治“三年行动”，开展安全生产大排查工作，责任落实到人。

（黄双林）

引进中樟建材项目

白塔乡

【概况】　白塔乡位于罗源县西南部，区域面积70.86平方公里，辖15个行政村，有4417户15258人。

【经济建设】　全年各项主要经济指标任务均超额完成，实现总产值15.59亿元，同比增长9.91%；工业产值12.76亿元，增长4.97%，其中规模以上工业产值10.64亿元，增长22.26%；农业产值1.74亿元，增长2.99%；全社会固定资产投资1.56亿元，增长53.19%；地方级财政总收入1923.56万元，增长6.93%；农民人均纯收入8699元，增长12.14%。

农业　壮大苗圃为主的农业产业项目，福州市园林局凤坂苗圃基地完成一期40余公顷建设，种植苗木1.32万株。

工业　确定富兴石材厂等3家企业作为转型升级试点单位。加紧引进年产30万吨高性能砂浆掺合料等环保利废项目，对接千亩石材仓储物流基地和交易市场项目。

招商引资　引进3个项目，其中：中樟（福州）新型建材有限公司年产60万立方米预拌商品混凝土项目完成审批并投产。福州市园林局凤坂苗圃基地完成40余公顷建设，入种苗木1.32万株。罗源县光滑农林专业合作社园艺种植项目完成铁皮石斛种植。

重点项目建设　2014年，持续推进重点项目建设。104国道五里至白塔段公路改线工程全面完成2.13公顷土地征用和30座坟墓迁移。104国道拓宽改建工程九溪村民房屋顺利拆迁。海西天然气管网二期工程完成征地10.61公顷。洋中至福州西笠里50万千伏双回电网线路塔基工程基本完成基础建设。推进罗宁高速罗源服务区A区征迁项目。

【基础设施建设】　修建凤坂、长基等12个村的通村和村内水泥路，完成排凤线蟹石桥危桥改造。完成14个村新一轮农村饮水安全工程建设，受益群众达1.6万人。建成赤岭排连湾公园、凤坂鼓流桥公园、钟下禾山门亭公园。

【社会事业发展】　科技与教育　12件专利申请获得授权。开展“生育关怀·闽都助学”和大学贫困新生助学等活动，发放大学贫困新生助学金2.3万元。完善乡文化站、村“文化书屋”建设。辖区内有中学1所，专任教师47人，在校生242人；小学3所，专任教师43人，在校生517人。

卫生和计划生育　完善卫生院（所）和农村卫生公厕建设，落实计划生育措施和优惠政策。

社会保障　“新农保”参保率、“新农合”参合率分别达96.14%和100%。完成3所农村幸福园建设和6户贫困残疾人危房改造，发放民政救济款17.19万元。

【环境保护】　加强“两违”综合治理，拆除违法占地2.11万平方米和违章建筑3.27万平方米。通过国家级生态乡镇验收。推进水流域整治，提高境内花园溪流域水质。完成石材加工企业新一轮规范化建设，5家企业通过县上验收。处置三宝渣场溃坝事故，顺利完成大坝下游村庄受毁设施修复和群众农田理赔，建成新拦渣坝，消除突发事故对生态环境造成的影响。完成造林绿化76.53公顷，超年度计划12个百分点。

【平安建设】　成立乡社会服务管理中

心，基本建成3个村网格化服务管理平台，发挥村规民约作用，社会治理持续加强。坚持乡领导信访坐班制度，按照信访“路线图”依法妥善解决信访问题，深入开展“大排查大调处”活动，化解社会矛盾纠纷。抓好严打整治、禁种铲毒、反邪教、反传销等工作，落实安全生产“党政同责，一岗双责”要求，建设“平安白塔”。

（李力文）

西兰乡

【概况】 西兰乡位于县中部山区，区域面积77.56平方公里，辖17个行政村，其中民族村3个，有4152户13783人，其中少数民族人口1995人。2014年获得福州市“平安先进乡镇”、福州市“第三次全国经济普查工作先进集体”荣誉称号。

【经济建设】 全乡实现工业总产值23.83亿元，比增14.57%，其中规模以上工业产值19.78亿元，比增16.22%；固定资产投资1.98亿元，比增19.9%；农业总产值1.47亿元，比增5%；乡镇企业总产值26.12亿元，比增6.83%；地方级财政收入1730万元，比增5.62%；农民人年均纯收入8100元，比增5%。

农业 完成破石、岭头、上洋等村66.67公顷毛竹林地流转；垦复竹林66.67公顷；完成益源食用菌二期项目建设，扩大种植面积2.67公顷，总投资400万元，新增秀珍菇培植200万袋；促成龙湖山茶叶通过QS认证；在甘厝引进黑提新品种，种植面积约5公顷。启动以破石洋为中心的农业产业园规划，完成项目书编制，逐步引导规模化农业企业向园区集聚。开展许洋翠丽山生态养殖基地建设，完成土地流转，提升养殖规模。开展破石食用菌产业园建设，种植规模6.67公顷，吸收30户形成一个新的合作社，扩种秀珍菇、香菇200万袋。带动蒋山村12户群众发展锦鲤养殖，建成破石秀珍菇标准化生产基地6.67公顷。发展生态农业，开展畲族文化观光园以及农家乐项目建设。

工业 乡内有西兰、后路2个石材加工企业相对集中区，68家石材企业，规模以上石材企业28家，产品有规格板、异型板、薄型板等20多种。2014年，全乡石材产量3500万平方。总投资2000万元的园区污水处理厂投入运行，日处理量可达2.5万吨。投资1000万元开展后路、西兰两大石材集中区环境提升工程建设，投资300万元开展洋坪矿区弃渣点和周边矿山覆土绿化，投资200多万元完成洋下等10个废弃渣场覆土绿化。召开石材企业转型升级专题会5场，通过走访企业、座谈会等形式全面做好调查摸底和宣传动员工作，初步形成西兰乡石材产业转型升级调研报告。培育万达、金磊、宇峰等多家石材加工示范企业，引导企业进行规范化生产。建立花园溪和兰水溪“一河一策”制度，加强巡逻检查和对违规作业企业惩治，加大厂家矿山环保设施运行的监管力度；采取环保设施“回头看”等措施持续监控标准化建设已验收的石材企业，指导企业利用好差别电价政策，申报环保设施建设投入资金补助，有7家企业获得资金补助。

招商引资 引进福建省谋盛建筑材料有限公司开展人造砂项目建设，该项目总投资5000万元，占地3.33公顷，年生产100万立方米建筑用砂，可消耗石材边角料110万立方米，解决因石材边角料产生的环境二次污染问题；引进福建均源新型建材有限公司开展环保砖项目建设，项目投资6000万元，建设用地4.53公顷，主要利用石材加工后的废石渣作为原料生产石粉加气混凝土砌块和环保烧烧结砖，年产量分别达到40万立方米和8000万块，年消耗石材尾矿渣40万吨。

引进福建罗源西兰绿野景观工程园林公司，投资500万元开展规模400公顷的西兰绿野观光园艺项目建设，完成土地流转100公顷，逐步建成集研发、旅游、农产品加工—农耕体验等相关产业为一体的农业综合体项目。引进寿桥金线莲育种培植项目，占地1.53公顷，集育苗、种植为一体。

【基础设施建设】 投资160多万元完成蒋山、上洋、坑门里、王坑、高楼、黄厝里等村或自然村的环村道路建设；投资630多万元完成长7000米、宽6.5米的岭洋公路拓宽工程建设；完善交通运输条件，投资380万元完成枣岭头至蒋山、许洋至陈洋的道路拓宽，完成蒋山至天堂山、洋头厝至岭尾店水泥道路等工程建设，累计总长12千米。实施美化绿化工程，投资120万元完成破石村口景观改造、洋头厝房屋周边及污水管网、墩厝公园、埕洋公园等工程建设。

【社会事业发展】 文化体育 完成乡文化站和17个村农家书屋建设；建成蒋山、院前、墩厝、官洋、洋坪、寿桥、下际、破石、岭头、坑里、甘厝11个村文化活动中心，投资100万元完成破石村文化综合楼建设，提升破石村及上基点9个村庄文化综合服务水平。完成蒋山、西兰、墩厝、洋坪、破石5个村全民体育健身设施建设；建有青少年校外活动灯光篮球场。辖区内有中学1所，专任教师34人，在校生192人；小学1所，专任教师57人，在校生617人。

卫生和计划生育　卫生院1所，床位20张，卫生技术人员9人，村卫生所17所。完成岭头、下际2个村公厕建设；计划生育政策符合率达89.29%，出生性别比105:100，人口出生率13.96‰，自然增长率7.73‰。

社会保障　为改善孤寡老人生活条件，投资80多万元动建破石村慈善安居楼，投入20万元完成洋坪村慈善安居楼建设；拓宽低保覆盖面，增加应保人数，全年向农村低保户、优抚人员等发放低保优抚金12万元；新型农村合作医疗参合率达98%以上，全年报销新型农村合作医疗费160多万元；城乡居民社会养老保险参保率达97%，领取养老保险金人数达1861人。落实救济扶贫资金165万元，有574人享受低保，帮助132户贫困户脱贫。

【环境保护】　完善17个村“家园清洁”垃圾车、垃圾桶等设施配备，配齐保洁员，建立保洁长效管理机制，进一步规范环卫队伍建设。投资193万元建成无害化垃圾中转站，日垃圾处理量10吨。全年环境卫生整治经费支出近200万元，重点对乡域道路及河道沿线、集镇公共场所、村庄内部的环境卫生开展专项整治，定期开展专项检查，以奖促治，巩固效果，解决“脏、乱、差”环境卫生问题，实现农村环境整治工作制度化、规范化、常态化。投资2000多万元实施院前、西兰、后路、石别下和寿桥5个村宜居工程建设，打造X143县道景观带；投资240万元实施洋坪“美丽乡村”建设，发动群众进行“两违”拆除、古民居房屋立面改造、道路硬化、“三边三节点”景观改造，至年底，洋坪村群众自发投资已逾500万元。投资600万元，完成岭洋公路拓宽工程建设，由4.5米拓宽至6.5米，全长7.1公里，改善上基点7个村交通条件；投资864万元开展洋坪段公路沿线弃矿弃渣点覆土绿化及环境绿化提升；投资1800万元，完成西兰石材加工集中区许洋口至太尉宫段、太尉宫至岭尾店段、冠磊石材厂至寿桥中心公园段环境综合整治工程。

【平安建设】　加大综治维稳工作人、财、物的投入，规范乡村两级综治工作软硬件建设，完善办公条件。强化“三道防线”，加大治安巡逻和重点路段监控力度，加强对流动人口和重点人员管理，动建后路、破石两个村网格化管理平台。全年处理群众来信来访、“12345”等信访件27件，在全国“两会”、十八届四中全会等重大节庆期间无越级上访现象，人民群众对社会治安满意率达95%以上，全乡社会治安秩序良好。开展“安全生产月”活动和“两违”综合整治专项行动，加大监管监督执法力度和重点行业专项整治力度，排查安全隐患，全乡安全生产形势稳定。

【破石村文化综合大楼竣工落成】　2014年12月27日，县委、县政府为民办实事项目破石村文化综合大楼竣工落成，总投资93万元，为破石村文化综合活动中心及农业培训基地，极大改善破石村村民文化娱乐生活和辐射带动9个上基点村的农业产业发展具。

（李云星）

飞竹镇

【概况】　飞竹镇位于罗源县西部，区域面积119.56平方公里。辖19个行政村，其中纯畲族村2个，畲汉杂居村4个，有4679户16161人。2014年，飞竹镇被评为国家级生态乡镇。

2014年，组织实施县级重点项目2个，投资总额1660万元；完成2件为民办实事项目。

【经济建设】　完成工业总产值56685万元，增长8.03%；规模以上工业总产值43159万元，增长3.99%；农林牧渔业总产值21500万元，增长14.18%；固定资产投资11472万元，增长33.39%；地方级财政收入585万元，增长14.71%；农民人均纯收入6341元，增长5.01%。

农业　粮播面积保持稳定，全镇完成粮播面积1106.67公顷。发放农资综合直补资金65.22万元、良种补贴19.5万元。新增农业产业化项目3个，发展农民合作社5个，综合运用钢化大棚温室食用菌培育、金线莲反季节种植等现代农业技术。扩大乌龙茶生产规模，新建马洋、外坂2个初加工厂，新添红、绿茶初制加工设备8套，新培育“茶香思”、“玉姚”2个茶品牌。

林业　累计建成丰产毛竹林733.33公顷，修建竹山便道160公里，以建竹山便道带动毛竹村的垦复和抚育，全镇垦复、抚育竹林1800公顷，建设毛竹林丰产示范基地119.2公顷。竹制品加工企业金源竹业每年消化毛竹30万根。

油茶种植　全镇油茶林面积166.67公顷，主要分布在斌溪、大湖、安后等村。新修油茶便道20公里，油茶主林道4公里。飞竹镇油茶生产龙头企业—绿桑晟农林发展有限公司油茶基地位于大湖村，山茶油基地面积达80公顷。

工业　“飞地”企业福建嘉和玻璃纤维材料有限公司年产值达8093万元；石材集中区13家企业总产值4.988亿元。

竹 林

招商引资 引进项目2个，投资规模1660万元。罗源县富农茶叶专业合作社总投资160万建设现代化茶厂，新开发茶园13.33公顷，新建初加工厂房2座共300平方米，新置红、绿茶初制加工设备8套，登记注册“香思叶”品牌茶叶，2014年产茶5000斤。罗源县祥源农民专业合作社总投资1500万元打造食用菌基地（陶洋村养猪户转产转业重点项目），总规模3.33公顷，建设菇棚21座，产房、办公楼4座，配备菌包生产线7条，食用菌保鲜冷库5个，烘干房2座。

【基础设施建设】 完成文溪中桥危桥改建及飞斌线公路斌溪至丰余段等6处安保工程建设，组织开展行政村公路大中修项目。农村饮水安全工程建成，解决19个行政村13847人用水问题。丰余、飞竹、官路下等防洪工程基本建成，提高防汛抗旱能力。集镇二期造福搬迁工程、沿街立面改造配套设施逐步完善。实施园区道路边沟、河道清淤、园区绿化等项目，X143县道飞竹段景观带改造全面完成。

【社会事业发展】 教育 教育事业稳步提高，推进基础教育高水平均衡发展。辖区内有中学1所，专任教师33人，在校生95人；小学1所，专任教师44人，在校生320人。

卫生和计划生育 公共卫生目标管理得到加强，突发公共卫生事件防控能力、医疗卫生水平均有较大提升。全年出生人口368人，人口出生率14.79‰，人口自然增长率8.29‰，出生人口政策符合率89.85%，出生人口性别比为130.05%。

社会保障 镇便民服务中心建成并投入使用，实现窗口部门集约化办公。推进农村合作医疗及城镇居民基本医疗保险工作，全镇14419人参保；新型农村养老保险参保工作续保率达94%。组织农民参加就业培训120多人次，转移富余劳动力550多人。完成造福搬迁群众131户，危房改造80户，涉及人口843人。建成飞竹敬老院，梧桐慈善幸福院动工建设。农村健身设施基本实现全覆盖。守善自然村荣获首批十佳“福州最美文化村”称号。

【环境保护】 开展环境整治，实施道路边沟、管网整修、园区绿化、清障清淤等园区环保项目工程，完成对黄山洋、东山坪等废弃渣场治理，完善在用宏飞渣场整治建设，石材集中区污水处理设施及管网建设完成并投入运行，实现污水达标排放。增加斌溪、上地等8个上基点村居生活垃圾转运服务；完善飞竹镇污水处理站及配套管网建设，处理污水能力达400吨/日，实现集镇生活污水集中规范化处理。飞竹村、官路下村、陶洋村等“美丽乡村”建设成效明显，村容村貌得到改善；创建X143县道西兰—霍口美丽乡村景观带，完成143县道飞竹段围墙景观改造、边沟整治及绿化工程。开展“两违”综合治理，拆除41宗“两违”建筑，拆除建筑面积21120.11平方米，腾出土地面积21120.11平方米，实现“两违”零增长目标。

【平安建设】 7月份恢复飞竹派出所

建制。注重矛盾纠纷排查调处，全年成功调处各类矛盾纠纷6起，调处成功率100%。妥善解决12345信访投诉件13起。未发生重大群众纠纷、越级上访事件和民转刑案件。加强对敏感区域监控管理，成功教育转化部分涉邪人员，妥善处理邪教外来信徒在部分村逗留问题。综治网格化工作顺利推进，提升社会治理能力。加大禁种铲毒工作力度，实现辖区内毒品原植物“零种植、零产量”。严格落实安全生产责任制，层层签订安全生产目标责任书，落实“一岗双责”，年内未发生重特大安全生产事故。

（林文义）

霍口畲族乡

【概况】 霍口畲族乡位于县西部，是福州市仅有的2个民族乡之一，区域面积193.25平方公里。辖24个行政村（其中畲族村8个，老区村19个），125个自然村，有5935户20219人，其中畲族人口4767人，占总人口的23.9%。福州第二大河流岱江穿境而过，流域总长达32公里，是福州“二水源”保护区。年内被评为福州市先进基层团组织。

【经济建设】 全乡完成工农业总产值5.7085亿元，比增19%，其中工业总产值3.0935亿元，农业总产值2.615亿元；地方级财政收入416.46万元，比增9.9%；固定资产投资1.261亿元，比增32.7%；农民人均纯收入7512元，比增25%。

2014年完成凤凰公园和霍口大桥引桥工程建设，凤凰小区安置房动工建设，年内累计完成投资1050万元，累计完成投资比例101%。

畲山水景区

【农业生产】 设施农业 投入1050万元用于岐峰山水生态农业农民专业合作社生产建设，建设2公顷食用菌钢架大棚、改造1.33公顷温控内棚架，新引进2条食用菌菌包自动化生产线，高压灭菌柜1个，生产线4条，建设10个冷库约1500立方米、修建竹山便道30公里、新种油茶林13.33公顷。

农业园区 成立22个农业专业合作社，建设2个食用菌生产基地、4个毛竹生产示范基地、2个油茶生产基地、3个苗木种植基地和1个中草药种植基地；创办3个茶厂和1个笋竹加工厂。

休闲农业 山垅湾农业观光园建有花卉苗木40公顷、油茶种植80公顷、果树3.33公顷、淡水养殖3.33公顷、仙草等中草药余4公顷，蔬菜基地13.33公顷正式投产。大云农场建有鱼塘4公顷，果树4公顷，毛竹林8公顷，茶叶13.33公顷，以及茶叶加工厂房，蔬菜主要集中供应罗源市场。

品牌农业 注册“尖蕊红”、“岐峰山水”等农业品牌。围绕创建省级“岐峰山水”品牌，成立岐峰山水商务宾馆分支机构，“岐峰山水”荣获“福建省名牌农产品”、“福建省十佳优秀合作社”和“国家级示范合作社”等称号，并通过无公害农产品认证。组织“岐峰山水”、“畲丽红”、“绿源”等农产品牌参加海峡两岸民族乡名优特产品展示。

【生态乡村旅游】 “畲山水”旅游景区 “畲山水”旅游景区由福州国广一叶有限公司投资开发建设，第一期投资8000万元，于3月9日正式对外试营业，接待游客量9000多人次。

福湖畲族民俗文化村 投入1000多万元完成沉岩头公路、畲族文化主题公园、葡萄沟、荷花池等项目建设；完成村内道路硬化、礼堂改造、武工队旧址修缮、历史文化名村保护规划等项目改造；完善畲族服饰非遗物质传承保护基地建设，应邀参加“9·8”厦门旅游投资洽谈会展示。进行电力、通信电网和房屋立面、畲族民俗展览馆、标准化公厕等项目改造和建设。福湖畲族民俗文化村初具规模，被评为特色旅游文化村和“三星级”乡村旅游经营单位。

生态农业休闲项目 以“禾青青”、“大云农场”等休闲农场为依托，结合畲山水景区，推出江边垂钓、户外烧烤、畲家乐等休闲项目；开展创建休闲农业示范村，福湖村被评为市级休闲农业示范村，山垄湾村、岐峰村已申报创建县级休闲农业示范村。

【招商引资】　完成畲家湾度假村扩建项目规划设计；完成新型建材装饰材料项目前期筹备工作。

【霍口溪水利枢纽工程】　投资90万元完成山垅湾省级标准农田建设项目，投资1395万元建设小型农田水利工程，投资100万元完成霍口集镇自来水改造工程；投资690万元的国家安全饮用水项目全面竣工并验收，完善24个村农村安全饮水建设。

总投资18亿元的霍口水库工程，完成项目建议书通过国家水利部审查并上报国家发改委，已进行可研、环评、移民方案等委托编制，完成临时上坝公路硬化并验收。

【基础设施建设】　集镇凤凰小区（旧街改造）建设　完成凤凰小区规划、设计、旧房测量和核对，制定房屋征收补偿安置方案，拆除乡政府周边旧屋17户5000多平方米，首座安置房面积3395.515平方米；占地面积1100平方米的凤凰公园竣工。

“宜居环境、美丽乡村”建设　投入200多万元基本建成溪里至岗尾水流域环境整治工程（即溪前—岗尾5个村景观带）。投入1700多万元进行溪前、福湖、霍口、山垄湾、岗尾5个美丽乡村建设，拆除有碍观瞻破旧屋，沿线房屋立面改造工程全面铺开，完成工程量的80%。

水、电、路等基础设施建设　完成南垅、香岭、大王里等行政村的自然村公路6.2公里；投资110万元霍口大桥引桥拓宽改造工程基本完工；投入120万元进行黄鹤桥重建工程；投入75万元完成畲山水景区公路安保工程并验收；完成浙江—福县100万伏超高电压线路和洋中—福州50万伏高压线路霍口境内征地拆迁工作，霍口境内线路施工工程全面完成。

【社会事业发展】　文化教育　成立福州罗源闽风畲族文化传播有限公司，组建畲族歌舞表演队，受邀参加滨海新城、福州市旅游推荐会、福建省公安厅“公安文化下基层”等活动，结合“畲风·海韵”旅游战略，通过畲歌、畲舞、互动游戏等表现形式宣传展示畲族文化。辖区内有中学1所，专任教师26人，在校生147人；小学3所，专任教师79人，在校生473人。

卫生和计划生育　建成佳湖、徐坪、塘下、岐峰等村6座公厕，并改造东元亭、仙洋2个村户厕180户；全面落实人口与计划生育政策，人口自然增长率控制在8.5‰，落实四术308例，孕前优生检测147例，社会抚养费征收100万元，出生340人，男女性别比：101∶100，多孩率2.35%，政策符合率89.1%。

社会保障　巩固新型农村合作医疗覆盖面，新农合参合率100%，城镇居民医保超额完成年度指标，完善医疗费报销服务；抓好新型农村养老保险工作，新参保139人，续保5310人，续保率达97%以上，及时为满60周岁高龄老人发放养老保险金；调整低保对象33户66人，做到动态管理，应保尽保；加大扶贫救灾力度，全乡投入55万元用于台风抢险救灾和灾后重建工作，防汛期间排查抢险公路塌方6处，完成山垄湾河道护坝和灌溉水渠建设以及徐坪下尾桥重建工程；发放救灾救济资金11.7万元，救助352户；完成全乡1400多户贫困户摸底录入工作，并做到“一户一档”。完成全乡2000多户危房摸底调查和录入工作，建立摸底调查对象纸质档案和电子档案，实行一户一档。完成霍口、东宅等村14户70人造福搬迁；完成香岭、王廷洋、岐峰、东元亭等村49户166人危房改造。

精神文明　创建省级农村宣传思想工作示范乡镇并通过省级考评组验收；开展文明创建工作，王廷洋、香岭、石坪洋等11个村被评为“县级文明村”。省级文明乡镇创建工作有序推进并接受省市考评。

【环境保护】　常抓畜禽整治工作，建立动态巡查、举报奖励、转产转业等长效管理机制，有效遏制回潮现象，保障敖江流域“二水源”水质。加强农村环境卫生整治。投入49万元完成岐峰垃圾焚烧炉建设；全乡制定完善环境卫生考核标准，乡分管领导不定期对各村进行卫生检查，下发整改通知单13次。加大“两违”综合整治力度。开展摸底调查，并定期组织开展拆违行动，全乡拆除违建13宗，拆除“两违”面积26206.53平方米，超额完成县下达任务。开展国家级生态乡镇创建工作。完成造林绿化209.6公顷，超额完成县下达任务，完成公路沿线绿化乡镇建设。

【平安建设】　全乡立刑事案件10起，破获4起，受理治安案件23起，查处23起，查处率100%；加强网格化管理建设，加大社会创新管理，推进“依法治乡”进程，完善矛盾纠纷排查调处和应急管理机制，收集排查维稳信息700多条，排查各类民事矛盾纠纷69起，调处69起，成功率100%；开展安全生产大检查和重点整治百日行动，深化“道路交通安全三年综合整治”行动，加强巡查，打击无证驾驶、酒驾、超载等交通违法行为，强化学校周边和市场附近道路交通整顿；开展非法矿山、“两违”建筑、地灾点等巡查30多次；加大禁毒宣传和踏查力度，确保罂粟“零种植”、“零产量”；落实社会维稳和信访工作，开展书记、乡长信访接待日活动，接待来信来访7件，办理7件。

（兰　娟）

（编辑　李晓静）

先进集体

表9 省级（省部级）先进集体名单（已知）

获奖单位	荣誉称号	授予单位
飞竹镇政府	国家级生态乡镇	环保部
中房镇政府	国家级生态乡镇	环保部
县法院党总支	全省先进基层党组织	省委
县检察院	2009－2013年依法治省先进集体	省依法治省领导小组办公室
县检察院	2012－2013年度省级青少年维权岗	省创建青少年维权岗位活动组委会
凤山工商所	全省工商系统规范达标示范所	省工商局
工商局	全省工商系统百名执法业务骨干人才培训优秀个案	省工商局
县统计局	福建省第三次全国经济普查先进集体	省经济普查办公室
县人武部	依法治军从严治军先进单位	省军区
县人武部	国防教育先进单位	省军区
县人武部	征兵工作先进单位	省军区
县民政局	全省民政系统行风建设示范单位	省民政厅
县法院党总支	全省法院系统先进基层党组织	省高院
县海滨法庭	全省法院人民法庭工作先进集体	省高院
县地震办	2013年福建省市县防震减灾工作年度考核优秀单位	省地震局

注：排名不分先后顺序

表10 市级（市直部门）先进集体名单（已知）

获奖单位	荣誉称号	授予单位
中房镇政府	福州市第十四届文明村镇	市委、市政府
县公路分局	2012－2014年度市级文明单位	市委、市政府
团县委	2012－2014年度市级文明单位	市委、市政府
县法院	2009－2012年度社会管理综合治理先进集体	市委、市政府
西兰乡政府	2009－2012年度福州市社会管理综合治理平安先进乡镇	市委、市政府
县财政局	2009－2012年度福州市社会管理综合治理平安先进集体	市委、市政府
县财政局	全市先进基层党组织	市委
起步镇政府	市级文明乡镇	市政府
县人武部	国防动员先进单位	市警备区

续表10

获奖单位	荣誉称号	授予单位
罗源县委办	福州市"五一先锋岗"	市总工会
罗源县纪委	福州市"五一先锋岗"	市总工会
罗源县人民检察院	福州市"五一先锋岗"	市总工会
罗源县人民法院	福州市"五一先锋岗"	市总工会
罗源县工商局	福州市"五一先锋岗"	市总工会
罗源县广电局	福州市"五一先锋岗"	市总工会
罗源县公安局	福州市"五一先锋岗"	市总工会
县地税局服务大厅	福州市"五一先锋岗"	市总工会
县审计局	2013年度全市审计统计工作第二名	市审计局
县质监局	2013年度福州市质量技术监督系统特种设备安全工作先进单位	市质监局
县质监局	2013年度福州市质量技术监督系统质量监督工作先进单位	市质监局
县林业局	森林公安分局起步派出所获集体嘉奖	市森林公安
县农办	福州市农民第五套健身秧歌展示会优胜组织奖	市农民体协
县老龄办	2014年福州市"邮爱．夕阳红"风尚大使评选活动优秀组织奖	市老龄办、市邮政局
县残联	福州市第二届残疾人职业技能竞赛"道德风尚奖"	市残联
县检察院案管中心	福州市"三八"红旗手	市妇联
县文化馆	福州市"三八"红旗集体	市妇联
县劳动就业服务中心	市级巾帼文明岗	市妇联
县社会劳动保险管理中心	市级巾帼文明岗	市妇联
县地税局服大厅	市级巾帼文明岗	市妇联
县委组织部	福州市党建研究会2013年度优秀课题成果三等奖	市党建研究会
凤山镇政府	福州市第三次全国经济普查先进集体	市经济普查办公室
西兰乡政府	福州市第三次全国经济普查先进集体	市经济普查办公室
福建省汽车运输有限公司罗源分公司	福州市"工人先锋号"	福州市总工会
中国农业银行股份有限公司罗源县支行	福州市"工人先锋号"	福州市总工会
中闽（罗源）税务有限公司	福州市"工人先锋号"	福州市总工会
中国移动通信集团福建有限公司罗源分公司	福州市"工人先锋号"	福州市总工会
福建源鑫建材有限公司	福州市"工人先锋号"	福州市总工会
中国建设银行股份有限公司罗源支行	福州市"工人先锋号"	福州市总工会
罗源第一中学	福州市"工人先锋号"	福州市总工会

注：排名不分先后顺序

表11 2011－2013年度罗源县人口和计划生育工作先进单位名单

获奖单位	荣誉称号
凤山镇　西兰乡　松山镇	2011－2013年度罗源县人口和计划生育工作先进乡镇
县公安局　县财政局　县卫生局　县法院　县教育局	2011－2013年度罗源县人口和计划生育工作先进单位
凤山镇城关村　凤山镇凤美社区　松山镇北山村　松山镇乘风村　碧里乡碧里村　鉴江镇陆上村 起步镇沈厝村　洪洋乡石塘村　中房镇上宅村　白塔乡白塔村　西兰乡西兰村　飞竹镇西禄村　霍口乡霍口村	2011－2013年度罗源县人口和计划生育工作先进村（社区）

本表先进单位由县委县政府于2014年3月5日发文表彰

先进个人

表 12

省级以上先进个人名单（已知）

获奖人	荣誉称号	授予单位
罗源县供销合作社联合社 林铭	全国供销合作社系统先进工作者	中华全国供销合作总社、人力资源社会保障部
罗源县司法局 谢庭	2013 年度全国“六五”普法中期先进个人	全国普法办
罗源县人民检察院 蓝奥	第四届福建青年志愿者优秀个人奖	共青团福建省委、福建省青年志愿者协会

表 13

2014 年教育系统先进人物

获奖称号	获奖者	工作单位
全国优秀教师	包元进	罗源松山岐后小学
省优秀教师	于　健	罗源第一中学
	辛锡恒	罗源第二中学
	尤永强	罗源县鉴江中学
	郑协群	罗源县洪洋中心小学
	赵　瑜	罗源县西兰中心小学
市先进教育工作者	王一漪	罗源一中
	郑和伟	罗源二中
	高　峰	民族中学
	陈允宏	职业中学
	罗建彬	滨海学校
	周　容	实验小学
	沈富俤	附属小学
	林　珍	凤山小学
	杨翠云	鉴江小学
	邱凤金	实验幼儿园
	陈　蓁	凤山幼儿园
	陈世春	罗源三中
	阮育金	霍口小学
市农村优秀教师	范晨锋	洪洋中学
	林宋寿	中房中学
	黄仁恩	松山中学
	黄锦锋	鉴江中学
	许永美	霍口中学
	黄翠华	起步小学
	黄惠珍	中房小学
	黄碧珍	松山小学
	黄晓霞	碧里小学
	王　勇	鉴江小学
	雷枝祺	西兰小学
	兰国芳	霍口小学

续表 13

获奖称号	获奖者	工作单位
市教育系统先进工作者	郑文雄	罗源一中
	林丽云	罗源二中
	甘玉棋	罗源三中
	李郁芸	民族中学
	陈炳婴	职业中学
	黄惠香	滨海学校
	叶翠航	洪洋中学
	陈木英	碧里中学
	游小华	牛坑中学
	郑思旺	外洋中学
	黄靖胭	西兰中学
	肖　民	飞竹中学
	陈奇善	实验小学
	张　芳	附属小学
	林　艳	凤山小学
	许文专	松山小学
	张淑华	起步小学
	黄丽英	白塔小学
	黄惠珠	洪洋小学
	林长栋	中房小学
	黄丽梅	霍口小学
	林　钦	霍口小学
	陈　琥	实验幼儿园
	辛丽婷	凤山幼儿园
	陈　云	私立智慧树幼儿园
	陈玉丽	私立三和中学
	郑韶宇	白塔中学
	陈奇旭	飞竹小学

（教育局）

表 14

2011－2013 年度罗源县人口和计划生育先进工作者名单

姓　名	工作单位及职位	姓　名	工作单位及职位
陈　青	凤山镇计生办主任	陈思雨	中房镇中房村党支部书记、计生协会会长
陈丽琴	凤山镇凤美社区党总支书记	陈柳俤	中房镇洋里村委会主任
陈淑萍	凤山镇凤嘉社区党总支书记、计生协会会长	孟雁群	白塔乡党委计生副书记、计生协会会长
倪晓琛	凤山镇城关村计生管理员	张　霖	白塔乡计生办主任
关芳华	凤山镇闽凤社区计生管理员	陈仲翼	白塔乡计生协会秘书长
陈　捷	凤山镇凤嘉社区计生管理员	兰仁钗	白塔乡九溪村计生管理员、计生协会秘书长
谢建斌	松山镇人民政府计生副镇长、计生协会会长	吴华玲	白塔乡应德村计生管理员
李晓岚	松山镇计生办副主任	郑大霖	白塔乡凤坂村计生管理员
黄彝琛	松山镇计生办副主任	吴英泽	西兰乡计生办负责人
郑斌强	松山镇乘风村计生管理员、计生协会秘书长	叶丹凤	西兰乡计生服务所所长
兰家康	松山镇前房村计生管理员、计生协会会长	赵应钟	西兰乡后路村党支部书记、计生协会会长
康高娟	松山镇大获村计生管理员、计生协会秘书长	张贻婷	西兰乡寿桥村计生管理员、计生协会秘书长

续表 14

姓　名	工作单位及职位	姓　名	工作单位及职位
李振权	碧里乡计生办负责人	雷章华	西兰乡西兰村党支部书记
宋瑞泽	碧里乡计生办工作人员	杨书泉	西兰乡潭石村党支部书记、计生协会会长
张　芳	碧里乡计生协会秘书长	黄向锋	飞竹镇计生办主任
李雪琴	碧里乡溪边村计生管理员、计生协会秘书长	雷枝英	飞竹镇计生协会秘书长
郑时霖	碧里乡新澳村计生管理员、计生协会秘书长	吴丽珍	飞竹镇计生办工作人员
林信孝	碧里乡濂澳村计生管理员、计生协会秘书长	许国江	飞竹镇西禄村党支部书记、计生协会会长
路青玲	鉴江镇计生办工作人员	郑可琼	飞竹镇刘洋村党支部书记、计生协会会长
郑丽霞	鉴江镇计生办工作人员	黄通贵	飞竹镇梧桐村计生管理员、计生协会秘书长
黄丽霞	鉴江镇计生办工作人员	张昌宝	霍口乡党委计生副书记、计生协会会长
江梅香	鉴江镇海上村计生管理员	雷雁翎	霍口乡计生办副主任
刘章妹	鉴江镇鉴江村计生管理员	周遵福	霍口乡计生协会秘书长
吴丽平	鉴江镇陆上村计生管理员、计生协会秘书长	兰江水	霍口乡大王里村党支部书记、计生协会会长
钟建裕	起步镇人民政府计生副镇长、计生协会会长	肖国水	霍口乡岐峰村委会主任、
林　夏	起步镇计生办负责人	雷金湖	霍口乡霍口村计生管理员、计生协会秘书长
郑安铿	起步镇计生办工作人员	林悝毅	县纪委办公室主任
陈赛逢	起步镇沈厝村计生管理员、计生协会秘书长	易建忠	县社科联副主席
黄国香	起步镇党林村计生管理员、计生协会秘书长	陈　宝	县委组织部办公室主任
薛雪枝	起步镇西山村计生管理员、计生协会秘书长	林海彬	县民政局婚姻登记员
王李新	洪洋乡计生办主任	郑云锦	县公务员局局长
林文超	洪洋乡计生协会秘书长	陈言财	县广播电视局副局长
郭丽清	洪洋乡计生办工作人员	陈　生	县统计局副局长
陈言康	洪洋乡洪洋村计生管理员、计生协会秘书长	林文胜	县食品药品监督管理局稽查股股长
陈贞祥	洪洋乡车溪村计生管理员	林笃杰	福州福万塑胶制品有限公司人资课课长
李仁康	洪洋乡穴里村计生管理员	陈盛坦	县人口和计划生育局局长
林文辉	中房镇计生办负责人	范东耀	县计划生育协会副会长
黄珠燕	中房镇计生服务所负责人	于海明	县流动人口计划生育管理站副站长
陈柳燕	中房镇计生办工作人员	游　钦	县计划生育服务站副站长（主持工作）
胡自干	中房镇下湖村计生管理员、计生协会秘书长	彭淑惠	县计划生育服务站副站长

本表先进单位由县委县政府于2014年3月5日发文表彰

高级专业技术人员

表 15　　**罗源县高级医师聘任情况一览**

姓　名	工作单位	专业技术职务级别	现受聘岗位	专技岗位
游向前	罗源县医院	卫生高级	主任医师	专技三级
陈　霖	罗源县中医院	卫生高级	主任中医师	专技三级
陈　硕	罗源县医院	卫生高级	主任医师	专技四级
欧登暖	罗源县医院	卫生高级	主任医师	专技四级
李劲松	罗源县医院	卫生高级	主任医师	专技四级
余光清	罗源县中医院	卫生高级	主任医师	专技四级
于　擎	罗源县中医院	卫生高级	主任中医师	专技四级
肖绍明	罗源县疾病预防控制中心	卫生高级	主任技师	专技四级

（公务员局）

表16　　罗源县高级教师聘任情况一览

姓　名	工作单位	岗位名称	学　　科	聘任时间
陈树康	罗源一中	高级教师	数学	2001. 03
肖永伙	罗源一中	高级教师	数学	1996. 01
游毅白	罗源一中	高级教师	物理	1999. 01
林　统	罗源一中	高级教师	物理	1999. 01
柯有提	罗源一中	高级教师	化学	2001. 03
程闽生	罗源一中	高级教师	语文	2003. 07
游　汶	罗源一中	高级教师	数学	2006. 03
肖剑岚	罗源一中	高级教师	英语	2006. 03
叶国琼	罗源一中	高级教师	体育	2003. 07
黄群声	罗源一中	高级教师	英语	2003. 07
于　健	罗源一中	高级教师	物理	2006. 09
张天华	罗源一中	高级教师	化学	2003. 07
林锦清	罗源一中	高级教师	化学	2007. 01
张兆建	罗源一中	高级教师	政治	2006. 09
林　峰	罗源一中	高级教师	英语	2008. 05
陈　鸿	罗源一中	高级教师	地理	2008. 05
薛　锋	罗源一中	高级教师	化学	2008. 06
张　幼	罗源一中	高级教师	数学	2008. 05
黄文琴	罗源一中	高级教师	政治	2008. 05
谢椒芳	罗源一中	高级教师	语文	2010. 03
郑天明	罗源一中	高级教师	数学	2008. 05
张祯珞	罗源一中	高级教师	数学	2013. 11
林春拥	罗源一中	高级教师	英语	2013. 11
周天彬	福州民族中学	高级教师	英语	1995. 01
黄龙滨	福州民族中学	高级教师	化学	2002. 11
王　飞	福州民族中学	高级教师	生物	2003. 08
李荣华	福州民族中学	高级教师	物理	2002. 11
黄兆英	福州民族中学	高级教师	数学	2001. 03
林　华	福州民族中学	高级教师	数学	2001. 03
邱幸云	福州民族中学	高级教师	数学	2002. 04
孟灿金	福州民族中学	高级教师	历史	2006. 04
雷月香	福州民族中学	高级教师	物理	2006. 04
林　艳	福州民族中学	高级教师	语文	2006. 04
雷元炳	福州民族中学	高级教师	数学	2006. 04
辛钟义	福州民族中学	高级教师	化学	2006. 04
李　飞	福州民族中学	高级教师	生物	2006. 04
范尚泊	福州民族中学	高级教师	政治	2006. 04
游　希	福州民族中学	高级教师	政治	2006. 04
陈奇道	福州民族中学	高级教师	政治	2006. 04
许其平	福州民族中学	高级教师	数学	2008. 04
郑　新	福州民族中学	高级教师	地理	2008. 04
陈善桂	福州民族中学	高级教师	化学	2007. 12
姜建英	福州民族中学	高级教师	体育	2010. 11

续表16

姓　名	工作单位	岗位名称	学　科	聘任时间
邓信泉	福州民族中学	高级教师	化学	2008.04
谢清镜	福州民族中学	高级教师	语文	2010.11
游鸣丹	福州民族中学	高级教师	语文	2012.02
尤　丹	福州民族中学	高级教师	政治	2013.11
唐引钦	福州民族中学	高级教师	信息	2013.11
林钦寿	福州民族中学	高级教师	生物	2013.11
刘瑞青	福州民族中学	高级教师	英语	2013.11
黄志进	罗源二中	高级教师	政治	2000.01
黄忠祥	罗源二中	高级教师	化学	2003.04
阮贤明	罗源二中	高级教师	语文	2006.04
郑强国	罗源二中	高级教师	数学	2006.05
汪丰成	罗源二中	高级教师	生物	2006.05
叶顺灿	罗源二中	高级教师	语文	2006.05
张惠光	罗源二中	高级教师	体育	2006.05
张丽珍	罗源二中	高级教师	语文	2008.05
陈文杰	罗源二中	高级教师	数学	2013.11
黄爱端	罗源二中	高级教师	数学	2013.11
林书宝	罗源三中	高级教师	数学	2001.03
陈　武	罗源三中	高级教师	物理	2001.03
陈名中	罗源三中	高级教师	物理	2004.07
何启芳	罗源三中	高级教师	地理	2006.08
游晨波	罗源三中	高级教师	数学	2006.07
薛小玲	罗源三中	高级教师	数学	2006.08
毛榕生	罗源三中	高级教师	物理	2006.08
郑可珠	罗源三中	高级教师	数学	2010.03
游张帆	罗源三中	高级教师	英语	2010.03
黄立新	罗源三中	高级教师	地理	2004.01
李　铭	罗源三中	高级教师	地理	2010.03
尤庆俭	罗源三中	高级教师	数学	2010.03
江华燕	罗源三中	高级教师	历史	2011.04
高　琛	罗源三中	高级教师	语文	2013.11
游晓琴	罗源三中	高级教师	英语	2013.11
陈世春	罗源三中	高级教师	物理	2013.11
黄建忠	罗源三中	高级教师	物理	2001.03
吴智文	罗源县高级职业中学	电气工程科	物理	2006.11
陈　琳	罗源县高级职业中学	机械化工科	化学	2004.07
陈允宏	罗源县高级职业中学	德育科	德育	2001.07
陈　瑶	罗源县高级职业中学	语文科	语文	2010.01
林丹萍	罗源县高级职业中学	电子工程科	计算机	2010.03
沈庆焉	罗源县高级职业中学	机械化工科	化学	2013.01
谢　易	罗源县高级职业中学	德育科	政治	2013.01
张红真	罗源县高级职业中学	数学科	数学	2013.01
姚文平	罗源县高级职业中学	电气工程科	电子电工	2013.01

续表 16

姓　名	工作单位	岗位名称	学　科	聘任时间
官小芳	罗源县高级职业中学	综合科	体育	2013. 01
郑招琴	罗源县高级职业中学	综合科	体育	2013. 01
林住锦	滨海学校初中部	高级教师	语文	2006. 07
叶建斌	罗源县人民政府教育督导室	高级教师	生物	2002. 05
邱志强	罗源县人民政府教育督导室	高级教师	数学	2001. 01
林剑晃	罗源县人民政府教育督导室	高级教师	电化	2006. 07
甘忠瑞	罗源县人民政府教育督导室	高级教师	化学	2010. 11
陈宝铝	罗源县教师进修学校	高级教师	语文	1997. 05
沈庆灿	罗源县教师进修学校	高级教师	数学	2001. 07
林　彬	罗源县教师进修学校	高级教师	数学	2003. 04
阮华治	罗源县教师进修学校	高级教师	物理	2000. 12
杨兆星	罗源县教师进修学校	高级教师	心理学	2006. 05
江　英	罗源县教师进修学校	高级教师	英语	2008. 05
戴惠珍	罗源县教师进修学校	高级教师	语文	2007. 06
林灼银	罗源县教师进修学校	高级教师	语文	2014. 01
游　健	罗源县洪洋中学	高级教师	物理	2010. 03
林家杨	罗源县中房中学	高级教师	物理	2006. 07
陈爱钦	罗源县中房中学	高级教师	地理	2007. 06
黄乃恭	罗源县白塔中学	高级教师	语文	2010. 03
吴丽钦	罗源县白塔中学	高级教师	语文	2010. 03
陈　实	罗源县白塔中学	高级教师	数学	2011. 01
黄水木	罗源县西兰中学	高级教师	物理	2003. 07
徐存坤	罗源县西兰中学	高级教师	语文	2001. 06
林玉平	罗源县西兰中学	高级教师	地理	2011. 04
周清爱	罗源县西兰中学	高级教师	语文	2013. 11
林卫民	罗源县飞竹中学	高级教师	政治	2008. 06
阮华龙	罗源县飞竹中学	高级教师	历史	2008. 06
林言先	罗源县霍口中学	高级教师	物理	2010. 03
陈彦游	罗源县霍口中学	高级教师	语文	2013. 11
尤庆庄	罗源县松山中学	高级教师	地理	2001. 07
黄德汀	罗源县松山中学	高级教师	物理	2003. 07
陈　强	罗源县松山中学	高级教师	语文	2010. 07
许则标	罗源县外洋中学	高级教师	生物	2003. 04
尤永飞	罗源县外洋中学	高级教师	数学	2013. 11
陈家银	罗源县碧里小学	高级教师	思品	2009. 03
郑树雄	罗源县碧里中学	高级教师	物理	2005. 01
卓良强	罗源县碧里中学	高级教师	数学	2006. 02
尤典诚	罗源县牛坑中学	高级教师	化学	2004. 07
尤永强	罗源县鉴江中学	高级教师	政治	2011. 05
申发荣	罗源县实验小学	高级教师	数学	2012. 02
尤　强	罗源县实验小学	高级教师	数学	2013. 11
范秀臻	罗源县实验小学	高级教师	语文	2013. 11
郑秀铭	罗源县实验小学	高级教师	数学	2013. 11

续表16

姓　名	工 作 单 位	岗位名称	学　　科	聘 任 时 间
肖应强	罗源县凤山小学	高级教师	语文	2008.04
陈增兴	罗源县凤山小学	高级教师	数学	2010.11
周玉跃	罗源县凤山小学	高级教师	语文	2012.03
周应康	罗源县教师进修附属小学	高级教师	思品	2004.09
郑　勤	罗源县教师进修附属小学	高级教师	语文	2010.06
林　基	罗源县教师进修附属小学	高级教师	语文	2008.01
沈庆典	罗源县教师进修附属小学	高级教师	数学	2013.11
余向阳	罗源县第二附属小学	中级教师	语文	2013.11
邓招浩	罗源县起步小学	高级教师	语文	2003.07
何启灿	罗源县起步小学	高级教师	数学	2013.11
黄智细	罗源县洪洋小学	高级教师	数学	2014.06
叶章盛	罗源县飞竹小学	高级教师	数学	2012.02
周应福	罗源县霍口小学	高级教师	语文	2009.04
沈协忠	罗源县松山小学	高级教师	数学	2003.07
李艳卿	罗源县第二实验幼儿园	高级教师	幼教	2009.02

（教育局）

（编辑　李晓静）

表 17

地区生产总值

单位：万元

指标名称	按现行价格计算		按可比价格计算		2014 年比 2013 年增长
	2014 年	2013 年	2014 年	2013 年	
地区生产总值	1726667	1625135	1589592	1505842	5.6
农林牧渔业	319166	282838	230035	219290	4.9
#农、林、牧、渔服务业	13149	12275	11662	11107	5.0
工业	1079106	1051742	1053255	1011578	4.1
#开采辅助活动	0	0	0	0	
#金属制品、机械和设备修理业	2409	2348	2837	2725	4.1
建筑业	63840	57018	57011	51122	11.5
交通运输、仓储和邮政业	46645	42166	49528	45329	9.3
批发和零售业	53129	49929	54939	51985	5.7
批发业	8941	8113	8097	7391	9.5
零售业	44188	41816	46843	44594	5.0
住宿和餐饮业	16057	14020	14234	12828	11.0
住宿业	3357	2279	3142	2195	43.2
餐饮业	12700	11741	11092	10633	4.3
金融业	33367	25747	27246	21301	27.9
房地产业	19781	20928	14052	15491	-9.3
房地产业（K 门类）	3689	5663	3361	5309	-36.7
自有房地产经营活动	16092	15265	10691	10182	5.0
其他服务业	95577	80747	89291	76918	
营利性服务业	45997	34798	44501	34446	29.2
信息传输	25992	21473	28185	23285	21.0
其他	20005	13325	16315	11161	46.2
非营利性服务业	49580	45949	44791	42472	5.5
公共	26965	25375	25464	24497	3.9
其他	22615	20574	19327	17975	7.5
第一产业	306017	270563	218373	208183	4.9
第二产业	1140537	1106412	1107429	1059975	4.5
第三产业	280114	248160	263790	237684	11.0

表 18

主要经济指标完成情况

单位：万元

指标名称	2014 年	累计增长 %
全社固定资产投资	1580585	12.0
#固定资产投资	1541751	15.2
工业固投	368385	36.2
社会消费品零售总额	389950	15.6
进出口总额（万美元）	25330	31.3
#出口总额（万美元）	4639	31.5
实际利用外资（万美元）	3129	0.1
财政总收入（不含基金）	192321	11.7
公共财政预算收入	135766	10.7
财政总支出	334554	16.0
公共财政预算支出	189158	1.9
金融机构存款余额	848682	10.8
#个人存款余额	430269	13.4
金融机构贷款余额	1188777	51.7
城镇居民可支配收入（元）	24408	9.7
农民人均现金收入（元）	11068	10.6
居民消费价格总指数（%）	102.2	
全社会用电量（万度）	342897	-8.2
#工业用电量（万度）	300809	-9.9

表 19

乡镇企业总产值

单位：万元

项　目	全县	凤山	白塔	松山	起步	洪洋	中房	飞竹	西兰	霍口	碧里	鉴江
乡镇企业总产值	1295908	215958	139052	107105	208358	96389	64274	67995	252478	46760	50285	47254
一、按登记注册类型分组												
（一）内资企业小计	1289735	215958	139052	107105	208358		64274	67995	247175	45890	50285	47254
1. 集体企业	167939		111250	1728			20775	1986		18890	2307	11023
2. 私营企业	507479	215958	27802	42321	208358	9863	43499	25611	247175	27000	47977	36231
（二）港、澳、台商投资企业	6173								5303	870		
（三）外商商投资企业												
二、按国民经济行业分												
1. 农业	107414		2721	26510	45185	368	14590	7126	2841	4259	3814	
2. 工业	935939	152779	98317	59766	124056	94755	46751	56685	216322	31413	21380	33715
3. 建筑业	77218	31317		7962	31402		101		531	2738		3167
其中：资质等级企业	16500	16500										
4. 交通运输仓储业	64236	6578	19234	5223	4350		355	1230	15062	1182	9855	1167
5. 批发零售业	61536	12830	17859	3592	2860	1026	2378	1976	11412	2413		5190
6. 住宿及餐饮业	26022	9121	921	4052	505	240	99	376	2222	1904	5797	785
其中：餐饮业	14611	6580	921	4052	505	240	99	376		1614		563
7. 居民服务业、其他服务业和娱乐业	20679	3260							4088	1690	8411	3230
8. 其他	2864	73						602		1161	1028	

表20

乡镇企业单位数、人数

单位：个、人

项　目	合计	凤山	白塔	松山	起步	洪洋	中房	飞竹	西兰	霍口	碧里	鉴江
乡镇企业单位数	4196	945	62	317	133	62	377	118	820	540	596	226
人数	48598	10983	4521	2713	5533	2638	4114	1250	7169	1900	3629	4148
一、按登记注册类型分组												
（一）内资企业小计	4186	945	62	317	133		377	118	819	531	596	226
人数	48401	10983	4521	2713	5533		4114	1250	7052	1820	3629	4148
1. 集体企业	175		54	15			42	7		31	5	21
人数	7262		3586	240			1725	121		110	75	1405
2. 私营企业	2881	945	8	302	133	18	335	103	819	500	590	205
人数	21769	10983	935	2446	5533	278	2389	662	7052	1710	3113	2743
（二）、港、澳、台商投资企业	10									9		
人数	197									80		
（三）、外商商投资企业												
人数												
二、按国民经济行业分												
1. 农业企业	260		2	29	29	1	24	14	9	147	5	
人数	2212		49	491	1150	13	132	82	75	145	75	
2. 工业	1731	570	51	91	59	56	264	38	203	105	162	132
人数	35240	6523	4384	889	3086	2595	3695	1010	6119	825	2369	3745
3. 建筑业	128	76		28	2		1		2	16		3
人数	2150	995		57	885		14		7	115		77
其中：资质等级企业	10	10										
人数	400	400										
4. 交通运输仓储业	916	86	5	27	10		22	17	353	68	317	11
人数	2436	202	57	381	160		34	34	406	193	937	32
5. 批发零售业	630	56	2	138	21	4	56	36	180	105		32
人数	2982	809	10	887	197	18	196	60	376	269		160
6. 住宿及餐饮业	234	84	2	4	12	1	10	6	25	25	40	25
人数	2258	1634	21	8	55	12	43	18	77	145	151	94
其中：餐饮业	79	21	2	4	12	1	10	6		17		17
人数	1573	1303	21	8	55	12	43	18		115		53
7. 居民服务、其他服务和娱乐业	247	61							48	49	66	23
人数	1189	783							109	180	77	40
8. 其他	50	12						7		25	6	
人数	131	37						46		28	20	

表21　　**乡镇农林牧渔业总产值**　　单位：万元

项　目	其中 农　业	林　业	牧　业	渔　业	农林牧渔服务业	农林牧渔业总产值
罗源县	132914.82	4276.68	33440.82	355561.62	21500.00	547693.94
凤山镇	2472.22	51.80	2035.66	1259.56	50.52	5869.77
白塔乡	8902.43	460.06	2422.66	3474.64	2646.33	17906.12
松山镇	4540.13	165.61	2686.63	175090.32	2047.74	184530.43
起步镇	36564.50	821.82	6888.73	3231.81	80.62	47587.48
洪洋乡	11741.64	74.92	1494.31	1015.54	2104.72	16431.13
中房镇	22459.46	1494.59	1543.53	7432.55	1915.91	34846.03
飞竹镇	12729.64	388.98	1563.72	3881.32	2266.35	20830.01
西兰乡	8068.17	186.96	5709.83	3158.20	2130.94	19254.10
霍口乡	12822.23	365.78	3306.40	6476.22	3994.09	26964.72
碧里乡	4630.78	116.41	4648.47	120161.26	2024.39	131581.30
鉴江镇	7983.63	139.66	1140.87	30380.20	2238.39	41882.75

表22　　**主要年份工业总产值**　　单位：万元

年　份	全部工业总产值 总产值（万元）	全部工业总产值 比上年增长%	1. 乡及乡以上工业 总产值（万元）	1. 乡及乡以上工业 比上年增长%	2. 村及村以下工业 总产值（万元）	2. 村及村以下工业 比上年增长%
1978	1367	15.0	1330	11.9	37	
1979	1566	12.5	1526	12.6	30	7.0
1980	1850	2.9	1809	8.2	41	-4.9
1981	1827		1777		50	
1982	1909		1853		56	
1983	2120		2026		94	
1984	3293		2775		518	
1985	4520	64.7	3797	65.6	723	60.1
1986	6068	26.3	4983	29.6	1085	7.9
1987	8088	27.3	6454	23.8	1634	50.4
1988	12198	35.6	9668	32.1	2530	54.8
1989	15078	14.5	11936	13.1	2571	20.7
1990	17192	9.9	13920	5.7	3272	28.4
1991	21580	20.7	16848	17.5	4732	32.0
1992	36420	58.9	27508	55.0	8912	71.5
1993	70180	87.1	47808	64.1	22372	63.7
1994	119528	78.1	71996	60.0	47532	17.7
1995	171796	49.0	87444	26.6	84352	83.5
1996	228728	28.7	106010	15.1	122718	44.4
1997	294214	28.2	120677	10.7	173537	44.0
1998	338922	15.4	80815		258107	
1999	375097	11.8	76420	-7.2	298677	27.0
2000	422391	13.4	84618	16.1	337773	6.9

续表 22

年 份	全部工业总产值		1. 乡及乡以上工业		2. 村及村以下工业	
	总产值（万元）	比上年增长%	总产值（万元）	比上年增长%	总产值（万元）	比上年增长%
2001	432337	5.7	83838	2.8	348499	14.7
2002	459682	0.6	101798	45.8	357884	10.2
2003	468907	8.8	128277	28.0	340630	5.5
2004	536430	9.0	215092	52.1	321338	5.0
2005	611463	13.8	272033	27.9	339430	4.6
2006	770909	34.8	463069	66.1	307840	5.5
2007	949161	24.5	627051	33.0	322110	10.8
2008	1202687	20.0	902517	25.3	300170	8.3
2009	1647517	31.3	1432007	37.5	215510	4.3
2010	2464209	42.7	2254279	47.0	209930	10.4
2011	3485341	27.1	3275321	28.4	210020	11.8
2012	3705793	12.2	3440602	12.5	265191	7.3
2013	4058398	12.9	3781798	13.1	276600	10.1
2014	3995249	4.2	3706704	3.7	288540	11.1

注：1. 1998 年以前工业总产值中，“规模以上、规模以下”统计口径为“乡及乡以上、村及村以下”统计口径。
2. 1993 年以后全部工业总产值及增长率数据与第一次全国经济普查数据衔接。
3. 2014 年工业产值及增长率为当年快报数据。

表 23

“规模以上”工业总产值

单位：个、万元

项 目	2013 年		2014 年	
	企业单位数（个）	工业总产值（当年价）	企业单位数（个）	工业总产值（当年价）
总 计	106	3781798	110	3706704
# 国有控股企业	4	1185602	5	1496355
# 农村工业	71	427398	3	18924
一、按轻重工业分：				
轻工业	19	145798	19	127520
重工业	87	3636000	91	3579184
二、按登记注册类型分组：				
内资企业	93	2948082	98	2934604
国有企业				
集体企业	2	13324	2	13772
有限责任公司	36	2402701	39	2347385
国有独资公司				
其他有限责任公司	36	2402701	39	2347385
私营企业	54	532058	55	573447
私营独资企业	1	7878	1	7946
私营合作企业				
私营有限责任公司	53	524180	54	565501
港、澳、台商投资企业	8	205652	7	199917

续表 23

项　　目	2013 年		2014 年	
	企业单位数（个）	工业总产值（当年价）	企业单位数（个）	工业总产值（当年价）
合资经营企业（港或澳、台资）	5	148367	4	175216
港澳台商独资经营企业	3	57285	3	24702
外商投资企业	5	628064	5	572183
中外合资经营企业	3	617171	3	558354
外资企业	2	10892	2	13829
三、按经济组织类型分组				
独资企业	8	89379	8	60249
国有企业				
集体企业	2	13324	2	13772
私营独资企业	1	7878	1	7946
港澳台商独资经营企业	3	57285	3	24702
外资企业	2	10892	2	13829
合作、合伙企业				
私营合伙企业				
有限责任公司	98	3692419	102	3646456
国有独资公司				
私营有限责任公司	53	524180	56	565501
合资经营企业（港或澳、台资）	5	148367	4	175216
中外合资经营企业	3	617171	3	558354
其他有限责任公司	36	2402701	39	2347385
四、按企业规模分				
大型企业	3	1912145	3	1807506
中型企业	5	834427	5	859418
小型企业	98	1035226	102	1039780
五、按工业行业中类分组：				
非金属矿采选业				
农副食品加工业	11	69080	12	60105
烟草制品业	1	27266	1	32990
木材加工及木、竹、藤、棕、草制品业				
家具制造业	1	5770	1	8033
造纸及纸制品业	3	29783	3	11408
文教体育用品制造业	2	3278	1	5804
石油加工、炼焦及核燃料加工业	1	138488	1	158558
化学原料及化学制品制造业	2	22223	2	23901
化学纤维制造业	1	5640	1	3108
橡胶和塑料制品业	5	182058	4	169278
非金属矿物制品业	62	441090	66	492942
黑色金属冶炼及压延加工业	6	2588622	6	2464181
有色金属冶炼及压延加工业	1	5721	1	0
金属制品业	2	11962	2	13392
专用设备制造业	2	15054	2	14128
汽车制造业	1	8895	2	18123

续表 23

项目	2013 年		2014 年	
	企业单位数（个）	工业总产值（当年价）	企业单位数（个）	工业总产值（当年价）
废弃资源综合利用业	2	10961	2	12168
金属制品、机械和设备修理业	1	11139	1	27536
电力、热力生产和供应业	1	199787	1	184978
水的生产和供应业	1	4982	1	6072
六、按乡镇分组：				
凤山镇	11	64563	10	56691
松山镇	1	9240	1	1580
碧里乡				
鉴江镇	2	10069	3	14802
起步镇	5	24105	4	25959
洪洋乡	11	68928	13	79448
中房镇	1	7003	1	7223
白塔乡	16	96206	17	106370
西兰乡	28	170232	28	197735
飞竹镇	7	41615	7	43191
霍口乡				
罗源湾开发区管委会	19	3028012	21	2922128
罗源湾开发区北岸管委会	1	11139	1	27536
供电、中闽，金闽烟叶等	3	232034	3	224040
罗源县雄丰纸业有限公司	1	18651	1	0

表 24

“规模以上”工业企业主要经济指标

单位：万元

项目	企业单位数（个）	亏损企业	工业总产值（当年价格）	工业销售产值（当年价格）	出口交货值	主营业务收入
总　计	110	7	3706704	3454756.3	41736	3072890.8
#国有控股企业	5	2	1496355.3	1454180.6	74.7	1418016.3
#农村工业	3	0	18924.4	18924.4	0	18924.4
一、按重工业分组						
轻工业	20	0	127519.7	123489.6	23340.8	125574.5
重工业	100	7	3579184.3	3331266.7	18395.2	2947316.3
二、按登记注册类型分组						
内资企业	96	5	2934603.7	2789950.7	22107.3	2529310.4
集体企业	2	0	13771.7	13578.4	0	13578.4
有限责任公司	39	4	2347384.6	2219304.7	12978.2	2014733.3
其他有限责任公司	39	4	2347384.6	2219304.7	12978.2	2014733.3
私营企业	55	1	573447.4	557067.6	9129.1	500998.7
私营独资企业	1	0	7946.1	7946.1	0	7946.1
私营有限责任公司	54	1	565501.3	549121.5	9129.1	493052.6
港、澳、台商投资企业	7	1	199917.3	184723.8	5804.4	196899.9

续表24

项　　目	企业单位数（个）	亏损企业	工业总产值（当年价格）	工业销售产值（当年价格）	出口交货值	主营业务收入
合资经营企业（港或澳、台资）	4	1	175215.5	159657.5	0	131102.4
港澳台商独资经营企业	3	0	24701.8	25066.3	5804.4	65797.5
外商投资企业	5	1	572183	480081.8	13824.3	346680.5
中外合资经营企业	3	1	558354.1	466252.9	0	332851.6
外资企业	2	0	13828.9	13828.9	13824.3	13828.9
三、按经济组织类型分组						
独资企业	8	0	60248.5	60419.7	19628.7	101150.9
集体企业	2	0	13771.7	13578.4	0	13578.4
私营独资企业	1	0	7946.1	7946.1	0	7946.1
港澳台商独资经营企业	3	0	24701.8	25066.3	5804.4	65797.5
外资企业	2	0	13828.9	13828.9	13824.3	13828.9
有限责任公司	100	7	3646455.5	3394336.6	22107.3	2971739.9
私营有限责任公司	54	1	565501.3	549121.5	9129.1	493052.6
合资经营企业（港或澳、台资）	4	1	175215.5	159657.5	0	131102.4
中外合资经营企业	3	1	558354.1	466252.9	0	332851.6
其他有限责任公司	39	4	2347384.6	2219304.7	12978.2	2014733.3
四、按企业规模分组						
大型企业	3	3	1807506.4	1675417	74.7	1504053.5
中型企业	5	2	859417.7	762330.7	5804.4	532870.2
小型企业	102	2	1039779.9	1017008.6	35856.9	1035967.1
五、按工业行业中类分组：						
农副食品加工业	12	0	60104.5	57067.2	9508	58957.5
烟草制品业	1	0	32989.6	33107.6	0	33107.6
家具制造业	1	0	8033	8033	8028.4	8033
造纸和纸制品业	3	0	11408.3	10657.1	0	11022.7
文教、工美、体育等制造业	1	0	5804.4	5804.4	5804.4	5803.5
石油加工、炼焦和核燃料加工业	1	0	158557.6	154105.2	0	100210.1
化学原料和化学制品制造业	2	0	23900.8	24327.9	0	27806.3
化学纤维制造业	1	0	3108	2823.7	0	2701.2
橡胶和塑料制品业	4	0	169277.6	170465.6	0	182764.4
非金属矿物制品业	67	1	493031.5	476152.5	15334.4	473793.9
黑色金属冶炼和压延加工业	5	4	2464180.9	2257296.1	74.7	1910368.1
有色金属冶炼和压延加工业	1	0	0	0	0	0
金属制品业	2	0	13301.8	8850.6	2986.1	10505
专用设备制造业	2	0	14128	14011	0	14011
汽车制造业	2	1	18123.4	19064.5	0	19018.7
废弃资源综合利用业	2	0	12168.3	8578.4	0	10423.9
金属制品、机械和设备修理业	1	1	27536.3	12178.8	0	12178.8
电力、热力生产和供应业	1	0	184978.1	186236.1	0	186236.1
水的生产和供应业	1	0	6071.9	5996.6	0	5949
六、按乡分组						
凤山镇	10	0	56516.3	55933	9508	56214.3

续表24

项目	企业单位数（个）		工业总产值（当年价格）	工业销售产值（当年价格）		主营业务收入
		亏损企业			出口交货值	
松山镇	1	0	1580	0	0	1350
碧里乡						
鉴江镇	3	0	14802.2	13839.2	0	14098.2
起步镇	4	0	25869.4	20424.7	5284.1	22726
洪洋乡	13	0	79447.7	79447.7	0	79447.7
中房镇	1	0	7223	7223	0	7223
白塔乡	17	0	106370	106648.7	0	106498.2
西兰乡	28	0	195062.6	178387.2	12733	180041.1
飞竹乡	7	0	43191.2	39644.8	6.1	39442
霍口乡						
罗源湾开发区管委会	20	6	2922128.2	2712573.3	13907.5	2325544.5
罗源湾开发区北岸管委会	1	1	27536.3	12178.8	0	12178.8
供电、中闽、金闽烟叶等	3	0	224039.6	225340.3	0	225292.7

表25

运输线路长度

项目	单位	2005年	2008年	2009年	2010年	2011年	2012年	2013年	2014年
公路通车里程合计	公里	408.2	725.50	725.50	728.5	728.5	728.5	769.2	642.2
1. 公路通车里程中									
国道	公里	46.6	51.9	51.9	51.9	51.9	51.9	51.9	51.9
省道	公里	41.1	16.6	16.6	19.6	19.6	19.6	19.6	19.6
县级公路	公里	149.4	161.7	163.3	169.3	169.3	169.3	169.3	159.3
乡级公路	公里	171.1	202.4	196.8	370.7	370.7	370.7	411.4	411.4
2. 公路通车里程中									
等级路里程合计	公里	408.2	715.9	725.5	728.5	728.5	728.5	769.2	716.4
高速公路	公里	19.7	19.7	19.7	19.7	19.7	19.7	19.7	19.7
一级	公里								
二级	公里	25.1	39.5	43.8	46.8	46.8	46.8	46.8	46.8
三级	公里	46.4	79.6	79.6	79.6	79.6	79.6	79.6	79.6
四级	公里	317.1	577.1	582.4	582.4	582.4	582.4	623.1	570.28

表26

民用汽车拥有量

项目	单位	2005年	2008年	2009年	2010年	2011年	2012年	2013年	2014年
合计	辆	576	428	425	438	507	520	500	479
1. 载客汽车	辆	276	285	292	294	220	225	226	204
#大型	辆	13	48	52	51	70	69	75	68
中型	辆	128	92	100	121	94	100	131	98
#轿车	辆	60	60	60	60	56			30
2. 载货汽车	辆	302	125	133	144	214	231	208	208
#重型	辆	9	11	64	73	196	231	129	59
中型	辆	20	8	11	12	0		1	1
小型	辆					1			
3. 挂车	辆		18	30	47	73	64	66	67

表 27

社会消费品零售总额

单位：万元

项　　目	单　位	2014 年	2013 年	增幅（%）
社会消费品零售总额	万元	389950	337306	15.6
一、销售单位所在地分组				
1. 城镇	万元	253467	229368	10.5
2. 乡村	万元	136482	107938	26.4
二、按限额以上行业分组				
限额以上批发企业	万元	1111	1196	-7.1
限额以上零售企业	万元	61359	52609	16.6
限额以上住宿企业	万元	6833	2416	182.8
限额以上餐饮企业	万元	5944	5353	11.0

表 28

人口及其变动情况统计

单位：人

项　目	年末总户数（户）	年末总人口									
		合计			性别		年龄				
			非农业人口	未落常住户口人员	男	女	18 岁以下	18－35 岁	35－60 岁	60 岁以上
总　计	77922	264612	68793	29	138214	126398	44735	74160	105301	40407
白塔乡	4417	15258	0	0	8054	7204	2433	4142	6089	2594
松山镇	10125	38367	3759	2	19841	18526	6547	12153	14147	5520
起步镇	8391	28520	3180	10	14915	13605	3886	8410	11364	4860
洪洋乡	4087	13616	0	0	7316	6300	2130	3524	5621	2341
霍口畲族乡	5935	20219	0	0	10615	9604	3553	5907	8045	2714
飞竹镇	4679	16161	780	0	8808	7353	2531	4286	6800	2535
西兰乡	4152	13783	0	0	7362	6421	2203	3722	5724	2134
碧里乡	7294	25460	0	5	12773	12687	4727	8111	9133	3489
鉴江镇	3889	13490	5748	0	7036	6454	1953	3776	5344	2417
凤山镇	17576	55039	52428	12	27972	27067	10434	13489	23311	7805

续表 28

项　目	本年度人口变动									
	迁出			死亡			迁入			
	合　计	男	女	合计	男	女	省内迁入	省外迁入	迁往省内	迁往省外
总　计	5219	2667	2552	1530	859	671	1956	416	2301	576
白塔乡	293	148	145	114	59	55	67	14	170	49
松山镇	780	405	375	192	122	70	188	64	251	48
起步镇	530	265	265	292	139	153	135	44	298	53
洪洋乡	275	134	141	85	53	32	69	18	153	51
霍口畲族乡	402	197	205	90	53	37	86	33	127	30
飞竹镇	368	197	171	111	58	53	62	27	170	43
西兰乡	283	153	130	60	30	30	55	16	141	30
碧里乡	611	328	283	123	76	47	266	35	82	31
鉴江镇	315	153	162	59	40	19	37	21	109	38
凤山镇	748	364	384	259	141	118	881	107	542	146

（统计局）

（编辑　李晓静）

说明

（1）本索引按主题词首字的汉语拼音字母顺序排列，主题词后的数字为所在页码。

（2）类目标题用黑体字，“特载”“专文”“大事记”不做索引。

G

H

J

K

L

M

N

P

Q

R

S

Y

Z